U0917620

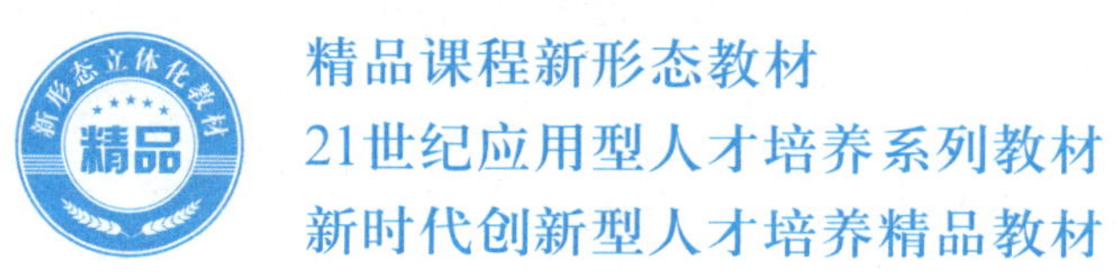

精品课程新形态教材
21世纪应用型人才培养系列教材
新时代创新型人才培养精品教材

数字营销

詹羲洲 主编
刘波 游中华 张震 高其兰 副主编
夏天竺 杨丽苗 曹爽 赵利
刘一 王波

中国商业出版社

图书在版编目(CIP)数据

数字营销 / 詹義洲主编 . -- 北京 : 中国商业出版社, 2025. 2. -- ISBN 978-7-5208-3234-2

Ⅰ. F713. 50

中国国家版本馆 CIP 数据核字第 2024AS7184 号

责任编辑：朱丽丽

策划编辑：张　盈

中国商业出版社出版发行

(www. zgsycb. com 100053　北京广安门内报国寺 1 号)

总编室：010-63180647　编辑室：010-63033100

发行部：010-83120835/8286

新华书店经销

涿州汇美亿浓印刷有限公司印刷

* * * * *

787 毫米×1092 毫米　16 开　18 印张　412 千字

2025 年 2 月第 1 版　2025 年 2 月第 1 次印刷

定价：49. 00 元

* * * *

(如有印装质量问题可更换)

前 言

我们会在党的二十大精神的鼓舞下，高举中国特色社会主义伟大旗帜，全面贯彻新时代中国特色社会主义思想，为全面推进新商科高质量发展而不断努力前行。市场营销是所有高等教育专业中最直接面向市场的学科之一，也是一门实战性极强的学科。在数字经济快速发展的时代背景下，传统营销面临着数字化的转型，因此，高校应紧密结合新时代人才要求和新经济发展模式对人才的需求，在专业人才培养中融入时代特色，重构市场营销人才能力，以更好地适应时代发展变化下的新环境，更好地服务于社会。

随着数字经济时代的到来，营销已经从传统的2.0时代进入了4.0时代，大多数传统企业都面临数字化转型，大量的数字营销人才是促进企业转型的基础。物联网、大数据、云计算、区块链等技术将会在营销领域发挥巨大的作用。传统营销必须向数字营销转变。人才培养教材先行，期望《数字营销》教材的编写和不断优化能为人才培养做出贡献。

本教材分为11章，包括数字营销概述，数字营销新理念，数字营销中的消费心理，数字化营销方式和策略，大数据在数字营销中的应用，人工智能在数字营销中的运用，VR、AR、MR在数字营销中的应用，人格化电商：网红与IP，新媒体运营，直播与短视频营销，软文营销等内容。

本教材主要为高等院校市场营销专业和大数据应用管理专业使用。主要特色如下。

1. 内容增加案例引导。以案例作为教材的重要特色，以案例讲解为具体依托，使得学生了解到底层逻辑，从而以知识应用为导向。

2. 紧贴当今商业发展实际。深度解剖和分析最新最近的营销模式和商业打法，使得学生紧跟商业发展现状。提升学生的认知水平，打通传统营销向数字营销转变的路径。

3. 重视实践教学。市场营销学是实践性很强的专业，实践教学也是本教材重要特点之一。比如：短视频策划、直播策划、软文策划编辑等。设置相关作业和实训内容可以让学生得到实际能力的提升。

4. 融入课程思政内容。在讲解数字营销知识的同时带入学习社交礼仪、社交技巧、商业道德、商业伦理、中华传统文化等内容，树立正确的世界观、人生观和价值观。融入

商业道德、商业伦理、中华传统文化等内容，树立正确的世界观、人生观和价值观。融入当前思政教育最新成果，立德树人，让学生先会做人再增强做事的能力，提高学生的综合素质。

本教材在编写过程中，参阅了有关数字营销方面的文献资料，在此特向相关文献资料的作者、编者表示最真诚的感谢和敬意。由于编者自身水平有限，书中存在的纰漏和不足之处在所难免，敬请同行专家学者批评指正！

编　者

目录
CONTENTS

第十章

直播与短视频营销　223

第十一章

软文营销　250

参考文献　279

第一章

数字营销概述

能力目标

通过完成本章的学习，学生能够了解和掌握数字营销的基本概念、内涵以及发展历史。

素质目标

从现有的案例出发，让学生感知当今时代的变化。当今世界正在经历百年未有之大变局，新技术的不断发展带动相关产业变革，数字经济正处于发展和变革之中。顺势而为，学生结合身边事件认识到要主动适应营销的数字化变革，在变化的世界中认识到商业本质，了解数字营销的内涵，从而提高自身认知水平，为未来的就业和升学打下基础。

引 例

百果园：打造线上线下一体化“OMO”模式

百果园公司是中国最大的水果零售经销商，连续十年（2014—2023 年）全国水果连锁门店销售额第一，已经建成一个全国性的贴近社区、店仓一体、线上线下一体化的水果专营零售网络。

2023 年线上渠道销售收入为 2.55 亿元人民币，占比为 2.3%（2022 年同期为 2.72 亿元，占比 2.5%）。2023 年公司净增了 443 家门店，总门店数达到 6093 家，覆盖了 22 个省和直辖市的 170 多个城市。基于水果零售的特性以及满足消费者便利性的需求，公司以线下门店网络为基础，采用多元化的线上渠道，包括自营 App、微信小程序以及抖音、美团、饿了么等第三方平台，以便扩大门店的销售半径，提高门店的运营效率。2023 年线上订单占比约为 27.6%。

公司指导店长建立门店微信群，推动有趣互动的产品推广及会员活动，并实时与微信社群粉丝进行互动和沟通。截至 2023 年 12 月 31 日，集团店长建立的门店微信群总数增至约 2.7 万个，微信粉丝群粉丝总数超过 1620 万人，较 2022 年同比增长约 25.6%。

在数字化过程中，百果园一直致力于推进线下门店的数字化，在销售、管理、服务、物流等各个方面都进行了数字化的升级改造。在门店订货上，百果园基于大数据自研了订货系统，为门店店长提供订货的建议，提升订货的效率和准确率。在货物配送环节，百果园则推出了信任交接体系，在不需要门店人员在店的情况下，早上 8 点前货物送达率达到 99.9%，在保证水果新鲜的同时提升人效。此外，为了让门店店长更好地管理门店，百果园为店长提供 BI 工具“店长秘书”，帮助店长实时监测和分析每天的经营情况，及时做出改进措施。

同时，为满足消费者多场景、多渠道消费的诉求，公司也正在积极探索内容电商板块，在抖音、小红书、天猫、京东等多个平台开展线上业务并进行品牌宣传。集团通过 2023 年 10 月举办的好吃水果节，于网络上发布的内容吸引超过 1.2 亿次播放，登上了微博全国热搜。2023 年，通过抖音渠道下单购买水果及水果产品的客户总数较 2022 年增长 190%，集团水果及水果产品通过抖音渠道的零售销售总额位列抖音水果及水果产品交易第一名。

截至 2023 年 12 月 31 日，集团在所有经销渠道的会员数累计超过 8300 万人，使用微信小程序的用户累计达 6800 万人次，较 2022 年增长约 26%。

下一步，公司将进一步丰富销售渠道和消费场景，同时与多品牌联名营销，打造节日礼盒。

线上线下一体化“OMO”模式是公司的目标。公司广泛的线下零售网络可快速触达客户并高效收集用户反馈。公司多元化的线上渠道，为门店取件或送货上门提供了便捷的选择，进一步提升了用户渗透率。此外，公司的社区微信群聊有助于更好地与客户互动，留住忠实用户并促进交叉销售，从而提高其交易频率。

（资料来源：中国百货商业协会：《数字化转型大盘点③：利群股份、银泰商业、中兴商业、百果园》，2024 年 8 月 2 日，https：//baijiahao. baidu. com/s？ id=1780548883043942011&wfr=spider&for=pc）

【分析提示】 在数字经济背景下，百果园的模式是如何实现数字化运营与转型的？

第一节　数字营销的内涵

一、数字营销的概念

20 世纪 90 年代中期以来，随着互联网和计算机的普及，移动互联网时代的到来，数字科技也在突飞猛进地发展，无论是在传播还是在传统分销渠道上都发生了巨大的改变。而传统营销也面临着适应和发展转型的命运，传统营销时代过渡到新媒体营销时代再过渡到数字营销时代，并在当前逐步成熟发展。我们首先来了解新媒体营销的概念。

新媒体营销是指借助新媒体平台对消费者进行营销的方式。新媒体这一概念是由美国哥伦比亚广播电视网（CBS）技术研究所所长戈尔德马克于1967年率先提出的。他在其发表的一份关于开发电子录像（EVR）的报告中，把电子录像称为“新媒体”。1969年，美国传播政策总统特别委员会主席罗斯托在向尼克松总统提交的报告书中多次使用“新媒体”一词。由此，“新媒体”一词开始在美国社会流行并逐渐扩展到全世界。新媒体是个动态的概念，当前新媒体营销等同于营销3.0时代，主要借助各种新媒体平台，利用新媒体平台的传播和沟通能力来达到营销传播、品牌推广、深度沟通、建立依赖等功能。

数字营销的概念和理论发展基本上是随着互联网的迭代升级而来，最早可以追溯到20世纪40年代。乔比（Giobbe）在1994年发表的《数字时代的营销计划》一文中指出，虽然彼时“信息高速公路尚未完全建好，但报纸媒体应该做好拥抱互联网的计划”，因为数字时代迟早要到来。毕肖普（Bishop）在1995年发表的《数字营销从战略规划开始》一文中第一次使用了“数字营销”的概念，并讨论了互联网时代数字营销的兴起以及数字营销成功的十大策略。

美国数字营销协会（2007）给出的数字营销定义为：利用数字技术开展的一种整合、定向和可衡量的传播，以获取和留住客户，同时与他们建立更深层次的关系。

具体做法是数字营销借助数字技术植入营销活动，把互动媒体与各种营销组合的元素相结合，是一种新型的营销方式。

数字营销将企业与消费者之间建立关系并实现营销目标。这种关系是一种双向关系，消费者通过数字化平台、数字化技术接触到需要的产品和服务，企业通过数字化技术、数字化平台对消费者进行深度沟通，建立深层次关系，实现营销目标。

本书总结的定义：数字营销，是利用数字技术、移动通信技术和网络技术等技术手段，借助各种数字媒体平台，运用大数据、云计算来精准匹配目标用户，向目标用户推广产品或服务，从而实现营销目标的精确化、个性化、定制化的实践活动，它是数字时代与用户建立关系的一种独特营销方式。

综上所述，数字营销所涵盖的范围比新媒体营销要广得多。其是营销发展的4.0时代。

二、数字营销的特征

作为数字时代和数字经济的一种独特的营销方式，数字营销拥有目标精准性、深度互动性、平台多样性、服务个性化与定制化等特点。

（一）目标精准性

数字经济时代下的移动互联网传播个性化特征明显。主要借助数据分析，就是收集大量的关于用户消费以及习惯的第一手数据和第二手数据进行数据统计，再按照用户的分类标准进行数据资料的分类、分析和挖掘。根据不同用户的不同消费偏好和习惯进行传播的精确推送，在推送的过程中继续收集数据、完善数据、优化算法，持续不断地了解用户偏好，进行市场细分，做到比用户自己还了解他们。推送的传播内容符合消费者内心需求，提升消费刺激，增强产品或服务的准确匹配度，让最终的成交成为自然，也有利于持续培养顾客忠诚度，持续保持用户贡献度，提升企业的持续盈利能力。在当今消费个性化的大趋势下，精准匹配，为用户省时省力，为企业提质增效。用户“千人千面”，企业根据个性化需求，提供个性化的产品或服务。

当前我国主流的媒体平台和电商平台均采用大数据分析技术，通过对用户以及传播、分销渠道的分析，精确设计传播渠道路径，实现精准营销。在传播中优化、进化，对于匹配度持续地评估和改进，能够使得企业更加了解消费者，持续精准传播和营销。

精准营销包括 DSP、用户画像、程序化购买、智能推荐等概念。精准数字营销可分为两个阶段：第一个阶段是通过精准推广获得更多数量的新客户；第二个阶段是通过精准运营，实现新用户的成功转化，并在达成交易的同时，实现消费者对企业品牌忠诚的提升。

在消费者偏好数据的收集和分析中，依靠数据技术，在消费者消费、获取信息渠道、用户基本属性等信息收集应用中，海量数据的分析、挖掘，对于消费者行为分析提供了强大的数据和客观支持，使得“用户画像”更加清晰和精准。用户的实际和潜在需求与用户获取信息偏好的结合，使得在使用新媒体进行营销传播中获得巨大的优势，成本低廉但是效果显著。相比于传统媒体传播有着巨大的投入产出比优势，而且在传播中就能进行双向沟通，沟通结果也可形成二次、三次传播。用户的需求与产品服务匹配度更高，营销目的的达成就更加自然。

（二）深度互动性

互动性是数字营销的本质特征。互动性是一种与他人发生关联性的特征体现。在当今的数字经济时代，数字媒体取代传统媒体成为营销传播的主阵地。而数字媒体的互动性也是其与传统媒体区别的重要特征。信息在交互中进行传播，消费者与传播媒体进行双向或者多向的沟通。信息发出者与消费者在互动中进行信息回应，完成信息交流。

数字营销的传播模式为循环互动模式，而不是以前营销的直线模式。消费者在数字营销时代中更加主动，主动搜索信息、主动参与互动、主动加入群组、主动反馈等。

武汉大学新闻与传播学院姚曦教授将数字营销的互动形式分为三种：人际互动（数字媒介作为界面两端人与人之间的交流中介）；人机互动（消费者与日益智能化的电脑、手机等媒介进行信息交换）；人与信息互动（消费者与数字终端的内容互动，进行信息的生产与传播活动）。

数字化的各类平台，都在邀请用户进行深度参与，也符合当前消费者参与产品或者品牌传播的特点。消费者的消费主动性和专业性，会使其对产品或者品牌的了解更加充分，在进行消费决策时更有自主性。传统的产品和品牌的基础性功能已经无法满足消费者现在的消费诉求，传统的文字、图片的单向传播模式，也无法适应现在消费者强烈“互动”诉求的要求。

（三）平台多样性

数字时代，数字营销的渠道和平台逐渐多样化，除了传统的网站、电商 App、微博、微信等社交媒体，还有用户数量激增的短视频平台、长视频平台和各类直播平台等。当今已经是“万物皆可媒”时代，用户可以在各种营销传播渠道中发布、传播和分享自我信息。

在媒介融合的生态环境下，数字化信息的承载与表达呈现多样化特征，话语权的下放推动“人人都是自媒体、麦克风”的时代来临，传受之间的身份边界模糊，消费者在自有的营销传播渠道中分享、传播信息。

在这样的平台多样性背景下，企业在做营销时借助各类平台，必须熟悉平台推流算法、平台商务政策、平台的各类工具等，也需要按照自身特点结合产品和服务内容进行平台多样化的设置，形成自己的特有传播渠道和销售渠道。在平台生态中要利用数据分析和优化工具，从而达到平台利用的最大化价值。

（四）服务个性化与定制化

随着“Z世代”消费群体逐步成为消费主力，他们更加追求自我的个性化和标新立异，同时“Z世代”群体也是互联网的“原住民”。进行消费者洞察后，我们发现现在的消费者更加“喜新厌旧”。对于企业而言，不断地创新产品和服务，对个体进行定制化的营销和提供产品，将会是数字营销时代的主要特征。

服务的个性化与定制化将会直接导致企业的经营成本上升，对其创新能力也有更高的要求，企业整合营销能力的要求也会上升到全新高度。定制化将消费者每个个体进行有针对性的匹配，利用大数据进行收集和分析，“千人千面”的个性化诉求也将是最为普遍的特征。用户画像在越来越多数据的收集和分析中，将会不断增加消费者的标签属性，个性化的要求会越来越多。企业的定制化营销策略将会是必选项和基本项。

第二节　从传统营销到数字营销

传统营销是基于传统的“4P”营销组合而来，是营销理论发展的基础。“4P”营销理论的诞生有着其特有的时代背景，生产者导向明显。“4C”营销理论是基于消费者为出发点的营销理论。“4C”营销理论并非数字营销时代独有。与“4P”理论相比，“4C”理论是一种观念的进步和升级。

一、“4P”营销理论

美国营销学学者罗杰姆·麦卡锡教授在20世纪60年代提出“产品、价格、渠道、促销”四大营销组合策略，即为“4P”营销理论，即产品（Product）、价格（Price）、渠道（Place）、促销（Promotion）4个单词的第一个字母缩写为“4P”。

1967年，现代营销学之父菲利普·科特勒在其畅销书《营销管理：分析、规划与控制》第一版进一步确认了以“4P”为核心的营销组合方法，即产品、价格、渠道、促销。

（一）产品

产品对应的是用户需求。产品主要用来满足用户需求，体现价值性。产品有有形产品和无形产品之分，无形产品往往以服务的形式存在。产品包括自身的价值、外观、包装等内容。产品包括核心产品、形式产品、期望产品、延伸产品、潜在产品。产品也有其自身的生命周期，在产品的不同生命周期，需要采取不同的营销策略。其中新产品的开发策略和程序对于企业的长久发展也有着巨大意义。

（二）价格

价格策略，尤其是定价策略，是营销人员考虑的重点问题之一。营销界有一句名言“定价定天下”。定价主要考虑产品财务成本、竞争者情况、消费者情况等因素确定。根据市场定位，采取不同的定价策略，是营销的重要内容。

企业在经营的不同阶段，需要进行产品价格调整，包括采用涨价、降价的策略在竞争中获得优势。

（三）渠道

企业根据自身实力、资源、产品特点等，建立营销渠道。营销渠道分为直接渠道和间接渠道，其建立与调整会依据市场行业的变化来完成。分销渠道就是如何将产品交到消费者手中。

（四）促销

促销应该理解为“促进销售”。很多人对于促销都有着误解，认为促销就是打折、降价。其实不然，促销包含人员推销、广告促销、营业推广和公共关系。

Promotion 在一些营销书籍里指的是宣传，其实不然，促销的本质是与消费者的沟通。促销也有自身的策略，促销组合的出现也是整合营销观念的直接体现。打折、降价这些属于营业推广的概念范畴。营业推广属于短期行为，而公共关系则属于长期行为。

二、“4C”营销理论

营销学理论的核心就是从消费者的需求出发。所以营销管理又可以理解为需求管理。以消费者为核心就是要从消费者的角度去考虑营销组合问题。随着营销观念的变化，从生产观念→产品观念→推销观念→市场营销观念→社会市场营销观念，营销理论也在发生变化。

传统营销组合“4P”也在变化发展中，营销学者根据时代变化，观念的演变逐步完善营销学理论。1990 年，美国营销学家罗伯特·劳特朋在《广告时代》上，对应传统的“4P”提出了新的观点：营销的 4C。它强调企业首先应该把追求顾客满意放在第一位，产品必须满足顾客需求，同时降低顾客的购买成本，产品和服务在研发时就要充分考虑顾客的购买力，然后要充分注意到顾客购买过程中的便利性，最后还应以消费者为中心实施有效的营销沟通。“4C”即消费者的购买需要与欲望（Customer's Needs and Wants）、消费者获取满足的成本（Cost and Value to Satisfy Consumer's Needs and Wants）、用户购买的方便性（Convenience to Buy）、与用户沟通（Communication with Consumer）。

看到这里，很多人认为，在新时代的营销活动中，"4C"的理念更为先进，应该取代"4P"，所有的营销活动都应当从消费者的角度出发，"4P"理论已经过时。但是真正的营销活动是这样的吗？营销是实践性非常强的学科，在实践中，"4C"理论只是明确了营销活动的出发点，在企业实际的实战层面，仍然要通过"4P"营销组合来实施和落地。"4P"理论是营销学的基础理论，也是对营销学最为重要的诠释，任何营销组合的发展都是以其为基础发展演变而来。经典的理论永不过时。

"4P"与"4C"的各个营销组合其实是一一对应的。例如，Customer，从消费者角度出发是指"客户"，但是如果从企业角度出发则对应"产品"，首先从消费者的潜在和现实的需求出发，然后去设计、生产并提供服务或者产品满足其潜在和现实的需求；Cost，从消费者角度出发是指"成本"，但是从企业角度出发则对应的是"价格"，先研究和调查消费者为了满足自身的需求愿意付出的成本，再结合竞争对手、财务成本后，去制定自己的价格策略；Convenience，从消费者角度是指获取产品或者服务需要"便利"，对应的企业角度就应该是其建立的分销"渠道"，渠道的设计既要考虑企业自身的实力、资源，更应该考虑消费者的便利性；Communication，在消费者层面应该理解为"沟通"，沟通不是降价促销，实质上是建立一种关系，一种信息双向流动的机制，企业对应的是"促销""宣传"，决定了要采用双向信息交流的方式，而不是单独的一种促销组合。

▶ 案例 1-1

从营销"4P"到"4C"

"4P"理论是一种营销理论。罗杰姆·麦卡锡教授在其《营销学》（*Marketing*）中最早提出了这个理论。不过，早在他取得西北大学的博士学位时，他的导师理查德·克鲁维（Richard Clewett）就已使用了以"产品（Product）、价格（Price）、渠道（Place）、推广（Promotion）"为核心的理论框架。杰罗姆把"分销"换成"渠道"（Place），使这个理论成为所谓的"4P"理论。这里阐述的"4P"是战术上的，必须在对 Stp 的战略决策后进行，Stp 即市场细分（Segmentation）、目标市场选择（Targeting）、定位（Positioning）。

当前，"4P"理论仍然在企业实战层面有着不可或缺的指导作用。不过，"4P"是站在企业立场上的，而不是客户的立场。随着市场竞争的日趋激烈，媒介传播速度越来越快，"4P"理论越来越受到挑战。1990 年，美国学者罗伯特·劳特朋（Robert Lauterborn）教授在其《4P 退休 4C 登场》专文中提出了与传统营销的"4P"相对应的"4C"营销理论。"4C"营销理论以消费者需求为导向，重新设定了市场营销组合的 4 个基本要素，瞄准消费者的需求和期望，即：

①产品（Product）——客户价值（Customer Value）；

②价格（Price）——客户成本（Customer Cost）；

③渠道（Place）——客户便利（Customer Convenience）；

④宣传（Promotion）——客户沟通（Customer Communication）。

“4C”的理论框架说明了客户需要的价值、低成本、便利和沟通，而不是促销。

（资料来源：科特勒．营销管理［M］. 何佳讯，于洪彦，牛永革，等译．上海：格致出版社，2016.）

三、如今的数字营销

在数字经济和数字技术快速发展的今天，营销传播更加多样化、个性化，借助移动互联网技术，消费者的个性化需求被精准地记录、分析。在数字营销时代，精准式的营销逐渐成熟。消费者的营销参与度空前提高，对于线上线下互动更加习惯，在消费中强调自我属性和自我参与。

（一）借助大数据实行精准营销

营销传播中单向、线性、管播不管收的传统方式已经不适应当前用户个性化、消费者属性多样化的特点。传统传播渠道中单一、集中、重复的营销方式也已经不适应当前渠道多样化、消费场景化、品牌人物化的特点。大数据工具在当今世界，通过精准分析和定位可以实现完整的营销流程，广告内容的精准策划、推送渠道精准化、成本的低廉化，投入收益更高，资源匹配更优化，使得精准营销成为数字营销的重要特征。现有的各大视频平台、电商平台、社交媒体等都在对用户大数据进行收集、分析和挖掘，将用户的真实行为和消费者心理对应起来，找到潜在和现实的消费需求，进行精准营销。打破了传统营销中用户去寻找产品或服务的模式，形成“一站式用户匹配”的新模式。

（二）消费者参与营销不断深入

传统广告服务业在数字经济时代亟待转型。在整合营销中，营销应从消费者角度出发，强调消费者参与互动、参与体验，实现信息的双向交互。消费者将自身价值融入企业营销和品牌价值中，主动搜索、主动分享，甚至会主动推荐。企业与消费者融合度进一步加深，消费者认知不断提高，积极融入企业营销中去，企业也用真实的价值赢得消费者的信赖，从而建立双方持久、互相依赖的关系。

（三）营销全面进入移动互联网时代

中国的互联网行业的发展，领先世界。特别是移动互联网推动电子商务的巨大发展，使得中国消费者的消费体验不断升级。共享经济普及、消费场景多元化、数字化设备智能化，也助力消费升级和商业模式创新。我国电子商务企业将数字经济的活力进一步释放，在连接消费需求、产品供给方面发挥了重要的资源配置作用。渠道创新、物流新体验都极大地改善了消费者购物体验，线上线下融合度进一步提高，数字经济下的电商新生态逐步发展壮大。

第三节 数字营销的发展

进入 21 世纪，随着科学技术的发展，特别是数字技术的不断发展，相关的数字营销工具和技术平台也在不断地进步。目前，普遍的认识把数字营销的发展划分为四个阶段：基于 Web1.0 的单向营销、基于 Web2.0 的互动营销、基于大数据的精准营销、基于人工智能的智慧营销。

一、数字营销 1.0：基于 Web1.0 的单向营销

从技术上讲，Web1.0 提供的网页信息，只有网站管理员才能编辑和更新站点信息，普通用户只能在网页上“冲浪”（浏览相关页面获取信息），以新浪、搜狐、网易、腾讯、雅虎等门户网站为典型代表。

1994 年 10 月 27 日，美国电话电报公司（AT&T）在 HotWired.com 上投放的一个展示类横幅广告拉开了互联网广告的序幕。当时美国电话电报公司为其广告活动“你会的”（You Will）发布了世界上首个网络广告，黑色背景上用彩色文字写着：“你用鼠标点过这儿吗？”一个箭头指向右边“你会的”。正是这个毫不起眼的 468×60 像素的广告，开启了一个新的广告时代。

该广告按照传统杂志的思路和逻辑进行采买，售卖模式为合约形式。这个广告位前后展示了 3 个月，费用是 3 万美元，投放形式是包段的按天收费（CPD），点击率高达 44%。这一天标志着网络广告时代的到来。

中国第一个商业性网络广告出现在 1997 年 3 月，由英特尔公司（Intel）和国际商业机器公司（IBM）共同出资投放于比特网（ChinaByte），广告变现形式同样为 480×60 像素的动画横幅广告，国际商业机器公司为其支付了 3000 美元。英特尔公司和国际商业机器公司因此成为国内最早在互联网上投放广告的广告主，也开启了中国互联网广告业的历史。

这个时期的互联网广告主要以横幅展示类广告为主，内容以单向传播为特点，用户被动接收内容，内容主要是平面广告和一些简单 Flash 动画。主要体现的是销售产品，突出产品的卖点。

二、数字营销 2.0：基于 Web2.0 的互动营销

Web2.0 时代，以博客、微信、微博、脸书（Facebook）、推特（Twitter）等为代表。与 Web1.0 的单向信息发布的模式不同，Web2.0 时代的内容通常是用户创作并发布的，一个用户就是一个传播节点，也是内容的浏览者、创造者。这些特征都说明了在 Web2.0 时代，用户有了更多的参与和互动的机会，加上移动互联网的加持，让双向的沟通更为顺畅和便捷。

Web2.0 时代开启的一个重要标志是社交网络服务（SNS）热潮的兴起。2002 年，

Friendster. com 的创建引发了社交网络服务的第一波热潮。接着，社交网络服务的概念随着我的空间（MySpace）、脸书、人人网、开心网等网站的成熟而逐渐被人熟知。作为社会化媒体重要代表之一，社交网络服务的兴起和风靡可以看作社会化媒体的崛起。

社会化媒体最大的特点就是社交属性。交互能力强、即时性高的特点，让用户在接收信息的同时可以及时发布自己的观点、想法、心情等，这使得商业生态发生了巨大的改变。社会化媒体与用户的互动，在双向沟通中，企业得到了消费者最真实的感受和需求，消费者更多地了解企业和产品，达到了建立长久关系的目的，有利于营销目标的达成。

消费者与企业通过社会化媒体的互动，建立了良好的沟通渠道。社会化媒体的“桥梁”作用发挥出来。这一阶段时间为 2002 年至 2013 年。

三、数字营销 3.0：基于大数据的精准营销

在移动互联网进一步发展的背景下，数字经济也正在快速进入消费者的生活中。消费者每天在互联网上进行浏览、评论、点击、购物等行为，产生了大量的数据，这些数据被各种平台记录并收集分析后运用到数字营销中。大数据把营销工作带入了全新的时代。

这一阶段的数字营销跟前两个阶段的显著区别在于：通过大数据的挖掘，企业可以比消费者自身更了解消费者。利用大数据挖掘，主要运用在消费者洞察、消费者行为分析、市场趋势预测等方面，精准把控消费者消费偏好和习惯，在精准营销的同时也提高了消费者购物的体验感和参与感。通过大数据挖掘和分析，也进一步提高了企业数字化营销运用的能力，建立未来更深层次发展的能力。

所谓的“大数据”并非新词。早在 1980 年，未来学家托夫勒在其著作《第三次浪潮》中就将“大数据”称颂为“第三次浪潮的华彩乐章”。不过，直到大约 2009 年，大数据才成为互联网行业的流行词。从那时起，学界开始密切关注这一领域。英国学者舍恩伯格于 2013 年 1 月出版的《大数据时代》一书，从思维、商业、管理三个方面解读了大数据所带来的革命性变化。同年，李颖在《大数据时代的营销变局》中指出，大数据浪潮绝不仅仅是信息技术领域的革命，更是在全球范围内加速营销变革、引领社会变革的利器，企业要抓住大数据的机遇，让营销拓展到大数据领域，挖掘其潜在的大价值，获得大发展。2013 年 6 月上映的电影《小时代》就是基于大数据挖掘预测其核心目标人群，有针对性地进行精准营销，创造了上映 3 天票房过 2 亿元，截至下线票房过 5 亿元的神话，在电影行业中率先树立了大数据营销的典范。

由此可见，从 2013 年起，无论是学界还是业界，都开始将视线聚焦于大数据。2013 年被称为“大数据元年”。正是从这一年开始，数字营销进入了 3.0 时代。

四、数字营销 4.0：基于人工智能的智慧营销

从 1956 年达特茅斯会议召开标志着人工智能的正式诞生，到 2016 年阿尔法狗击败围棋世界冠军李世石，历经半个多世纪，终于在 2017 年，迎来了人工智能的“应用元年”——人工智能向交通、医疗、金融、教育等领域全面渗透。

人工智能技术在新世纪的“智能革命”同样在商业领域应用前景广阔，也深深影响和

接入了营销的发展。基于人工智能运用的数字营销，其显著的特征为营销可以自我思考和自我优化。比如百度推出了语音搜索功能，这种语音交互类似人类的智慧，可以最大化精准查找人们所需要的内容，节省时间和人力成本；阿里巴巴开发的人工智能云计算，不断地向目标人群推送不同的产品和广告，实现“千人千面”，最大化地发挥了人工智能的能力，在进行精准营销的同时，也不断验证着人工智能带领营销进入了数字营销 4.0 时代。所以说 2017 年是数字营销 4.0 时代的开端。

数字营销四个阶段的发展是一种叠加式的发展和升级，并非后者替代前者的关系，因为数字时代的技术和工具是共存的，在发展中互相促进、互相补充。企业在开展营销工作的时候，应根据自身资源和实力，有选择性地采用数字营销工具，达到和实现自己营销目标。

▶ 案例 1-2

营销 4.0：数字化转型的第一战略

最早提出营销 4.0 的概念是 2013 年在东京，当时菲利普·科特勒受到日本皇室的邀请，从 2013 年开始，连续 3 年，每年 3 天，与日本工商业的企业家和跨国公司的领导者展开关于市场营销战略的讨论。

这场名为“科特勒世界营销峰会”（Kotler World Marketing Summit）的讨论，第一届从孟加拉国开始，然后到马来西亚，最后到日本。这场讨论尤其在日本工商界引起了巨大反响，以至于被评价为近 70 年来，日本工商界第二次从顶层设计输入美国商业思想的浪潮。第一次是戴明博士的引入，革新了日本制造的质量管理；第二次就是这次科特勒的进入，输入“以市场为导向的战略思维”，希望再造日本企业的竞争力。

参加这次峰会的，除了营销学之父菲利普·科特勒，还有定位之父艾·里斯、品牌资产开创者大卫·艾克、整合营销传播之父唐·舒尔茨。这些营销战略咨询领域的泰斗在论坛上辩论激烈，可谓“华山论剑”，其中大卫·艾克和艾·里斯就“到底有没有公司品牌的问题”在台上争得面红耳赤。但在两点上，这些顶级大师观点高度一致。第一，营销，应该上升为首席执行官（CEO）层面最重要的战略核心；第二，数字化时代的营销，与传统营销相比是一场革命，是一种商业范式的转移，是诸多国家、企业、非营利组织“弯道超车”的转折性机会。

菲利普·科特勒开场的报告题目是《营销的进化》，他把市场的演进分为多个阶段，分别是：第二次世界大战后时期（20 世纪五六十年代）、高速增长期（20 世纪六七十年代）、市场动荡时期（20 世纪七八十年代）、市场混沌时代（20 世纪八九十年代）、一对一时期（20 世纪 90 年代到 21 世纪）、价值驱动时代（21 世纪前十年）以及最近所产生的价值观与大数据时期（2010 年至今）。这种分类方式是基于历史。他还提出了另一种基于逻辑的进化路径，这就是从营销 1.0 到营销 4.0。

简单来说，营销 1.0 是工业化时代以产品为中心的营销，解决企业如何实现更好“交易”的问题，功能诉求、差异化卖点成为帮助企业从产品到利润，实现马克思所言“惊险一跃”的核心。营销2.0是以消费者为导向的营销，不仅仅需要产品有功能差异，更需要企业向消费者诉求情感与形象，因此这个阶段出现了大量以品牌为核心的公司。营销3.0是以价值观驱动的营销，它把消费者从企业“捕捉的猎物”还原成“丰富的人”，是以人为本的营销。营销4.0以大数据、社群、价值观营销为基础，企业将营销的中心转移到如何与消费者积极互动、尊重消费者作为“主体”的价值观，让消费者更多地参与到营销价值的创造中。在数字化链接的时代，洞察与满足这些链接点所代表的需求，帮助客户实现自我价值，就是营销4.0所需要面对和解决的问题，它是以价值观、链接、大数据、社区、新一代分析技术为基础所造就的。

（资料来源：周茂君，等. 中国数字营销20年研究［M］. 北京：科学出版社，2019.）

本章小结

通过完成本章的学习，应该理解和掌握以下内容。

（1）数字营销的定义：利用数字技术开展的一种整合、定向和可衡量的传播，从而获取和留住客户，同时与他们建立更深层次的关系。

（2）“4P”即产品（Product）、价格（Price）、渠道（Place）、促销（Promotion），“4C”即消费者的购买需要与欲望（Customer's Needs and Wants）、消费者获取满足的成本（Cost and Value to Satisfy Consumer's Needs and Wants）、用户购买的方便性（Convenience to Buy）、与用户沟通（Communication with Consumer）。在数字技术发展的背景下，互联网传播呈现个性化特征，基于消费者需求，形成多维数据驱动下的精准营销。

（3）数字营销的发展历程划分为4个阶段：基于Web1.0的单向营销、基于Web2.0的互动营销、基于大数据的精准营销、基于人工智能的智慧营销。数字营销的4个发展阶段并非后者替代前者，而是叠加式升级。

关键术语

数字营销　“4P”组合　“4C”组合　营销4.0

案例分析

网易云年度歌单刷屏

近年来，流行的年度账单和年度歌曲列表可以在年底为用户生成专属的个人报表，显示一年内该用户在应用程序上的各种使用行为。而这种精细化的个人报表实际上也使用了大数据技术。利用大数据技术收集用户的个人行为数据，并通过分类和计算获得。近年来，网易云歌曲一直吸引着用户的眼球，让用户积极参与其中。网易云的年度歌曲清单是使用大量数据来收集用户的收听信息和数据。每个用户听到最多的歌曲、发送的评论、收听时间、收听习惯等都将显示在这个专属的歌曲清单中。它非常清楚地列出每个用户的收听喜好并分析用户的心情、个性等，制定一个大概的标签，增加更多的个人情感内容，并让用户体验定制化。播放列表细致周到，并被进一步转发和共享以实现散布和刷新屏幕的最终效果。其中，大数据起着非常基础但是也很重要的技术作用。正是由于大数据，网易云与用户才能形成深度的创意互动，并实时生成独家歌曲列表。然后借助情感视角，走心的内容所引起的情感和共鸣，与每个用户建立情感联系，从而增强用户对网易云音乐的信任和依赖性。从网易云年度歌曲列表刷屏的案例中不难发现，最受欢迎和最受公众关注的是年度歌曲列表的独特性和特殊性，在使用年度歌曲的同时给用户带来独特的优越感。歌曲列表回顾过去一年的心情也触动了许多用户的情感点。简而言之，在大数据的影响下，可以实现诸如年度个人播放列表之类的交互，为每个用户定制个性化方案，实现精细化营销的目的。

【讨论问题】你是如何理解网易云利用大数据营销推出的年度歌单这一举措的？

实训操作

实训项目	数字营销发展阶段演变分析
实训目标	掌握数字营销发展阶段演变分析技巧
实训步骤	1. 教师提出实训前的准备要求及注意事项 2. 学生 5 人一组 3. 教师指导学生上网或到图书馆收集资料 4. 各组通过小组讨论，提出数字营销演变阶段划分的不同方法
实训环境	数字营销模拟实训室
实训成果	小论文

思考与练习

一、填空题

1. 基于人工智能的智慧营销，除了更加精准外，还更加__________和__________，这让消费者的体验和使用便利性都得到了巨大的提升。

2. “大数据”并非新词，早在 1980 年未来学家托夫勒在其著作《__________》中就将“大数据”称颂为“第三次浪潮的华彩乐章”。

3. 企业必须首先了解和研究顾客，根据顾客的__________来提供产品。同时企业提供的不仅仅是产品和服务，更重要的是由此产生的__________。

4. 新媒体这一概念最早是由美国哥伦比亚广播电视网技术研究所所长戈尔德马克于

________年率先提出的。他在其发表的一份关于开发电子录像的报告中，把电子录像称为“新媒体”。

5. 毕肖普在________年发表的《数字营销从战略规划开始》一文中第一次使用了“数字营销”的概念。

二、不定项选择题

1. 基于大数据的精准营销处于（　　）阶段。

A. 数字营销 1.0　　B. 数字营销 2.0
C. 数字营销 3.0　　D. 数字营销 4.0

2. “4C”营销理论以消费者需求为导向，重新设定了市场营销组合的 4 个基本要素，即（　　）。

A. 消费者　　B. 成本　　C. 便利　　D. 沟通

3. “4P”营销组合包括（　　）。

A. 产品策略　　B. 价格策略　　C. 渠道策略　　D. 宣传策略

4. 作为数字时代一种独特的营销方式，数字营销具有（　　）等特点。

A. 深度互动性　　B. 目标精准性
C. 平台多样性　　D. 服务个性化与定制化

5. 中国第一个商业性网络广告出现于（　　）年。

A. 1967　　B. 1977　　C. 1987　　D. 1997

三、判断题

1. 数字营销的 4 个发展阶段是后者替代前者、螺旋式发展的。（　　）

2. 基于人工智能的数字营销，其显著特征在于它拥有类似于人类的智慧。（　　）

3. “4P”组合强调企业应该把追求顾客满意放在第一位。（　　）

4. 数字营销所涵盖的范围比新媒体营销要小得多。（　　）

5. 在体验经济的大背景下，参与品牌的信息传播体验，已逐渐成为吸引受众的关键诉求点。（　　）

四、思考题

1. 目前对数字营销的定义有哪些？你认为该如何定义数字营销？

2. 谈谈传统营销到数字营销的发展背景。

3. 你是如何看待数字营销的发展历程的？

第二章

数字营销新理念

能力目标

通过完成本章的学习，学生能够掌握数字营销思想的转化路径、新4C法则和4D营销模型。

素质目标

以身边的事件举例，引导学生进行观察和思考，建立数字营销思维，透过现象看到事物发展的本质，理解当前商业社会的热点问题。

引例

盒马鲜生，定义新零售

新零售大趋势：线上线下加速融合。以盒马鲜生为例：盒马所有的营销，可以通过大数据技术知道产品卖给了谁、卖给了哪类人，从而更精准地提高零售的效率。对于商场内部管理而言，盒马运用大量人工智能技术，可快速地从视频中找到想要的商品信息；用区块链技术做到所有的农产品可溯源，让食品安全得到真正的保证。可以看到，所有大平台及品牌几乎都采取了线上和线下融合的模式，并且积极应用大数据、人工智能等新技术手段提高用户购物体验、实现精准运营。

通过社交电商打破消费边界。随着传统电商多中心化的推进，基于微信所形成的社交电商也形成了一种新的商业形态，用户通过好友分享、公众号内容等形式产生的消费行为爆发出了强大的活力。

比如，盒马在打造爆款产品的过程中，就会在营销中后期植入拼团领红包活动，激发用户将产品信息传播出去。从数据统计来看，如今电商行业的平均单个用户获取成本超过200元，结合“拼购”这种简单、便捷、突出高性价比的形式，让商家的获客成本远低于市场平均水平。

泛零售品类+服务升级。从消费者的角度来讲，今天的消费者不再是单单购买产品，更多的是要购买服务。众多电商平台横向上不断拓展更多泛零售的商品品类，纵向上逐步开始“服务+”的升级。

比如，盒马在线下推出的火锅季，虽然服务不如海底捞，但有比它多得多的商品，从海鲜、牛肉到各种蔬菜，客户能想得出的火锅商品盒马都有，这是其一。其二，商品价格便宜，毛利率只有餐饮的一半，消费者会发现，原来超市卖火锅也可以做得很好。

做新零售需要怎样的商业思维？“新零售”的重点在于“新”字，与传统零售及传统电商大相径庭。要抓住新零售背后的逻辑，更重要的是形成与之匹配的商业思维。

第一，养成“进化思维”。改变，是永远不变的。西尔斯是19世纪的新零售，沃尔玛是20世纪的新零售。零售一定会继续往前走。曾经，线下零售就像地心说一样，被当作零售的本质。这个世界上，只要有零售，就有新零售和更新的零售，但是永远不会有最新的零售。

第二，发展“本质思维”。第一次零售革命是百货商店的诞生，第二次零售革命是连锁商店的诞生，第三次零售革命是超级场的诞生，第四次零售变革是无店铺销售的诞生。零售的方式一直在改变，而零售的本质，却一直是连接人与货的场；而场的本质，是信息流、资金流和物流的万千组合。当然不同阶段的发展依然受限于当时的历史环境和背景，但是推动效率和体验提升是始终都在坚持的方向。

第三，养成“系统思维”。商业模式，就是利益相关者的交易结构。在新技术、新思维条件下，交易结构发生了变化，必须有相应的系统思维与之对应，解构这些系统，优化组合，获得新的增长动力。

一切商业的起点都是消费者获益，让对方获益的时候，你才会因为交易的逻辑换回你的价值。商业世界不管有多少种变化，有一个方向永远不会变，就是商业效率的提升。

（资料来源：李要星．“盒马鲜生”的新零售模式［J］. 市场研究，2018（6））

【分析提示】在数字经济背景下，盒马鲜生采用了哪些营销新理念？

第一节　数字营销思维

一、未来的“五新”时代

有人说，今天的时代是“五新”时代——新零售、新制造、新金融、新技术和新能源，这是全人类的“五新”时代。对于企业来说，也将迎来“五新”时代，即新经济、新商业、新模式、新渠道、新用户。

（一）新经济

新经济即实体经济和虚拟经济相结合的经济。

什么是实体经济呢？实体经济是指一个国家生产的商品价值总量，包括物质的、精神的产品和服务的生产、流通等经济活动。通俗地讲，实体经济就是开工厂、做批发、建门店。

什么是虚拟经济呢？虚拟经济是相对实体经济而言的，是经济虚拟化的必然产物。互联网经济、金融业、资本运作都属于虚拟经济。

过去，实体经济就是实体经济，虚拟经济就是虚拟经济；今天，实体经济和虚拟经济已经相互结合。

▶ 案例 2-1

它们是虚拟经济吗

阿里巴巴是虚拟经济吗？

阿里巴巴已经收购了大润发、银泰百货（阿里巴巴有杭州银泰百货98%的股权），还做了盒马鲜生等。今天的阿里巴巴已经在线下越走越远，它已经不仅仅是虚拟经济了。

同样，京东准备在线下开1万家家电连锁店，同时它朝着100万家便利店的目标快速发展。还能说京东是虚拟经济吗？

小米同样要在线下开2000家店，每个店产生1亿元的营业额的话，2000家店就要产生2000亿元的营业额，这就是今天的小米。

（资料来源：周导．重构——新商业模式［M］．哈尔滨：哈尔滨工业大学出版社，2019.）

今天的新经济是虚实结合，虚在前、实在后。

虚拟经济是市场经济高度发展的产物，以服务于实体经济为最终目的。如果实体经济是电脑，那么虚拟经济就是操作系统。再好的电脑，没有操作系统都是破铜烂铁。以前我们的很多企业，都是开工厂、做批发、开门店，但是现在要开始转型接入虚拟经济，转变经营理念和思维，将虚拟经济和自己的实业结合起来，虚实结合，“两条腿”走路。传统的实体经济需要用虚拟经济的思维来带动自身的转型和再发展，结合虚拟经济后，优化升级和重构商业生态，迎合未来商业竞争的需要。

（二）新商业

新的经济发展时代，随着宏观环境的变化，各种机会开始涌现，这些机会变成新商业。新商业是在原有商业上发展而来，产品进行优化、服务进行升级、业务模式更新，原有的商业模式更加丰富和多样化，在发展中找到新的市场和新的方向。

新商业本质上就是商业模式的升级换代。植入新的工具和业务模型，从而迭代升级。

（三）新模式

新商业说到底就是新模式。传统的商业模式比较简单和直接，基本就是以卖产品为主。新模式在数字经济的今天，其实就是要利用各种数字平台，打造线上线下共融，以平台为载体，植入新的数字经济元素。线上主要作为传播阵地和品牌阵地，线下主要是服务和体验。线上给线下赋能，线下给线上支持，打造“天地人网”多元素共生共存的新商业模式。

（四）新渠道

新的商业模式发展必然催生出新渠道。传统商业模式的渠道以线下为主，线上为辅，渠道单一，功能简单。当今数字营销时代的渠道，线上线下的界限变得非常模糊。

比如直播，直播就是看到就能买到，传播渠道和销售渠道进行融合；O2O 的服务，用平台链接供需双方，在线上完成交易，在线下完成服务；新媒体平台短视频，看到视频内容，就能在平台上购买视频里的产品或者在线上就完成咨询和获客。

渠道是商业模式的核心。数字营销的渠道更加多元化，跨界融合趋势非常明显。建立自身特色的渠道是数字营销时代成功的关键之一。传统企业的转型发展基本上是以渠道转型为核心。

（五）新用户

数字营销时代对于用户有着更多的含义。传统营销认为用户是一种产品、服务、技术的购买者或者使用者。数字营销时代的客户可以是一种商业模式的购买者、合伙人、销售者。用非用户带动潜在客户，用跨界渠道带动专有渠道，以模式的复制带动消费，用线上传播+线下体验带动实体经济。

新时代的用户不一定是购买者，有意向的客户也是重要的开发资源，采用“种草”的形式达到聚集口碑、传播内容的目的，用意向客户来促成成交客户，再用成交客户达成口碑营销，反复来回，形成用户池或流量池。

在数字经济时代，企业与企业之间的竞争变成了产业链之间的竞争，特别是制造业企业要重视技术研发和产业链的深度打造，在未来的商业竞争中才能有自身的竞争力。

▶ 案例 2-2

阿里新零售与京东新零售有何不同？

在每个节假日或者大型活动的时候，就有很多人出来调侃“猫狗”大战。但是随着新零售行业的发展，我们看到，不仅仅是在节假日上演“猫狗”大战，因为阿里新零售与京东新零售的疯狂布局，所以在平时也能见到“猫狗”大战。那么阿里新零售与京东新零售有何不同？

阿里新零售

阿里具有强大的资本力量，直接用“买买买”的形式打开新零售的布局。从战略入股三江购物，到私有化银泰商业，从盒马鲜生到无人零售，阿里在探索新零售的道路上不断加码，版图也越扩越大。而每一次股权投资，都掀起了一场资本狂欢。

在新零售概念提出后短短一年时间里，阿里系围绕新零售拼图，从投资标的的资金占比来看，对连锁超市及百货类企业的投资，涉及金额占比最大。据《21 世纪经济报道》粗略统计，近 4 年间阿里至少在传统零售业砸下了 750 亿元。

目前，阿里新零售版图已囊括电商、技术、物流、商超，走在了行业前列。根据阿里云总裁的说法，淘宝、天猫、菜鸟、阿里云、阿里妈妈、盒马鲜生已集成了阿里新零售的完整闭环。在新零售的探索中，云计算、大数据和现代物流等，受到业界极大关注。当然还有现在的无人技术、人工智能等。

京东新零售

京东主打的无边界新零售。什么是无边界？首先是消费者购物无边界，任何时间都能选择购物，跨越空间做更多的选择。其次是消费场景无边界，不仅仅是简单的线上和线下场景，而是出现了很多新型的零售场景。最后是供应链无边界，用户数据和销售数据反向驱动于供应链，在设计、生产、流通环节创造更高的效率和更低的成本。

2017 年 8 月，京东开始在数码 3C 领域试水，首家店铺开在北京通州万达广场，顾客进店可以“刷脸”成为会员，并可以进行偏好的趣味分析。像这样的店，京东已经在北京、上海、深圳等地开设了 21 家。根据京东的计划，将在全国开设超过 300 家以 3C 为主的零售体验店。

在 2018 年的时候，京东在全国线下布局超过 160 家京东之家和京东专卖店、近 200 家京东母婴体验店、超过 1700 家京东帮服务店、超过 5000 家京东家电专卖店，以及沃尔玛在全国的 400 余家门店、京东合作品牌商家的近万家门店、接入京东掌柜宝的数十万家便利店，都将通过全新的门店科技与大数据系统完成和京东平台的融合。

在新零售的战场上，除了京东、阿里，还有腾讯、小米、苏宁等也不容小觑。新零售发展到现在各个行业都已经完成布局，但在接下来的落地当中才是真正的战争。只有让自己的模式成功落地并成为一种商业模式为企业盈利才是新零售！

（资料来源：张超．猫狗开启线上超市大战 未来谁是 NO1 犹未可知 [J]. 中国食品，2019 年第 21 期.）

未来的商业模式可能出现各种不同，但是商业模式的迭代升级和自我进化一直以来都在不断地发展。不能盲目定论孰优孰劣，只能在市场中经受消费者的选择。有一点可以确定，利用数字技术进行商业各元素的互联互通，打造开放与共享的商业新生态是每个企业未来的不二选择，在适应环境变化中不断完成自我升级和转型才是竞争的法宝。

二、重构新商业模式

传统的生意模式，无非就是开工厂、做批发、开门店。传统的赚钱逻辑是“收入—成本—利润—投资”。数字营销时代赚钱的逻辑变化了。特别是现在的互联网企业都是在传统商业模式上进行了优化升级，“快速获取流量、重构渠道、用复制的模式去野蛮生长”，现在的商业比拼不再是传统的产品和服务，而是模式的优劣和模式可否快速复制。

▶ 案例 2-3

创新商业模式有哪些

创新商业模式是公司创造、交付和获取价值的独特且创造性的方式。它偏离传统或既定的业务开展方式，提供新的解决方案，产生收益并获得市场竞争优势。创新的商业模式通常会挑战现有的行业规范，包括利用技术、数据或新方法更高效地满足客户需求。以下是 15 种颠覆传统行业的创新商业模式。

01 共享经济模式

共享经济模式是对传统行业极具颠覆性的一种创新商业模式。共享经济模式是一种社会经济系统，利用技术和数字平台使个人或组织能够相互共享资源、商品或服务，通常是收费的。这种模式近年来获得了显著的关注，并颠覆了各个行业的传统商业模式。

比如：共享单车、拼车等。

02 PaaS 模式

平台即服务（PaaS）是一种云计算模式，提供云平台，开发人员可以在其中构建、部署和管理应用程序。PaaS 产品包括基础设施、开发工具、中间件和简化应用程序开发与部署流程的服务。通过该模式创建一个连接买家和卖家的数字平台，促进行业内的交易和互动。通过提供集中式市场，PaaS 使企业能够覆盖更广泛的受众，降低管理成本，并促进协作和效率。

比如：把空房出租给旅游人士的服务型网站、自由职业平台等。

03 调研平台模式

调研平台模式是支持学术和科学领域研究活动的商业模式。调研平台为研究人员提供工具、资源和基础设施，以进行实验、分析数据、与同行合作并发布研究结果。调研平台商业模式促进研究人员、学者、专业人士或个人之间信息、数据或知识的交换。这些平台通常提供工具、资源和网络来支持研究活动。

比如：研究工具、调研数据库等。

04 SaaS 模式

软件即服务（SaaS）是一种软件分发模式，应用程序托管在云中，并通过互联网以订阅方式提供给用户。企业可以提供易于访问且经济高效的解决方案。SaaS 免去了对硬件或软件许可证的前期投资，为客户提供了更大的灵活性、扩展性和无缝更新。SaaS 模式增强了用户体验，并提供了适应市场需求的敏捷解决方案。通过采用 SaaS，企业家可以挑战老牌企业，引入创新，并在传统行业内创造新的机会。

比如：企业 CRM、视频会议软件等。

05　虚拟活动模式

虚拟活动模式涵盖广泛的业务和服务，利用数字技术向用户提供虚拟或在线体验和活动。由于技术的进步和消费者行为的变化，这些模式近年来非常受欢迎。随着世界变得更加全球化，对在线服务的需求始终存在，尤其是那些将远距离的人们联系起来的服务。虚拟现实（VR）和增强现实（AR）技术正被用来颠覆游戏、教育和房地产等行业。

比如：虚拟现实（VR）体验、虚拟活动和会议、远程学习和教育、虚拟购物、虚拟房产游览、虚拟健身和健康等。

06　一站式解决方案模式

一站式解决方案模式（Done For You）包括向客户提供预先打包的、随时可用的服务或产品，客户便不用自己完成这些工作。DFY 解决方案通过处理各种任务、流程或项目来节省客户的时间、精力和麻烦。还可以为客户提供个性化的解决方案。独特的解决方案有助于创业公司从传统行业中脱颖而出。

比如：预制菜、网站设计服务、社交媒体管理、投资和财务规划等。

07　社会环境模式

社会环境模式也称为可持续型商业模式，企业和组织强调将社会环境责任与经济可行性联系在一起。该模式旨在解决社会和环境挑战，同时保持盈利能力。创新的社会环境商业模式为客户创造价值，同时创造或保持社会效益和环境效益。

比如：非常重视环境的可持续性的企业、共益企业（Benefit Corporation，除了产生利润外，还非常重视社会和环境责任）等。

08　订阅模式

客户定期（通常每月或每年）支付经常性费用来访问产品或服务。该模式对企业和消费者都有利，因此在各个行业中广受欢迎。订阅模式已经在娱乐、软件和电商等行业成功实施，但还有许多其他行业可以从这种模式中受益。

比如：视频软件、音乐软件、各类会员等。

09　数字银行和新银行模式

数字银行和新银行通常被认为是金融行业内的颠覆性商业模式。数字银行和新银行的业务大部分在线运营，或者完全独立在线运营，在没有实体分支机构的情况下提供银行服务。该商业模式基于数字技术为客户提供便捷、经济高效且人性化的金融服务。

比如：新银行通过提供移动优先、免费的银行服务（具有预算工具和提前领取薪水等功能）来挑战传统银行。

10　基于 AI 的创意平台模式

基于人工智能的创意平台模式具有颠覆传统行业的潜力，尤其是在数字营销领域。自 2023 年初以来，此类技术大幅增长，重塑了企业品牌塑造和内容创作的方式。这些平台利用人工智能和机器学习技术来自动化和增强内容创建、设计和营销的各个方面，帮助个人和企业创建、编辑和优化各种形式的数字内容，包含图形设计、视频编辑、自动内容生成、图像识别、预测分析等功能，以提高创意输出效率。

比如：设计网站、图表生成、图片内容自动生成网站等。

11　机器人流程自动化（RPA）模式

通过使用软件机器人自动执行重复的、有规律的任务，这种模式正在改变各个行业。RPA 涉及使用软件机器人或机器人来模仿人类行为并与数字系统和应用程序交互，使组织能够简化运营、降低成本、提高准确性并提高生产力。这些机器人可以执行广泛的任务，如数据输入、数据提取、文档处理、表单填写等。RPA 通常用于自动化各个领域的常规流程，包括金融、医疗保健、客户服务和制造业。

比如：帮助客户公司自动化重复任务和工作流程，提供机器人开发、分析和集成功能等特性。

12　基于使用的定价模式

基于使用情况的定价颠覆了各个行业的传统定价模式。这种模式根据客户使用产品或服务的数量或程度向客户收费，而不是固定或一次性付款。基于使用情况的定价提供了更大的灵活性，成本更透明且更符合客户需求。基于使用情况的定价，也称为即用即付或计量定价。这种模式在电信、云计算、软件即服务（SaaS）、交通和公用事业等行业中很常见。

比如：电力公司等。

13　零工经济模式

零工经济模式颠覆了各行业传统劳动就业的商业模式。在这种模式中，个人并不是传统的全职工作。它对传统就业结构有着重大影响并为人才提供更大灵活性和机会。

比如：网约车、各大自由职业平台。

14　按成果付费模式

按成果付费（Pay-For-Outcomes，PFO）模式专注向客户提供具体的、可衡量的成果，实现这些成果后付费。它被认为是一种颠覆性的商业模式，从企业提供产品或服务转移到提供价值和成果。PFO 模式将服务提供商和客户的利益捆绑在一起，通过激励、创新和问责制来颠覆传统模式。

比如：教育领域的 PFO 模式公司，他们向学生提供收入分享协议，允许他们根据未来的收入支付教育费用；一些碳抵消组织也是 PFO 模式，他们根据实现的碳排放减少量获得补偿。

15　生物技术订阅服务模式

生物技术订阅服务模式是生物技术和生命科学行业内的颠覆性商业模式。提供对生物技术相关产品、服务或信息的订阅访问，为研究人员、机构和专业人员提供经济高效且方便的基本资源访问，颠覆了传统的商业模式。

比如：提供遗传和基因组数据库的订阅访问，使研究人员能够访问 DNA 序列和相关信息；为科学家提供质粒库和分子生物学研究工具的订阅服务；一些公司提供药品和相关数据的订阅服务，帮助研究人员作出明智的决策；等等。

（资料来源：https：//zhuanlan. zhihu. com/p/659467668，2023 年 10 月 4 日）

作为独立承包商或自由职业者工作，从事短期、灵活且通常基于项目的工作，商业模式在各个行业中的创新一直没有停下脚步，不同的时代消费者需要的价值不同。模式的创新体现了技术的进步和需求的变化，也是行业融合、观念更新、社会进步的必然结果。拥抱未来商业模式的变化才是企业不断生存和发展的根本，在变化中学习适应，在发展中更新引领。

商业模式中的核心是盈利模式。企业只有在盈利中积累发展，没有盈利的企业走不远，也体现不了社会价值。根据现有企业的盈利模式的形式不同，可以分为以下三种类型。

第一类企业，传统的还是以产品打造为核心，追求的目标是利润最大化。提升销售业绩，用管理来降低成本。这些企业是传统企业，主要发展的抓手一是增加营销投入来实现销售收入的增加；二是利用管理来强化，对于业务流程进行精细化管理，强化 KPI 考核，降低企业的各项成本。企业的主要模式就是开工厂、做批发、建门店等。主要利用传统方式获客。

第二类企业，主要的产品不再是实体的产品或者服务，而是模式。追求的目标是现金流。这类企业是做模式的样板，样板主要是如何构建渠道和追求渠道流量的快速增加。样板打造成功后就快速地复制，形成体系达到市场的快速占领。利用卖模式去盈利，这类模式往往复制性很强，扩张迅速，形成资金的快速聚集。例如，良品铺子、百果园、零食很忙、微商、社群电商等。主要采取加盟连锁模式进行扩张。

第三类企业，主要是以用户获取为中心，用户其实就是流量和数据。这类企业追求流量的最大化。把市场中的消费者全部进行数据化，把数据均纳入企业的运营中去，把数据流量作为企业最核心的资源来管理运营。当前的互联网企业均是这种模式，把流量的获取作为企业最大的目标。互联网企业说到底就是数据公司，在拥有庞大的用户数量的基础上进行流量的转化、变现、升级，这类企业往往都有大量资本投入作为依靠，快速地获取流量以及不断地共享流量，打造流量平台，在流量的基础上再植入流量变现模式。例如，美团、百度、京东、阿里、字节跳动等。主要就是不断地获取新的流量，用各种新业态进行流量的再获取。

以上三种类型的企业，经营的逻辑是不同的，但是经营的本质并没有改变，只是在商业模式上进行了优化升级。

所有生意都要依靠流量。随着时代的发展，只是获取流量的方式发生了改变，生意的本质还是流量×客单价+复购。商业模式也是随着流量的变化而变化的，价值的体现随着需求的进步而改变。企业要了解市场的变化，拥抱趋势，敢于自我革命，不断地给自身提出新时代的新目标。只有这样才能跨越行业周期，使企业保持持续的盈利和发展。

三、营销思维的转变

数字营销思维是指结合数字领域的思想方法，针对营销领域解决用户需求、营销传播、渠道建设、产品策略、品牌建设、销售转化等一系列问题，采用数据收集、分析、挖掘、匹配等方法解决营销问题的思维活动和过程。

在传统营销时代，绝大多数企业主要围绕解决收入增加、成本控制、利润最大化、核算投资收益四个问题。在传统营销时代做得好的企业，如果不适应数字经济的发展，仍然保留过去的思维模式，现在的营销会越来越难做。数字营销时代，应坚持入口思维、平台思维、跨行思维和生态思维。

（一）从收入思维到入口思维

当企业经营出现问题时，很多企业的经营者和高层管理者会找到诸多原因。大多数人会从客观情况找到很多问题，如行业利润率不高、流量不足、客单价低等原因。其中最重要的原因就是流量不足。

例如传统的开设门店。不同的地段，相同面积的店面的房租有着巨大的差异。在核心商业区一个店面每年租金可能高达 120 万元或者更高，而在住宅区的另外一个店面每年租金只需要 5 万元；高额租金的店面往往供不应求，而低价租金的店面一般会租不出去。这两者差异的原因究竟是什么？租金不同背后的商业逻辑到底是什么？

其实决定租金高低的核心是流量。店面的流量叫作地段流量，高额的租金往往是高流量的价值，低价的租金也是低流量的体现。所以说租金贵其实购买的是流量费。但是，随着电商的快速发展，拉低了地段流量的价值，开设门店的企业经营思路的转变成为必然，因为地段流量变小了，被线上分流明显。如果现在的企业不会引流，无论是开工厂、做批发还是开门店都很难生存，所以说思路要转变。

传统企业的经营思维是要把营销做好，首先要有好的产品，有了好的产品就要想办法把产品卖好，才能增加销售收入。在增加销售收入的基础上，控制成本就能得到较好的利润，然后获得的利润再进行扩大投资—增加投入—扩大规模……循环往复。通过这样的循环发展壮大起来。这是传统企业的收入思维逻辑。

但是在数字经济时代，要想做好企业经营，就必须学会引流，获取流量。获取流量，企业就要能够掌握流量入口，在入口处就要与其他企业展开竞争。得流量者得天下，得入口者得优势。

（二）从成本思维到平台思维

成本是每个企业都会考虑的问题。降低成本不仅仅是财务部门考虑的问题，也是营销部门考虑的问题。企业一旦开始运营就会产生成本，并且会随着企业的业务规模的扩大而增加。成本增加就意味着利润减少和运营风险的增加。那么，如果把企业变成平台能否降低成本？平台企业做的是轻资产运营，做的是商业生态的包容者和组织者，无论资产投入、人财物成本都会下降。

▶ 案例 2-4

两条思维路径举例

开公司的思维路径（加减法盈利）：

200 万元收入-150 万元成本=50 万元盈利，通过营销手段，提高收入到 300 万元，但同时增加了投入，成本达到了 225 万元，最后盈利 75 万元。

做平台的思维路径（乘除法盈利）：

与人合作某项目盈利 50 万元，自己只留下 10 万元，剩余的 40 万元全部分给合作伙伴，通过这种盈利分配方式和赚钱的道路，就可以再打动 100 人一起做这个项目，那么届时将得到 10×100=1000 万元的盈利。

如果帮助合作伙伴将盈利从 40 万元提升到 80 万元，那么合作伙伴也就会从 100 人扩充到 1000 人，盈利就提升了 2 亿元。再从 2 亿元中拿出 1 亿元邀约 50 人成为合作伙伴，去服务之前的 1000 人。从另外的 1 亿元中拿出 5000 万元邀请 5 个人去管理之前的 50 人。最后，盈利 5000 万元，但只要管理 5 个人就可以了。

（资料来源：周导. 重构——新商业模式［M］. 哈尔滨：哈尔滨工业大学出版社，2019.）

过去在经营企业的时候通常管理者都会考虑一些问题。比如：怎么控制成本并不断地降低成本？如何增加销售收入？如何与对手竞争？

如果是平台思维，那么要考虑的问题是：如何把竞争对手纳入平台中来？如何把竞争对手变为合作伙伴？企业员工不再是成本而是创业伙伴？

思维的转变会带来商业组织变革和商业模式革命。平台是供需双方的联络者和组织者，也是商业大格局的表现形式，把公司作为平台来运营，将供需双方以及相关者均纳入进来，形成自身的竞争优势，用平台来参与社会化大分工，无疑是一种更高级的竞争思维。

在平台中获益的各方也会为平台贡献出自身的收益。平台的轻资产运营也会有着自身特有的优势，把以前的竞争对手、消费者、供应商、内容员工均变为自己的合作伙伴，共同参与共同收益，构建的商业生态让各方获益，这是数字时代特有的商业变革。

（三）从利润思维到跨行思维

利润是企业追求的最大目标。但是利润的来源，在当今的数字经济时代，有着特有的含义。自身的主业盈利不再是最重要的目标，用自身的优势去与其他领域的企业的优势合作，来换取利润。

▶ 案例 2-5

投资 50 万元的美容院，净赚 1500 万元

一位老板投资 50 万元开了一家美容院，以前她是辛辛苦苦把自己的精力花在店上，一年下来能够赚五六十万元。后来她给了店长 40%的股份，收了店长 5 万元押金，把美容院管理的事情全部交给店长。

她将店内 30 位 A 类顾客列出来，重点服务好这 30 位客户，并引进了新的高科技项目。这些项目都是不能在美容院做的。她跟 A 类顾客组成一个社群，分享日常的美食、旅行，在社群之外共享一个平台。

这位老板把自己的美容院当成了员工创业的一个平台，然后又把顾客当成了不断进行

导流的一个平台，从美容行业赚得低利润，在其他医美行业赚得高利润，实现了跨行盈利。

在童装店卖水杯，月销售额400万元；在盒马鲜生卖快餐，每天人满为患；在宜家卖冰淇淋，月销几万支。这些都是跨行思维产生的盈利。

（资料来源：赵占波．移动互联营销［M］．北京：机械工业出版社，2015.）

在数字营销时代，如果你拥有巨大的流量和会员数，那么你的盈利模式可以借助其他行业客户来实现流量变现和跨行业合作。

（四）从投资思维到生态思维

生态思维是从整个宏观环境出发，思考资源整合的问题，用创业整合资源的思维来考虑行业的问题。用产业的眼光来看行业，用整合的思维来看投资，形成独有的生态思维。生态思维的目标就是合作共赢。

传统企业在进行投资时主要考虑的问题就是如何用投资换回收益。投资收益往往等同于获取的资源加上后续的经营所得。在现在社会，投资要获取收益，需要有独特的眼光，对于资源的理解要更加深入。人才、社会资本、资金、信息等都是重要的资源。将这些资源整合到一起，形成独有的商业模式，再配合团队实现运营后，方可盈利。投资考虑的主要是从自我的角度出发，往往忽略行业的其他从业者和相关联者。

如果我们从顶层考虑产业问题，那么角度变化了，整合资源以及构建商业模式也会发生改变。竞争者、供应商、消费者、潜在竞争者都会成为商业模式的一个组成部分，产业的胜利才是构建未来的关键。产业能够良性发展，企业才会从中获益并得到未来发展的巨大空间。将产业作为生态来打造，体现了更为宏大的商业格局和视野，不再看重自身的发展，更在意整体产业的进步。这是观念的进步，更是经济发展带来的变革。

第二节　新4C法则

一、新4C法则的内涵

互联网的发展带给营销两大变革。一是基本所有的流量均转移到线上，特别是利用各大数字化传播平台，使得线上流量暴增。有各大社交媒体、短长视频平台等。二是用直播、AI、团购等方式完成高转化率，使得流量变现率高。下面用新4C法则进行说明。

所谓新4C法则，就是企业需要构建和了解消费者的消费场景（Context），针对特定的社群（Community），将有传播力的内容（Content）或话题，通过社群网络结构进行人与人的连接（Connection），在人群中快速地扩散与传播。4C=场景+内容+社群+连接。

场景：产品和服务都必须基于用户的使用场景来设计，企业间的竞争从信息入口之争转向场景之争。场景正在重构移动互联网时代的产品、营销及商业模式。场景是将消费者

进行情境带入，增强其认知力的重要工具。

社群：在未来商业中，社群是企业与用户连接的新形态，企业必须从用户、合作伙伴、员工等角度构建自己的社群，理解社群的结构、行为、传播规律。社群就是在目标人群的基础上进行更进一步的分类，更加的精准。社群标签的多样化和发展性是企业深度市场调查的直接体现。

内容：未来每家企业都是内容企业，内容是企业与用户发生关系的抓手，如何生产出能引起受众共鸣和自发传播的内容，将是衡量企业实力的一个重要标准。好的内容不只关注内容的受众和内容本身，还会关注内容的场景，从二维升至三维。内容的创意和话题性提高用户的参与度，从而扩大传播力，构建人与人之间的互联互通。

连接：引爆社群就是通过人与人的连接，快速引爆特定社群。通过对群体网络结构的分析，撬动社会网络的中心节点，赋予传播的动力，降低接受门槛，从而让信息随着人与人的连接裂变传播。连接是构建社会关系的重要连接点，连接点也给企业的营销带来接触点和机会点，把握好连接就会把营销的主动权掌握在手中。

传统的营销与传播正面临新的解构。众多互联网平台和媒体的出现，让大多数企业面临环境的巨大和快速变化。传统营销理论也面临着重新的解读和加入重要的数字化营销内容，单独对某个平台和媒体的研究解读，不足以支撑企业数字化营销转型。要从整体和宏观上认识互联网的发展，再结合企业未来的战略进行彻底的转型。新 4C 法则是一个整体系统理论，企业通过具体的实际应用，深刻理解数字营销的变革，从而进行数字化转型升级的完成。

新 4C 法则是在互联网时代，站在用户的角度考虑用户在线上接触的信息、感受、操作等一系列的过程。也就是在什么样的场景下，消费者需求会更为集中，群体具有什么样的情绪及状态便于营销。简单的消费者集中是不够的，更为重要的是批量的消费者需求能在较短的时间内集中，这样的场景才是营销出场的好时机。例如，携程网在初期面向特定城市的商旅客户推销订酒店、订机票等业务时，营销者常常会与政企集团客户洽谈，以期发展批量业务。这样的思路比简单的电话营销、客户拜访更具优势。但是，这种做法没有将消费者的需求及环境考虑进去，无法快速地体现营销效果。不足之处在于，消费者虽然集中，但是需求在时间点上不集中。选择适合的场景需要瞄准消费者聚集、需求（订酒店、订机票）也集中的点。携程团队最终发现，人头攒动的飞机场、火车站是更适合的场景。

传统营销的内容，往往传播的内容是结果，由企业总结的产品卖点和优势，但是内容的过程和构成，消费者看不到、了解不到。微信、微博发布的是内容，短信写的是内容，宣传彩页上写的是内容，电视广告播放的是内容，销售人员嘴里说的话也是内容……但是，作为营销人员，之前关注的更多的是传播渠道（电视、报纸、互联网）的覆盖，渠道起到的作用是将内容快速地传播给大众，但是很少关注所传播的内容，消费者到底是否喜欢。在数字营销中，需要更加关注内容在传播中的创意，因为枯燥的内容即使花费大量的媒介费用，也很难达到预期的效果。

营销进入窄众时代，覆盖所有群体的方式已经落伍，需要的是精准传播，尽量少骚扰不相关的群体。针对特定群体，有效的方式是跟随社群网络结构（如渔网般）进行人与人的连接，快速地扩散与传播内容，获得有效的传播价值。要想取得良好的扩散与传播效果，就需要考虑社群的结构、社群的特性、节点扩散的动力、个体传播的损耗等方面，只有构建有效的扩散机制，才会获得有价值的回报。

二、新 4C 法则实操案例

一个专门针对儿童开发的游戏网站（游戏内容积极向上），产品已经成熟，希望能在 6 个月内获得 100 万个真实的注册用户。目标客户的年龄层次是 4～8 岁。营销预算是人民币 50 万元。营销方式不限，考核的 KPI 是注册用户数和注册用户重复使用频率。

那么，该如何开展营销工作？

（一）常见解决方案

方案一：从影响孩子的媒体入手，如在类似于《喜羊羊与灰太狼》这样的节目中投放广告，宣传网站，获得注册用户。

方案二：策划活动方案，吸引爸爸、妈妈、孩子参加，说服孩子的爸爸、妈妈，获得注册用户，活动方案类似快乐宝贝海选。

方案三：线下拓展法，即打印小纸条广告，在幼儿园门口发放给接孩子的爷爷奶奶，以获得注册用户。

方案四：事件炒作，博得眼球，期许获得用户注册，如“神童原来是玩游戏成长的”一类的噱头炒作。

方案五：送玩具等礼物，携带网站的广告，以期许获得用户注册。

诸如上面所列的一系列营销思路路径，都可以选用。

需要追问的问题是，经过上面的营销操作后，是否能够保证在 6 个月内获得 100 万注册用户？我们可以看到，许多地方显然是实现不了的。做营销一直强调的是靠谱，可落地。方案要落地，除了需要考虑谁对 4～8 岁孩子有影响（人、媒体、环境），如何触发连接传播外，还需要考虑如何形成游戏社群，让孩子“沉淀”在网站上。许多游戏通过营销可以获得较多新的注册用户，但是用户群体之间没有“关系”，很难沉淀下来。

（二）常见解决方案的可行性分析

让我们逐一剖析上述方案的可行性。

第一个方案是从影响孩子的媒体下手，如在《喜羊羊与灰太狼》中做广告。宣传网站，获得注册用户。按照刊例价格，50 万元的广告费，在《喜羊羊与灰太狼》中投放广告最多能播几天呢？广告播完后，网站注册用户能否到达 100 万呢？显然不行。通过广告宣传获得大规模稳定用户，还是很具有挑战性的。

第二个方案是策划活动方案，吸引爸爸妈妈及孩子参加，说服爸爸妈妈，获得注册用户。策划一个亲子活动或者游戏活动，让全家都来参与，能有多少人注册呢？一个常规的活动，能够获得 10 万人注册已经是非常不错了，可是，剩下的 90 万如何获得呢？更何况多少爸爸妈妈会真心拉着孩子去打游戏？即使这个游戏是励志的、有趣的，说服孩子父母依然非常困难。

第三个方案是打印小纸条广告，在幼儿园门口发放，获得用户注册。虽然打印小广告的成本低廉，但是，给孩子发小广告，显然不行；向接孩子的爷爷奶奶发广告，上面写着“打游戏，上××网站”，实际效果也可想而知。这种方法在思路上很接地气，但是格局上偏小，而且在用户的未来发展规划上也存在不确定性。

第四个方案是通过事件炒作，博得眼球，期许获得用户注册。事件炒作也许可以获得大量关注，但是通过50万元的预算想炒作一个能引起大众注意的事件，其难度可想而知。即使获得大量关注，100万的注册用户是不是可以保证呢？另外，炒作之后，网站的活跃度会不会像炒作一样，热几天然后就没了？游戏网站的价值在于深耕用户，通过炒作获得的注册用户缺乏持续的商业价值。

第五个方案是送玩具等礼物，携带网站广告，以期许获得用户注册。这个方案存在两个挑战：一个是在既有预算的前提下，礼物的覆盖人群数到底能有多少；另一个是礼物送出去后是否可以获得注册用户，并且这些用户是否能长期留存下来。

选择比努力重要，思考路径一旦出错，再努力，效果也有限。如果我们用新4C法则来解决这个问题，会是什么样的呢？

（三）应用新4C法则解决方案

如果用新4C法则来制订方案，首先应该思考的核心问题是：谁对孩子的影响力最大？一般人想到的是家长，但是说服爸爸妈妈两个人才可以获得一个注册用户，营销效率低。那么我们就要问了，还有谁对孩子的影响力比较大？当然是老师。一个老师可以影响多个孩子，这个非常重要的节点，相当于“4P”营销理论中提到的“渠道”。如果仅考虑影响孩子的爸爸妈妈，营销效率就低了很多。

1. 营销场景

可选择在放暑假前1个月。为什么是放在暑假之前？因为孩子在暑假的2个月会走亲访友，一方面他们可以为网站宣传，另一方面他们也会以班级为小圈子加入在线游戏部落，从而增加黏性。通过种子用户的宣传，可以获得一批注册用户，等到孩子新学期开学，新注册的孩子们又会在班级中扩散，较易产生规模注册的效果。

2. 社群营销

目标用户在地理上比较聚集（学校的班级），这是营销传播一定要考虑的重要因素。能否将孩子的线下社群及关系整体迁徙到互联网上，将直接决定这个游戏社区网站的黏性，也将决定网站用户群的稳定性。

3. 内容及话题

小朋友们在社群玩游戏的过程中多数会出现类似排行榜的趣事，这将进一步诱发他们参与游戏的兴趣。暑假期间，小朋友之间沟通交流游戏心得时，也是在传播内容。

4. 连接传播

100 万个孩子，结合人口统计来看，单一城市（市区）的规模都是不够的，需要多个城市。考虑到传播效应，方案可集中选择北上广深 4 个节点城市进行扩散，每个城市选择的幼儿园和学校也应该从区域上筛选节点，争取能辐射更多的孩子。只有孩子们进行口碑传播，才有可能在低预算的前提下实现预期目标。

从这个案例中我们可以清晰地看出，新 4C 法则围绕的核心是如何解决实际遇到的问题。选择的场景是放暑假前，准确把握需求用户以及人与人之间连接传播需要的环境。在特定社群的选择上，将小朋友线下的社交关系拷贝到游戏中，不只是发展用户速度变快，也让用户对游戏的黏性加强。小朋友的扩散及话题的讨论，进一步触发流行。在新 4C 法则的指导下，最终很有可能完成既定的 100 万注册用户的目标。

第三节　4D 营销模型

一、4D 营销模型提出的背景

互联网思维对传统营销模式有着巨大的启发，数字营销模型在传统营销模型的基础上发生了巨大的飞跃式的变革。新的营销模型一定是适应数字经济时代变化，符合消费者消费需求、习惯、场景的，对企业数字经济时代的营销发展起到重要的指导作用。互联网思维是一种观念的进步，但是互联网只是一种工具，任何夸大和歪曲其作用的观念，都是不正确的。企业要在传统营销模型的基础上，结合自身的资源能力进行新营销模型的探索与改进，不能丢弃传统，也不能拒绝新经济时代的发展。

在移动互联网时代，营销工具、消费者观念、消费行为模型均发生了重大转变。通过对传统营销理论的深入探讨和对新经济时代环境的敏锐洞察，有学者提出了符合新经济时代背景、以消费者需求为基础、以互联网思维为指引的 4D 营销模型，涵盖了四大关键要素：需求（Demand）、动态（Dynamic）、传递（Deliver）、数据（Data）。

需求：这是所有营销的最根本问题。企业首先需要了解消费者需要什么，然后设计制造出产品和服务，再大力宣传符合消费者需求的产品和服务，并且用超出消费者最高期望的方式去实现它。

动态：随着新技术的兴起，尤其是社交网络的出现，企业与消费者的对话已经不再是企业与消费者之间一对一、点对点的静态沟通机制，转而演变成多对多、立体化的动态沟通机制。

传递：在进行营销策略选择时，优先考虑的是如何将产品的各项价值（产品价值是由产品的功能、特性、品质、品种式样、品牌等所产生的价值）更加便利地传递给客户，而非只考虑企业自身生产、销售的方便程度。

数据：在互联网普及的当下，社会化应用以及云计算使得用户的网络痕迹能够被追踪、分析等，而这个数据是海量的和可变化的，企业或第三方服务机构可以借助这些数据为企业提供方案咨询、策略选择、实际投放等营销服务。

二、4D 营销模型的内涵

（一）需求

需求作为市场营销理论的基石，经历了从产品本位、消费者本位到聚集用户需求策略的演化。

1. 产品本位策略

产品（Product）本位策略从企业的角度出发，强调企业要以产品为导向，关注产品的效用、质量、外观、样式、品牌、包装、规格以及服务和承诺等因素。产品本位策略的产生是基于短缺经济时代，需求远远大于供给，产品种类少，企业也很少提供服务，消费者没有选择的余地，因而企业向消费者宣传和推出产品，消费者较容易接受。产品本位策略的特征：它宣传的是“消费者请注意”的理念。

2. 消费者本位策略

消费者（Consumer）本位策略，从本质上说，是一种将公司产品或服务的开发和交付与目标消费者当前和未来的潜在需求挂钩，尽可能提高消费者在企业长期经济价值的战略中的地位。自从福特让世人看到流水线的神奇之后，所有类型的企业甚至服务型企业都走上了同一条增长和盈利之路。消费者本位策略的特征：以“请消费者注意”为座右铭。

3. 聚焦用户需求策略

聚焦用户需求（Demand）策略是指在网络环境中利用网络工具收集和整理消费者信息，了解、分析、预测和创造消费者需求。其特征是以“我了解消费者”为核心竞争力。消费是一个被消费者驾驭着的循序渐进的过程，消费者不断地重新评估自己的经济能力和需求，不停地改变自己的消费行为。如果企业想迎合消费者，就必须跟上这种需求的变化。企业只有真正理解了客户，才能适应修正自己传达的消息、提供的产品以及与客户接触的渠道。对于消费者而言，移动互联网时代下获取信息的方式呈现多元化。善于利用互联网工具的消费者，通过互联网检索产品信息，利用“评价”“发帖”或“转发”的形式传播产品信息，随时随地与商户或其他消费者互动。对于企业而言，聚焦用户需求策略要求企业不再被动地生产过时的产品，而是主动预测消费者将来的需求，生产出消费者尚未有需求意识的产品。而科技的发展，为企业获取全方位的消费者信息、分析和预测市场需求提供了有利条件。获取和掌控消费者需求信息的能力被视为企业的一种重要能力。

在数字经济时代下，聚焦用户需求策略强调以下三个方面。

（1）关注营销各环节需求，优化营销价值链

基于互联网，在营销环节中，产品和服务可通过多种渠道触达消费者，如采用 O2O、B2C、C2C、C2B 等方式与消费者连接，实现价值传递。无论是采用线上还是线下，营销价值链会涉及除企业和消费者以外不同的利益相关方。因此，企业需要同时管理好电子商务平台、自有网站、公域账号、私域、销售团队、直营门店、代理商、经销商、零售商、

加盟商等多种渠道价值链，从而带动利益各方将价值更好地传递给消费者。营销价值链的每个环节都很重要，直接决定价值链终端消费者的需求能否被满足。因此，企业不应只关注消费者的需求，更应该兼顾价值链中的各环节利益相关方的需求。

（2）利用互联网工具掌握和预测用户需求

当今时代的另一个明显特征是，公司能收集大量以前无法想象的顾客数据，并根据数据情况进行分析、挖掘、预测等行为。公司能知道顾客购买的内容、时间、地点及其他信息。没有进行数据的收集、分析、挖掘和预测，可能是产品本位模式陷入危机的最重要原因。

产品的需求量是市场中一个非常重要的指标。掌握数据，进行准确和及时的需求预测，无论对企业进行采购、生产、库存、定价等方面的内部决策，还是对消费者合理选择购买时机，甚至国家对宏观经济调控都有着重要的参考价值。传统的需求预测模型一般以历史销售量信息和对市场未来状况的估计为基础；而在互联网时代，消费者的一部分购买行为会转移到网上，如购买前通常会在网上进行信息收集和浏览，通过社交平台关注感兴趣的企业或产品，购买后会在网上进行商品评价等。消费者的这些网上行为都与他们的真实需求关系密切。如果能提取这些网络记录中的有效信息，将提高企业的需求预测能力，为市场参与者的决策提供更有效的信息支持。在传统营销时代，企业通过简单的销量对比和宏观经济的预测来粗略计算出产品的需求量，往往最后的结果与预测相去甚远。无法有效地进行科学的预测和指导实际的经营管理工作。

（3）利用社交媒体平台获取和创造用户需求

社交媒体也是互联网的产物，在社交媒体广泛进入社会应用后，企业可以借助社交媒体这类工具获得一种与客户建立真正联系的途径，一个直接倾听消费者声音的机会。一些公司利用从搜索引擎服务企业拿到的数据，可分析得知消费者最近搜索和关注的内容。推荐和实时社交搜索又进一步优化了传统的搜索引擎，它们发现了消费者的特征：消费者更可能与自己兴趣爱好相似的人产生同样的购买需求，更愿意关注他们所关注的人的意见。因此，基于社交媒体平台，企业能够通过一个用户的需求来预测与其相似的其他用户的需求。

（二）动态

在“4P”理论中，宣传是指企业利用各种信息媒体与目标市场进行沟通的传播活动，包括广告、人员推销、营业推广和公共关系等。随后在由“4P”理论演变到“4C”理论的过程中，宣传演变成了以消费者为中心的沟通，因为归根结底，企业的宣传活动，都是为了能与消费者建立良好的沟通机制，从而维护好企业与消费者的关系，进而将消费者与企业的共同利益整合在一起。而随着新技术的兴起，尤其是社交网络的出现，沟通已经不再是企业与消费者之间一对一、点对点的静态沟通，转而演变成了多对多、立体化的动态沟通。

随着互联网技术的发展，口碑营销可以在低成本下快速传播并到达用户，同时也不会让用户像对传统营销手段那样感到厌烦。而网络也为用户提供了多元的渠道来分享自己的

观点、偏好、经历，这同时也给商家带来了机会，它们可以充分运用网络口碑进行营销。网络口碑对于用户判断产品形象和感觉有巨大的影响力。

社交网络已经成为消费者的常用工具，消费者对于品牌的感知和购买决定已经大幅度受到网络和社交媒体的影响。因此，企业在与目标消费者沟通的同时，也需要和目标消费者喜欢的社交网络意见领袖进行沟通。沟通方式也不再是点对点的线性沟通方式，消费者会从各种社交网络上搜寻品牌和产品的相关信息，因此企业的沟通方式必须要转为立体化的、动态的沟通机制，达到实时响应，全面覆盖。

（1）线上线下形成闭环：统一线下活动和线上宣传，反复推动，由线上发起到线下活动，再由线下活动引发线上讨论，形成闭合回路，能够使得传播效果数倍放大，达到良好的传播效果。

（2）多渠道整合传播：整合多种传播渠道，多管齐下，发出一个声音，覆盖所有媒介，吸引消费者注意。

（3）口碑传播：通过体验建立口碑，由意见领袖或活跃个人传播，由点及面地逐渐扩大产品或者服务在消费者心中的影响力，逐渐受到目标用户的追捧并发酵，形成迅速传播之势。

（三）传递

1. 从渠道到便利的演变

渠道原则从企业自身出发，不从顾客的需求出发，其建立多级分销渠道的法则往往是考虑企业的资源、能力及利益，只是采用各种手段让消费者了解其产品，采用多种渠道使消费者有机会购买其产品，而不是顺从消费者的购买习惯。只是企业在核算渠道的投入产出比，单纯地计算财务数据。

便利原则，指消费者购买的方便性。相比传统的营销渠道，新的观念更重视服务和体验环节，在销售过程中强调为顾客提供便利，让顾客既购买到商品也购买到便利。其实便利也是消费者愿意付出的主要成本，也是企业获得收益的重要来源。企业要深入了解不同的消费群体有哪些不同的消费偏好和购买习惯，把便利原则贯穿于整个营销活动的全过程，售前做好服务，及时向消费者提供关于产品的性能、质量、价格、使用方法和效果等准确信息。售中要做好咨询、陈列、展示、解释等工作。售后重视信息反馈和追踪调查，及时处理和答复顾客意见，对有问题的商品主动退换，对使用故障积极提供维修方便，大件商品甚至终身保修。便利原则充分从消费者的角度出发，克服了渠道原则只从企业自身考虑的局限性。

2. 从便利到传递的进化

便利原则只是从消费者角度出发提供了便利的价值，却没有体现赢得客户并与之长期保持稳定关系这一重要内容。这一策略被动适应顾客需求的色彩较浓，没有解决满足顾客需求的操作性问题，往往为被动地满足消费者需求付出更大的成本。如何将消费者需求与企业长期获利结合起来是便利原则有待解决的问题。

在移动互联时代，营销渠道向“移动端”升级。营销的关键是把握每一次消费者的关注与消费者接触的机会，快速完成交易，而便利策略既无法有效识别消费者的需求（消费者能感知到哪些价值），又无法以最快的速度响应消费者的需求。

以O2O消费模式为例，价值传递模式要求企业在零售商品的“五流”（客流、商品流、信息流、资金流、实物流）中，都积极向客户传递与产品价值相关的信息。从PC端到移动端，所有产品的图片、其他用户的评价等相关信息传递给消费者。在用户付款后，可以对产品进行评价，这对产品的性能起到重要的反馈作用，企业可以及时修改产品设计以满足消费者的需要。在物流过程中，消费者可以实时跟踪产品的位置，一些企业还可以在物流过程中取消、修改或追加订单。购物时间扩展到了全天候，购物空间大大延伸，价值传递的渠道更加丰富，效果就是销售量得到增长，产业链得到优化，消费者个性化需求得到更好的满足。

价值传递就是进行营销策略选择时，优先考虑将产品的各项价值传递给用户，而非考虑企业自身生产、销售的方便程度。在数字经济时代，采用这一策略的典型做法通常是利用O2O模式，将线上营销策略与消费者线下实际感受到的消费相结合，或者利用电子商务手段将渠道下沉，甚至把渠道简化至“生产商—消费者”这一模式，或者采取“消费者—定制—生产—消费者”这一模式，不经过中间过多环节，直接把产品的价值传递给消费者。

在价值传递中，个性化定制更是以顾客为中心，其运作特点是由顾客引发并控制需求被满足的过程；其显著优势是企业不需要增加任何额外的制造能力，而顾客逐渐参与到越来越多的核心运作过程中，企业运作由顾客订单驱动。个性化定制比大量定制在营销方面更加个性化，顾客参与的环节和控制权更多。因此，个性化定制除可以创造出定制产品、服务之外，还能为顾客提供参与的机会，从而为企业提供了创造更大价值的可能性。在目前阶段，渠道下沉、O2O模式及顾客参与式体验是这一原则的典型代表。

（四）数据

1. 数据分析提升企业管理水平

随着我国市场经济深入发展，企业从粗放型发展向集约型发展转变，经营管理决策也向着精细化管理的方向精进，企业管理水平日益提升。精细化，通俗地说，正所谓“无数据，不真实”。离开了精确的、具有前瞻性的数据分析工作，精细化的管理、正确的经营管理决策、快速的降本增效就无从谈起。数据是客观的真实反映，数据也被称为“上帝的语言”，科学决策数据是基础。

2. 大数据带来营销变革

进入移动互联网时代，从搜索引擎、社交网络的普及到“人手一机”的智能移动终端的应用，信息承载的方式日趋丰富。社交媒体、电子商务平台等替代了传统的商务和交流方式，客户存在的场景发生剧烈变化，与网络和电子设备的全面接触使得人们大量的信息被记录在网上，形成所谓的“大数据”。这些数据维度众多，并且动态变化，为分析消费者的行为和特征提供了数据基础。

企业可以利用用户数据实现精准定位，精准定位的结果就是个性化营销。在这个过程中，数据是基础，来自不同平台的数据通过数据挖掘和分析，帮助企业找到与这些数据相对应的人群。企业针对这些群体进行个性化的对比，并以此展开个性化的营销服务，即可实现"一对一"的推荐效果。顾客的人性化需求在技术的帮助下实现了满足。沃尔玛收购Kosmix，借助社交分析工具来预测，引导用户需求正是数据帮助企业的例子。

互联网公司本身就是数据公司，自身就能产生大量的数据。阿里电商平台每年几万亿元交易的背后，意味着海量的数据在阿里的生态系统中运转。数据如果不作为资源利用，就没有价值。将数据作为资源管理、运用起来才是关键。传统公司其实在真实的经营环境中也认识到数据的重要性，日常的经营管理也会产生大量的数据，把这些数据都记录下来，通过管理分析也会收到非常好的管理成果。如阿迪达斯和经销商合作共享每日经营数据，合理规划产品品类，降低了库存，提升了利润。在移动互联时代背景下，更多的传统企业意识到数据在企业营销中的巨大价值并进行了尝试，如恒安集团。

在新的数字经济环境下，尤其是大数据技术的发展，使得传统商业模式正在潜移默化中发生着变化。随着社交网络的普及，数据的大爆发正在改写传统营销打法。大数据的营销价值在于，随着实名制社区和电子商务的普遍化，用户之间产生人际关系链，由此最终实现交易数据与交互数据的融合。企业在数据交互和互联中应逐渐完成转型，借助大数据相关技术在营销管理、品牌定位、促销管理、客户关系管理等领域开展应用，总结经验并完善发展。

三、4D 营销模型的应用

为了讲解清楚 4D 营销模型，在下面的实际案例中，我们以旅游业为例，来说明去哪儿网等企业是如何运用 4D 营销模型开展营销活动，成功掌握、预测消费者需求，与消费者建立多点、动态的沟通机制，最终获得营销成功的。

传统旅游业存在很多的用户痛点问题。不是很多从业者不想去解决问题，而是限于很多的实际情况，加上企业的经营理念落后和资源能力有限，导致旅游业还是传统作业方式，很难满足当前个性化、多样化、定制化、体验式的旅行者需求。

（一）用户需求

传统旅游业基本上没有考虑过旅行者个性化的需求，都是集中式、模式化地提供旅游服务。旅行者也没有其他的选择，只能根据有限的旅游产品来完成旅游需求计划，但移动互联的新旅游时代，旅行产品和服务的选择数量呈爆炸式增长，旅行者的选择可跨地域、跨国界、跨时空。旅行者的需求多种多样，旅游从业者又该如何更好地来满足消费者的需求，同时又很好地实现企业价值呢？从去哪儿网的营销实践中，我们也许能得到想要的答案。

▶ 案例 2-6

去哪儿网从解决用户刚需到积极提供更精准完善的服务

起初，去哪儿网提供的服务所面对的用户需求是刚性需求。对刚性需求的旅行者而言，即使不在这里消费，也要到其他地方消费，这个花费势必要支出。去哪儿网积极拓展新的服务类型，从最初的机票搜索扩展至住宿、线路、门票及攻略等，几乎囊括跟团游、自助游的各种需求。虽然去哪儿网坐拥百度哺乳的巨大流量，却也远未达到理想状态，平均访客转化率不太高，迫切要求加速提升访客转化率。

用户的需求实在多变。如何把握用户心理，让用户乐意把钱从口袋里爽快地掏出来呢？去哪儿网认识到，这需要提供更加精准的服务。与此同时，一些网站专注某一类服务，专、精、美的特点更吸引用户眼球，业务规模却很快就要触顶。垂直行业没有天花板，做一个大而全的平台固然很好，但如果"十八般武艺样样稀松平常"，那就没有什么优势，对用户是没有吸引力的。用户看不上，又何谈满足用户的需求呢？去哪儿网从机票搜索起家，转而平台化，就像一个气球向上飞，外面的气压会越来越小，它的体积越来越大，等到空气密度和它一致时就不能上升了，而不能上升就只能把气球继续做大。去哪儿网精准完善的平台化服务逐渐赢得了市场的认可。

（资料来源：赵占波．移动互联营销［M］．北京：机械工业出版社，2015.）

（二）动态沟通

旅游业是以游客的体验为核心的服务业。旅游涵盖吃、住、行、游、娱、购六大消费主题和场景。主题多、环节多、场景变换多是主要的特点，体验中细节问题也多，这种复杂性也决定了旅游业在建立沟通中的难度。

六大环节里面，最重要的就是游。影响游这个环节体验的，无外乎两个主要要素：景和人。景，包括风景，如天地的自然风光、旅游目的地的人文风情，同时也包括旅游景点相关配套设施；人，主要是为游客提供服务的旅游从业人员。自然风光、人文风情、配套政策和设施等很难通过管理有太大的改变，而旅游业的管理沟通，其实主要是旅游者与旅游从业者的沟通。当旅游产品和服务的提供商与旅游者之间建立起立体化、动态的联系时，就达到一个良性的沟通状态。

移动互联时代，涌现出一大批极大地方便大众信息传导和沟通的社交化网络工具，在线旅游业在这些方面的应用尤为显著。每当我们在节假日点开自己的微信朋友圈，可见与旅游相关的照片、经历、心得、规划等方面的分享、转发、评论，占据了大量的版面，足见社交似乎与旅游有着不可分割的紧密联系。现在的社交平台和各大视频软件以及小红书，旅游攻略随处可见。

我们可以从三个角度来看待旅游业中的动态沟通。一是可提高旅游参与者（消费者和服务提供商）的自身素质。出游前后，消费者应以一种合格网民的身份来甄别信息、发表言论、作出决策；而在线旅游平台需要以一种倾听和开放的姿态面对用户，为满足用户的需求尽心尽力地优化平台性能，提升服务质量。出游时，消费者应以合格游客的身份来约束自己，尊重环境，不给其他人分享旅行资源带来不便；而相关景区景点及其服务人员，应在各环节把好服务质量与自身素质的关。二是更好地掌握与旅游者沟通的方法。在互动沟通的过程中，相互抓住对方的兴趣点，以此让沟通兴致勃勃地进行下去。三是促进旅游业的可持续良性发展。沟通中要有反观的心态，要不断跳出局外审视问题，只有沟通的主体、对象和背景被带入一个越来越广阔的区域，才能取得越来越显著的效果，并最终创造一个属于沟通参与者的新世界，强化所有参与者的沟通意愿和效果。

（三）价值传递

4D 营销模型认为，价值的传递经历了从渠道到便利再到传递的演变。传统旅行社和商旅服务企业应重视体验，从体验的角度出发服务旅游者，在让旅游者获得满意服务的过程中获得收益。新兴的互联网旅游创业者应视用户体验为生命，从访问网站或使用 App 的用户角度思考业务、策划运营、监控执行。

近期兴起的旅行游记类应用——面包旅行（Breadtrip），就是基于新技术创意和良好用户体验设计而获得成功的。面包旅行不是一个盈利的好例子，而是一个能说明“体验”这一商业模式的好例子。它的最大卖点是体验，但此卖点带来的收入不多。

面包旅行在短时间内获取大量用户（200 万左右），且用户活跃度很高。其重要原因之一就是技术的魅力，即借助时间戳和全球定位系统轨迹追踪技术，再结合地图数据库，该 App 为用户自动生成旅行线路图和图片游记，自动标注餐厅、酒店、飞机、景点。这三种技术在移动互联网时代都不是多么尖端和先进的技术，但独具创意的综合运用使得旅游者普遍感觉撰写和发表游记成为一件很方便、很神奇、很酷的事情。

旅游者节省了撰写游记、排版、上传发布的时间，将更多的精力用于撰写旅途感受，和朋友们分享逸闻趣事。这种用户体验是该应用最吸引人之处。很多旅游者经常徘徊于此，每天都有人萌生前往某地旅游的愿望。而在看似简单的界面后面隐藏着餐饮、酒店、机票、景点的数据标签，为今后将实现的商业功能和后台算法积累着数据。虽然不能像马蜂窝一样在站内实现旅行要素（酒店机票、旅行团）的预订购买功能，但根据互联网流量为王的逻辑，拥有了用户的网站也就拥有了将来的种种可能性。

（四）数据决策

当前，社会化应用以及云计算使网民的网络痕迹能够被追踪、分析，未来，包括在线旅行社的旅游服务经营者如果不向数据型旅游服务商转型，恐怕会失去现有市场份额。

大数据和云计算技术能提升旅游工作者的作业效率，帮助旅游工作者为客户提供更好的服务。传统旅行社无视或者回避新技术、新方法及相关的新趋势，只会被市场淘汰；而迷信技术、一味生搬硬套，到头来也只能造成邯郸学步式的失败。从旅行社业务盈利模式和赢利点的角度观察新技术和市场变化，借助一切技术手段，顺应时代变化调整经营理念才是根本。

▶ 案例 2-7

马蜂窝——用数据帮助用户做真正有价值的旅行决策

如何帮助创新的旅游产品获取用户，同时让消费者找到符合自己需求的产品？如何实现个性化需求和多样化产品之间的精准匹配？作为中国领先的旅行玩乐平台，马蜂窝旅游网尝试用大数据的方式解决这一行业问题。

旅游内容结构化，大数据更懂用户需求

马蜂窝旅游网研究院负责人认为，真正的智慧旅游，一定要深入理解产品供应链和游客需求，而想要做到这一点，必须借助大数据和人工智能等人类最新的科技成果。只有将产品和需求实现真正的数据化，并通过数据找到它们之间的关联，进而实现供需两端的高效匹配，传统的旅游产业才可能完成升级。

当年青一代旅行者踏上旅途，他们的需求从“到达”升级为“体验”，旅行需求也因此发生裂变。他们对旅游信息的获取能力和对旅游消费的品质要求，都与上一代旅行者存在巨大的差异。对于传统旅游行业来说，理解他们的需求变得越来越难。

马蜂窝旅游网大数据正是为旅游行业提供了一种理解用户需求的新途径。

“每一个尚未被满足的旅行需求，都将是一片广阔的蓝海市场。”该负责人称，通过马蜂窝旅游网大数据，人们能更加直观地感受到整个市场对旅行需求的变化，包括人们最近关心哪些新兴目的地，关注什么风格的酒店，想要什么样的体验项目。

洞察行业趋势，推动产品创新

在理解新一代消费者心理与行为之上，旅游企业还需要洞察行业趋势，设计出更贴合年轻人旅行需求的产品，从价格战的泥潭中解放出来，将更多精力投入产品创新中去。

与其他旅游平台的数据属性不同，马蜂窝旅游网的用户行为更加前置，用户会在寻找旅行灵感、设计旅行线路和进行消费决策时，便来到马蜂窝。因此，马蜂窝旅游网的大数据更能捕捉到那些人们“想到”却未曾“买到”的旅行需求。

当这些需求被迅速反馈给供应链，旅行社就能够根据这些需求，结合自己的资源优势进行快速的产品创新，不断走在市场前面。

马蜂窝旅游网一位日本旅游产品的供应商称，同行都在做赏樱线路时，商家可以通过马蜂窝旅游网大数据了解到和服体验和花火大会的热点，提前进行市场布局。当人们都关注到和服体验时，马蜂窝旅游网用户已经开始打卡动漫取景地。

供需精准匹配，释放品牌价值

如今，旅游市场从卖方市场变成买方市场，旅游需求从大众化变成个性化，旅游产品也从标准化、同质化转向专业化、系统化。与此同时，在传统旅游行业中，人们对旅游品牌缺乏了解，往往更加关注产品价格。市场竞争使行业利润长期处于较低水平，优秀品牌的议价能力也十分有限。

马蜂窝旅游网基于用户内容的大数据，成为链接供需两端的桥梁。

一方面，马蜂窝旅游网通过大数据分析和理解用户的需求；另一方面，马蜂窝旅游网大数据也能准确地捕捉旅游产品的特色和亮点。在不同的场景下，马蜂窝旅游网将两者进行精准匹配，实现高效的旅游交易转化。

随着大数据技术在流量分配机制和用户端展示中的大范围应用，用户可以更便捷地了解旅游企业的口碑，也可以根据自己的需求为更优质的品牌和服务埋单。旅游企业也有动力提供更好的服务，以换取更高的品牌价值。

（资料来源：车讯热报 2019 年 6 月 10 日 https：//baijiahao. baidu. com/s？ id = 16359472864953185 07&wfr = spider&for = pc）

本章小结

本章主要对数字营销思维最基本的问题作出回答，并厘清其基本要点。通过完成本章的学习，应该理解和掌握以下内容。

（1）数字营销思维是指运用数字领域的思想方法，在形成问题解决方案的过程中产生的一系列思维活动，是有着诸多特点和要求的问题解决过程。重构商业模式，重构企业的盈利模式，需要实现从收入思维到入口思维的转变，从成本思维到平台思维的转变，从利润思维到跨行思维的转变，从投资思维到生态思维的转变。

（2）新 4C 法则是指在合适的场景（Context）下，针对特定的社群（Community），利用有传播力的内容（Content）或话题，通过社群网络中人与人连接（Connection）的裂变实现快速扩散与传播，从而获得有效的传播和商业价值。

（3）以消费者需求为基础，以互联网思维为灵魂的 4D 营销模型，涵盖了四大关键要素：需求（Demand）、动态（Dynamic）、传递（Deliver）、数据（Data）。

关键术语

数字营销思维　新 4C 法则　4D 营销模型

案例分析

“神州帝国”起步于神州租车

曾经的神州租车，所有的车都是自己购买，所有的员工和司机都是自己招聘，可是到了 2014 年，网约车兴起，导致的直接结果就是：客户不用租车了，直接在网约车 App 上就能完成乘车，而且不需要自己当司机。神州租车面对危机，试图用正向盈利思维解决问题。为了提高营收，神州租车通过投放大量的广告试图告诉客户，神州租车比网约车更便宜，投诉率更低。这样做是提高了收入，但是由于大量的广告投入，成本也随之增加。

神州租车的做法体现了重资产、重运营。因为神州租车的车是自己购买，代表着重资产；人员是自己招聘，代表着重运营。如果减少资产、削减人员或者降低工资，成本是省下来了，但是人也很可能随之流失了。

神州公司在神州租车之外新成立了一家公司——神州专车。如果有用户在神州专车App下单，神州租车的司机可以去接单。神州公司还把自己打造成一个平台，进行资源共享。当有一天它自己公司的车和司机完不成订单的时候，就可以大量招募社会上的车和司机完成客户订单。我们可以看到，神州公司经历这次危机后，新获取的盈利增长点要比它原有的盈利增长点更好。

（资料来源：周导．重构——新商业模式［M］．哈尔滨：哈尔滨工业大学出版社，2019.）

【讨论问题】结合本案例，谈谈你对神州公司经营理念转变过程的看法。

实训操作

实训项目	数字营销理念演变分析
实训目标	掌握数字营销理念演变分析技巧
实训步骤	1. 教师提出实训前的准备要求及注意事项 2. 学生 5 人一组 3. 教师指导学生上网或到图书馆收集资料 4. 各组通过小组讨论，提出有代表性的数字营销理念的主要特征和今后的发展趋势
实训环境	数字营销模拟实训室
实训成果	小论文

思考与练习

一、填空题

1. 在移动互联网时代，许多企业利润率低、赚不到钱的背后的主要原因有：______、______、______。

2. 产品盈利的核心是降低三种成本：______、______、______。

3. 大多数企业在考虑投资时主要考虑一个问题，就是______的问题。

4. 针对特定群体，有效传播方式是建立______，快速地扩散和传播内容。

5. 4D 营销模型的四大关键要素为：______、______、______和______。

二、不定项选择题

1. 社群就是关系的发展过程，目前我国小微企业大部分处于（　　）的阶段。

A. 信息宣传　　　　B. 广告展示

C. 情感交流 D. 品牌部落

2. 我们平时看到的营销，其核心是传播特定的（ ）。

A. 内容 B. 渠道 C. 价格 D. 人员

3. （ ）是指利用网络环境收集和整理消费者信息，了解、预测和创造消费者需求。

A. 产品本位策略 B. 消费者本位策略

C. 聚焦用户需求策略 D. 营销价值链策略

4. 用户通过网络上的用户评论平台，与其他用户分享他们关于产品、服务的体验，就形成了（ ）。

A. 渠道 B. 股东 C. 客户 D. 网络

三、判断题

1. 社交媒体也是互联网环境的产物。（ ）
2. 产品的需求量是市场中一个非常重要的指标。（ ）
3. 企业的促销活动，都是为了能与消费者建立良好的沟通机制。（ ）
4. 聚焦用户需求策略，强调企业以产品为导向，满足消费者需求。（ ）
5. 企业采用多种渠道的首要目的是顺从消费者的购买习惯。（ ）

四、思考题

1. 选择一个案例，来说明数字营销新思维的运用。
2. 关注移动互联网当下的场景，思考如何将时间、空间应用到营销中去。
3. 选择一个案例，来说明 4D 营销模型的应用。

第三章

数字营销中的消费心理

能力目标

通过完成本章的学习，学生能够理解数字营销中消费行为的影响因素和关键的心理过程，特别是能正确地构建用户画像并进行精准营销；能够理解数字化消费过程中消费者决策和行为模式的变化，并据此调整营销方式。

素质目标

从数字经济环境下消费者趋势和行为变化入手，以学生为主体，引导学生把自身作为样本群体，勾画出当前大学生群体的用户画像，再结合营销案例将用户画像进行更加全面的解析。用自身群体来反映消费观念和消费价值观，再进行正确的消费价值观的引导。让学生在学习中联系自身的认知，提高价值判断力，也能更加理解消费行为的本质是由消费心理决定的。消费心理的形成与社会价值观念、社会文化、家庭教育、性格特征等密切相关，使得学生再进一步地思考，找到答案。

引例

从"双11"看消费新趋势

2023年"双11"全网销售额达11386亿元，同比增长2.1%，增长放缓，表明应该出台力度足够大的大规模经济刺激措施，提振市场信心，全力拼经济。从结构看，直播电商高速发展，传统电商遇瓶颈。2023年"双11"传统电商、直播电商、新零售、社区团购同比变化分别为-1.1%、18.6%、8.3%和-8.1%。其中，传统电商体量最大，计9235亿元，销量前三位分别是天猫、京东、拼多多。直播电商发展迅猛，总体量为2151亿元，前三位分别是抖音、快手、点淘。新零售打通线上和线下，“双11”销量236亿元，前三位分别是美团闪购、京东到家、饿了么。“双11”消费呈现了消费的五大趋势亮点。一是性价比的国货消费起来了，大家越来越追求悦己、有情感属性的消费。二是更多有特点的消费细分品类崛起，比如智能化产品、新能源汽车、宠物经济、户外经济、露营经济等都是新亮点。三是品牌的生意爆发，直播电商时代发展趋势已经开始从“头部主播”到“店播”，店播渗透率近40%。“双11”会员和私域运营也是决胜法宝。四是从内容到消费，前端内容、后端产品。以小红书为代表的内容电商、兴趣电商业绩崛起，本次“双11”小红书订单为上年同期的3.8倍。五是线上线下联动，实体商超、实体店家在线“带逛”“带吃”，O2O平台参与大促，线下店充分利用到店团购、本地直播、即时零售等线上工具，打出一套线上+线下组合拳。

1. 从“双11”看中国消费新趋势、新方式、新模式

2023年“双11”销售平稳增长，服务消费亮眼。星图数据显示，2023年“双11”，全网销售额达11386亿元，同比增长2.1%。

户外消费、旅游消费都是新亮点。户外运动销售额达257亿元，同比增长7.2%；公开资料表明，2023年男性消费者消费前三位的商品由茅台、钓鱼和始祖鸟变为公路自行车、电竞产品和冲锋衣，公路自行车同比暴增3倍，男性用户较去年增加近1倍。旅游持续火爆，京东开启“双11”后，出境度假游成交额同比增长超5倍，机票业务成交额同比增长超3倍。

消费呈健康化、智能化、悦己性特点，国货品牌备受推崇。

（1）健康消费体现食品、医疗等领域，有机、零糖零卡、素食广受欢迎；制氧机、血氧仪、助听器、电动轮椅用品更受关注，销售额同比均超30%。

（2）智能化表现为智能家居表现亮眼，智能床垫、电动升降桌、智能防盗门销售额同比均超50%。

（3）悦己体现在攀岩、冲浪、露营等户外运动兴起，美容产品成为爆品，如光谱仪、吸黑头仪、生发仪销售额同比均超100%。《2023“双11”消费洞察报告》数据显示，“双11”TOP20品牌中，中国产品牌占据11席，“90后”“00后”是消费主力，国货品牌海尔、珀莱雅、可复美同比增长均超100%。

一线城市购买力强。11月10日20:00至11日24:00，全国销售额前十大城市分别为上海、北京、杭州、广州、深圳、成都、武汉、重庆、苏州、南京。

2. 高性价比的国货消费起来，大家越来越追求有科技属性、有悦己情感属性的消费

2023年“双11”显示出消费新趋势：一是消费者心智成熟、消费理性化，消费者更加注重“高性价比”。二是对品牌的认知开始变化，高性价比国货崛起。消费者买东西时自己的使用体验、悦己体验更重要。大家不再追求“贵才好，钱识货”，“人间清醒式的购物”逐渐占上风。

（1）高品质、高性价比。凭借性价比的优势，一些物美价廉的老国货也重新进入大家的视野，老国货的机会开始出现，比如六神花露水、大宝SOD蜜、冷酸灵牙膏、鸿星尔克运动鞋、蜂花洗护用品等。特别是国货美妆方面，根据天猫平台数据，超过20个国货

品牌的预售额在1小时内就超过了上年整个"双11"的销售额，在天猫"双11"美妆预售的前4个小时里，国货新锐品牌占据了榜单的前20名中的10个席位，较上年增加了一倍。

(2) 价格实惠，货品的品质过硬，又会联名、玩儿梗，找准了年轻人消费心理的国货品牌迎来爆发。2023年"双11"，众多国货品牌上演了一场"史上最大规模"的跨界联名活动，超过100个品牌组成CP，推出跨界联名"双11"热梗礼盒。国货品牌们纷纷搞起联动促销，比如鸿星尔克的主播在直播间用蜂花洗头，蜂花的台子上摆满了白玉牙膏、白象方便面等。

(3) 国货技术发展，具有科技属性的消费品终将会跑出来。比如华为、大疆、小米、蔚来、小鹏等带有科技属性的手机、汽车、电子消费产品。公开数据显示，10月23日京东"双11"开启当晚，小米、荣耀、华为等多个国货手机品牌的成交额1秒破亿元；10月31日晚天猫"双11"正式开售，85个国货品牌开卖即破亿元，超7万个国货品牌首日成交额翻倍。

3. 更多有特点的消费细分品类崛起：智能化产品、新能源、宠物经济

智能消费、节能消费、悦己消费"双11"期间成绩可观。

(1) 绿色健康家电消费兼具智能化和节能化。智能扫地机器人销售额24.7亿元，同比增长20.8%；智能洗地机17.1亿元，同比增长11.6%，净饮水机销售额2.4亿元，同比增长33.6%。

(2) 新能源车"双11"期间延续高增长。10月新能源电动车同比增长39%；国庆期间同比达68%；"双11"期间，多地购物中心和车企推出新能源车促销和直播团购活动，预热销量最高，达到日均9万辆。

(3) 宠物经济因其悦己性、情感化特点而逆势增长。天猫淘宝宠物类目预售48分钟即超过上年全天，预售4小时同比增长50%；京东宠物类预售一小时成交额增长超560%；LEGEND SANDY蓝氏预售成交金额超6000万元，同比增长2000%。

4. 品牌生意爆发：直播电商时代从"头部主播"到"店播"，重视会员和私域运营

"双11"直播带货仍是重要战场，新趋势是：头部主播退热，品牌店播爆发。2023年似乎是品牌自播的爆发元年，私域转化和运营是核心竞争力，尤为关键。

直播电商仍是"双11"重要一环，对于促进消费的影响力仍巨大。根据星图数据，2023年11月10日20点至11月11日24点综合电商销售额2777亿元，直播电商就占77%。

直播电商呈现的一个新趋势是"去头部化"，店铺自播开始起势，店播成了2023年"双11"品牌生意爆发的加速器。天猫成绩报告显示：从品牌数据看，2023年"双11"有402个品牌成交破亿元，其中243个是国货品牌。3.8万个品牌成交同比增长超100%。从店播和达人主播数据分布看，有58个直播间成交破亿元，其中38个是品牌店播。451个店播成交破千万元，店播渗透率从一年前的5%增长至38.9%。直播电商店播起势，代表整个生态的繁荣，有助于直播电商行业的长远发展。数据显示，近年来在淘宝新开直播的品牌和商家超过30万个，其中成交破百万元的店铺直播间超过27000个，破千万元的有近4000个。未来，品牌直播和达人直播将形成相辅相成，多元化发展。

“双 11”会员用户爆发式增长，私域红利效应显著。私域转化和运营的能力将成为商家的核心竞争力。品牌私域流量通常复购率高、黏性高，是销售额增长的核心驱动力。根据天猫“双 11”业绩报告，淘宝天猫累计为商家带来新增商家会员超 1 亿，全平台商家会员规模同比增长近 30%。私域会员的持续增长，带来了大量的成交转化，商家会员订单连续多日增长超 100%，服饰等多个行业会员人群贡献度近 30%，订单多日录得同比两位数增长，其中服饰、快消、运动户外、食品等行业多日同比增长超 45%。

5. 从内容到消费：前端内容、后端产品

此次“双 11”，小红书等优质内容平台销量倍数增长，背后体现的趋势是从内容到消费，包括前端内容、后端产品。这是新消费的买手制浪潮。“双 11”品牌营销竞争白热化，大促之战“入局者”数量不断增加。带货主播也在求变，内容策划的氛围拉满，这也是“双 11”消费增长的新引擎。

小红书等内容电商业绩崛起。数据显示，2023 年“双 11”期间，小红书电商订单数为 2022 年同期的 3.8 倍，参与商家数为 2022 年同期的 4.1 倍，直播间 GMV 为 2022 年同期的 4.2 倍，商品笔记 GMV 则为去年同期的 3.6 倍。此外，直播方面，小红书平台数据显示，店播开播商家数量相较于上年同期增长 700%，店播 GMV 为 2022 年同期的 6.9 倍，店播涨粉量是上年同期的 14.2 倍。与此同时，“双 11”期间，在小红书平台开播的买手数量是上年同期的 3.3 倍，买手直播 GMV 则为 2022 年的 3.5 倍。在买手直播、店铺直播、商品笔记等各个交易场域，均出现一批增长超 10 倍的品牌和店铺。

小红书首度参战“双 11”，主打买手制电商。爱尝鲜、爱生活、高消费力、爱分享是小红书用户的鲜明特点。通过分享，消费者能找到和自己眼光相同、志同道合的朋友，消费者通过相同的购物喜好聚集在一起，这也催生着消费领域的细分，一个方向是老品类细分出新赛道，在满足消费者多样化需求的基础上打造差异化新品类，注重“小、精、新”。

内容+消费结合，前端内容、后端产品，推动了小红书等内容平台的崛起。为“IP”付费，也可以称为“买手制电商”，为品牌定制化、个性化、非标准化、中高端的产品买单。现在分享购物体验的消费者越来越多，小红书自带种草“基因”，拥有非常优质的流量，每月活跃用户高达 2 亿，其中年轻用户多达 72%，分享者也有 5000 万之多。值得关注的是，男性用户比例已达到 30%。

6. 线上线下联动：实体商超、实体店家“带逛”“带吃”，O2O 平台也加入消费狂欢节

线下实体已全面拥抱线上，线上线下互相联动、取长补短。比如：

（1）大润发、永辉超市、盒马等实体商超采取了“带逛”沉浸模式。“双 11”期间主播在线上带领大家逛超市并进行讲解，消费者在线上看到后下单能立马送到家，即买即得体验感拉满。

（2）线下家电消费持续走热，全国线下核心门店客流同比提升 60%。以洗烘套装、洗碗机、扫拖机器人为代表的新趋势家电销售额分别同比增长 117%、125%、132%。

（3）星巴克、麦当劳等实体店也参加到直播电商的优惠中，发放消费券、限时折扣等。

(4) O2O 平台，如美团、饿了么在“双 11”期间也有活动。饿了么推出了“大券包”，“双 11”带动3C 数码等多行业成交同比增长超过 100%；全棉时代、切果 NOW 等商家成交增长超过 100%；美团则联合七大核心品类、超 80 万家线下门店，推出 20 款爆款尖货，打造 5 个超级品类日、16 个超级品牌日，上线超 100 场直播，手机销售额同比上年增长 8 倍，生活小家电增长 3 倍，电视及洗衣机等大家电增长均超 5 倍，美妆个护商品订单量同比上年增长 196%，其中，高端化妆品订单量同比上年增长 426%。

“双 11”逐渐从单纯的线上延伸至线下各大零售场景，主打本地化差异服务。线下实体店凭借场景体验优势吸引大量客流，相较于电商复杂的促销机制，线下折扣力度更显诚意，提高了消费者体验感。同时，线下店充分利用到店团购、本地直播、即时零售等线上工具，打出一套线上+线下组合拳，满足了消费者对购物优惠和配送时效性的双高要求。

（资料来源：任泽平：《从双十一看消费新趋势：直播电商高速发展，传统电商遇瓶颈，性价比的国货消费起来了，品牌生意爆发》https：//baijiahao. baidu. com/s?id = 1782404229978445471&wfr = spider&for = pc，2023 年 11 月 13 日）

【分析提示】在数字经济背景下，“双 11”的特征变化源于消费者消费心理过程和购买决策行为的变化，其中哪些因素的变化影响消费者消费心理和行为？

第一节　消费行为的影响因素

现代营销学之父菲利普·科特勒（Philip Kotler）对消费行为的定义是：消费者为满足需要和欲望而寻找、选择、购买、使用、评价及处置产品、服务时介入的过程活动，包括消费者主观心理活动和客观物质活动两个方面。消费者的消费行为是由一系列环节和要素构成的完整过程。消费者行为主要探讨个人和家庭消费者怎样支配资源（时间、金钱、精力）购买用户消费的产品，包括买什么样的产品、为什么买、购买时间、购买地点、购买频率、使用频率、购买评价以及相关的评价对消费者接下来的行为将造成什么样的影响等。

营销人员要通过研究影响消费者消费行为的因素更好地把握消费者的购买心理和消费行为特征，从而选择更好的营销方式，以满足消费者的需求。消费者行为由消费者心理决定，消费者心理又受到社会文化、社会阶层、社会思想等综合影响。

数字经济的发展，营销的宏观与微观环境变化巨大，对于消费者行为的影响因素也较过去有很大的不同和增加。营销人员要在当今的时代结合数字营销的特点，研究影响消费者行为的影响因素，从而能更精准地把握消费者的消费心理来更好地服务消费者和满足其需求。

一、政治因素

消费者通常都是生活在特定的国家、地区和社会环境中的，因此都会受到以下政治因素的影响。

（一）政治制度

政治制度是指一个国家或地区所奉行的社会政治制度。它对消费者的消费方式、内容、行为具有很大的影响。比如我国的社会主义制度决定了我们推崇的社会主义核心价值观。倡导富强、民主、文明、和谐，倡导自由、平等、公正、法治，倡导爱国、敬业、诚信、友善。积极培育和践行社会主义核心价值观。比如国庆节热销的文化衫、新年热销的日历等都是最好的体现。

（二）国家政策

国家政策对消费者的影响体现在当时国家提倡什么、反对什么，以政策形式对消费行为进行规范。如 2013 年，茅台、五粮液等高端白酒的消费呈现了明显的下降趋势，价格也大幅度降低。而从 2015 年开始，白酒行业迎来回暖期。时逢国务院推动“精品制造”的利好，即国务院常务会议提出要立足大众消费品生产推进“品质革命”，推动“中国制造”加快走向“精品制造”，推动中华老字号传承升级，支持企业培育新品牌等建议，高端白酒行业走势随之开始逐级回稳，且走势良好。国家的政策导向性明显，对消费者行为的影响显而易见。

二、文化因素

文化是人类知识、信仰、艺术、道德、法律、美学、风俗、语言文字以及人作为社会成员所获得的其他能力和习惯的总称。文化一般由两部分组成：一是全体社会成员共同的基本核心文化；二是具有不同价值观、生活方式及风俗习惯的亚文化。文化是人们在社会实践中形成的，是一种历史现象的沉淀，同时，文化又是动态的，处于不断的发展变化之中。数字经济的发展促进了文化的发展同时也出现了很多的变化。特别是当代年轻消费者，在消费观念、价值取向有着显著的数字经济时代特征。

（一）价值观念

价值观念是指人们对社会生活中各种事物的态度和看法。由于文化背景不同，人们的价值观念相差很大。市场的流行趋势也会受到价值观念的影响。企业在实施营销策略的时候需要将目标市场的文化传统尤其是价值观念融入进去。例如，20 世纪 80 年代的中国刚刚改革开放，大家的生活基本没有对于时尚消费的追求。但随着生活水平的提高，时尚的生活观念逐渐被国人接受，并逐渐成为年轻人的追求和基本生活观与消费观。时尚不仅反映在服饰上，在吃、住、行、用等各个方面都深深地打上了时尚的烙印。而消费者的消费观念也开始从“量入为出”到“先出后入”转变，银行信用卡开始走进消费者的“钱包”，之后又随着移动互联网的普及“蚂蚁花呗”“京东白条”等消费信贷产品也开始受到消费者的青睐。

（二）风俗习惯

风俗习惯也被称为习俗。消费习俗是人们社会生活中的重要习俗之一。它是指一个地区或民族的人们在长期的经济活动与社会活动中，由于自然的、社会的原因所形成的独具特色的消费习惯，主要包括人们的信仰、饮食、婚丧、节日以及服饰等物质与精神产品的消费习惯。例如端午节吃粽子、中秋节买月饼等都是消费者因传统节日的消费习惯而产生的消费行为。随着我国电子商务的快速发展，商家创造出“双 11”“6·18”这样别具时代特色的“电商节”，每年的这个时候，商家会集体促销，消费者则大量购买，这也成为当代消费者习以为常的“消费习俗”。

（三）宗教信仰

信仰是指对某种宗教或某种主义信服、崇拜而奉为言行的准则。宗教信仰则是人们对世界的一种特殊看法。不同的宗教信仰表现为人们具有不同的消费观念及相应的行为方式。宗教是一种群众性的社会现象，恪守教规和戒律的信徒，其价值观、审美观、消费愿望和行为等都带有其宗教的色彩。宗教的复杂性使宗教与一定社会的经济、政治、文化问题交织在一起，对社会的发展和稳定具有重大影响。宗教是人类文明的传承。营销人员要尊重宗教信仰，了解宗教信仰对消费者行为的影响。

（四）亚文化群

每种文化之间都有巨大的差异。在同一种文化的内部，也会因民族、宗教等诸多因素的影响，使人们的价值观念、风俗习惯和审美标准表现出不同的特征。亚文化通常按民族、宗教、种族、地理、职业、性别、年龄、语言、文化与教育水平等标准进行划分。在同一个亚文化群中人们必然有某些相似的特点，以区别其他的亚文化群。熟悉目标市场的亚文化特点，有助于企业制定相应的营销策略。在当下中国，“90 后”“00 后”群体成为网络消费的主力军。他们中很多人的第一辆车会直接选择高端车的低配版，因此奔驰 C 系列、宝马 3 系、宝马 X1 都有很好的市场表现。再如，在腾讯提供的关于“00 后”的报告中，KOL（KOL 是 Key Opinion Leader 的简称，意思是关键意见领袖）的影响力在下降，比起 KOL，“00 后”更相信真实的用户反馈。亚文化的影响力甚至超越了社会文化。按照特定文化标签进行的目标人群分类，是营销人员市场研究的重要方向之一。

三、社会因素

消费者行为也受到社会因素的影响，它包括消费者的家庭、参与群体和社会阶层等。

（一）家庭

家庭是消费者个人归属的最基本团体。人们从父母那里学习到许多日常的消费行为，即使在长大离家后，父母的教导仍然有明显的影响。不同的家庭角色对不同商品的购买决策起着不同的作用，家庭成员对购买行为的影响极大。例如已婚的女性会为了家庭而采购大量的食品、生活洗护用品等。有孩子的家庭则为了孩子的成长而有大量的教育及养育消费。另外，消费者行为也受到家庭生命周期的影响，每一个生命周期阶段都有不同的购买或行为形态，营销人员可以选择以生命周期阶段来界定其目标市场，并针对不同的生命周期阶段制定不同的营销策略。

▶ 案例 3-1

大数据发现，越来越多的“90 后”在网上“淘出”一个家

“90 后”成家庭场景消费主要群体

作为互联网“原住民”的“90 后”一代，已经到了成家立业的年纪，其成为线上家庭场景消费最主要的群体，占比超过整体的四分之一。第一财经商业数据中心研究报告对 2015 年、2016 年的数据揭示，年轻用户消费潜力较大，“90 后”“95 后”连续两年的消费增长率超过 90%，远高于其他年龄段。此外，该报告显示，已婚年轻女性成为家庭场景消费的引领者。已婚的消费者对家庭场景感受更深，在家庭场景消费领域的客单价明显高于未婚用户，身份的转变成为影响家庭场景消费力的重要因素。

家庭场景消费需求多元化，健康成为核心概念

随着收入水平的不断提高，国人对健康、环保的要求也越来越高。以家庭装修主材中与家庭成员直接接触的产品为例，第一财经商业数据中心的报告显示，乳胶漆、地板、墙纸等家庭常见的建材产品居环保消费的前三位，并大幅领先于其他家装材料。

人人关心的雾霾问题引爆了空气净化器的线上消费，健康呼吸的消费在线上热度持续增加。从时间分布来看，12 月进入雾霾月后，线上空气净化器的消费也达到顶峰，雾霾最严重的 12 月和 1 月是空气净化器消费的高峰期。

智能化进一步渗透家庭场景消费市场，新产品增长迅速

智能化正加速影响人们的生活。第一财经商业数据中心的报告发现，智能产品在整体家庭场景消费的市场占比进一步加大，产品是否有智能操作成为影响消费者购买的重要因素，大家电产品的智能化起步较早，成为智能化家庭场景消费销售额占比最大的品类。同时，智能新产品不断涌现且增长迅速。以智能安防产品为例，这个行业起步较晚，市场并不成规模。但随着智能家居行业的发展，智能安防能为家庭生活提供更加安全的环境，逐渐成为刚需，市场潜力大。特别是门禁系统、管理运动和健康的智能手环等产品在线上呈现出爆发式的增长。

定制化成为消费新动向，年轻人推动定制产品的发展

与老一辈相比，成为家庭消费主流受众的年轻人，更愿意接受新鲜事物，对个性化的追求近乎狂热。第一财经商业数据中心的报告显示，线上定制化产品正以 3 位数的增长率在上升，且年龄越小越追求定制化产品；对于消费的笔单价，定制消费者愿意多支付 24% 来体验个性化服务。其中最典型的代表是全屋定制和场景化的定制单品。

场景化的定制单品以一线城市的冰箱消费为例，购买量排在前 10 名的冰箱中，有 4 款低于 1000 元，占比 40%，均为小型冰箱，适用于租房或房价高涨之下工薪阶层购买小户型房（60 平方米左右）的需求场景，而购买量排在前 30 名的冰箱中，有 9 款低于 1000 元，占比近 30%。这种为特定场景定制单品的模式受到市场欢迎，消费增长空间大。

潮酷科技体验上，机器人、VR 及无人机表现突出

目前，科技已渗透到各个消费领域，颠覆了现有的娱乐及沟通方式，带来更加酷炫的

生活体验，深受年轻人的欢迎。第一财经商业数据中心的报告显示，在目前已经上线的科技产品中，机器人、VR和无人机表现突出。以无人机为例，虽然现阶段主要停留在航拍和个人爱好阶段，但是消费潜力大，增长率高达600%。

追求个人精致成为潮流，非主流的小品类兴起

在精致生活方面，个人护理消费市场依然以女性为主。男性和女性对精致的定义不同导致对产品消费偏好也有较大的区别。男性偏好剃须、理发、鼻毛修理等单品，女性的偏好较为广泛，减肥、按摩、美容等产品的偏好度高。

2016年10月，“新零售”第一次被提出。按照这种理念，未来电子商务平台面临消失，线上、线下和物流将会结合在一起。第一财经商业数据中心的报告发现，影响用户网购决策的因素中，超过三分之一的用户认为网购服务会影响到自己的决策，21.5%的用户网购时会考虑物流服务的体验；在网购的售后服务中，消费者对产品是否提供7天无理由退换货服务的关注度最高。

（资料来源：第一财经商业数据中心）

（二）参考群体

一个人的消费行为受到许多参考群体的影响。直接影响的群体包括家庭、朋友、邻居、同事等主要群体和宗教组织、专业组织和同业工会等次级群体。崇拜群体是另一种参考群体。明星、专家、意见领袖都属于此类。营销人员必须设法去接触相关参考群体的意见领袖，把相关的信息传递给他们。用KOL发布或者传递营销信息被视为一种新的营销手段，它发挥了社交媒体在覆盖面和影响力方面的优势。数字营销时代，微博大咖、网红主播等KOL都是一种特殊的崇拜群体，这些参考群体会影响到很多消费者的消费行为，如现在非常流行的直播带货的销售模式。

（三）社会阶层

社会阶层是指按照一定的社会标准，如收入、受教育程度、职业、社会地位及名望等，将社会成员划分为若干社会等级。同一社会阶层的人往往有着共同的价值观、生活方式、思维方式和生活目标，并影响他们的购买行为。不同阶层的人，即使收入水平相同，其生活习惯、思维方式、购买动机和消费行为也存在明显的差别。美国市场营销学家和社会学家华纳从商品营销的角度，将美国社会分成6个阶层。随着数字化经济的快速发展，“数字素养”被联合国认为是与听、说、读、写同等重要的基本能力。不具备数字素养的人，甚至被称为数字时代的“新文盲”，而“数字化”也正成为未来阶层分置的一个标准，未来经济体系中的人会被残酷地分为两个阶层：数字阶层和非数字阶层。因此，企业必须进行数字化的转型，适应“数字阶层”独特的消费心理。

四、个人因素

个人因素也会影响购买者的行为，如购买者的年龄、生命周期的各个阶段、职业、经济情况、生活方式、个性以及自我意念等。

（一）年龄和生命周期阶段

人们对食品、服装、家具与休闲活动的兴趣与年龄关系很大。根据阿里巴巴对于消费者研究显示，不同年龄段的消费者表现出较大的消费偏好差异，有一定经济基础的消费者在消费偏好上对品质化的要求相对更高。比如，作为消费升级主力的“80后”则更加聚焦在非必需、品质化和个性化方面的消费；追求精致的“90后”在专业细分的小商品上花费更高，消费偏好专业化、个性化与品质化共存。在个性化方面，“80后”“90后”开始追求可以为他们带来优越感的独特商品，如小众品牌、限购产品、定制化产品以及体验式的购物环境。此外，处于不同的家庭周期阶段的消费者，需要的产品侧重点也各不相同。

（二）职业与经济状况

职业特征和经济收入对于消费者影响也是很大的。职业与收入往往有着直接的关联。比如，医生、律师这些职业直接决定了消费者的高收入属性。在多数情况下，收入高的人消费水平也比较高。职业也决定了个人的消费习惯与特点。比如，教师群体对于产品细节和服务细节的追求超过其他职业群体，工人群体对于产品性价比的追求显著，等等。

▶ 案例 3-2

我国中等收入人群规模正在持续增长

麦肯锡发布的《2023麦肯锡中国消费者报告：韧性时代》显示，我国中等收入人群数量目前超过4亿，并持续上涨，预计到2025年将超过5亿，涵盖我国城市人口的一半以上。其中，新中产人群的规模将会随之同步增长。中等收入人群，包括消费观念进化后的新中产人群的消费行为将在很大程度上决定中国经济的发展脉络。

MGI数据显示，2019—2021年，年收入超过人民币16万元（2.18万美元）的中国城镇家庭数的年复合增长率（GAGR）达到18%，从9900万元增至1.38亿元。到2025年，还将有7100万家庭进入这一较高收入区间，彰显了中国消费市场的巨大潜力。

近期，我们针对中国消费者的调研也支持这一宏观经济论述。54%的受访者仍相信，他们的家庭收入将在未来五年显著增加，略低于2019年作此预测的受访者比例（59%）。

麦肯锡近期进行的全球消费者调研也印证了中国消费者的总体乐观情绪。

中高收入和高收入家庭的强劲增长以及随之而来的消费实力，为优质高端品牌带来了福音。例如，2019—2021年天猫上高端护肤品牌的年复合增长率达到52%，是大众品牌的两倍有余，后者仅为16%。

事实上，高收入消费者的花钱意愿也更为强烈：26%的这类受访者向我们表示，他们2022年的消费超过去年，但这一比例依然低于三年前的36%；只有14%的受访者削减了消费，在2019年这一比例为18%。

（资料来源：麦肯锡.2023麦肯锡：中国消费者报告：韧性时代［EB/OL］.）

（三）生活方式

生活方式是指不同的个人、群体或社会成员在一定的社会条件制约和价值观念指导下形成的满足自身生活需要的全部活动形式与行为特征的体系。生活方式勾画出一个人在社会中行动和兴趣的形式。如一些人崇尚的“素食主义”必然影响他们对于食物的购买。

（四）个性和自我意念

每个人独特的个性将影响其购买行为。个性是单一的心理图案，它相对稳定，常用形象言辞来描绘，如自信、权威、爱社交、自主、自我保护等。个性能被用于分析消费者对某些产品或品牌的选择。例如咖啡制造商发现爱喝浓咖啡的人社交能力很强，因此麦氏公司的广告表现了冒热气的咖啡和人们轻松交流的样子来强化这种认知。

▶ 案例 3-3

“我”经济的盛行

现代社会的年轻消费者喜欢把资金用在自己认为最有品位、最有质量的消费上，追逐消费个性化。“我的地盘听我的”——动感地带以其大胆的特权诉求在很大程度上迎合并满足了年青一代渴望与众不同、希望得到他人关注的内在需求；以其高度时尚、个性和前卫的定位创造了每3秒新增一名客户的神奇效应。“我就喜欢”——麦当劳在中国推出了与全球统一的新的广告宣传，迎合了新一代中国消费者叛逆、张扬个性、追求自由与狂热的心理状态。“秀我本色”“青年人的第一辆车”——奇瑞QQ将追求自我、张扬个性的目标消费群体的心理感受描绘得淋漓尽致，创造了单一品牌微型轿车6个月销售2.8万辆的销售纪录。

浏览当今的广告，“我”的宣传、“我”的定位成了最时髦的策略和表现。这种对“我”的尊重、对个性的张扬深刻地影响着整个市场的结构，推动着市场的深度细分，也将推动定制消费、定制服务、私人服务市场的成熟。

（资料来源：陈历清．价值观念变迁与营销变革［EB/OL］．）

第二节　数字营销中关键的心理过程

人类行为的一般模式是S-O-R模式，即“刺激（Stimulus）—个体（Organism）—反应（Response）”。该模式同样可以帮助我们理解消费者的行为，即消费者的购买行为是由刺激所引起的，这种刺激来自消费者本身内在的生理、心理因素和外部的环境。

菲利普·科特勒提出了一个“刺激—反应”的简单模式，如图3-1所示。该模式说明消费者的购买行为不仅会受到营销刺激，还会受到其他刺激。而不同特征的消费者会产生不同的心理活动过程，消费者的决策过程产生了一定的购买决定，最终形成了消费者对产品、品牌、经销商、购买时机、购买数量的选择。

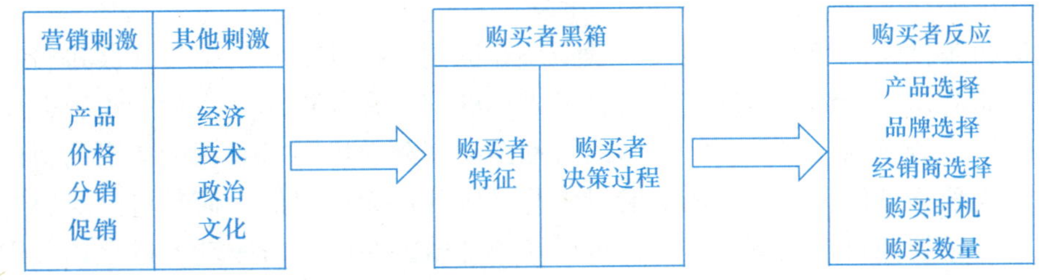

图 3-1　“刺激—反应”的简单模式

在此基础上，尼科西亚于 1966 年在《消费者决策程序》一书中提出了一个决策模式，如图 3-2 所示。该模式由 4 个部分组成：第一部分，从信息源到消费者的态度，包括企业的态度和消费者的态度两个方面；第二部分，消费者产生动机，对商品进行调查和评价，形成一定的认知，综合成购买动机的输出；第三部分，消费者采取有效的决策行为；第四部分，消费者购买行为的结果被大脑记忆、贮存起来，作为消费者以后购买的参考或反馈给企业，而这也是一个学习的过程。

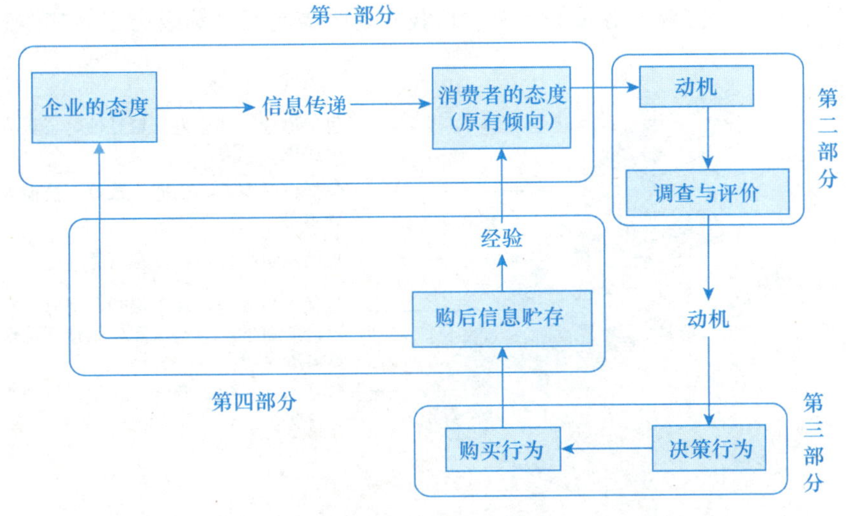

图 3-2　尼科西亚模式

此后，恩格尔模式和霍华德-谢思模式又从不同的角度强调了外界因素对消费动机的刺激作用，消费者受到刺激物和以往购买经验的影响，开始接收信息并产生各种动机，对可选择产生一系列反应，形成购买决策的中介因素，如选择评价标准、意向等，在动机、购买方案和中介因素的相互作用下，产生某种倾向或态度。这种倾向或态度又与其他因素（如购买行为的限制因素）相结合，产生购买结果。购买结果形成的感受信息也会反馈给消费者，影响消费者的心理和下一次购买行为。

总之，这些消费行为模式都揭示了在购买者黑箱中的几个重要心理过程：动机、认知、学习、情感和记忆。

一、动机

消费动机是推动消费者从事购买的欲望。在欲望的推动下，消费者才会进行购买。消费者饿了会想吃东西，渴了就想喝水，这是人类的需要在起作用。也就是说，需要为消费者的行为指明大致方向，但不规定具体的行动路线，而动机则指导人朝特定的目标采取行动。目标是需要的具体化，所有的消费行为都是以目标为导向的，而动机是决定行为的内在动力，它既可能源自被唤醒的需要，也可能单纯由外在诱因所驱动，或是内外因素的共同影响的结果。如马斯洛需求层次理论、马库列兰德的成就动机论、赫兹伯格的动机保健学说以及费鲁姆的期望理论等，均从不同角度解释了消费动机的形成。因此，作为营销人员，通过前期的调查研究发现和分析消费者的需要，并通过针对性的营销活动唤醒和诱导消费者产生动机并促成最终的消费行为是具有可行性和必要性的。

（一）马斯洛需求层次理论的应用

马斯洛需求层次理论是非常经典的一种人类行为理论。在数字消费的情境下，对消费者需求和动机的解释依旧非常有信服力。马斯洛（1968）认为，人的需求由生理的需要、安全的需要、情感和社交的需要、尊重的需要、自我实现的需要五个等级构成（如图3-3所示）。

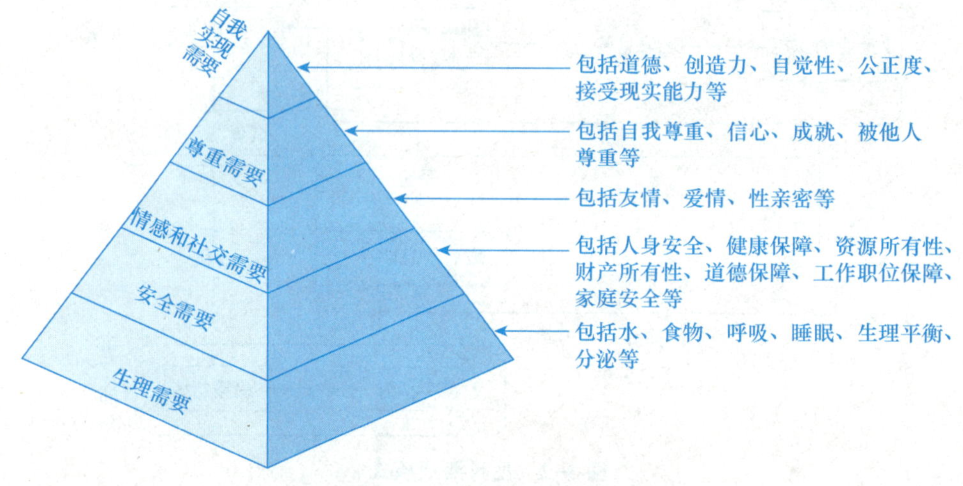

图 3-3 马斯洛需求层次理论

马斯洛需求层次理论认为五种需要像阶梯一样从低到高，按层次逐级递升，但次序不是完全固定的，可以变化，也有例外情况。需求层次理论有两个基本出发点：一是人人都有需求，某层需要获得满足后，另一层需要才出现；二是在多种需要未获满足前，首先满足迫切需要。满足该需要后，后面的需要才显示出其激励作用。一般来说，某一层次的需要相对满足了，就会向高一层次发展，追求更高层次的需要就成为驱使行为的动力。相应地，获得基本满足的需要就不再是一股激励力量。

在数字经济时代，消费者的需求仍然没有改变。互联网改变了消费者的生活和消费场景，营销人员需要考虑如何在互联网上引导消费者的需求，满足消费者的需求。

1. 生理需要——反馈信息及时性的要求

生理需要是属于低级需要，包括对于食物、水、空气、睡眠、性的需要等。它们在人的需要中是最重要、最有力量的。识别并满足消费者最迫切的生理需求，是最有力的营销策略。而将该需要置于数字消费的环境中，则体现在消费者对数字环境中信息反馈及时性的要求。消费者希望信息的传递能够及时畅通，在这个活动中能准确地传达和获知信息。因此在数字营销中，创造良好的网络环境、创新和维护沟通工具至关重要。而现代网络技术打造的各种电子商务平台、移动支付软件等数字工具都较好地实现了网络生态下的消费者的“生理需求”。

2. 安全需要——健康环境和隐私的要求

在做到基本的信息传递和及时性沟通之后，消费者自然希望在一个安全健康的网络环境下进行消费和社交。因此，在数字营销情境下，对安全的需要就体现在消费者对网络健康环境和个人隐私保护的要求。营销者在数字营销的过程中如何保护消费者的隐私，减少不良信息的干扰是至关重要的。

3. 情感和社交需要——情感表达和归属感的要求

消费者的心理过程同样受到情感的影响。人们对情感的需要，与人的生理特征、经历、教育、宗教信仰都有关系。这些因素也直接影响消费者的消费动机和最终的消费决策。在数字营销的情境下，消费者被贴上了无数个标签，通过这些标签，消费者可以根据自己的行为习惯和类别寻找与自己有更多情感交集的群体，并在这些圈子里找到归属感。营销者通过这些社交圈的划分为消费者找到了情感表达的场所，同时也通过圈层中消费者之间的相互沟通和推介自然而然地促成了消费。如知乎类别、腾讯群、专业论坛、微信朋友圈、阿里巴巴等。

4. 尊重需要——肯定与被肯定的要求

尊重的需要又可分为内部尊重和外部尊重。内部尊重是指一个人希望在各种不同情境中有实力、能胜任、充满信心、独立自主。外部尊重是指一个人希望有地位、有威信，受到别人的尊重、信赖和高度评价。在网络环境下，消费者依旧追求稳定的社会地位，希望个人的能力和成就得到社会的认可，而成为数字营销中的 KOL、朋友圈的点赞和评论、微博的评论转发、知乎的打赏、直播带货能力强都是网络环境下个人被尊重和肯定的一种表现。营销人员需要去创立这样的一种机制和平台，只有让消费者在数字消费的环境中找到被尊重的途径才能更好地推动相互之间的良性循环。

5. 自我实现需要——个人能力发挥的要求

自我实现是指实现个人的理想和抱负，将个人的能力发挥到最大限度。与传统的环境相比，消费者在数字化环境下形成的影响力更大、范围更广。尤其是在自媒体的普及下，每个人都是输出者，任何 UGC 的提供者都可能在互联网中发光发热。例如，成为网红或行业 KOL，他们的消费行为和推介都可能带动大量的其他消费者的追随。而这种巨大的号召力自然也满足了人们自我实现的需求。对营销者来说，给予他们自我实现的通道，并助推他们成为能帮助企业带动消费行为的关键人物是有深远意义的。

▶ 案例 3-4

尼尔森发布的《中国消费者洞察暨2024年展望》

2023 年消费者信心稳步提升，分层进一步显著。尽管如此，经济放缓、食品价格上涨和工作保障依然是中国消费者未来 6 个月最关注的问题。61%的中国受访者认为到 2023 年底家庭收入会有所改善，高于亚太平均水平。理性消费观念延续，43%的中国受访者表示将严格把控整体花费金额，37%表示将改变消费方式寻求最优价格和更低价产品，37%则表示未雨绸缪提升储蓄，22%将开展副业保障收入。

消费者分层进一步显著，并呈现出更加多样化的消费特征。由于经济下行压力和物价上涨，对价格敏感度整体上升，消费者对支出态度更为理性和保守。维持消费习惯购买偏好品牌和自有品牌的一成不变型和看重性价比的精打细算型占比变化不大，但是在意价格的重整旗鼓型和捉襟见肘型的比例有明显增加，分别从 15%和 5%上升至 27%和 9%。

年轻群体信心提升，悦己消费有所增强。新鲜食材仍为消费者购买核心，53%的中国消费者表示在未来 12 个月内会增加新鲜水果蔬菜的花费，39%的中国消费者表示在未来 12 个月内会增加鲜奶和肉和蛋的花费。38%的受访者表示未来 12 个月将花费在国内旅行，24%表示将出国旅行。31%的受访者未来 12 个月将花费在购买服饰，20%将增加美容和美体消费。

在被问及未来 6 个月支出方向时，年轻群体表示将加强护己型消费，并且相较于其他年龄层，进行更加明智的投资理财。调查数据显示，24%的 25～34 岁消费者将首要支出投入在子女和自我提升的教育类，27%的 18～24 岁消费者则将首要支出投入金融服务，14%将加强保健类支出。

各年龄层消费者在应对物价上涨及生活成本提升上呈现不同的应对策略。18～49 岁的中青年表示将更多前往折扣店和低价商品店购物获取最优性价比，并停止购买非必需类商品；而 50～66 岁的消费者则在消费策略上延续习惯，未有较大变化；66 岁以上消费者则转而购买促销类商品品牌，并优先前往有会员积分的商店购物。

从渠道看，全渠道趋势显著，线下大型商超进一步收窄，但近场化消费促使小超市和便利店维持活力，成线下主要增长渠道，线上渠道中抖音增速明显。从品类看，个护仍为线上渠道核心品类，而零食饮料享乐型消费跟随兴趣电商逐步扩张销售渠道。

（资料来源：尼尔森发布的《中国消费者洞察暨 2024 年展望》。）

（二）动机的类型

动机是一种内在的心理状态，不容易被直接观察或测量出来，但可根据人们长期的行为表现或自我陈述加以了解和归纳。对于企业营销部门来说，通过了解消费者的动机，就能有依据地说明和预测消费者的行为，以便采取相应的促销手段。而在数字营销的环境下，利用网络平台、新媒体工具等进行的促销更多的是一种不见面的销售，由于数字营销时代消费者的需求和心理更加复杂、多层次，因此对数字营销环境下的动机的研究就显得更加重要。

1. 求实动机

求实动机是指消费者在购买商品时，主要追求商品的价格实惠、使用方便、实用性强。具有这种动机的消费者往往对商品的外观不太在意。而在网络促销的环境下，消费者较难感知产品的性能，因此营销者需要采用更多的方式让消费者感受到产品的实用性，如视频展示、试用申请、包邮退换等，全面打消消费者顾虑。

2. 求全动机

求全动机是指消费者要求商品在使用过程中及使用以后，保证生命安全或身体健康，如食品、药物、交通工具及电气用具等均要求安全可靠，有利于身体健康。因此，保障产品的质量并在产品的生产、筛选、包装和物流方面做好相应的措施是非常有必要的。

3. 求廉动机

求廉动机是指消费者在购买商品时，特别重视商品价格，要求物美价廉。在数字营销环境下，商品的价格变得更加透明，商家之间的竞争也更加激烈。因此，对于营销者来说，如何合理地定价可能是非常关键的步骤。

4. 求新动机

求新动机是指消费者以追求商品的时尚和新颖为特点的购买动机。具有这种动机的顾客特别重视商品的款式是否新颖、格调是否清新以及当下是否流行。作为营销者来说，必须及时更新产品，采用新型的宣传工具才能满足这类顾客的需求。

5. 求美动机

求美动机是指消费者以重视商品的欣赏价值和艺术价值为主要特点的购买动机。这类顾客在购买商品时，重视商品的造型、色彩和艺术美，重视对人体的美化作用。随着时代的发展，消费者的审美水平总体都在提升，因此在这个“颜值当道”的社会，提升产品的美观度，迎合消费者的审美需求，也是增强产品竞争力的重要手段。

6. 求名动机

求名动机是指追求品牌产品、特点产品为主的购买动机。这类顾客在购买产品和服务的时候注重品牌效应，很注意商品的商标、品牌、产地、口碑、信誉等。名人的直播带货和品牌的人物化、IP 化是营销人员考虑的内容。

7. 求奇动机

求奇动机是指以重视商品的与众不同之处为主要特征的购买动机。这种购买者对商品奇特的样式、别具一格的造型等特别感兴趣，也容易受刺激性强的促销措施的诱惑，触发冲动性购买。营销人员可通过数字营销的工具，如 VR、AR 等工具多角度展示产品的独特性。

二、认知

消费者的消费行为受到动机的驱动，但是具体如何行动却来源于消费者的认知。认知

(Perception)也翻译为知觉，是指人的大脑对直接作用于感觉器官的客观事物的整体反应。知觉是在感觉的基础上形成的，是感觉的深入。感觉是知觉的前提，没有感觉就没有知觉。感觉到的个别属性越丰富，对事物的知觉就越全面。例如，当消费者对某件衣服的色彩、大小、手感等个别属性有所反应时，可以说对这件衣服有了感觉。当他对这件衣服形成比较完整的形象时，衣服的色彩、大小、手感等属性在头脑中已经有了综合的反应，我们将这一过程的心理活动称为消费者知觉过程，也就是消费者对衣服产生了认知，认知的过程并不是感觉的简单相加。再如，对同一件衣服的知觉，普通消费者和服装专家会产生不同的整体反应。认知与消费者的态度、经验和周围的环境等因素相关。在数字营销的情境下，消费者接受的刺激更加多元化，所产生的认知也更加复杂。

（一）消费者认知的特点

消费者之所以会对同样的刺激产生不同的认知，主要缘于三种认知特点：选择性注意、选择性扭曲和选择性保留。

选择性注意是指在外界诸多刺激中仅仅注意到某些刺激或刺激的某些方面，而忽略了其他刺激。人的感官每时每刻可能都会接受大量的刺激，而知觉并不是对所有的刺激都作出了反应。知觉的选择性保留保证了人们能够把注意力集中到重要的刺激或刺激的重要方面，排除次要刺激的干扰，从而更有效地感知和适应外界环境。在数字营销时代，由于信息的大爆炸，加上生活节奏的加快，使得消费者日常生活时间的碎片化成为常态。而移动互联网和智能手机的发展加剧了时间碎片化的趋势。传统媒体在这样碎片化时间的面前，完全失去了优势。消费者需要在碎片化的时间里找到自己的兴趣点，在快节奏的生活中更加有效率地工作和生活，这就对营销提出了更高更精准的要求。营销人员要充分适应时代的变化，将传统的营销方式向数字营销过渡，在信息爆炸的时代利用好数字化的工作来做好营销工作。消费者选择性的认知，会在信息中选择自己感兴趣的、自己了解的、自己熟悉的，会形成认知的“马太效应”，在过去的营销中，传统营销工具很难去实现，但是传统营销的难点正是数字营销的优势。

选择性扭曲是指将信息加以扭曲，使之合乎自己的意思，并以符合我们预想的方式理解信息。这是因为人们在面对客观事物时，有一种把外界输入的信息与头脑中早已存在的模式相结合的倾向。所以营销人员在给予消费者刺激的时候，即使引起了人们的注意，也不一定能达成预期的目标。例如，某一商品在消费者心中已树起信誉，形成品牌偏好，即使一段时间内该品牌的产品质量下降了，消费者也不愿意相信；而另一个品牌即使实际质量已优于前者，消费者也不会轻易认可，总认为之前那个品牌的商品更好些。选择性曲解意味着营销人员必须理解消费者的思路，理解这些思路对广告和销售信息的解释会产生什么影响，并在此基础上寻找能引起消费者注意的广告语言。

选择性保留是指人们会遗忘已知的许多信息，但倾向保留那些能支持其态度和信念的信息。由于消费者存在选择性保留，可能会记住某个产品的优点，而忘记了同类产品的优点。选择性保留能够解释为什么营销者在传播信息给目标市场的过程中用大量戏剧性手段和重复手段以加强消费者的记忆。

（二）数字营销对认知特点的应对

1. 设计清晰的媒体投放策略

数字化媒体可以分为多种媒体类型，比如自有媒体（Owned Media），即品牌官网；付费媒体（Paid Media），即百度或谷歌等网页上的付费广告；社交媒体（Earned Media），即微信、微博等。广告的投放位置和投放量需要根据企业、产品和目标消费者的特点做出合适的选择，进行精准的投放。此外，数字化媒体的投放一定是要达到一定的覆盖性，社交媒体、视频平台、网络论坛、搜索引擎等，要形成矩阵传播。根据目标人群获得信息的渠道进行覆盖。

2. 提供便捷的信息获取渠道

消费者对产品的认知受到来自感觉、经验、态度等信息的综合影响，因此认知的形成是每个人通过收集信息建立自己理解的过程。在数字营销的环境中，消费者获取信息的途径更加方便，也更加多样化。为了引导消费者对产品产生正向的认知，营销人员要主动给消费者提供了解产品信息的渠道，为消费者提供学习相关产品或品牌知识的机会。这样才有可能引导消费者产生预期范围内认知，帮助消费者更好地做出购买决策。

3. 引导产生良好的口碑效益

通过数字化媒体的互动优势，使消费者与品牌产生良性互动，在互动的过程中加深消费者对产品的良好印象，从而提升品牌的忠诚度。“选择性保留”的认知特点会使消费者长时间记住产品的优点，主动成为品牌的宣传者，利用互联网快速、高效地影响其他消费者的认知。

▶ 案例 3–5

农夫山泉大柠檬

营销背景：农夫山泉携“大柠檬”再入柠檬饮料市场

2023 年，农夫山泉再度入场柠檬饮料市场，推新行业首款“大柠檬”饮料，以鲜榨柠檬汁为主角，试图让消费者最大限度地体验到柠檬的新鲜口感。农夫山泉试图通过此次“大柠檬”的现身，打造国内柠檬饮料领域的又一标杆性产品。

营销目标：以校园为突破口，占领年轻消费群

作为主打年轻消费者的一款新品饮料，校园是品牌不容错过的试饮场景。校园内的用户标签明确，性格特征清晰，其消费习惯远比其他环境中的消费者更明确，非常适合品牌的形象塑造和意识养成，完成高精准度的心智占领。农夫山泉大柠檬希望通过打造别具一格的品牌校园活动，传递出品牌“大柠檬”饮料“大爽”“新鲜”的产品卖点。

执行概况：六个城市联动路演+打歌会，沉浸覆盖校园新鲜人，体验爽翻天

腾讯音乐由你音乐榜校园热 live，以数据见证新流行，携手农夫山泉“大柠檬”六城联动，打造24场校园音乐互动路演+1场明星热力打歌会，打造大柠檬大爽校园音乐派对场景，在场景塑造的基础上加强大柠檬大爽的品牌融入和沉浸体验感，让大柠檬品牌价值能够进一步渗透校园圈层。

1. 24场校园路演，联袂呈现大柠檬"大爽"音乐馆

以大柠檬为主视觉，在校园空降大柠檬品牌音乐馆，唱热歌、玩游戏、赢冰饮，多元产品互动+音乐人空降打歌路演，吸引在校大学生打卡体验，让热爱不断升温，活动覆盖北京、武汉、南京、广州、深圳、长沙六大城市核心大学，持续增加大柠檬的品牌曝光量和触达点，助力农夫山泉新品大柠檬卡位年轻心智。

2. 一场收官明星打歌会，超高人气打造大柠檬大爽派对

携手米卡、朱星杰、葡萄不愤怒乐队打造收官超高人气热live现场，沉浸式大柠檬舞台和派对氛围，加码现场爽感体验，让品牌校园热点大事件成为校园圈层的群体狂欢，打开校园人群释放"大爽"情绪的钥匙，不仅延续了活动热度，也让品牌共享了更长尾的传播价值。

营销洞察：校园年轻人群对音乐趋之若骛

开学季、毕业季、校园赛事……市场上校园营销活动扎堆儿，如何打造符合大柠檬品牌基因的爆款校园事件成为核心难点。

在校大学生作为互联网"原住民"，天生就拥有网络和娱乐的优势，他们在时代的复合红利下长大。企鹅智库《Z世代消费力白皮书》显示，在反映年轻人"沉浸程度"的指标排行中，排在前四名的分别是社交聊天、视频、文学小说以及音乐，即在手机娱乐的"四大天王"中，有两项是与音乐直接或间接挂钩的。因此，品牌以音乐为载体进入校园就毫无疑问地成了年轻化的最优选择。

区别于市场其他校园营销活动，腾讯音乐为农夫山泉锁定腾讯音乐由你音乐榜校园热live，以明星校园打歌会活动场景，借助明星流量吸引力，以沉浸式现场体验，释放"大柠檬"新品魅力！

营销创意：借势校园明星打歌会，农夫山泉大柠檬"爽鲜"出街

全程紧扣大柠檬"大爽"与"新鲜"两大核心卖点，借助校园打歌会，加强品牌产品力记忆点，让新品大柠檬出道即收割校园人气！

围绕大柠檬大爽的口感卖点，打造大柠檬大爽派对，线下沉浸式派对氛围+派对游戏互动，放大"爽"感体验，让大柠檬成为派对C位。

借助腾讯音乐由你音乐榜大数据优势，打造校园流行风向标，听最新的热歌，喝最爆的大柠檬，以校园热歌现场加持大柠檬品牌魅力。

效果数据

1. 六城联动，打造24场校园音乐互动路演+1场明星热力打歌会。

2. 落地宣传覆盖50万+在校大学生，吸引5万+人次进馆体验。

3. 为农夫山泉新品大柠檬打造校园音乐圈热点大事件，主话题为由你音乐榜校园热LIVE。阅读量1000万+，强揽互动讨论92万+。

（资料来源：作者整理于凤凰网财经）

三、学习

消费者学习是指消费者在购买和使用商品的活动中，不断地获取知识、经验与技能，通过积累经验、掌握知识，不断地提高自身能力，完善自身购买行为的过程。消费者学习是由动机、暗示、反应、强化和重复等要素构成的。动机是激励学习的内在刺激，暗示则为动机提供线索，如广告、商品陈列等。消费者根据受到的刺激和暗示采取行动并获得一定的反馈。当反馈是愉快的，那消费者以后出现这个行为的频率就会增加，反之减少。简而言之，消费者会根据经验和感受出现趋利避害的行为倾向，这就是一个学习的过程。此外，重复的刺激既能增加学习强度又能增加学习速度，例如脑白金广告采用的就是不断的重复刺激。学习能增加消费者的产品知识，丰富购买经验，从而进一步提高消费者的购买能力，促进并加速购买行为的完成。对商家来说，消费者学习有助于消费者养成一种正确的购物观念，不仅可以较快地接受新的产品，而且可以使消费者认牌购买，成为某一品牌的忠实顾客。在数字营销的环境下，消费者获取信息的渠道增多，学习的速度和效率也大大提高。因此，对营销人员来说需要快速为消费者营造并提供学习的氛围和渠道，根据学习的原理引导消费者接受产品并形成正向的认知。教育消费者在数字营销时代，要利用好各种数字化传播工具，线上线下做大量的工作，形成体系化的营销传播阵地，这是做好营销工作的基础。

（一）消费者学习的特征

1. 消费者学习是源于消费需求的被动性学习

消费者学习是一个被动学习的过程。消费者认识一种商品一般是在消费需求的指引下对商品的“无奈”学习。因为要穿衣服，所以了解一些服装面料、款式的知识。因为要饮食，所以要知道一些食物营养、烹饪方法方面的知识。因为学习具有被动性，所以消费者的学习水平相对浅显、零散、缺乏系统性。

2. 消费者学习是对消费领域各方面内容的学习

消费者的学习是对商品购物、享受服务过程中各个环节内容知识的学习和相关技能的获得，包括商品和服务知识（如商品的性能、使用方法、安全性能、辨别优劣等）、维权知识和方法（如缺陷商品的退换方法、投诉方法、投诉渠道和维权知识等）、消费技能（如鉴别商品质量优劣的技能，在交易中与对方砍价的方法等）。此外，消费者学习还会与文化、情感等因素结合，在一定程度上塑造消费者的消费观念和消费态度。

3. 消费者学习是实践性学习

消费者的学习行为是人类实践活动的一部分，它是人们获得直接消费经验、消费知识和消费技能的主要途径和方式。消费者的每一次消费过程就是一次实践学习的过程，比如在购物过程中，消费者通过观察、对比，了解到不同商品的差异。消费者的实践性学习包括一系列消费操作行为，即以具体商品为学习对象，选择、对比的过程和对后续消费实践行为的影响。

4. 消费学习是隐性知识的学习

早在20世纪60年代初，波兰尼（Michael Polanyi）首先提出隐性知识的概念，管理大师德鲁克（P. F. Drucker）、日本学者野中郁次郎（Ikujiro Nonaka）也都作过进一步的研究。他们认为：隐性知识来源于个体对外部世界的判断和感知，来源于经验，是高度个人化的知识，有其自身的特殊含义，因此很难规范化，也不易传递给他人，它只能被演示证明它是存在的。学习这种技能的唯一方法是领悟和练习。消费者的隐性知识可以划分为两类：一类是技能方面的隐性知识，包括消费者购物过程中非正式的、难以表达的技能、技巧、经验和诀窍等；另一类是认识方面的隐性知识，包括消费者对商品的洞察力、直觉、感悟、兴趣爱好等。

（二）数字营销对学习的应对

1. 树立企业和产品的形象，形成口碑传播，减少负面学习的机会

消费者的学习通常涉及两个方面的内容：一是企业的形象，二是产品的美誉度。二者是相辅相成的关系，一方面，企业的良好形象可以提高产品的知名度和销售业绩，使消费者产生“爱屋及乌”的演绎性联想；另一方面，美誉度高的产品有助于树立良好的企业形象，使消费者产生“由点带面”的归纳性联想。因此企业要注意产品的质量和人性化设计，强化消费者的认知行为和学习行为，促使消费者保持积极的消费态度，并产生重复消费行为。

2. 加强主动宣传的力度，丰富媒体传播方式

广告依然是一种有效的宣传方式，同时也是营造消费者学习氛围的重要途径。但是随着数字营销时代消费场景的多样化，消费者接收信息的渠道更加多样化、零散化。且消费者的学习是被动的，即消费者更愿意在繁杂的信息汪洋中接收与自己相关的刺激。因此，营销人员需要根据消费者的特点，选择合适的媒介和方式来传播信息，强化消费者学习的效果。此外，消费者学习是一个实践性的过程，学到的知识一般缺乏深度和系统性。因此，企业需要规划系统性的宣传推广策略，运用不同的媒体工具，有计划、有组织地对消费者施加更加积极的影响，努力强化消费者对自己产品的学习程度。比如，在卖场与消费者互动，建立自己的官微官博、免费使用、直播课堂等。

▶ 案例 3-6

中国咖啡市场快速崛起

随着国民生活品质的提升，咖啡这一国际饮品在中国市场的消费量正在快速增长。数据显示，2023年中国咖啡产业规模已达到惊人的2654亿元，近三年年均复合增长率高达17.14%。这一数字不仅展示了中国咖啡市场的巨大潜力，也反映了国内消费者对高品质生活的追求。

在2024年5月1日开幕的上海国际咖啡文化节上，这一趋势得到了进一步的印证。作为“五五购物节”的标杆活动之一，本次咖啡文化节以“在上海，品世界”为主题，汇聚了全球各地的咖啡豆生产者和咖啡品牌，共同打造了一场咖啡盛宴。开幕式现场播放了国际“啡行”咖啡快闪店宣传视频，展示了咖啡文化的多样性和包容性。

人均年饮用咖啡数的增长是另一个显著特点。数据显示，中国人均年饮用咖啡数已达到16.74杯，较2016年的人均年饮用数9杯近乎翻倍。这一增长不仅体现了消费者对咖啡的接受度日益提高，也反映出中国咖啡市场的快速增长。

上海作为中国咖啡消费的重地，其咖啡门店数量也持续领跑全国。据统计，2023年上海咖啡门店数总计9553家，这些门店提供了丰富的咖啡品种和优质的消费体验，满足了消费者对咖啡的多样化需求。同时，上海也正成为我国咖啡产业对外出口的“桥头堡”，为国内外咖啡品牌和消费者搭建了一个交流和合作的平台。

咖啡市场的快速增长离不开相关企业的推动。天眼查数据显示，近年来，中国咖啡相关企业数量持续增长，这些企业涵盖了咖啡豆种植、加工、销售等多个环节。其中，一些知名品牌如瑞幸咖啡、星巴克等通过不断创新和营销手段，推动了咖啡市场的繁荣和发展。

未来，随着消费者对咖啡品质和文化内涵的追求不断提高，中国咖啡市场将继续保持快速增长的态势。同时，随着国内外咖啡品牌的竞争加剧和消费者需求的多样化，咖啡产业也将面临更多的机遇和挑战。

（资料来源：刘海晶：《2024年中国咖啡机行业城市咖啡需求分析：城市咖啡需求增长，推动咖啡机多元发展》，2025年1月17日，https：//www.qianzhan.com/analyst/detail/220/250117-f7ccc6a8.html）

四、情感

消费者完成了对商品的认知过程并不等于必然采取购买行动，还要看消费者认知的商品与他拥有的消费动机是否符合。如果商品能满足他的心理需求，就会产生积极的态度，如满意、喜欢等；反之，则会产生消极的态度，如不满、烦恼等。情感营销要从消费者的内心出发，探究他们的特性与真实需求。数字营销时代虽然说广告满天飞、信息爆炸，但是人类真挚的情感却是稳定的。如果通过数据的分析和用户群体的分析找到目标人群的情感诉求，再与其需求相结合，那么营销就会水到渠成。

（一）情感性消费的特点

1. 情感性消费呈现出显著的多样化、差异化特征

情感性消费行为建立在个性化消费的基础之上，消费者不仅希望通过消费行为满足自己的生理需求，还总是带有一些心理现实的要求。因此消费者在做出消费选择的时候，主观上是将商品消费和心理需求结合在一起，如能否张扬自己的个性，是否达到情感的共鸣等，而对商品本身的功能、价值如何考虑较少。但在这个过程中，每个消费者本身是具有不同的个性特征的，因此每个消费者的消费行为都具有鲜明的差异性和个性化。营销人员需要识别不同群体的主要情感需求，有针对性地激发消费者的情感，引导消费者的消费行为。

2. 情感性消费行为具有主动性强的特征

基于时代特征的情感性消费行为，消费者已经不是单纯的被动消费和营销的对象，而是会更加积极主动地参与到企业的营销活动中。一般情况下，情感性消费者在产生了购买意愿后，就会无意识地介入消费品的生产和营销活动中，比如在数字营销的环境下，消费者会主动参与各种营销调查活动，积极评论、转发企业和产品的微博、微信等信息，甚至自发地组建粉丝群等。情感性消费者依据自身的消费行为和观点对企业的营销活动进行积极干预，引导企业重视其消费选择，形成产品新趋势。

3. 情感性消费可塑性强

作为一种精神消费，情感性消费还具有可塑性强的特征。哈佛商学院的一项实证研究表明，95%的消费者对产品或品牌的认知存在于他们的潜意识里。这说明消费者的即时购买决策大多是非理性的，也印证了70%以上的消费行为是冲动购买。如果要让消费者对产品或品牌产生感情，就需要与消费者进行沟通，抓住消费者的心理需求，围绕消费者的情感需求大力进行广告宣传，进而让消费者对商品或品牌产生情感共鸣，最终使消费者欣然接受产品、品牌或服务。

（二）数字营销对情感性消费的应对

1. 感知消费者情绪，探究消费需求

情感营销要站在消费者的角度，去感知他们对产品的看法、他们的情绪，探究他们最想要的东西。从自我视角出发的营销方案，容易高估用户对产品的理解。如果用户看不懂你的广告和文案，就绝对无法引起消费者的共鸣。营销人员要将消费者的痛点找出来，明确指出自己的产品能解决他们哪些麻烦，这才是情感营销最佳的切入点。例如，一辆定位于上班族代步的电动车，营销核心应该是体现电动车充电快、续航长、便捷好操作等，再体现出对上班族上班辛苦的体会，营造一种轻松上班、努力工作的氛围，就能带给消费者更好的感受。

2. 紧密联系品牌，选定情感主张

情感主张可以是亲情、友情、爱情，也可以是坚忍、顽强、不放弃等一些美好的品质。好的情感主张要与产品或品牌本身紧密相连。如果选择的情感主张过于随意，消费者可能很快就忘记了，或者即使引起了情感的共鸣却无法将好的印象延续到产品上。另外，营销人员要另辟蹊径，捕捉一些尚未或者较少被商业开发的人类共有情感，这样才能在大量的情感轰炸中脱颖而出。例如南方黑芝麻糊的情感营销总是将产品与家和童年的感觉相结合，让消费者一提到它就情不自禁地会想家，想起自己的小时候。品牌将产品和温情以及家的味道紧密结合，传递出了品牌关爱相随的诉求，深得消费者的心。

五、记忆

记忆是过去经验在人脑中的反映。具体来说，是人脑对感知过的事物、思考过的问题或理论、体验过的情绪或做过的动作的反映。与感知相同，记忆也是人脑对客观事物的反映。二者的区别在于，感知是人脑对当前直接作用的事物的反映；而记忆是人脑对过去经验的反映，即消费者把过去的经验作为在头脑中再现出来的形象保存起来，并逐步累计经验。经验的逐渐积累推动了消费者心理的发展和行为的复杂性。对营销人员来说，记忆不是消费者能否记住品牌或产品的问题，而是如何根据消费者的记忆规律，赋予商品以鲜明特征，把不容易记忆的变为容易记忆的，不便回想的变为便于回想的，短时记忆的变为长久记忆的，使消费者能够更快、更多和长时间记住有关商品的信息。

（一）消费者记忆的特点

记忆是一个复杂的心理过程，包括“识记”“保持”“回忆”“再认”四个基本环节。四个环节彼此联系，相互制约，共同构成消费者完整统一的记忆过程。没有识记就谈不上对消费对象内容的保持；没有识记和保持，就不可能对接触过的消费对象进行回忆或再认。因此，识记和保持是再认和回忆的前提，而回忆和再认则是识记与保持的结果及表现。同时，通过再认和回忆还能进一步加强对消费对象的识记和保持。消费者在进行商品选择和采取购买行为时，就是通过识记、保持、回忆和再认来反映过去的经历和经验。

记忆按照保存时间的长度可以分为瞬时记忆、短时记忆和长时记忆。

瞬时记忆又叫感觉记忆，这种记忆是指作用于人们的刺激停止后，刺激信息在感觉通道内的短暂保留。信息的保存时间很短，一般在 0.25～2 秒。瞬时记忆的内容只有经过注意才能被意识到，进入短时记忆。

短时记忆是指保持时间大约在 1 分钟之内的记忆。根据 L. R. 彼得逊和 M. J. 彼得逊的实验研究，在没有复述的情况下，18 秒后回忆的正确率就下降到 10%左右。如不经复述大约在 1 分钟之内就会衰退或消失。有人认为，短时记忆也是工作记忆，是一种为当前动作而服务的记忆，即人在工作状态下所需记忆内容的短暂提取与保留。

长时记忆是指信息经过充分和有一定深度的加工后，在头脑中长时间保留下来的记忆。从时间上看，凡是在头脑中保留时间超过 1 分钟的记忆都是长时记忆。长时记忆的容量很大，所存储的信息也都经过意义编码。

对品牌和产品来说，商家都希望消费者对其产生长时记忆，尤其在做购买决策的时候能顺利进入消费者的选项，并保持一个良好的头脑映象。而从记忆的过程来讲，商家需要逐步引导消费者识记、保持、回忆和再认。而从记忆的时间特点来讲，商家必须先通过有记忆点的信息刺激消费者，使消费者产生瞬时记忆，并将瞬时记忆成功转化为短时记忆，从而最终经过复述和强化成为消费者的长时记忆。

（二）数字营销对消费者记忆的应对

1. 紧紧围绕核心符号，不断强化品牌形象

营销创意的发挥，一定要为品牌持续塑造竞争优势，持续积累品牌资产。有持续、有积累，并不断对消费者进行记忆性强化，才能将品牌形象在消费者心目中越描述越深刻。抓住品牌的核心符号，既可以是单款爆品，也可以是独特调性，然后坚持这种立意鲜明的

营销形式，在消费者认知领域形成“独家记忆”，从而将品牌信息牢牢“钉入”消费者的认知结构中。例如，作为榴梿比萨饼品类首创者的乐凯撒曾联合《深圳晚报》，创造全国第一份“榴梿味报纸”。该报纸上写着醒目的广告标语“连报纸都可以做成榴梿味，还有什么做不了”。显然乐凯撒抓住榴梿比萨饼这个具有鲜明差异化的独特符号在消费者心中巧妙地强化了品牌形象。

2. 关联公益环保，树立了广泛正面的品牌形象

环保、公益，这些受大多数人关注的话题，往往是品牌营销在拓展受众时的最好选择。如果环保、公益话题营销运用得好，品牌受众将不再局限于原有的一部分特定人群，而会扩展至更广泛的人群。再加上此类话题在心理情感上更具优势，会让品牌更加具有“人情味”，传播范围、速度、效果往往会令人惊喜。例如，日本一间叫作“会上错菜的料理店”就是邀请了6位患阿尔茨海默病的老奶奶做服务生，从而唤起人们对这些病人的关注。这家店也因此在消费者心目中留下了积极、正向的记忆形象。

3. 依托数字媒体，建立简明生动的传播内容

企业及品牌的传播内容具有统一、简明、生动等特征，才有利于消费者识别和记忆，才能做到重复传播。另外，在数字营销环境下，消费者喜欢浅层、活泼、直观的表现形式，直播、视频、音频、图片、漫画更是受到越来越多消费者的欢迎，而利用数字媒体进行传播，也被越来越多的人接受。互联网为企业提供了一个契机，企业可以通过官网、微博、微信公众号建立自己的官方信息发布平台，与消费者实现全天候沟通。在这些官方平台上，企业需要围绕消费者来组织内容，打造优质体验。例如官网能够简单、直接地告诉消费者企业提供什么产品和服务？能够达到什么效果？如何证明？而不是简单地堆砌荣誉证明，这些并不能在消费者心中产生记忆点。

第三节　用户画像

一、用户画像的概念

用户画像（User Persona）的概念最早由交互设计之父阿兰·库珀（Alan Cooper）提出，是建立在一系列属性数据之上的目标用户模型。一般是产品设计、运营人员从用户群体中抽象出来的典型用户，本质上是一个用于描述用户需求的工具。也就是根据消费者的社会属性、消费行为和生活习惯的差异制定标签规则，形成一套便于机器做标签提取、聚合等分析，将消费者区分为不同类型，抽象形成一个消费者的模型。而数字营销时代的用户画像（User Profile）更多的是根据用户人群特征、网络浏览内容、网络社交活动和消费行为等信息进行抽象描画。消费者留在网络和各类服务器上的行为数据和数据库里的大量数据被分析和挖掘，最终被贴上一系列“标签”，而“标签”是能表示用户某一维度特征的标识，主要用于企业业务的运营和数据分析。

二、用户画像的作用

（一）精准营销

用户画像可以为精准营销提供科学客观的信息基础。通过实时收集消费者的行为数据，完善消费者的用户画像，可将用户群体切割成更细的粒度，实现精准化的广告或服务信息推送。同时也可以通过实时收集消费者的反馈信息，及时调整营销计划，指导企业做出更精准的营销策略。

（二）指导研发

用户画像可以指导企业进行研发和用户体验优化。用户画像将消费者进行更细致的划分，并针对细分目标市场的需求，开发设计合适的产品，并进行有效定位。同时根据用户画像的分析，评估目标消费群体的喜好、功能需求等，进一步优化消费和服务体验。

（三）数据应用

用户画像是企业收集得到的数据仓库，这些数据与企业的各类数据库打通，进一步成为其他业务拓展的基础。如根据用户画像收集的消费者的性别、年龄、学历、兴趣偏好、联系方式等数据，成为系统推送和投放广告的数据基础。

三、用户画像的主要内容

源于数字营销和大数据的用户画像其实是市场细分的升级版，强调的是对用户信息分析而来的高度精练的特征标识。而技术的发展使得通过数字渠道对用户的个体性追踪成为可能，与用户相关的各类数据更多地被企业收集。根据企业的类型或行业不同，用户画像需要收集的数据也会有所不同，但人口属性和行为特征是大部分公司做用户画像时会包含的。

用户画像需要的海量数据大体分为静态信息数据和动态信息数据。

静态信息数据是指用户相对稳定的信息，主要包括人口属性、商业属性等表面信息。其中人口属性主要指用户的年龄、性别、照片、昵称、所在的省份和城市、教育程度、婚姻情况、生育情况、工作所在的行业和职业等。商业属性主要指消费等级、消费周期等。

动态信息数据是指用户不断变化的行为数据，主要指用户通过数字渠道留下的行为数据。如用户打开哪个网页、查看哪个产品、购买哪个产品，是否分享了相关的产品、是否留下了相关的评价等。对商家来说，还必须从两个角度关注和分析动态信息数据，一个是关注行为类型，如浏览、点赞、评论、回复、社交互动、购买决策等；另一个是关注接触点，如消费者购买选择了哪个购物平台，购买决策具体发生在哪个网页等。

四、用户画像的构建

构建用户画像方法从流程上可以分为四个步骤：目标设定、获取和研究用户信息、建立和丰富用户画像、系统可视化。

（一）目标设定

目标设定是对企业目标的设定，即企业开展用户画像的主要目的是什么。企业通过用户画像通常用于改进产品设计、提升服务质量、增加消费者黏性和精准营销等。具体的战略影响到用户画像体系建立选择什么样的维度。不同类型的企业和行业提取的数据信息也不同，如以内容为主的媒体或阅读类网站、搜索引擎或通用导航类网站，往往会提取用户浏览内容的兴趣特征，如体育类、娱乐类、美食类、理财类、旅游类、房产类、汽车类等；社交网站的用户画像，则会提取用户的社交网络，从中可以发现关系紧密的用户群和在社群中起到意见领袖作用的明星节点；电商购物网站的用户画像，一般会提取用户的网购兴趣和消费能力等指标。网购兴趣主要指用户在网购时的类目偏好，如服饰类、箱包类、居家类、母婴类、洗护类、饮食类等。消费能力是指用户的购买力，如果做得足够细致，还可以把用户的实际消费水平和在每个类目的心理消费水平分开，分别建立特征维度；金融领域的用户画像还会有风险画像，包括征信、违约、洗钱、还债能力、保险黑名单等。另外，还可以加上用户的环境属性，如当前时间、访问地点 LBS（Location Based Services，基于定位服务）特征、当地天气、节假日情况等。当然，对于特定的网站或App，肯定又有特殊关注的用户维度，因此需要把这些维度做到更加细化，从而能给用户提供更精准的个性化服务。总而言之，根据企业目标设定不同，用户画像所选择的特征维度就需要进行匹配。

（二）获取和研究用户信息

数据采集构建用户画像是为了还原用户信息，因此数据来源于所有用户相关的数据。数据的获取方式有很多种，数据挖掘是最常见也是较为精准的一种方式。如果数据有限，则需要运用定性与定量的方法结合补充。简单来说，定性就是去了解和分析，而定量则是去验证。一般而言，定量分析的成本较高、相对更专业，而定性研究则相对节省成本。定性方法如小组座谈会、用户探访、日志法、Laddering 阶梯法、透射法等，主要是通过开放性的问题潜入用户真实的心理需求，具象用户特征；定量更多是通过定量问卷调研的方式进行，关键在于后期定量数据的建模与分析，目的是通过封闭性的问题的回答，一方面对定性假设进行验证，另一方面获取市场的用户分布规律。

（三）建立和丰富用户画像

1. 标签计算

在数字营销中，建立和丰富用户画像就是通过算法模型进行标签计算来定义人群的消费者画像，一个事件模型通常包括时间、地点、任务三个要素。每次用户行为本质上是一次随机事件，可以详细描述为：什么用户，在什么时间，什么地点，做了什么事。

（1）用户：关键在于对用户的标识。用户标识的目的是区分用户、单位定位。

（2）时间：包括两个重要信息。时间戳和时间长度。时间戳，为了标识用户行为的时间点；时间长度，为了标识用户在某一页面的停留时长。

（3）地点：用户接触点。每个用户接触点潜在包含两层信息：网址和内容。网址是每一个链接（页面/屏幕），即定位了一个互联网页面地址，或者某个产品的特定页面。既可以是 PC 上某电商网站的页面，也可以是手机上的微博、微信等应用某个功能页面，或某款产品应用的特定画面。如长城葡萄酒单品页、微信订阅号页面、某游戏的过关页等。

（4）内容：每个网址（页面/屏幕）中的内容。可以是单品的相关信息，即类别、品牌、描述、属性、网站信息等。如红酒、长城、干红。对于每个互联网接触点，网址决定了权重，内容决定了标签。

（5）事情：用户行为类型。对于电商有以下典型行为：浏览、添加购物车、搜索、评论、购买、点赞、收藏等。综合上述分析，用户画像的数据模型可以概括为下面的公式：用户标识+时间+行为类型+接触点（网址+内容），某用户会因在什么时间、地点、做了什么事而被打上标签。用户标签的权重可能随时间的增加而衰减，因此定义时间为衰减因子，行为类型、网址决定了权重，内容决定了标签，进一步转换为公式：标签权重=衰减因子×行为权重×网址权重。

2. 标签验证

建立消费者画像模型之后还需要通过实践来验证标签对应的处理结果与预期大体相符。第一，消费者画像的模式设计必须与最初的目标设定相符合，要适应特定的场景和行业，如在游戏角色中的性别和年龄可能并不代表消费者现实中的实际属性。第二，用户画像的粒度要适中，就如市场细分一样，不是细分得越细越好。模型设计的标签过多，覆盖的人群反而越少，表征能力越弱，不利于进行消费者洞察。第三，要明确消费者的特征维度会随着时间和场景的变化而变化，是一个动态的信息数据，因此需要商家不断地更新该项工作，及时调整策略。

（四）系统可视化

用户画像的最终结果是服务于数字营销，为市场部门策划和管理提供更好的决策依据，因此，用户画像的最后一个步骤需要将更加容易理解的信息呈现给市场部门。所以需要利用数据可视化工具，将群体或个人用户的消费者画像信息用一种清晰易懂的视觉化方式呈现，例如使用各类图表来展现，常用的表示类属的有饼图、堆叠横条图、矩形树图、马赛克图、旭日图等；时序数据可视化的条形图、折线图、散点图、点线图和径向分布图等，空间数据可视化的位置图、统计图表、箱线图和子弹图等。除了一些具体的图表外，还可以将数据更加形象化表示，如淘宝近几年都会发布的消费者的年度淘宝账单等。总体上要求能有针对性地解决相应群体的需要即可，不一定需要做出复杂的展示效果。

▶ 案例 3-7

“双 11”用户画像：多元消费趋势凸显　不同消费人群各具特色

在 2024 年的“双 11”购物狂欢中，不同消费人群展现出各具特色的购物偏好与购买行为模式。这场年度购物盛宴不仅见证了电商行业的蓬勃发展，也深刻反映了消费者需求的多元化与个性化趋势。以下是对 2024 年“双 11”购物节不同消费人群用户画像特征的详细解析。

大盘消费者：活力四射，全面参与

“双 11”期间，大盘消费者展现出前所未有的活跃度。他们不仅人均购买天数显著增加，客单价、人均购买单量以及人均购买种类数也均有大幅提升。这些消费者几乎涵盖了所有品类，从服饰美妆到数码家电，从生活用品到健康食品，他们的购物车中应有尽有，充分体现了“双 11”购物节的全面影响力。

高阶消费者：追求高端，引领潮流

高阶消费者是“双 11”购物节中的“金主爸爸”。他们的客单价、购频、购宽等指标全线上涨，是淘系最核心的消费群体。高阶消费者偏爱高价值商品，如高端服饰、电子产品等，他们不仅追求品质，更注重品牌与格调，是引领消费潮流的关键力量。

流失消费者：回归热潮，重拾热情

对于那些 365 天未购的流失用户而言，“双 11”购物节成为他们重拾购物热情的重要契机。大促期间，平台通过精准营销和优惠策略成功挽回了大量流失消费者。他们更倾向于购买家洁、女装、食品、日用百货等生活必需品类，这些实惠且实用的商品再次激发了他们的购买欲望。

淘外消费者：跨界融合，新趋势显现

“淘外种草+淘内转化”的购物决策方式成为“双 11”期间的一大亮点。越来越多的消费者先在社交媒体或短视频平台上了解产品，再到淘宝进行购买。这种跨界融合的购物模式不仅丰富了消费者的选择，也为商家带来了更多的流量和销售机会。

家庭核心决策者：注重实用，关爱家人

作为家庭的核心决策者，这类消费者以女性为主，年龄集中在 25～39 岁，消费能力较强。她们在“双 11”期间更倾向于购买食品、日用商品、母婴等生活必需品类，以满足家庭成员的日常需求。

银发需求人群：健康舒适，品质生活

随着老龄人口的增加，银发需求人群在“双 11”购物节中的地位日益凸显。他们注重健康、舒适的生活方式，因此更偏爱服饰、家居生活、营养保健、功能设备器械等多维度品类。电商平台也针对这一人群推出了更多符合其需求的商品和服务。

“他经济”人群：个性表达，科技引领

男性消费者在“双 11”购物节中也展现出了独特的购物偏好。他们注重生活品质和个性表达，更倾向于购买科技产品、户外运动装备、酒类等商品。这些商品不仅满足了他们的实用需求，更体现了他们的个性与品位。

国货坚定人群：文化自信，支持国货

年青一代对国产品牌的认同感日益增强，在“双 11”购物节中表现得尤为明显。他们热衷于购买 3C 数码、日用品、服饰、家电、宠物等各个品类的国货产品，用实际行动支持民族品牌的发展。

情绪消费人群：缓解压力，取悦自己

在快节奏的现代生活中，情绪消费人群通过购物来缓解压力、取悦自己。他们更偏爱盲盒、捏捏和卡皮巴拉玩偶等具有情感连接的产品，这些商品不仅能够带来短暂的快乐，更能成为他们情感寄托的一部分。

品质追求人群：高标准，严要求

品质追求人群以18～34岁的年轻人为主，他们遍布一二三线城市，家庭用户居多。在"双11"购物节中，他们更倾向于购买食品、服饰、家电等各个品类的知名品牌和高品质产品。对于他们而言，优质的消费体验和长久的品牌价值比价格优惠更具吸引力。

2024年"双11"购物节不仅是一场消费盛宴，更是一次消费者需求的全面展示。不同消费人群在购物节期间展现出了多样化的购物偏好和行为模式，为电商平台和商家提供了宝贵的市场洞察和营销启示。未来，随着消费者需求的不断变化和升级，电商平台和商家需要更加精准地把握市场动态和消费者心理，以提供更加个性化、高品质的商品和服务。

（资料来源：资源屋《2024双11购物节：消费人群特征全解析》2024年11月13日 https://baijiahao.baidu.com/s?id=1815571589682814178&wfr=spider&for=pc）

第四节　数字化消费的决策过程

消费者的购买决策是指消费者从需要解决问题到完成购买及购后行为的整个过程。整个过程通常由问题识别、信息收集、方案评价、购买决策和购后行为等阶段构成。其中问题识别阶段需要确认需求，并将之与特定的产品或服务联系起来；信息收集阶段将通过多种来源获得产品或服务信息，以提高决策理性；方案评价阶段，将根据产品或服务的属性、利益和价值组合，形成各种购买方案，并确认购买态度；购买决策阶段，将会在不同方案之间形成购买意图和偏好；购后行为阶段，将会评估购买获得的价值，并通过行动表达满意或不满意等。数字营销时代，消费者的购买决策行为会受到各种数字媒体和渠道的影响，但依然需要走过这五个阶段。

一、购买决策过程

消费者购买决策过程如图3-4所示。

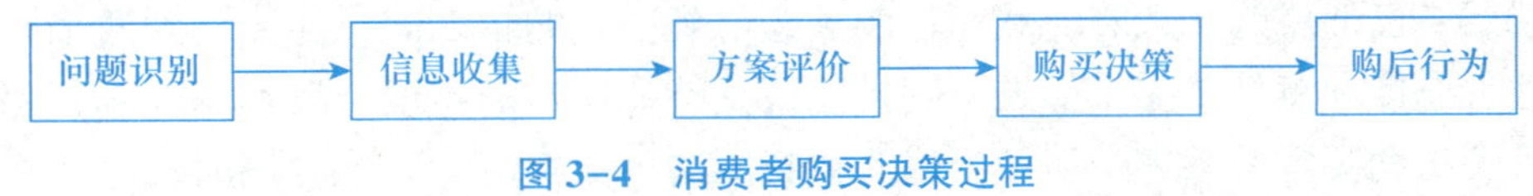

图3-4　消费者购买决策过程

（一）问题识别

问题识别阶段需要确认需求，并将之与特定的产品或服务联系起来。消费者认识到自己某种需求时，是其决策过程的开始。这种需求可能是由内在的生理活动或者内在的心理活动引起的，也可能是受到外界的某种刺激引起的。微时刻是谷歌提出的重要概念，它反映了数字时代消费者决策的碎片化和场景化的问题。移动互联网不仅激发消费者在生活中有许多时刻想知、想去、想做、想买，并能即时让消费者在这些时刻快速实现最终的购买。未来数字时代的营销，不仅要关注整体的购买决策路径，还需要更多地发现、激活、实现消费者的微时刻。这就依赖于大数据对消费者购买行为进行深入、细致的洞察，并在这些微时刻利用相应的场景激发消费者需求。

（二）信息收集

信息收集阶段是通过多种来源获得产品或服务信息以提高决策理性。信息来源主要有四个方面：①个人来源，如家庭、亲友、邻居、同事等；②商业来源，如广告、推销员、分销商等；③公共来源，如大众传播媒体、消费者组织等；④经验来源，如操作、实验和使用产品的经验等。数字营销时代，消费者更多接触到新媒体广告的刺激，并积极采用数字媒体进行信息的收集。如根据需求内容选择合适的关键词，利用搜索引擎（如百度、谷歌）、电子商务网站（如淘宝、京东）等进行信息查询；或者在知识型网站（如知乎、百度爱问、雅虎知识堂等）上进行问题解疑；或者在消费服务型网站等互动性平台上（如小红书）就需求问题进行主动提问，从而得到供应商或其他消费者的回复帮助；或者在自己的社交网络（如朋友圈、微博）上发布问题收集意见。因此，数字营销时代，商家需要更多地将商品信息呈现于消费者习惯且更喜欢去获取的相应渠道。

（三）方案评价

方案评价阶段，将根据产品或服务的属性、利益和价值组合，形成各种购买方案，并确认购买态度。消费者得到的各种有关信息可能是重复的，甚至是互相矛盾的，因此还要进行分析、评估和选择，这是决策过程中的决定性环节。数字营销时代，除了商品的质量、价格等重要因素，更多与数字营销相关的因素将进一步影响消费者的评价，如网络响应的速度、物流的快慢、用户的评价、促销的程度、月销量数据等。因此，营销人员需要根据数字营销时代消费者方案评价可能受到影响因素的变化而调整信息传递的渠道和主要内容。

（四）购买决策

购买决策阶段，将会在不同方案之间形成购买意图和偏好。消费者对商品信息进行比较和评选后，已形成购买意愿，然而从购买意愿到决定购买之间，还要受到两个因素的影响，即他人态度和意外情况。他人态度指他人支持或反对的态度，反对态度越强烈，或持反对意见者与购买者关系越密切，修改购买意图的可能性越大。互联网时代，消费者可以看到大量的售后反馈和相应的测评信息，这些信息都将大大影响消费者的最终购买行为。导致消费者修改购买意愿的意外情况有消费者自身因素和商家原因两个方面，商家的原因往往是多样的，如未提供安全便捷的支付方式、网络信息不够稳定等。因此商家需重视消费者的购后评价，作好评论信息的收集和引导，并完善支付、网络、物流等环境的维护。

（五）购后行为

购后行为阶段，消费者将会评估购买获得的价值，并通过行动表达满意或不满意等。

消费者购后的满意程度取决于消费者对产品的预期性能与产品使用中实际性能之间的对比。购买后的满意程度决定了消费者的购后活动，决定了消费者是否重复购买该产品，还会影响到其他消费者，形成连锁效应。在数字经济环境下，消费者的选择和分享的机会更多，因此消费者购后行为产生的效应可能得到更大程度的放大。如电子商务网站上一个满意的顾客可能通过社交网络主动进行大范围的宣传，而不满意用户的一条差评就足以阻挡大量顾客的购买热情，并降低商品在网络搜索中的排名，大大影响到产品的流量。因此数字营销时代，商家需要关注每一个消费者的购后评价和行为。

二、数字化消费购买决策行为模式

在营销领域和广告行业中，消费购买决策的行为模式经常被用来解释消费心理过程，了解这些模式可以更加准确地了解消费者的心理和行为，制定有效的营销策略，提高成交率。在数字营销的环境中，消费者的购买决策行为模式表现出更多的网络特征。

（一）AIDMA 模式

AIDMA 是美国广告学家 E. S. 刘易斯在 1898 年提出的消费行为理论，直到今天，信息技术不发达的部分国家或地区的消费行为仍与此理论契合。该理论认为，大多数购买行为的产生会经历以下五个阶段（如图 3-5 所示）。

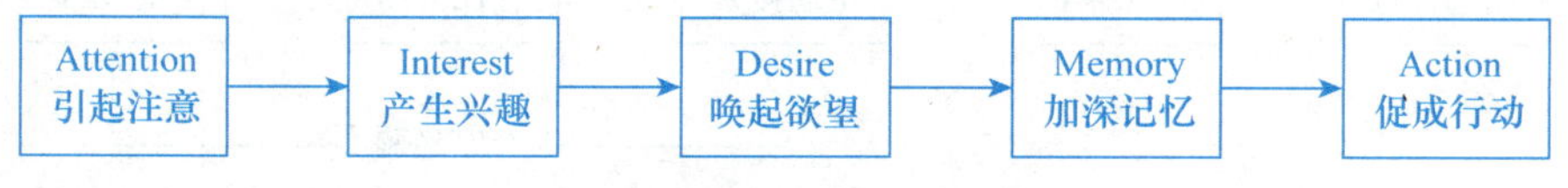

图 3-5　AIDMA 模式行为阶段

这个理论完全符合网络 1.0 时代的消费决策行为，信息单向流动所催生的消费模式，其中 A（引起注意）、I（产生兴趣）、D（唤起欲望）、M（加深记忆）均为消费者被动接受广告或推销后产生的反应，只有 A（促成行动）是消费者产生的主动行为。该理论提出的意义在于结合心理学充分分解了消费行为的动因，使企业可以有的放矢地在 AIDMA 这四个节点上进行优化加工，提高广告或者购买行为的转化率。

（二）AISAS 模式

网络 2.0 时代，信息爆炸，消费者个性化趋势加强，越发倾向于发出自己的声音，抛出自己的观点。同时移动互联网技术也在不断地进步，硬件处理能力随摩尔定律呈指数增长，海量存储技术产生了更多的数据，于是论坛、博客、SNS、微博、抖音、直播平台等大量涌现，为人们提供发声的平台，打破了传统媒体的集中化和中心化。因此，消费者与消费者、消费者与商家之间也就有了更多的互动。这个加入互动要素的消费行为理论我们称为 AISAS 模式。该模式通过新媒体产生消费决策会经历以下五个阶段（如图 3-6所示）。

图 3-6　AISAS 模式行为阶段

与刘易斯的经典理论相比，加入互动后的新消费模式（如图 3-7 所示）更加注重消费者的主观行为，其中，S（Search）、A（Action）、S（Share）都是消费主观能动性的表现，经典理论中的 D（唤起欲望）、M（加深记忆）由 S（主动搜索）覆盖，其区别在于经典理论 D、M 步骤为企业所传播的信息“能不能”使消费者在潜意识中产生欲望并加深记忆，而新理论认为消费者会产生兴趣后通过技术手段主动搜索商品，获取全面的商品信息与评价。新模型中的这个步骤在整个购买过程中可以起到决定性的作用，往往消费者在搜索之后就会作出是否购买的决策。

AISAS 模式对经典理论的另一大补充是互动手段带来的“分享”机制，也正是由于分享这个动作的存在，打破了模型的单向递进，消费者可以从 AISA 前四个步骤中的任一步骤直接跳至分享，A/I 跳至分享的目的可以是咨询求助，搜索后跳至分享的目的可以是分享经验，使自己的搜索工作成果不至于石沉大海。

分享的意义更在于可以发起下一轮消费行为。我们看到朋友买的商品及他对商品的评价，如果恰好我们有需求或者潜在需求，那么便会直接激发出购买欲望，迅速做出购买决策。以上分析如图 3-7 所示。

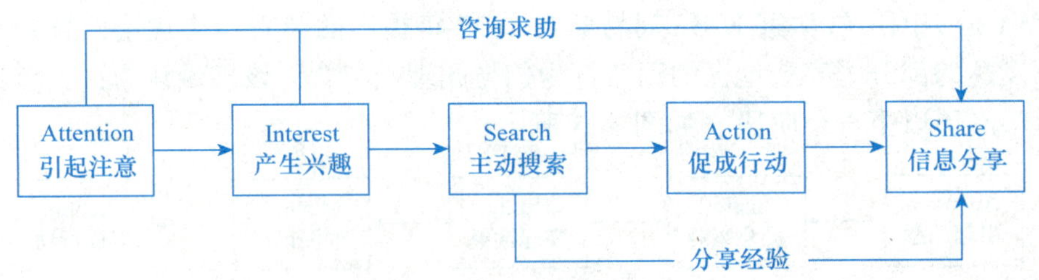

图 3-7　AISAS 模式交互行为分析

（三）移动互联网时代的 SCIAS 模式

随着移动互联网技术和手机等移动设备的普及，移动电子商务的时代早已到来，消费者的消费模式又有了一些变化。有学者将其概括为 SCIAS 模式。这种模式要经历以下五个阶段（如图 3-8 所示）。

图 3-8　SCIAS 模式行为阶段

消费者首先搜索（Search）需求品类或目标商品，可通过线上线下各类搜索引擎、电商网站进行搜索；通过品类搜索进行同类商品或服务的主动比较（Compare），若直接在电商网站搜索目标商品，也会收到同类商品的推送信息；主动了解、比较行为之后，如果消费者仍认为存在需求，则会对某一商品产生兴趣（Interest），做出购买决策；如果包括硬件、网络、站端服务器、支付系统在内的整个交易过程顺畅无阻，消费者就会完成购买行动（Action）；消费者在得到产品/服务后如果认为体验不错，一般就会通过社交媒体秀（Show）出来。

秀出来之后的结果分为三类：与大多数消费者的需求不符，不产生任何实际影响，或是对于品牌增加认知或好感度；恰好与消费者需求相符；二人认识（强关系），则有可能直接促成消费者的消费决策，采取行动（Action）；如果二人是弱关系（如通过微博传播），消费者有此类需求，则会依照 Show-Interest-Compare-Action 的顺序完成购买工作（如图 3-9 所示）。

对于经典理论中信息单向流动的大环境催生 AIDMA，我们可以看到 SCIAS 模型的传播方式也与目前移动互联网的信息传播方式一样——没有“终点”，在完成首次交易动作之后又会由于强弱关系的差别产生多种结果，这会给企业在各个环节的信息加工带来更多挑战，因为他们需要考虑更多的需求场景，制造更多的完美闭环以推动转化率。

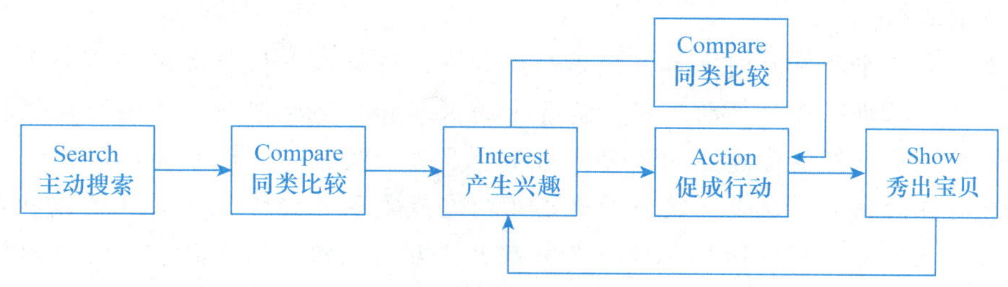

图 3-9　SCIAS 模式交互行为分析

相比于传统的行为理论，在 SCIAS 模式里，消费者会根据自身的需求主动开展搜索。消费者甚至在不明确是否有确切的商品和服务的情况下，基于对搜索引擎和网络的信任直接给出相应的消费标准，通过搜索得到相关商品的推荐或是消费策略。因此，传统的广告对消费者的消费决策影响越来越小，而一些综合型导购类、分享型网站得到很多消费者的青睐。此外，随着无线运营公司定位位置服务的发展成熟，一种基于定位服务的 LBS（Location Based Services）模式可以根据消费者的定位，为消费者提供精准的周边消费消息，包括周边的美食、停车场、打车、娱乐等多方面的详细信息。

▶ 案例 3-8

xAd 联合华通明略发布《移动购买路径研究》白皮书

中国消费者在购买决策中对智能手机的依赖远超美国和英国

随着移动互联网的发展与智能手机用户的迅速增长，基于位置的场景营销正成为必不可少的选择。根据互联网市场研究机构 eMarketer 的报告，在接下来的 5 年里，基于位置的广告将占到移动设备投入的 40%以上。而市场研究公司 JuniperResearch 的报告也指出，到 2019 年，位置感知应用程序的数量有望增长 3 倍，成为移动应用程序市场的重要组成部分。

《移动购买路径研究》白皮书发布的数据显示，55%的中国消费者认为，智能手机是最重要的购买决策媒介，其次是台式电脑或笔记本电脑（33%）、电视（6%）、平板电脑（4%）、平面媒体（2%）及广播（1%）。中国消费者对智能手机的倚重显著高于欧美市场，相比之下，只有 1/3 的美国和英国消费者认为自己的智能手机是最重要的购买决策媒介。

电子商务在中国迅猛发展的今天，仍有将近 90%的消费活动是在实体店中进行。而手机则恰好连接了消费者的线上线下活动，有超过80%的消费者希望当天购买。

“众所周知，消费者已经完全离不开自己的手机。在一个精准与人性化的时代，基于地理位置的场景营销将会发挥日益重要的作用。”xAd亚太区总经理曹阳表示：“营销人员需要洞悉消费者的行为和心理，从而了解何时、何地以及如何覆盖最具价值的消费者。”

移动设备在整个购买决策过程中尤其是在决定购买初期发挥主导作用

如今，消费者产生购买不再是一个线性的决定过程。移动设备在消费者购买决策行为中扮演的重要角色，使得营销人员有机会在此过程中创造多个触点来覆盖和影响消费者。白皮书数据显示，消费者在整个购买决策的初期（55%）及考虑期（59%）最易受到移动设备带来的影响，此后在评估期（49%）、购买期（44%）及购买后（21%），移动设备发挥的作用逐渐减弱。

消费者全天几乎所有时间点都依赖移动设备，这将智能手机变成了始终处于开启状态的设备。但是，根据所在位置的不同，消费者的需求和期望也不相同，因此要根据消费者当前所在的位置来了解消费意图的差异，从而为广告投放策略提供参考。

消费者所在的位置，也是反映消费者思维状态最重要的指标之一。位置能够充分说明消费者的需求及其需求的迫切程度。白皮书指出，当浏览相同的产品信息时，出门在外的消费者与在家的消费者相比，希望在1小时内完成购买的可能性要高出40%。如果营销人员可以检测到这一情况并提供相关的信息，则可以更大程度地影响到消费者的购买行为。

（资料来源：数英.xAd联合华通明略发布《移动购买路径研究》白皮书［EB/OL］.［2016-04-26］.）

本章小结

本章主要对数字营销中的消费心理问题作出回答，并厘清其基本要点。通过完成本章的学习，应该理解和掌握以下内容。

（1）通过研究影响消费者消费行为的因素可以更好地把握消费者的购买心理和消费特征，更好地选择营销方式，以满足消费者的需求。营销人员在营销过程中必须结合当代数字营销环境的变化，更加深入地对以下因素进行分解和分析，以期更好地掌握当代消费者的消费心理和行为特征，更好地服务于消费者。对当代消费者的心理及行为的影响因素要考虑数字经济背景下的政治因素，包括政治制度、国家政策；文化因素，包括价值观念、风俗习惯、宗教信仰、亚文化群；社会因素，包括参考群体、社会阶层；个人因素，包括年龄和生命周期阶段、职业与经济状况、生活方式、个性和自我意念等。

（2）消费行为模式揭示了在这个购买者黑箱中的几个重要心理过程：动机、认知、学习、情感和记忆。

动机：消费动机是推动消费者产生购买欲望的因素。在数字消费的情境下，马斯洛需求层次理论对消费者需求和动机的解释依旧非常有力。该理论认为，人的需要由生理的需要、安全的需要、归属与爱的需要、尊重的需要、自我实现的需要五个等级构成。

认知：消费者对同样的刺激产生不同的认知，主要缘于三种认知特点，即选择性注意、选择性扭曲和选择性保留。针对认知的特点，营销人员需要设计清晰的媒体投放策略，提供便捷的信息获取渠道，引导产生良好的口碑效益。

学习：消费者学习是指消费者在购买和使用商品的活动中，不断地获取知识、经验与技能，通过积累经验、掌握知识，不断地提高自身能力的过程。营销者应针对消费者学习的特点，树立企业和产品的形象，减少负面学习的机会；加强主动宣传的力度，丰富媒体传播方式。

情感：消费者情感营销是指要从消费者的内心出发，探究消费者的特性与真实需求。数字营销对情感性消费的应对需要做到感知消费者情绪，探究消费需求；紧密联系品牌，选定情感主张。

记忆：消费者在进行商品选择和采取购买行为时，就是通过记忆来反映过去的经历和经验。数字营销对消费者记忆的应对可以做到以下三点：紧紧围绕核心符号，不断强化品牌形象；关联公益环保，树立广泛正面的品牌形象；依托数字媒体，打造简明生动的传播内容。

（3）数字营销的时代，用户画像（User Profile）主要是指根据用户人口学特征、网络浏览内容、网络社交活动和消费行为等信息进行抽象描画。消费者留在网络和各类服务器上的行为数据和数据库里的大量数据被分析和挖掘，最终被贴上一系列的“标签”，而“标签”是能表示用户某一维度特征的标识，主要用于企业业务的运营和数据分析。用户画像的作用是可以精准营销、指导研发、数据应用。用户画像的主要内容包括对用户静态信息数据和动态数据信息的收集。构建用户画像的方法从流程上可以分为四个步骤：目标设定、获取和研究用户信息、建立和丰富用户画像、系统可视化。

（4）消费者的购买决策过程是指消费者从需要解决问题到完成购买及购后行为的整个过程。整个过程通常由问题识别、信息收集、方案评价、购买决策和购后行为等阶段构成。在数字经济环境下，需要考虑整个过程中数字工具和数字化渠道对五个阶段的具体影响。消费者的购买决策行为模式也表现出更多的网络特征，其中一些经典的消费行为有AIDMA模式、AISAS模式和移动互联网时代的SCIAS模式。

关键术语

消费行为影响因素动机　认知　学习　情感　记忆　用户画像　数字化消费购买决策　AIDMA模式　AISAS模式　SCIAS模式

案例分析

最懂你的年终账单都在这儿了

是“情绪自留”，也是“恣意炫耀”。从最喜欢的歌单、订了多少次外卖、处理了多少条群消息，到最晚听的歌曲和访问空间次数最多的朋友，以及几点读的哪本书……你走过的路、吃过的饭、看过的视频、花过的钱，大数据都帮你记得清清楚楚明明白白。这份既走心又私密的报告，一窥整年精神状态。

有记忆的互联网，量化生活痕迹。一行行电子数据，看似平台收集的用户画像，还用作“划重点”“忆往昔”。有记忆的互联网，用新旧交替的跨年“仪式”，帮忙作了年终总结。“好烦，又加班到很晚，你搭上空荡的地铁已是末班……”那一瞬，专属记忆的共鸣，让红了的眼眶泪水不再外溢，“刚需”氛围感已成年末主角。

对齐人生颗粒度，成各大平台年终标配。年末不出一份用户年度报告，枉为互联网公司。从网易云掀起年度报告狂潮开始，为自家用户生成年度报告几乎成为所有App年末必备营销活动。外卖软件会告诉你“今年留下的最长备注是什么”，理财软件会帮你分析“自己到底哪来这么多钱”。为迎合年轻人的特性，搭配轻快活泼的背景音乐，结合当下的网络热梗已是低配，“AI+短剧”被刻进了年度报告DNA，短剧主角瘾也能在年度报告中过一过。

【讨论问题】

1. 年度账单体现了企业对消费者哪些消费心理过程和影响因素的把握？
2. 结合本案例，谈谈如何利用“年度账单”开展数字化营销。

实训操作

实训项目	数字营销环境下消费者行为分析
实训目标	掌握数字营销环境下消费者行为的具体影响因素
实训步骤	1. 教师提出实训前的准备要求及注意事项 2. 学生3人一组，教师指导学生选定一类商品 3. 学生以观察、采访等方式分析数字营销环境下不同消费者的消费过程 4. 对比不同的消费行为，结合知识要点，分析受到的具体影响因素是什么 5. 小组做出分析报告，提出相应的营销应对措施
实训环境	真实情景的线上线下消费场所
实训成果	分析报告

思考与练习

一、填空题

1. 数字营销中影响消费者行为的主要因素有：______、______、______、______。

2. 数字营销中关键的心理过程有：______、______、______、______、______。

3. 用户画像的作用有______、______、______。

4. 数字化消费决策包括的阶段：______、______、______、______、______。

5. 构建用户画像方法从流程上可以分为四个步骤，分别是：______、______、______、______。

二、不定项选择题

1. 一些企业在数字营销的策略中会通过培育网红开展直播带货，利用网红带货的方式主要是考虑（　　）对消费行为的影响。
   A. 政治因素　　B. 文化因素　　C. 社会因素　　D. 个人因素
2. 数字营销过程中我们需要特别注重保护消费者的隐私，从马斯洛需求层次理论的角度看，是对消费者（　　）的满足。
   A. 安全的需要　　B. 生理的需要
   C. 归属与爱的需要　　D. 尊重的需要
3. （　　）是用户画像构建需要的动态信息数据。
   A. 用户的年龄、性别　　B. 消费者的消费等级、消费周期
   C. 消费者的点赞和评论　　D. 消费者购买的具体网页位置
4. 数字营销环境下消费者情感性消费的特点有（　　）。
   A. 情感性消费行为存在多样化　　B. 情感性消费行为存在差异化
   C. 情感性消费行为更被动　　D. 情感性消费行为可塑性强
5. 数字化消费的过程中需要在信息收集阶段通过多种来源获得产品或服务信息，以提高决策理性。消费者可以利用的信息来源有（　　）。
   A. 个人来源　　B. 商业来源　　C. 公共来源　　D. 经验来源
6. 加入互动要素的消费行为理论我们称为 AISAS 模式。加入互动后的新消费模式更加注重消费者的主观行为，其中（　　）都是消费者主观能动性的表现。
   A. A（Attention），引起注意　　B. S（Search），主动搜索
   C. A（Action），促成行动　　D. S（Share），信息分享

三、判断题

1. 同一社会阶层的人往往有着共同的价值观、生活方式、思维方式和生活目标，并影响着他们的购买行为。（　　）

2. 消费者的选择性扭曲是指将信息加以扭曲，使之合乎自己的意思，并以符合消费者预想的方式理解信息。因此消费者发生选择性扭曲对营销者来说都是不利的。（　　）

3. 用户画像是数字经济时代非常重要的营销策略，因此任何一个公司都应该构建用户画像，不管企业的目标是什么。（　　）

4. 消费者在购买和使用商品的活动中会不断地获取知识、经验与技能，通过积累经验、掌握知识，不断地提高自身能力，完善自身的购买行为。（　　）

5. 在 SCIAS 模式里，消费者会根据自身的需要开展主动搜索，因此传统的广告对消费者的消费决策影响越来越小。（　　）

四、思考题

1. 关注一个企业案例，分析该企业在数字营销中对消费心理影响因素的考虑。

2. 关注一个企业从传统营销转型数字营销的过程利用了哪些数字营销中的关键心理过程。

3. 回忆自己在数字化消费的过程中是怎样一步一步地做出消费决策的。

第四章

数字化营销方式和策略

能力目标

通过完成本章的学习，学生能够了解数字化营销方式并熟悉这些营销方式的商业逻辑，并能够运用所学的知识剖析一些数字营销案例。

素质目标

从熟悉的日常交流和沟通方式入手，探讨数字经济背景下数字化营销的创新案例，通过剖析案例，领悟科学精神，树立创新的营销理念，学会运用数字化营销方式，在商业竞争中，领悟商业的本质及人性，提升自身做人的认知水平，树立正确的价值观念，增强社会责任感与使命感。

引 例

星巴克的数字运营策略

数字化一直是星巴克全球业务增长的重要战略。早在2016年，星巴克就提出“数字飞轮”（Digital Flywheel）战略。

通过AI技术了解用户需求，通过大量的数据来分析用户的需求，最大化优化用户体验，根据消费数据研发新产品并用于选址等商业决策。

具体涉及四大模块：星巴克会员体系、移动支付、个性化体验和移动端购买体验。

在中国，虽然星巴克的业务迅猛增长（截至2019年6月，星巴克在中国的零售店超过3900家），“第三空间”的概念深入人心，但在个性化体验、移动端购买体验方面明显落后于全球，比起中国年轻的品牌，也显得行动迟缓……

2019 年，星巴克中国调整了管理架构，数字创新部门和零售部门并行。具体的行动措施有：

1. 星巴克和阿里巴巴达成合作，在 35 个城市提供“专星送”服务，还和饿了么打通了会员体系。用户在饿了么下单的同时也能积累星巴克会员积分。

2. 推出“咖快”服务，实现了用手机下单、到店自取的预点单服务。客户在上班的路上就可以点订写字楼附近星巴克的咖啡，到店取，省去了排队和等待制作的时间。

虽然星巴克的预点单“姗姗来迟”，但是功能比其他的竞争对手更完善。比如可以和原有的会员体系打通，在线点单的时候同样可以使用优惠券、同步积累“星星”等福利等。

星巴克虽说是传统的零售出身，但在门店陈列和社交传播上的确是高级玩家和不断创新者，客户在取单的时候就可以看到抢眼的橘色“咖快”区域，随机的“暗号”也是极具中国特色又有分享特性。

3. 星巴克会员 App 真正实现了定制化推送。每个人打开后都可以显示最近的门店地址、优惠券等信息。“星信息”和“限时享好礼”根据每个客户的消费习惯而“千人千面”。

4. 最简单易懂的会员升级体系。只要购买 98 元的会员卡，只需 1 分钟就能在 App 上注册成为会员，享受福利。会员积分用最简单的“星星”来计算，消费 50 元算一颗星，5 颗星（250 元）就能升级成为玉星级，25 颗星（1250 元）就能升级成为金星级。用户随时可以在 App 上查看星星数量和等级。

如今，星巴克中国的会员超过 800 万人，其中 90% 的会员是星巴克 App 的活跃使用者。

（资料来源：数英．星巴克、瑞幸、喜茶的数字运营策略［EB/OL］.［2019-10-15］.）

【分析提示】 星巴克运用了什么样的数字化营销方式？这些方式有哪些注意事项？

第一节　社会化媒体营销策略

一、社会化媒体营销概述

社会化媒体营销是利用社会化网络、在线社区、个人社交媒体、搜索引擎或者其他互联网协作平台媒体来进行营销、公共关系和客户服务、市场维护开拓的一种方式。社会化媒体营销又称为社会媒体营销、社交媒体营销、社交媒体整合营销、大众弱关系营销。

在网络营销中，社会化媒体主要是指一个具有网络性质的综合站点，它们的内容都是由用户自愿提供的，而不是直接的雇佣关系。

凯度传播媒介事业的 CIC 情报系列报告之一《2019 年中国社会化媒体生态概览白皮书》提供了当年中国社交媒体发展现状剖析及洞察，提出了“复合媒体”“世代”“圈层营销”“Social GRP”等多个新鲜概念，勾勒出当今中国社会化媒体生态格局，为品牌营销注入了新功能。

▶ 案例 4-1

加多宝对不起：悲情营销开山之作

2012 年，加多宝在与广药的商标争夺战中输掉了官司，广药集团收回鸿道（集团）有限公司的红色罐装及红色瓶装王老吉凉茶的生产经营权，从那以后两家企业的战争便愈演愈烈。2013 年 2 月 4 日，加多宝在微博上做出了一组兼具视觉力与传播力的“对不起”系列图片，这组图片选取了四个哭泣的宝宝，并配以一句话诉说自己的弱势，图片表面悲情，实则却如利剑一般，剑剑刺在竞争对手的痛处，给予对手致命的打击。

加多宝的悲情牌一经打出，立刻博取大量网民的同情，其官方微博上的四张图片获得了超过 4 万的转发量，加多宝也一举将输掉官司的负面新闻扭转为成功的公关营销事件。广药王老吉在这次事件中则像是哑巴吃黄连——有口难言，被加多宝打得一败涂地。

从加多宝对抗广药的策略来看，其“悲情营销”的具体表现就是在宣传中通过不断强化对比自己与广药的地位差别（民企与国企）来博得民众对民企的同情。这一招真可谓稳、准、狠。

（资料来源：佚名 . 2013 年社会化营销成功案例盘点特稿［J］. 公关世界，2014 年第 1 期.）

（一）复合媒体

随着社会化功能在各种互联网平台中的深度普及，大多数的中国互联网媒体已经可以被称为“社会化媒体”。而复合媒体是指支持搜索、交友、通信、娱乐、游戏、购物及社交等多个功能，且总用户数大于 5 亿人的平台。在中国，微信、支付宝、淘宝、QQ 是目前典型的复合媒体，也是在国人生活中占据重要地位的复合媒体。数字营销时代，想要创造和消费者更多的接触点，对这些复合媒体要更加关注并熟悉它们的内在规则。但其他以关系为重点的核心社会化媒体和以内容为主的衍生社会化媒体依然在消费者消费行为中扮演着重要角色。营销人员需要在战略部署中恰当地运用这些媒体平台。因此，越来越多的品牌重视建设自己的自媒体渠道，通过这些渠道与消费者互动，加大产品的影响力并加深在消费者心目中的品牌形象。最开始品牌选择的自媒体平台较多集中于微信和微博，而现在很多品牌开始尝试在知乎、头条、小红书和抖音等平台建设自媒体。品牌自媒体与消费者互动的方式往往是“追热点”，利用热点新闻激发消费者的互动，从而提升品牌的曝光率，或将热点与产品热点结合，自然而然地对产品进行推广宣传。

▶ 案例 4-2

麦当劳万圣节玩转社交营销

万圣节是西方国家的传统节日，“扮鬼”的风俗让万圣节的节日气氛格外轻松愉快。消费者不一定认真过万圣节，但是在万圣节“扮鬼”本身极具趣味性，充满话题性，大众参与度高，是品牌玩转社交营销的好时机。

借万圣节热点，麦当劳发布多款新品，一组“万圣节头条”主题海报在微博上发布，搞怪有趣的画面，充满悬念，很有万圣节气氛。同时，麦当劳在微博发起“一句话鬼故事大赛”活动，配合现金券作为奖励，引导粉丝参与互动，可以说是一次品牌与粉丝互动非常成功的案例。

（资料来源：山东电商周刊．盘点 2018 年热点营销，看这 7 个案例就够了！[EB/OL]．[2019-02-02]．）

（二）圈层营销

为了尽可能攫取更多目标用户，品牌的“传单式”推广已不再适用。中国即将迈入“圈层营销时代”。凯度传播在《2019 年中国社会化媒体生态概况白皮书》报告中首次赋予圈层定义：圈层是拥有同样兴趣或职业的人，不同的圈层间存在重叠和包含的关系。而实际上很多年前对类似圈层的概念就有学者提出了垂直型社交媒体的说法，两者都是在一定程度上强调了同样的兴趣或职业和圈层中的意见领袖在消费群体当中有不容忽视的影响力，这种互相之间的交流和互动会大大影响消费者的购买意愿和行为。通过报告我们发现，圈层有生命周期，处在不同阶段的圈层的参与者有不同的需求，从而形成不同的类型，如潜在用户、新鲜用户、求知型用户和自主型用户等。其中求知型用户会更久地留在某个圈层并对深度的内容保有较强的兴趣。处于不同阶段的圈层参与者关注的内容有所不同。在咖啡爱好者的圈层中，潜在用户可能被新鲜有趣的信息吸引，如咖啡的文化潮流等；新鲜用户则追寻功能与应用，如咖啡工具的对比、冲泡方法等；求知型用户深挖圈层原理，如咖啡豆产地、种类、处理方式等；自主型用户则会根据自身对圈层的了解对初涉圈层的用户进行知识传播，如发布小众、精品咖啡探店对比等信息。而不同圈层参与者关注的意见领袖也不尽相同。由此可见，商家需要重视内容的产出，与圈层内的参与者产生互动，并引导不同阶段的参与者互相影响，促成自家产品的销售。

二、社会化媒体营销要点

（一）巧用免费模式

互联网的盈利模式中有一个最受用户推崇的模式：免费模式。人们喜欢免费的东西和促销活动。这样的策略早已被品牌广告主使用过多次，商家通过这样的活动来获取消费者的参与，试销新产品，获得用户反馈，收集市场样本等。而利用社会化媒体开展免费派送或促销互动可以更快地进行病毒式传播活动，并产生巨大的影响力。比如，麦当劳通过

IM 开展了赠送 200 万杯饮料的病毒式传播活动，吸引用户积极参与，获得了良好的效果。再如，立顿绿茶开展的免费派送活动，只要在立顿的活动官方网站填写你想送茶的朋友姓名、地址、电话，立顿就会在上班期间免费送达。而星巴克、汉堡王这两家公司，则利用其推特官方 ID 发布一些促销优惠活动，由于预估不足，用户疯狂转发活动信息导致活动商品不足，最终主办方不得不增加活动的优惠量，延长活动时间。

由此可见，免费往往是一种强有力的刺激手段，结合社会化媒体的互动性，有吸引力的活动往往可以获得大量的转发和关注。但作为营销方，还需要把握好活动的推广范围、礼品的数量，从而控制活动成本。否则有可能无法控制用户情绪，或因无法兑现商品而惹怒消费者，进而带来负面的口碑传播。

（二）抓住意见领袖

俗话说，网络无权威，但是有意见领袖。各个细分的区域都有用户自己的意见领袖，如在 3C、互联网、美食、旅游等领域。品牌如果想更快更有效地推广产品，能不能成功地圈定重要的意见领袖，并引导意见领袖去讨论、传播产品是至关重要的一环。通过这些意见领袖或社交媒体圈中有影响力的群体进行传播将更加有效、及时地获得互联网用户的共鸣，尤其对产品的信誉将会有无以复加的好处。选择意见领袖时必须注意，专业性、可信赖度、辐射人群是关键意见领袖必须具备的重要特质。

例如，麦肯锡在 2019 年发布的奢侈品研究报告中称，中国的“80 后”和“90 后”已成为奢侈品消费的主力，占据 80%的销售额，而他们的购买决策在很大程度上受到了 KOL 的影响。当然在成功的背后不可能只依靠一个人，必定有一个成熟的营销团队。而对商家来说，利用合适的关键意见领袖可以带来大量的关注度和销量，对企业打开市场有较大的促进作用。

（三）创作优秀内容

社交媒体中用户自发的传播，是基于用户喜欢你的内容，如视频、图片，用户通过转帖来和好友分享他们的感受。但粗制滥造的内容没人会去分享，而优秀的原创内容则得到了大家的认可，这就是现在常常听到的“内容为王”的理念。由此也诞生了内容营销（Content Marketing）这一细分领域。在社交媒体日益多元化且重要的社会环境下，营销人员必须做出真正的优秀的内容，真正与消费者产生共鸣，令消费者感到震惊的或真心一笑的才可能让消费者心甘情愿地进行传播分享。在 2018 年国际博物馆节来临之际，一个《第一届文物戏精大会》的创意视频在抖音火爆起来。各大博物馆的镇馆之宝在视频中纷纷变成戏精，鬼畜的画风，让人欲罢不能。一个是年轻的新媒体网红平台，另一个是传统的文化艺术殿堂，这对自带反差萌的混搭 CP 强强联手搞事儿，创造出来的成绩自然是不可小觑。截至当年 10 月，该视频累计播放量突破 1.18 亿次，点赞量达 650 万次，分享数超过 17 万条。

（四）把握用户情感

想调动用户参与社交媒体活动的传播，需要营销人员能够把握用户的情感密码，注意与其沟通的方式，深层次地走入用户的内心，积极塑造品牌影响力。需要创造有吸引力的内容，搭建产生共鸣的情感链条。例如，自然堂在三八国际妇女节时在微信朋友圈和微博发布了一个名为“没有一个男人可以通过的面试”的广告片。在三八国际妇女节被商家们冠为“女神节”“女王节”等鲜亮的名称的社会环境下，自然堂却认为一份理解和尊重可能是更好的礼物。片子选择了最能够代表职业经历的一个代表性场景——面试。在面试时，女生经常会被问到一些问题：“结婚了吗”“打算要孩子吗”“怎么平衡家庭和工作”等问题看似平常，却隐隐中带着性别歧视与差别对待。在广告片中，这些问题的对象换成了男性，坐在桌前的他们面对这些莫名其妙的面试问题时，微妙的荒诞感之余，让人开始深思女性在职场中因性别而遭受的质疑、轻视和另眼相待。广告片洞察了职场中常见的“性别偏见”问题，在三八国际妇女节引发了广泛的社会讨论。

▶ 案例 4-3

中国邮政的“随手拍邮筒”

一般来讲，冰冷冷的产品并不能激起社交平台用户的传播欲望，单纯增加产品的曝光量也并不能带来大量的传播。人们对许多生活中常见的产品已经麻木，一种神秘的距离感弥漫在人们与产品之间，企业账号的社会化资产难以有效积累，寻求产品的进化已是一种必然。在这种探索中，让产品来当网红是一种相当成功的尝试。以中国邮政的“随手拍邮筒”营销事件为例，鹿晗与外滩邮筒的合影使邮筒一夜之间走红，中国邮政抓住这次机会，建立“外滩网红邮筒君”微博账号，其认证信息为“世界级网红邮筒本尊，建国后第一只成精的邮筒”，调皮的风格吸引了大量年轻粉丝。中国邮政还给邮筒安装鹿角，发行“外滩网红邮筒”明信片，迎合年轻消费者，并趁势抓住旅行与邮政之间的关联，在“五一”小长假联合微博随手拍进行“随手拍邮筒”活动。配合对鹿晗粉丝定向推送，“随手拍邮筒”获得了 2 亿阅读量、38 万条讨论以及 3.1 万个高质量的作品，成为“五一”期间影响力最大的微博活动。让产品成为网红，使其自带传播价值，并以网红产品为核心，开展一系列接地气的营销活动，是中国邮政获得巨大品牌影响力、积累大量社会化资产、重塑品牌形象的最大法宝。

（资料来源：李子豪．社会化营销概念升级，品牌深度参与效果显著［EB/OL］.［2017-05-11］.）

三、社会化媒体营销开展过程

（一）评估可行性

社会化媒体营销是企业为了实现某一个目标的工具，要用好这个工具就必须深入了解它。社会化媒体营销虽然是一个非常流行的概念，但是作为一种工具还是有其本身的特点。因此，营销人员应结合本行业、本企业以及自身的产品和目标消费者群体的特点去审视社会化媒体以及社会化媒体营销的特点是否适合本企业和本行业，如果并不适合就不要盲目地开展社会化媒体营销，开展之前务必需要明确为什么要把社会化媒体营销纳入企业的营销策略。

此外，还需要了解社会化媒体平台的优势。在了解自身产品和定位后，就要找到适合自身需要的社会化媒体平台，这就要求对社会化媒体平台不仅了解而且能够熟练应用，包括对每个平台的数据使用情况、人群特点、使用习惯等都要有足够的了解。社会化媒体主流平台主要有：微博、微信、SNS、豆瓣、小红书、知乎、陌陌、短视频平台、直播平台等；使用的方式主要有：软文、短文、留言板、照片分享、评论、转发、投票等。

（二）明确目的

企业的社会化媒体营销目的大致可根据公司的大小分为两种：对于大公司而言，在没有生存之忧的情况下，对于社会化媒体营销的最大诉求在于如何通过社会化媒体营销获得目标消费者更多的信任，从而巩固它的大品牌地位。对于小公司而言，对于社会化营销媒体的最大诉求在于通过社会化媒体营销获得对企业真实的价值，如品牌知名度、促进新品的推广、增加销量等。现实中，很多企业在没有明确自身开展社会化媒体的目的的时候就开设各类平台账号，导致方向性错误，采用不恰当的内容，不清楚各大平台规则，加之缺乏专业的策划和运营团队，这样不仅没有让社会化媒体为自己所用，反而被其拖累，让消费者不明所以，适得其反。

（三）制定战略战术

制定社会化媒体营销战略需要和第二步的目的相联系，结合企业的特点考虑通过社会化媒体营销的主要目的是促进销售，还是维持甚至提高目前的品牌知名度和品牌形象？社会化媒体营销是长期坚持还是短期尝试？以哪些人为主要的目标群体？资金和人力的投入程度大致是多少？只有战略清晰了，才可以进行具体的战术计划制订。每一个计划都需要明确目的和目标，目标是目的的数据化呈现。

（四）实施计划

当战略战术制定好了之后，就要找到合适的、执行力强的人来执行。一个配备完善的团队主要有运营主管、策划（创意）、文案（编辑）、客服、推广（BD）、设计（美工）。所选择的团队成员既要熟悉社会化媒体营销平台规则和传播理论，也要了解本行业、本企业以及产品和消费者。同时要考虑团队如何来考核以及激励，确保在执行过程中每个人都发挥最大价值。

实施计划时，企业需要在相应的平台运用相应的资源把合适的内容进行扩散和传播，同时做好客户服务以及公关这些具体事务。对于执行来说，更多的是细节以及团队的执行力，比如微博每天发多少条、什么时间发、论坛发帖发什么板块、什么时间发人气最旺等，而且需要分项细化和分解。只有把执行不折不扣地去完成，才能保证整个社会化媒体运营的效果和最后期望结果的呈现。因此，社会化媒体营销运营需要有团队和组织管理保障的支持。

（五）效果评估

企业的社会化媒体营销战略通常由很多目标构成，大目标又由很多小目标构成。目标数据化，效果评估利用分解法把这些目标参数分解开来再进行过程控制。比如快书包的一个社会化媒体营销目的是通过微博来卖书，那么私信里有多少订单最后成交了，就是最后的效果。如果目标是通过微博运营增加快书包官网的流量，那么只要监控这部分流量就行了。

但具体的控制指标需要企业根据目标进行设定，社会化媒体营销既要注重“数”（粉丝数、点击率等），也要衡量“质”（精准有效点击以及粉丝互动强度、声量等），更要追求“投资回报率”（顾客咨询、潜在客户转化、促进消费倾向）来综合评估和考核。评估除了整体的阶段性评估外，还要有周评估和考核或者单个活动的评估和考核，这样才能把每一块做好，根据评估数据来展开接下来的工作。

（六）更新调整

通过 ROI 及网络声量反应，企业可以适时调整社会化媒体营销策略经营效果控制以及分析和总结，不断对社会化媒体运营战术和执行人员作调整，甚至包括对战略的调整，如替换团队中执行力不强的人员、增加新的社会化媒体营销平台等。这样新一轮的社会化媒体营销又开始形成一个良性和完整的闭环，最终一步步利用社会化媒体服务于企业，甚至成为企业营销体系中比例最高的一块。

社会化媒体运营并不是简单地在一些社交平台上开账号、发布内容。社会化媒体运营需要的是用心经营。企业应该把社会化媒体营销纳入企业的整体目标，运营过程中要尊重每一个客户，努力把客户变为客服、品牌代言人和意见来源。只有通过这些努力，企业才能更好地应用社会化媒体进行营销。

▶ 案例 4-4

机智贱萌爱搞事，雕牌雕兄“IP”火上天

网络上忽然杀出了一只身怀绝技的“雕兄”，火爆全网。

据说这只爱搞事的雕兄的出现绝非偶然，它是雕牌继去年“新家观”后，年轻化转身的再次进击，品牌进一步 IP 化，旨在以年轻人喜欢的方式，实现品牌的有效沟通。

为了充分地放飞自我，这只雕几乎每天都演绎着逗趣的表情包，表达着一个接一个具有雕兄风格的处世观，并成功潜移默化地融入网友们的日常聊天里。如今，雕兄已经成为年轻人喜闻乐见的聊天表情之一了。

年轻人在哪儿，它就去哪儿，在微博红了，微信也铆足了劲。值得一提的是，为了能与年轻人更亲密无间，雕牌特地为雕兄这一 IP 形象研发了人工智能平台——雕牌雕兄说。这一平台的推出，让雕兄在与用户互动时集聊天+斗图+唱歌于一身，贱萌而幽默的性格圈粉无数，时不时给人惊喜的小机灵也十分讨喜，和它聊过的人都纷纷开始晒图晒朋友圈。

如此生动而人性化的多面手，在如今的IP届确实罕见，而雕牌做到了。为了让更多人认识并了解雕兄，品牌特意借势三八国际妇女节进行营销，《雕兄大电影》系列短片一经曝光，短短2天，点击量高达3000万次，微博话题主页突破4亿次浏览量，引发相关讨论50余万条！

如果你认为雕牌的IP化只是为了与“80后”“90后”玩起来，那就想得太简单了。品牌背后的深层意图绝不仅如此，作为20余年沉淀的日化品牌，雕牌显然希望在年青一代的生活中担当更具意义的角色。IP化的背后，其实是雕牌将维系现代家庭幸福的“新家观”从直观的倡导，引向生活互动层面，IP雕兄就像品牌自造的代言人，以年轻人喜欢的方式与他们沟通，从而传达出品牌的理念与社会正能量。

雕兄幽默、贱萌的形象在短时间内就已深入人心，品牌的营销功力确实不凡，同时，以雕兄为引流与链接，线上线下推出“幸福账单，为你买单”的“女王节”活动，成功把对女性的关爱从观念引导，到趣味互动，再到销售终端一一打通。除此之外，品牌还与央视幸福账单节目合作，推出“雕牌三月女王节，赢央视幸福账单，为你买单”活动，销售联动的同时，也不忘生动而正能量地传播雕牌“有情有家有雕牌”的品牌主张。这一品牌主张，并不是雕牌最新推出的“雕兄”独有。在这之前，雕牌让人记忆犹新的广告语——“妈妈，我能帮你洗衣服了”就已经开始以此为核心了。

作为日化品牌，抓住年轻消费群体是必行之事。过去雕牌“有情有家有雕牌”的品牌理念，深深影响了亿万中国家庭，而时代改变，要想持续地将品牌理念顺利传达给年轻人，了解他们，投其所好地进行品牌传播是必然趋势。雕牌敢于快速年轻化转身，一招一式都出人意料地大胆。IP雕兄的推出，不仅让雕牌“新家观”从观念的倡导直接深入生活层面的互动，多维度地呈现出品牌主张，更实现了品牌在互联网时代的成功占位。从雕兄IP的火爆程度看，雕牌这一招已经卓有成效。

（资料来源：数英．机智贱萌爱搞事，雕牌雕兄“IP”火上天［EB/OL］.［2019-12-10］.）

第二节　移动营销策略

一、移动营销概述

（一）移动营销的概念

移动营销是指通过移动中的消费者的移动设备递送营销信息。随着智能手机的普及，以及营销者能够根据人口统计信息和其他消费者行为特征定制个性化信息，移动营销发展迅速。营销者运用移动营销在购买和关系建立的过程中随时随地到达顾客，并与顾客互动。对于消费者来说，一部智能手机或平板电脑就相当于一位便利的购物平台，随时可以获得最新的产品信息、价格对比、其他消费者的意见和评论，以及便利的电子优惠券。移动设备为营销者提供了一个有效的平台，借助移动广告、优惠券、短信、移动应用和移动网络等工具，营销者可以吸引消费者深度参与和迅速购买。

（二）移动营销的“4I 模型”

移动营销的模式，可以用“4I 模型”来概括，即分众识别（Individual Identification）、即时信息（Instant Message）、互动沟通（Interactive Communication）和我的个性化（I）。

分众识别是指移动营销基于手机进行“一对一”的沟通。由于每部手机及其使用者的身份都具有唯一对应的关系，并且可以利用技术手段进行识别，所以能与消费者建立确切的互动关系，能够确认消费者是谁、在哪里等问题。

即时信息是指移动营销传递信息的即时性，为企业获得动态反馈和互动跟踪提供了可能。当企业对消费者的消费习惯有所觉察时，可以在消费者最有可能产生购买行为的时间发布产品信息。

互动沟通是指移动营销“一对一”的互动特性，可以使企业与消费者形成一种互动、互求、互需的关系。这种互动特性可以甄别关系营销的深度和层次，针对不同需求识别出不同的分众，使企业的营销资源有的放矢。

我的个性化是指手机的属性是个性化、私人化、功能复合化和时尚化，人们对于个性化的需求比以往任何时候都更加强烈。利用手机进行移动营销也具有强烈的个性化色彩，所传递的信息也具有鲜明的个性。

二、二维码营销

二维码营销的核心功能就是将企业的视频、文字、图片、促销活动、链接等植入一个二维码内，再选择投放到名片、报刊、展会名录、户外广告、宣传单、网站、地铁墙壁、公交车车身等处。当企业需要更改内容信息时，只需在系统后台更改即可，无须重新制作投放。这可以方便企业随时调整营销策略，帮助企业以最小投入获得最大回报。用户通过手机扫描即可随时随地体验浏览、查询、支付等，达到企业宣传、产品展示、活动促销、客户服务等效果。

（一）二维码营销的作用

1. 与终端形成交互

过去我们要与终端形成良好的沟通和互动只能依赖人与人相互交流沟通，这种交互的时间成本、人工成本和交流成本都很高，且很难形成大面积的交互，效率低、范围小。而利用二维码为入口可以更高效、更精准、更广泛地与终端形成交互，不仅节省人力和物力，还能利用二维码包容的特性，通过各种交互手段，如游戏、活动等形成与终端的深度交互。

此外，二维码的实时性、便捷性也使得消费者更喜欢用手机扫描二维码接入网页、付费购物等。商家通过二维码、移动设备和移动支付技术建立起一个“消费者导流—商品选择—支付完成”的营销闭环。

2. 收集线下数据

现在各行各业都意识到大数据的重要性，如外卖收集餐饮大数据、共享单车收集出行大数据、支付收集消费大数据等。随着二维码成为现阶段线上与线下交互的最大入口，二维码可以使商家与消费者的互动性更强且获得精准的流量。因此，二维码营销可以更高效和更精准地收集消费者的信息，建立用户画像，为营销决策提供数据，实现精准营销。

3. 改变应用场景

从移动支付到共享领域再到互动领域，移动营销关注从传统的营销场景向交互性的营销场景转化，二维码应用已经不是只在改变我们的支付方式，它还改变了我们的生活场景，使生活更便捷，生活质量更高。比如，应用在产品包装上时，消费者可以通过扫描二维码得到包含产品信息、制作过程、品牌历史等内容的视频、网址或其他图文信息；应用在零售行业时，商家可以将二维码放在门店橱窗以吸引用户进入店铺（如扫描二维码参与优惠活动，进店消费时即可使用）；应用在产品包裹中时，消费者通过扫描包裹所附二维码，了解关于产品的注意事项以及使用的详细方法等；应用在广告或海报中时，商家可以节省纸质版面的空间，消费者扫描二维码可以看到更加丰富的内容；应用在纸质名片中时，只需将电子名片二维码印在纸质名片中，就可以添加更多的内容，对方扫描二维码就可以将联系方式一键保存到手机通信录中等。

4. 提供安全保障

数字消费时代，消费者反而更难识别产品的真假，主要原因在于信息庞杂，切身了解产品的渠道并不畅通，缺乏足够的辨别产品真假的方法。但是，扫描二维码可以实现产品内容质量追溯和外部流通追溯。内部二维码质量追溯是针对生产流程的管控，通过二维码能知道每个单品的生产过程，如生产节点、时间、责任人等信息。内部质量追溯可以将每个单品的生产责任落实到人，便于企业和政府对生产的管理。外部流通追溯是针对产品流向进行管理，如产品从 A 省到 B 市到 C 区最后到张三这个消费者手上，我们可以通过二维码将产品的流通全过程进行监管，这样对于企业产品召回、市场分布、防窜货都可以起到有据可查的作用。

此外，防伪是很多品牌面对的难题，而防伪的关键点在于消费者的认可，通过二维码与国家监管平台或市场公信度高的平台进行结合，采用以二维码为通道由第三方平台来背书的手段，提高消费者对产品的认知度，解读一物一码技术，形成产品唯一标识，做到为品牌真伪保驾护航。

（二）二维码营销的思路

二维码营销成功的关键是让消费者主动扫码获取里面的信息，而如何激发这一主动性，则是重中之重。借助二维码进行营销的常见方法和思路如下。

1. 以利益引导扫码

扫码获得红包、优惠券、免费礼品等各种利益，可以直接让很多消费者心动。扫码领取红包的营销形式让消费者更容易接受，商家也容易与消费者建立互动关系，很大程度地提升了消费者的复购率。通过二维码进行数字化奖品管理，还能够及时地反馈消费者扫码领奖数据，有利于提升促销费用使用率，实现效果评估，做到实时、准确地反馈数据。

2. 在二维码上制造悬念

通过在二维码创意上下功夫，让二维码本身充满悬念和趣味，从而具有吸引力难以被忽略，契合人们的好奇和探究心理，让人们关注二维码，通常都会带来扫码的举动。现在的二维码软件平台能够支持促销形式的多样化和消费者领取方式的多样化，活动策略可以灵活调整。通过增强活动趣味性，还可以提高消费者的参与度。

3. 让二维码成为必要

当二维码成为必不可少的一个工具时，就算不想用也必须用了。在很多场合，由于人们的需求情境中必须使用二维码，所以扫码的概率是非常高的，如只能扫码点餐、扫码注册参与等。

▶ 案例 4-5

肯德基、麦当劳二维码点餐

当下，用二维码点餐在肯德基、麦当劳这些快餐店里已经是司空见惯了，通过人工和二维码线上点餐的结合，可以有效减轻用餐高峰期的点餐压力，让顾客获得更好、更方便的体验。当顾客很多的时候，顾客只需要扫描点餐二维码就可以选择门店进行点餐，所有的单品和套餐都一目了然，相对于人工点餐来说省去了不少口舌与确认时间。这种智能化的点餐系统让很多顾客愿意选择二维码点餐的方式，而一般来说微信扫码后会自动关注肯德基和麦当劳的微信公众号。对于顾客来说，这是一种不得已为之的关注，但对于企业来说，这种二维码点餐引流的方式却非常有效地提升了公众号的流量，为其微信营销带来了更为优越的用户基础和环境。

（资料来源：公关之家公关总监．企业如何运用二维码进行推广营销？发展前景如何［EB \ OL］.［2020-02-24］.）

4. 将二维码作为社交方式

在社交中，通过二维码进行添加和分享非常方便，以二维码作为社交中的一个小工具可以拥有更加多样和有趣的效果。在社交中加入二维码，由于关系圈层的加持，人们的防备心降低，分享和探究欲望更为明显，主动扫码的机会也更多。商家还可以通过设置分享给好友领取红包、获得相应的优惠券或者礼品等形式，让消费者把商家信息分享出去。这种社交分享的方式可以让消费者之间互相传播，有助于提高品牌的曝光度，实现裂变营销。

三、LBS 营销

LBS 应用是零售革命最主要的特征之一。由于 LBS 应用的存在，用户可以随时通过手机或其他移动终端搜索周边的商品和服务，快速下单或付款，轻松完成购买行为。因此，企业必须掌握 LBS 营销策略。

（一）LBS 的定义

LBS 即基于位置的服务，是通过电信移动运营商的无线电通信网络（如 GSM 网、CDMA 网）或外部定位方式（如 GPS）获取移动终端用户的位置信息（地理坐标或大地坐标），在地理信息系统（Geographic Information System，GIS）平台的支持下，为用户提供相应服务的一种增值业务。LBS 应用的实现分为两个部分：一是提供用户位置信息；二是根据该信息提供服务。在移动互联网领域，LBS 是分析消费者最重要的工具。例如，从用户经常去的地方可判断其最近感兴趣的东西是否与企业有关，然后利用某种规则关联综合起来，就可以帮助企业筛选出重点的目标用户。LBS 产生的数据不仅对于优化现有的业务有着巨大的经济价值，同时也为新业务的发掘打开了机会之门。大数据和移动 LBS 数据技术史无前例地为企业打开了机会之门，企业可以个性化服务好每一个客户。

（二）LBS 营销的主要模式

1. 休闲娱乐模式

该模式有签到模式和游戏模式。签到模式的 LBS 应用主要是用户主动签到以记录自己所在的位置从而获得积分、勋章以及领主等荣誉。应用方通过与商家合作，对获得特定积分或勋章的用户提供优惠或折扣的奖励，同时完成对商家品牌的营销。通过绑定用户的其他社会化工具，还可以鼓励用户对消费商家（如商店、餐厅等）进行评价以产生优质反馈内容。商家采用模式主要是进行各种形式的营销与推广。该模式的最大挑战在于要培养用户每到一个地点就会签到的习惯。

游戏模式是通过趣味性的游戏让用户利用手机购买现实地理位置里的虚拟游戏道具，并进行消费与互动等将现实和虚拟进行融合的一种模式。这种模式的特点是更具趣味性，可玩性与互动性更强，比签到模式更具黏性，但设计开发成本较高，并且由于地域性过强导致覆盖速度不可能很快。在商业模式方面，除了借鉴签到模式的联合商家营销外，还可提供增值服务以及植入广告等。

2. 生活服务模式

该模式主要是基于消费者对生活服务的需求，将消费者的衣食住行联系起来，如吃饭、票务、旅游等。第一种是迎合消费者对生活服务的搜索需求，将点评或者生活信息类网站与地理位置服务结合。这种模式的问题在于信息量的积累和覆盖面需要比较广泛。第二种是与旅游的结合，因为旅游具有明显的移动特性和地理属性。LBS 和旅游是十分切合的，分享攻略和心得也体现了一定的社交性质。第三种是会员卡与票务模式，通过实现一卡制，捆绑多种会员卡信息，电子化的会员卡能记录消费习惯和信息，使用户充分感受到简捷的形式和大量的优惠信息聚合。由于多数的消费活动还是需要在线下完成，因此这种模式也称为“LBS+O2O”模式。O2O 是指线上与线下结合的商业模式，是传统团购模式的延伸和进化。该模式可以与餐饮行业、社区门店、交通服务、服装零售等进行结合。

3. 社交模式

该模式的主要特点是根据位置产生及时通信。通过这种模式，不同的用户因为在同一时间处于同一地理位置就可以构建用户关联。或者以地理位置为基础组建小型社区。比如陌陌就是一款基于LBS服务的软件，用户可以利用文字、图片、视频来展示自己，再利用地理位置发现和认识周边的陌生人，从而进一步建立真实、有效的社交关系。在获取大量用户的基础上，陌陌再通过会员增值服务、移动游戏、广告和直播等进行盈利。这种"LBS+SNS"的模式是现在非常热门的模式，腾讯、人人网、新浪等都推出了基于LBS功能的手机客户端。微信更是其中的佼佼者，作为一款即时通信服务软件，微信集成了文字、图片、语音、查找附近好友、消费支付、二维码扫描等多重功能。

4. 广告模式

该模式主要是基于消费者的位置，为消费者推送周边商家的信息，通过和线下商家的合作来实现利益的分成。这种基于地理位置服务的广告，是移动互联网时代的新型广告形式，属于移动广告范畴。"LBS+广告"的形式可以使LBS平台和诸多商户合作，成为"商户"和"用户"之间的桥梁。LBS广告模式有：位置感知广告，是指广告主根据用户的实时动态位置，确定用户和目的地的距离投放特定或动态的广告信息给用户；地理围栏广告，是指广告主向预先划定的地理围栏内的用户发送广告的方式；位置图谱广告，是指广告主根据线下受众分类数据，向在某个地理围栏内的用户进行广告投放的方式。受众的分类数据可以包括人口特征、消费者偏好和消费历史等。

▶ 案例 4-6

OLAY与滴滴跨界玩混搭

母亲节期间，OLAY在线上以H5的形式号召年轻妈妈对自己好一点，吸引用户在线上进行免费的肌肤测试，同时可以预约并获取滴滴专车百元礼券，鼓励用户搭乘滴滴专车前往OLAY专柜进行肌肤测试，获得护肤大礼包。在母亲节当天，所有使用滴滴打车的用户只要输入了能覆盖OLAY专柜的商圈作为目的地，就会收到推送的OLAY活动信息。

至此，用户的整个肌肤测试体验过程，即从线上预约到线下交通再到最终享受测试服务，形成了一条完美的O2O闭环，用户在全程免费的状态下能够实现毫无阻力的体验。传统企业OLAY与互联网企业滴滴就这样以用户体验为导向而联手实现了O2O闭环营销。

（资料来源：数营. OLAY首家携手滴滴LBS开启全新O2O时代［EB/OL］.［2015-05-29］.）

四、移动广告

移动广告是通过移动设备（如手机、平板电脑等）访问移动应用或移动网页时显示的广告，广告形式包括图片、文字、插播广告、链接、视频、重力感应广告等。

（一）移动广告的特点

1. 精准性

相对于传统媒体广告，手机广告在精确性方面有着先天的优势。它突破了传统的报纸广告、电视广告、网络广告等单纯依靠庞大的覆盖范围来达到营销效果的局限性，而且在受众人数上有了很大超越，传播更广。手机广告可以根据用户的实际情况和实时情境将广告直接传送到用户的手机上，真正实现“精准传播”。

2. 即时性

手机广告即时性来自手机的可移动性。手机是个人随身物品，它的随身携带性比其他任何一个传统媒体都强，绝大多数用户会把手机带在身边，甚至 24 小时不关机，所以手机媒介对用户的影响力是全天候的，广告信息到达也是最及时、最有效的。

3. 互动性

手机广告互动性为广告商与消费者之间搭建了一个互动交流的平台，让广告主能更及时地了解客户的需求，使消费者的主动性更强，提高了自主地位。

4. 扩散性

手机广告具有扩散性即可再传播性，这是指用户可以将自认为有用的广告通过微信、短信、微博等方式转发给亲朋好友，直接地向关系人群扩散信息或传播广告。

5. 整合性

得益于 3G、4G、5G 技术的发展，手机广告可以通过文字、声音、图像、动画等不同的形式呈现出来，充分发挥手机广告的整合性优势。手机不仅仅是一个实时语音或者文本通信设备，而且是一款功能丰富的娱乐工具，如影音功能、游戏功能等，甚至是一种即时的金融终端，如手机电子钱包、证券交易软件等。随着通信技术的发展，移动广告的形式将更加丰富。

6. 可测性

对于广告业主来讲，手机广告相对于其他媒体广告的突出特点还在于它的可测性或可追踪性，从而使得受众数量可以被准确统计。

（二）移动广告的形式

从用户被动接收信息的 PUSH 时代发展到用户主动订阅资讯的 PULL 时代，再到如今运用大数据定向推送的双向交互时代，移动广告的形式一直在不断变化，再加上现在借助各种数字化工具，其变化更加多样和复杂。按照不同维度，移动广告可以分成不同的类别，当下最为常见的移动广告形式无非横幅、插屏、视频等。目前中国市场上比较常见的移动广告有以下五大类：图片类广告、富媒体类广告、视频类广告、积分墙广告和原生广告。移动广告形式虽有不同，但基本诉求都是一致的，即把广告的潜在价值通过图片、文字、音频、视频及其结合传递给受众，从而达到广告营销的目的。

1. 图片类广告形式

图片类广告形式主要有三种。

第一种是 Banner 广告，又名旗帜广告、横幅广告，是移动广告的主要形式，一般使用 GIF 格式的图像文件，可以使用静态图像，也可用多帧图像拼接为动画图像。这种广告形式在 App 的底部或者顶部出现，由于尺寸较小对用户的干扰影响也较小，一般出现在阅读类 App 当中。其特点归结起来就是短小精悍、重点突出，不足主要是较容易被忽视。

第二种是插屏广告。相比较 Banner 形式，插屏广告会更加大气、美观。插屏广告主要是指采用了自动广告适配和缓存优化技术、可支持炫酷广告特效、视觉冲击力强的移动广告。开发者可定义于“开屏广告”和“退屏广告”，与自身 App 完美结合，拥有更佳的用户体验，取得更好的广告效果。插屏广告是目前比较有效的精准广告推广形式，比起推送广告，用户可以选择点击或者忽略，不会被强制看广告，而且是通过每次行动成本（CPA）来计费，对开发者来说也是一种比较好的形式。对于广告主来说，这种精准的广告推送形式更加有效。

第三种就是全屏广告（Full Screen Advertisement）。全屏广告是在用户打开浏览页面时，以全屏方式出现 3～5 秒，既可以是静态的页面，也可以是动态的 Flash 效果。全屏广告对广告主来说，是一种广告效果最大化的广告形式，在广告发布页面里，它基本上可以达到独占。因此，在广告进行收缩的这段过程中，基本上对用户浏览广告没有任何干扰。全屏广告的表现是根据广告创意的要求，充分利用整个页面的最大空间而进行广告信息的传递，通过特定技术手段把广告锁定在最大空间。全屏广告对网民的视觉冲击力强烈，能够表达一个整体的宣传概念。

2. 富媒体类广告形式

富媒体广告是基于富媒体（Rich Media）技术之上的一种新的互联网广告形式。这种广告形式在网络上的应用需要相对较多的频宽。富媒体能够提高广告的互动性，提供更广泛的创意空间。现在看到的富媒体类广告形式多种多样，趣味性和互动性明显加强。这类广告有共同的特性：第一，多点触控交互。富媒体类广告一般通过多点的触控动作完成后进入着陆页，通过页面的广告互动展示，为用户呈现更加直观且美观的形象。第二，与产品的特性紧密相连。并不是所有的产品广告都适合富媒体的形式展示，这与产品本身的特性相关，像汽车、快销品这类的产品会更适合于富媒体形式的广告开发，如汽车可以通过 360°观赏来展示汽车的每个部位甚至内部装饰，这种全景展示可以给用户更加直观的感受。第三，广告的容量低于 100 K。受制于移动端的特性、下载速度及用户浏览网页的情况，广告容量如果太大，往往容易流失用户，加载太慢用户容易放弃点击及互动，因此这是富媒体类广告的一个需要重视的问题。第四，极强的互动性。这与广告的设计与产品特性有关，有些产品可能只需要放大缩小即可完成所有的展示，而有些产品可能需要通过不断擦除、摇摆等动作来完成，也可以通过与社交媒体的联动来完成，从而使展示的互动性得到极大的增强。

3. 视频类广告形式

视频类广告分为传统贴片广告和 In-App 视频广告，是指在移动设备内进行的插播视频的广告形式。这种广告形式主要通过移动互联网在移动设备（如手机、平板电脑等）中所展现的，其技术主要采用数码及 HTML5 技术，融合视频、音频、图像及动画，在手机用户开启或退出移动应用等碎片时间来插播视频。作为一种新的展示形式，用户正处于慢慢接受的阶段，因此，过度频繁的移动视频展示，不仅不能树立品牌形象，还可能导致用户体验受损。移动视频类广告主要有两种形式：贴片和角标。第一种是贴片，是指在视频开始之前插播的一小段公告。贴片广告的时间通常都很短，多为 3～5 秒。因为如果广告时间太长，容易引起视频观看者不满。传统的在土豆、凤凰、新浪、优酷等视频网站上都存在贴片广告。将视频运用到移动应用上的贴片广告，主要是在应用开启或过渡的时候插播。第二种是角标，是以透明的角标界面出现在视频播放窗口旁边的广告形式，不会影响用户对节目的观看。它会一直存在于播放窗口的旁边，时不时出现一些动态效果引起注意，在观看过程中允许用户将其关闭。

4. 积分墙广告形式

积分墙广告是除 Banner、插屏广告外最常见的移动广告形式，是第三方移动广告平台提供给应用开发者的另一新型移动广告形式。积分墙是在一个应用内展示各种积分任务（如下载安装推荐的优质应用、注册、填表等），用户完成任务可以获得积分的页面。用户在积分墙的应用内完成任务，该应用的开发者就能得到相应的收入，目前积分墙主要支持 Android 和 IOS 平台。积分墙分为有积分和无积分两种模式。有积分的模式内含有“虚拟积分”的功能，开发者可以在自己的应用中设定消耗积分的地方，如购买道具，以刺激用户在应用中安装积分墙的产品，获得积分进行消耗。无积分的模式分为列表和单个应用两种展示模式。通常以推荐“热门应用”“精品推荐”等为推荐墙入口，用户点击进入，便可看到推荐的优质产品。积分墙广告形式有其自身的特点：第一，操作简单。不管是用户还是开发者，在操作上都很容易实现，无须烦琐的过程和步骤。第二，丰富多样。积分墙内的应用丰富多样，可以说只要用户愿意基本都可以在积分墙上体现，当然劣质的应用除外。第三，智能可靠。现在的积分墙基本能实现实时表现数据，能够有效地避免数据延误，同时拥有多重安全机制，可以最大限度地保护积分墙聚合服务不间断。

5. 原生广告形式

原生广告（Native Advertising）是指一种通过在信息流里发布具有相关性的内容产生价值，进而提升用户体验的特定商业广告形式。按特征分，原生广告可分为内容类广告（信息流）、插播广告、激励互动广告等。每种类别源于原生，又高于原生，它们是以广告的形式做到营销的原汁原味。原生广告有两个突出特点：第一个是广告内容化；第二个是用户相关性。原生广告力求实现广告主营销效果、媒体商业化、用户体验三方共赢。

▶ 案例 4-7

解构与重塑：短短十载，移动互联网重新定义“过除夕”

移动互联网改变了全人类的生活方式，其中就包括一个源远流长的话题：中国人怎么过除夕？

春晚——从固定大屏到移动小屏

十年关头一回顾，始知时代大跨步。一年一次的春晚，重复的套路也在悄然发生变化。

从阖家团圆式地围绕一个电视大屏看全程，到如今将电视直播当作背景音，各自捧着手机在社交软件上看春晚精选片段，无论你是诚心守候还是欢乐吐槽，自 1983 年以来，春节联欢晚会始终是大多数中国人欢度除夕必不可少的重头戏。

2010 年春晚上，“小虎队”重出江湖，王菲再唱《传奇》，魔术师刘谦凭借着“见证奇迹的时刻”进入春晚观众的视野……那时候，只需要一个液晶电视屏幕，一家人就可以徜徉在盛宴之中。

后来，一部分人的目光转向了电脑，不再受到固定场景的局限，在网页上边看节目，边跑到论坛、贴吧、微博讨论区“灌个水”、抖个机灵。屏幕的切换，意味着碎片化接收节目信息的开始，全家人看春晚的仪式感，开始被改头换面。

再后来，手机网络成为年轻人的首选，受众的自由度进一步扩大，完全从“固定的空间和时间中”解放出来。观众不需要坐在电视或电脑前，而是根据网络热点、个人喜好，有选择地观看其中某些片段。

据《人民日报》报道，2020 年的春晚引入 5G+8K 技术实现多机位拍摄，再配上首创的虚拟网络交互制作模式，让观众体验了一把 VR 直播的效果。与短视频平台共同争夺年轻人的注意力，央视也是认真的。

年夜饭——从为家人准备到为朋友圈准备

很多人可以接受缺席春晚直播，但绝对接受不了缺席年夜饭。

一直以来，年夜饭的筹备都极为讲究。但在过去，年夜饭往往是一种带有圈层意味的家族活动，不少地方的年夜饭甚至是封闭式的，很少有人会拿出去分享、展示。

今时不同往日，近几年，每到除夕晚上，朋友圈成为年味最重的地方之一。这边家里还没准备好菜肴，那边朋友圈的“满汉全席”早就蓄势待发；这边的人还在翘首以盼，那边的手机摄像头已经先“睹”为快。

晒年夜饭，成为除夕夜里风行的社交货币。这种诱发传播的因素极易引起互动和模仿，用户既可以展示自我，也可以快速寻找到同类，晒年夜饭已经成为朋友圈里一年一度的竞技活动。

发红包——从手递手到手机传手机

技术渗透进入生活的同时，也为沿袭千百年的压岁钱文化提供了迭代的契机。当电子支付悄然占据日常生活的高地，曾经的实体红包也遭遇到前所未有的冲击。

2014 年，微信红包测试版上线，开启了一轮病毒式的传播裂变，用户们争先恐后地体验拼手气红包、新年红包等新鲜功能。

如今，用电子红包已然成为网友春节生活的又一大乐趣。这些红包支持个人对个人和个人对社群，不再局限于长辈发给晚辈，同龄的年青一代反而发得更起劲，大大超越了时间和空间的束缚。

短短几年，手递手发出的压岁钱越来越少，电子红包则衍生出更多玩法。例如，需要正确发音的口令红包、答对就拆的答题红包、各个微信群里比拼手速运气的红包抢夺战……2019 年除夕，专门定制的红包封面开始被广泛使用。

隔空拜年——传递祝福的 N 种方式

21 世纪前十年的手机使用者，多半都是重度的短信用户，每逢除夕夜守岁过后，各种真挚淳朴的短信祝福在手机上嗡嗡作响，这是属于"70 后""80 后"的独家记忆。

体会一下这几条来自 2010 年的祝福短信，是不是还有过年味儿?

"新年来临百花香，一条信息带六香。一香送你摇钱树，二香送你贵人扶，三香送你工作好，四香送你没烦恼，五香送你钱满箱，六香送你永安康！祝春节快乐！"

"虎年送头虎，全家乐悠悠。虎蹄为你开财路，虎尾为你拂忧愁，虎耳为你撞鸿运，虎背为你驮康寿，让这头虎伴你左右，你不虎也虎!"

"在新的一年祝大家虎年大吉，虎气冲天！身体健康如虎！总之一切虎！虎！虎!"

随着通信技术的发展、智能手机的普及和社交软件的火爆，短信失去了霸主地位，即时通信的魅力吸引了广大的互联网用户。通信方式的更新，在除夕夜这样一个短时间内信息急速攀升的节点表现得更为显著。

微信语音拜年、表情包拜年、短视频拜年……在各种特效、软件的加持下，祝福的传递已经衍生出 N 种方式。移动社交的成熟，使得远程拜年的效率和趣味性都得到大幅提升。

平台"撒币"——红包大战年年升级

2020 年，各大互联网企业都在变着花样撒钱，用尽浑身解数，让人忘记这是一个"互联网寒冬"。

其中竞争最激烈、力度最大、影响力最广的当数"春晚红包"。从 2015 年起，2017 年除外，央视每年都与国内互联网企业开展了"春晚红包"互动合作。

2015 年，腾讯率先与春晚达成合作，微信"摇一摇"红包引发全民互动狂欢；2016 年，阿里巴巴夺得春晚独家合作权，以手机支付宝"咻一咻"及"集五福"形式送出 8 亿元红包；2018 年还是阿里巴巴，这一次，观众可使用手机淘宝与春晚跨屏互动，红包总值 6 亿元；2019 年，百度登场，观众通过百度客户端瓜分了 9 亿元红包；2020 年终于轮到短视频平台，快手成为新晋的春晚独家互动伙伴，红包金额提升至 10 亿元。红包大战的背后，隐藏着平台拉新促活的增长目的。支付宝著名的"集五福"活动，便是 2016 年春晚红包合作的产物。当年第一批集齐五福的幸运网友瓜分了 2.15 亿元，人均 271.66 元。

2020 年除了春晚互动和"集五福"这两个常规项目，各大平台砸钱力度大幅升级。

搜索“互联网春节红包”，京东3亿元、支付宝5亿元、百度5亿元、快手10亿元、聚划算20亿元、抖音20亿元……以除夕为高潮，平台间的竞赛从节前持续到节后，不少网友在社交媒体上望“钱”兴叹：“天上真要掉馅饼！”

（资料来源：数英．短短十载，移动互联网重新定义“过除夕”[EB/OL].[2020-01-30].）

第三节 搜索引擎营销策略

搜索引擎营销（Search Engine Marketing，SEM）就是基于搜索引擎平台的网络营销，利用人们对搜索引擎的依赖和使用习惯，在人们检索信息的时候将信息传递给目标用户。搜索引擎营销的基本思路是让用户发现信息，并通过点击进入网页，进一步了解所需要的信息。企业通过搜索引擎付费推广，让用户可以直接与公司客服进行交流，增进了解，实现交易。

一、搜索引擎营销的目标

搜索引擎营销的第一层是搜索引擎的存在层，其目标是在主要的搜索引擎分类目录中获得被收录的机会。这是搜索引擎营销的基础，离开这个层次，搜索引擎营销的其他目标也就不可能实现。搜索引擎登录包括免费登录、付费登录、搜索引擎关键词广告等形式。存在层的含义就是让网站中尽可能多的网页获得被搜索引擎收录（而不仅仅是网站首页），也就是增加网页的搜索引擎可见性。

搜索引擎营销的第二层的目标是在被搜索引擎收录的基础上尽可能获得好的排名，即在搜索结果中有良好的表现，因而可称为表现层。因为用户关心的只是搜索结果中靠前的少量内容，如果利用主要的关键词检索时网站在搜索结果中的排名靠后，那么还有必要利用关键词广告、竞价广告等形式作为补充手段来实现这一目标。同样，如果在分类目录中的位置不理想，则需要同时考虑在分类目录中利用付费等方式获得靠前的排名。

搜索引擎营销的第三层目标则最直接表现为网站访问量指标情况，也就是通过搜索引擎结果点击率的增加来达到提高网站访问量的目的。由于只有受到用户关注，经过用户选择后的信息才可能被点击，因此可称为关注层。从搜索引擎的实际情况来看，仅仅做到被搜索引擎收录并且在搜索结果中排名靠前是不够的，这样并不一定能增加用户的点击率，更不能保证将访问者转化为顾客。要通过搜索引擎营销实现访问量增加的目标，则需要从整体上进行网站优化设计，并充分利用关键词广告等有价值的搜索引擎营销专业服务。

搜索引擎推广的第四层目标，即通过访问量的增加转化为企业最终实现收益的提高，可称为转化层。转化层是前面三个目标层次的进一步提升，是各种搜索引擎方法所实现效果的集中体现，但并不是搜索引擎营销的直接效果。从各种搜索引擎策略到产生收益，其间的中间效果表现为网站访问量的增加，网站的收益是由访问量转化所形成的，从访问量转化为收益则是由网站的功能、服务、产品等多种因素共同作用而决定的。因此，第四个目标在搜索引擎营销中属于战略层次的目标。其他三个层次的目标则属于策略范畴，具有可操作性和可控制性的特征，实现这些基本目标是搜索引擎营销的主要任务。

搜索引擎推广追求更高的性价比，以最小的投入获得最大的来自搜索引擎的访问量，并产生商业价值。用户在检索信息时所使用的关键字反映出用户对该问题（产品）的关注，这种关注是搜索引擎被应用于网络营销的根本原因。

二、搜索引擎营销的方法

（一）登录分类目录

登录分类目录是最传统的网站推广手段，方法是企业登录搜索引擎网站，将自己企业网站的信息在搜索引擎中注册，由搜索引擎将企业网站的信息添加到分类目录中。登录分类目录有免费和收费两种方式。商家可以从数字营销的目标、投入产出比等方面进行慎重考虑。在被分类目录成功收录后，不仅是对搜索引擎，对所有用户（浏览者）来说也都是可见的。优秀的网站目录都有大量的流量可以享用，从而可以获得该目录相应的流量，特别是登录有名的分类目录，如 DMOZ 等。网站登录有名的分类目录可以获得其他分类目录网站的直接调用，从而可以减轻营销人员到每个分类目录去逐个递交网站的工作量，既节约了时间，又获得了更多的推广机会。

建立网站品牌的基础之一是增强在互联网上的可见度。一方面，如果自己的网站能够被分类目录收录的同时在其中还拥有一个足够好的位置，至少会给访问者留下一定的印象。另一方面，能够登录到有知名度的分类目录的网站都是在行业里面名列前茅的网站。假如企业的网站能够名列其中的话，至少说明企业的网站在同行中具有一定的影响力，从而可以提升网站的品牌形象。分类目录收录的网站是按照不同行业或地区进行分类的，在同一个目录下收录的是具有相关行业特征的同类网站。对商家和用户来说，都具有一定的便利性，也更容易找到优质的合作伙伴。

登录分类目录的过程可能是费时的，比如登录 114 网站目录，在提交网址的时候就需要先进行网站管理权认证。虽然目前分类目录对网站推广的效果远不如百度、谷歌等技术性搜索引擎，但成功登录分类目录为网站带来的好处却是长期的、多元的。不过，在选择分类目录的时候，一定要选择真正是由人工编辑并审核过的高质量的目录，如此才能够有效避免网站信息的虚假性。

（二）搜索引擎优化

搜索引擎优化是对网站本身进行优化而使其符合搜索引擎的搜索习惯，从而获得比较好的搜索引擎排名。更确切地讲，真正的搜索引擎优化不仅要符合搜索引擎的搜索习惯，更应该符合用户的搜索习惯。通过搜索引擎优化，不仅要使网站获得好的搜索引擎排名，更应该使网站可以获得更多的业务机会和效益。搜索引擎优化的方法和技巧具体如下。

1. 高质量原创内容

对于新建设的小型站点来讲，初期的时候，高质量的原创内容对其排名意义更大。在进行内容组织的时候，对内容的要求原则上为宜精不宜多，做到更新的内容是真正高质量的原创内容。如果没有更多原创内容可提供，宁愿少更新也不要为了添加内容而去复制、粘贴，采集别处的内容。

2. 网站内容与主题相关

对于新网站，上线前或上线初期这一阶段，站内内容应该与网站主题完全契合，这对于搜索引擎优化是有益的。原因在于，如果一个站点初期就有大量的相关度极高的网站数据，那么对于网站打基础是有积极作用的。

3. 鼓励 UGC 方式参与创建

UGC 全称为 User Generated Content，也就是用户生成内容，即用户原创内容，就是要通过引导充分发挥用户评论、投稿等方式的作用，从而丰富网站内容。以 SEO 博客类别的站点为例，由于是原创，故写作的观点、方法等会受到个人思维、写作方式的限制，进而导致博客的丰富性不够，延展性不够。每个人的观点不同，每个人对同一个问题的文字叙述也都不尽相同，如果能鼓励用户创作内容，博客站点内容会更加丰富、更加差异化。

4. 建设相关度高的友情链接

友情链接本身就是高质量的外链。相关度高的友情链接质量更高。一个具备相关度高的、比你站点权重更高的友情链接，作用比很多个一般的、单向的外链作用更大。

5. 关键词优化

关键词的优化包括：在网页标题（Page Title）标签、描述（Mete Description）标签中添加关键词；内容中自然地出现关键词，第一段和最后一段最好要出现；对关键词加粗或使用斜体；图片关键词的优化；Alt 标签（替换文字）中加入关键词；在关键词的密度适中，最好保持在 3%～8%的密度。

（三）关键词广告

关键词广告是付费搜索引擎营销的一种形式，也可称为搜索引擎广告、付费搜索引擎关键词广告等，自 2002 年之后是市场增长最快的网络广告模式。当用户利用某一关键词进行检索时，在检索结果页面会出现与该关键词相关的广告内容。由于关键词广告具有较高的定位，其效果比一般网络广告形式要好，因而获得快速发展。其中，关键词竞价排名是一种按效果付费的网络推广方式，由百度在国内率先推出。企业在购买该项服务后，通过注册一定数量的关键词，其推广信息就会率先出现在网民相应的搜索结果中。每吸引一个潜在的客户，企业需要为此支付一定的费用。竞价排名属于许可式营销，它让客户主动找上门来，只有需要的用户才会看到竞价排名的推广信息，因此竞价排名的推广效果具有很强的针对性。竞价排名按照效果付费，根据给企业带来的潜在客户访问数量计费，没有客户访问就不计费，企业可以灵活控制推广力度和资金投入，投资回报率高。

（四）网页内容定位广告

基于网页内容定位的网络广告（Content-Targeted Advertising）是关键词广告 SEM 模式的进一步延伸，广告载体不仅是搜索引擎结果的网页，也延伸到这种服务的合作伙伴的网页。

▶ 案例 4-8

网站优化使用参考工具

（1）站长之家。其是为个人站长与企业网络提供全面的网站优化资讯、最新最全的源代码程序下载、海量建站素材、强大的搜索优化工具、网站流量统计服务以及一站式网络解决方案的平台。旗下的SEO综合信息查询、关键词挖掘、关键词优化分析堪称神器，能够快速地帮助了解网站的优化信息和挖掘有搜索价值的业务关键词。

（2）百度统计。它是百度推出的一款免费的专业网站流量分析工具，能够告诉用户访客是如何找到并浏览用户的网站的，在网站上做了些什么。有了这些信息，就可以帮助用户改善访客在用户网站上的使用体验。其中优化分析还可以对网站进行跑分，通过给出的结果还可清晰地得知哪些地方还可以完善。

（3）百度指数。它能够告诉用户某个关键词在百度的搜索量有多大，一段时间内的涨势态势以及相关的新闻舆论变化，关注这些词的网民是什么样的，分布在哪里，网民同时还搜索了哪些相关的词，帮助用户选择具有变现潜力的业务关键词。

（资料来源：数英．这些SEO网站优化技巧，让运营事半功倍［EB/OL］.［2016-04-08］.）

第四节　电子商务营销策略

电子商务是在全球各地广泛的商业贸易活动中，在互联网开发的网络环境下，基于浏览器（服务器）应用方式，买卖双方不见面地进行各种商贸活动，实现消费者网上购物、商户之间网上交易、在线电子支付以及各种商务活动和相关综合服务活动的一种新型的商业运营模式。电子商务营销是网络营销的一种，是借助互联网完成一系列营销环节而实现营销目标的过程。

一、电子商务的特点

电子商务将传统商业活动中实物流、资金流、信息流的传递方式利用网络技术进行整合，企业将重要的信息通过互联网直接与分布各地的客户、员工、经销商以及供应商沟通，创造更具有竞争力的经营优势，电子商务与传统的商务活动方式相比，有以下特点。

（一）交易虚拟化

通过互联网进行的交易，交易双方无论是交易磋商、签订合同，还是支付款项等都不需要当面进行，均可以通过互联网完成，整个过程都是在网络这个虚拟的环境中进行，完全虚拟化。虚拟现实、网上沟通都可以让双方获取信息，通过信息的推拉互动，双方完成整个交易。

（二）交易成本低

当买卖双方所处距离越远时，使用网络进行信息传递的成本相对于书信、电话、传真等而言就越低。这种交易方式大大缩短了时间，且买卖双方通过网络进行商务活动，不需要中介的参与，减少了有关环节和费用。

（三）交易效率高

互联网将交易中的过程标准化，能在世界各地瞬间完成传递与计算机自动处理，原料采购、产品生产、产品销售、银行汇兑、保险、货物托运以及申报等过程，在无须人员干预的情况下，能在最短的时间内完成。不像传统方式，每个环节都要人力和物力，而且花费时间多，易出错。电子商务避免了传统方式交易费用高、易出错、处理速度慢等不足，极大地缩短了时间，使交易更快捷、更方便。

（四）交易透明化

交易双方无论是交易磋商、签订合同还是支付款项等，整个过程都在网上进行。流畅、快捷的信息传输可以保证各种信息之间互相核对，更加透明化，还可以有效地防止伪造信息的流通。

二、电子商务的运营模式

电子商务模式是指企业运用互联网开展经营取得营业收入的基本方式，也就是指在网络环境中基于一定技术基础的商务运作方式和盈利模式。目前，常见的电子商务模式主要有 B2B、B2C、C2B、C2C、O2O、O2M、B2B2B、B2B2C 等。

（一）B2B 模式

B2B 即 Business to Business，是指企业与企业之间通过互联网进行产品、服务及信息交换的电子商务活动。B2B 电子商务是现代营销的一种具体的、主要的表现形式。它将企业内部网与客户紧密地结合起来，通过网络的快速反应，为客户提供更好的服务，从而促进企业的业务发展。典型代表：阿里巴巴。

（二）B2C 模式

B2C 即 Business to Consumer，是企业针对个人开展的电子商务活动的总称。它具体是指通过信息网络以及电子数据信息的方式实现企业或商家机构与消费者之间各种商务活动、交易活动、金融活动和综合服务活动，是消费者利用互联网直接参与经济活动的形式。典型代表：天猫、京东。

（三）C2B 模式

C2B 即 Customer to Business，是指消费者到企业，是互联网经济时代新的商业模式。

这一模式改变了原有生产者（企业和机构）和消费者的关系，是一种消费者贡献价值、企业和机构消费价值的新形式。C2B 的核心是以消费者为中心，消费者当家做主。典型代表：滴滴出行。

（四）C2C 模式

C2C 即 Consumer to Consumer，是指消费者到消费者，个人与个人之间的消费活动。比如一个消费者有一台电脑，通过网络进行交易，把它出售给另外一个消费者，此种交易类型称为 C2C 电子商务。典型代表：闲鱼。

（五）O2O 模式

O2O 即 Online to Offline，即将线下商务的机会与互联网结合在一起，让互联网成为线下交易的前台。这样，线下服务就可以用线上来吸引客流量，消费者可以通过线上来筛选服务，成交也可以在线结算。该模式最重要的特点是：推广效果可查，每笔交易可跟踪。典型代表：美团。

（六）O2M 模式

O2M 即互联网+分享经济新模式，线上线下互动营销，目前 Offline to Mobile 的渠道营销为主，线下实体店负责顾客体验，移动手机端做好顾客服务。

▶ 案例 4-9

中兴的创新模式：用中兴手机卖中兴手机

中兴手机最近推出了一个名为“微品会”的 App 平台，用户用手机下载 App 后注册为“微品会”的会员，就可以开始卖中兴手机了。相比一般的代理模式，中兴手机给代理商以非常强劲的各种支持，承担了包括产品配送、售后服务和网店店面装修等服务，用户不需要付出任何成本就可以开始卖手机，全部设备和成本就只是一部智能手机。而卖出一部手机，用户就能获取 5%～10%的佣金。

这种模式的诞生，让未来的商业社会很可能出现这样一幕场景：一个普通的中兴手机用户拿着中兴的某款手机出现在办公室、商场、街边或其他任何地方，旁边的人（朋友或陌生人）被这款手机的酷炫外表吸引或者任何某个元素吸引，产生了购买需求，也想买一部这样的手机。这时，该用户只需要掏出手机，点开“微品会”App，就可以轻而易举地把手机卖给别人。

在以往的模式中，主流方式应该是这样，用户先在网上看中一款手机，然后到实体店亲身体验，并对手机各项性能非常满意之后，再回到 PC 端或移动端去下单。而在“微品会”这种模式下，用户甚至根本就不需要出现在实体店里，他们可以在任何一个场合用手机打开相应的购物平台下单。

（资料来源：亿欧．接棒 O2M，未来去向场景革命？[EB/OL]．[2015-08-28]．）

（七）B2B2B

B2B2B 即 Business to Business to Business，是企业和企业通过电商企业的链接进行贸易往来的电子商务模式。它将企业内部网，通过 B2B2B 网站与客户紧密地结合起来，通过网络的快速反应，为客户提供更好的服务，从而促进企业的业务发展。相对传统的 B2B 模式，B2B2B 为网上交易提供更加安全、便捷的服务。

（八）B2B2C

B2B2C 即 Business to Business to Consumer，第一个 B 指的是商品或服务的供应商（并不局限于品牌供应商、影视制作公司和图书出版商等），第二个 B 指的是从事电子商务的企业，通过统一的经营管理对商品和服务、消费者终端同时进行整合，是广大供应商和消费者之间的桥梁，为供应商和消费者提供优质的服务，是互联网电子商务服务供应商。C 则表示消费者，即在第二个 B 构建的统一电子商务平台购物的消费者。B2B2C 源于 B2B、B2C 模式的演变和完善，把 B2C 和 B2B 完美地结合起来。电子商务企业通过 B2B2C 模式构建自己的物流供应链系统，提供统一的服务。

本章小结

本章主要介绍了数字化营销方式，以及如何采取数字化营销策略。通过完成本章的学习，应理解和掌握以下内容。

（1）社会化媒体营销是指利用社会化网络、在线社区、博客、百科或者其他互联网协作平台媒体来进行营销管理、公共关系、客户服务和市场维护开拓的一种方式。数字经济时代，我们需要了解更多的概念并学会运用它们，如复合媒体、圈层营销等。社会化媒体营销的要点有：巧用免费模式，抓住意见领袖，创造优秀内容，把握用户情感。社会化媒体营销开展过程包括以下六个步骤：评估可行性，明确目的，制定战略战术，实施计划，效果评估，更新调整。

（2）移动营销指向移动中的消费者，通过他们的移动设备递送营销信息。移动营销的模式可以用“4I 模型”来概括，即分众识别（Individual Identification）、即时信息（Instant Message）、互动沟通（Interactive Communication）和我的个性化（I）。移动营销的方式有二维码营销、LBS 营销、移动广告等。

二维码营销是指通过对二维码图案的传播，引导消费者扫描二维码，进而推广相关产品资讯、宣传商家的促销活动、刺激消费者进行购买的新型营销方式。二维码营销有与终端形成交互、收集线下数据、改变应用场景和提供安全保障场景等作用。二维码营销的方式有：以利益引导扫码，在二维码上制造悬念，让二维码成为必要，将二维码作为社交方式，等等。

LBS 是指基于位置的服务，它是通过电信移动运营商的无线电通信网络（如 GSM 网、

CDMA 网）或外部定位方式（如 GPS）获取移动终端用户的位置信息（地理坐标或大地坐标），在地理信息系统（Geographic Information System，GIS）平台的支持下，为用户提供相应服务的一种增值业务。LBS 营销的主要模式有休闲娱乐模式、生活服务模式、社交模式、广告模式等。

移动广告是通过移动设备（如手机、平板电脑等）访问移动应用或移动网页时显示的广告，广告形式包括图片、文字、插播广告、链接、视频、重力感应广告等。移动广告具有精准性、即时性、互动性、扩散性、整合性、可测性等特点。移动广告的形式有图片类广告形式、富媒体类广告形式、视频类广告形式、积分墙广告形式、原生广告形式等。

（3）搜索引擎营销（Search Engine Marketing，SEM）就是基于搜索引擎平台的网络营销，利用人们对搜索引擎的依赖和使用习惯，在人们检索信息的时候将信息传递给目标用户。搜索引擎营销的目标有四层：第一层是搜索引擎的存在层，其目标是在主要的搜索引擎分类目录中获得被收录的机会；第二层目标则是在被搜索引擎收录的基础上尽可能获得好的排名；第三层目标则直接表现为网站访问量指标情况；第四层目标是通过访问量的增加转化为企业最终实现收益的提高。搜索引擎营销可以从四个方面进行：一是登录分类目录；二是做好搜索引擎优化；三是关键词广告；四是利用网页内容定位广告。

（4）电子商务是在全球各地广泛的商业贸易活动中，在互联网开放的网络环境下，基于浏览器（服务器）应用方式，买卖双方不谋面地进行各种商贸活动，实现消费者网上购物，商户之间网上交易、在线电子支付，以及各种商务活动和相关综合服务活动的一种新型的商业运营模式。电子商务具有交易虚拟化、交易成本低、交易效率高、交易透明化等特点。电子商务模式是企业运用互联网开展经营取得营业收入的基本方式，也是企业在网络环境中基于一定技术基础的商务运作方式和盈利模式。目前，常见的电子商务模式主要有 B2B、B2C、C2B、C2C、O2O、O2M、B2B2B、B2B2C 等。

关键术语

社会化媒体营销　移动营销“4I 模型”　LBS 营销　搜索引擎营销　电子商务

案例分析

“米老头”的 23 岁：从“90 后”的回忆，到新电商的网红品牌

对很多“90 后”来说，“米老头”这个品牌并不陌生。2005 年前后，一根甜甜的“米花棒棒”成为中小学生的时髦零食。之后随着超市业态走入县城、乡镇，米老头“麦通”“香米通”也成为货架上的常客。2019 年，米老头食品线下收入超过 10 亿元。

米老头创建于 1997 年，公司总部位于距离成都 1 小时车程的广汉市向阳镇。向阳镇的外号是“中国农村改革第一乡”，在 1980 年率先摘下了“人民公社”的牌子。米老头与这个小镇一起，见证了改革开放以来中国的发展，根植于农村，兴起于渠道下沉、外贸淘金借电商找到品牌新生机。

2017—2019 年，米老头连续 3 年赞助女子乒乓球世界杯。女乒比赛是类似春晚的全民

节目，在中国1300多个县和下辖乡镇有极高的触达率。2019年世乒赛央视5套收视率峰值高达2.32%（快乐大本营平均收视率为1.042%）。

2017年开始，米老头开始向线上转型，但效果并不理想。2019年下半年，米老头电商负责人和团队开始在各大电商平台做推广。在拼多多，20多年以“性价比”走天下的米老头遇到了消费端的“知音”，“有一个月在拼多多上试投了4000元左右，销量一下子就上去了，按照这个节奏去做，半年拼多多上卖了近千万”，米老头电商负责人说，“平均算下来，在新电商上1元的营销成本就能带动375元销售”。在负责人看来，目前拼多多做的是增量，传统电商平台做存量，“拼多多店铺获客成本是传统电商的1/4，还处于红利期”。

以产定销到以销定产：利用新电商倒逼业务升级

电商反向影响了线下销售。食品企业每年都会出很多新品，但是真正与所有消费者见面的很少。原因在于线下渠道推广有难度，所有线下城市推一圈，需要两三个月，经销商还未必敢囤货，如果卖不出去怎么办？

而通过米老头拼多多旗舰店、电商直播等渠道，新品出来的评价和反馈经销商能第一时间知晓，直接下单。表现不好的产品，迅速淘汰，避免过多库存积压。现在米老头所有新品都是电商首发。电商带来的最大变化是将米老头“以产定销”模式转变为“以销定产”模式。

过去米老头新品的研发或引入，要经过长期调研、生产线引进甚至是新建工厂等烦琐的流程，资金压力大且需要时间，并不适应电商的快节奏。为避免“产品生产出来的时候已经‘过气’了”，米老头将生产模式从纯自产转化为“代工+自产”。当出现爆款商品时，与OEM工厂合作小批量生产跟进，验证可行性后再引入机器设备自己生产，控制成本，最大限度地实现高性价比。

在“以销定产”的模式下，米老头自主研发的角度与方式也发生了变化。以前是先看有什么原材料和资源，再看可以做成什么推向市场。而现在米老头则是先在拼多多等需求聚合平台上找到消费者，找到需求，再去找合适的原材料与产品。例如，今年主推的新品“薯仔羹”，就是基于“95后”年轻人忙起来不想做饭、希望健康饮食两大需求研发的。随着拼多多逐渐变成覆盖全域消费者的电商平台，米老头电商也希望在红利期孵化更多品牌，覆盖不同圈层，拥有不同需求的消费者。

由于销量上涨迅速且消费者复购率、推荐率高，米老头蛋黄煎饼、青稞手工蛋卷、鲜切薯条3款产品入选拼多多百亿元补贴，厂家让利、平台补贴共同制造“全网最低价”。蛋黄煎饼加入百亿元补贴后，仅官方旗舰店的销量就达到了10万+，而青稞手工蛋卷销量已经超过“麦通”。后者是米老头品牌心智累计超过15年的产品。近期，米老头又加入了拼多多品质保障和品牌黑卡计划。一方面有利于强化线上品牌心智，另一方面平台补贴全线产品参加下单抵扣活动，加强产品复购率。

直播电商毫无疑问是2020年第一大趋势，米老头电商团队也没有落下，并在一位特殊兼职“主播”的支持下完成新品“薯仔羹”的线上销售冷启动。

2020年6月16日，四川省阿坝州理县“80后清华县长”两次走进拼多多直播间，为

“薯仔羹”站台，该产品工厂就位于理县，吸引40多名少数民族同胞和6位建档立卡户就业，合作马铃薯基地辐射阿坝全州。

7月22日，米老头再次参与了拼多多阿坝州州长及下辖13个县（市）政府领导参加的消费扶贫大联播，店铺新增粉丝5.1万。

下一步基于产地、工厂和电商运营的优势，米老头将持续打通从上游原材料规模种植到深加工、线上电商直播销售的全新链条，缩短产业链条，建立更加极致的性价比优势。

（资料来源：亿欧．“米老头”的23岁：从“90后”的回忆，到新电商的网红品牌［EB/OL］.［2020-08-04］.）

【讨论问题】结合本案例，谈谈米老头是如何借助数字化营销方式和策略使品牌重新焕发活力的。你认为，在这个过程中应该注意哪些问题才能获得数字化营销策略的成功。

实训操作

实训项目	企业数字化营销方式和策略分析
实训目标	掌握企业开展数字营销的具体方式和策略
实训步骤	1. 教师提出实训前的准备要求及注意事项 2. 学生5人一组，教师指导学生选定一家具备数字营销能力并有一定启发意义的企业作为案例 3. 学生通过实地调研及二手数据的收集了解该企业开展的数字营销方式和具体营销策略 4. 小组结合现实的表现，对该企业的数字营销方式和策略做出一定的分析，并总结优缺点等，形成分析报告或做PPT展示
实训环境	数字营销模拟实训室
实训效果	分析报告及PPT展示

思考与练习

一、填空题

1. 开展社会化媒体营销的6个步骤分别是：__________、__________、__________、__________、__________、__________。

2. 移动广告的特点是：__________、__________、__________、__________、__________、__________。

3. 在网络营销中社会化媒体主要是指一个具有__________性质的综合站点，而它们的内容都是由用户资源提供的，站点与用户并不是直接雇佣关系。

4. 搜索引擎优化是通过网站本身的优化而符合搜索引擎的__________________，

从而获得比较好的搜索引擎营销效果。

5. 移动营销的“4I 营销模式”是指__________、__________、__________和__________4 个方面。

二、不定项选择题

1. 社会化媒体营销是数字营销的重要方式，它可以帮助企业进行（　　）工作。
   A. 营销管理　　B. 公共关系
   C. 客户服务　　D. 市场开拓和维护
2. 二维码营销是移动营销的一种方式，相对于传统营销有（　　）作用。
   A. 与终端形成交互　　B. 收集线下数据
   C. 改变应用场景　　D. 提供保障场景
3. LBS 营销中，不同的用户因为在同一时间处于同一地理位置就可以构建用户关联，从而进一步构建真实的用户关系。在获取大量用户的基础上，再通过会员增值服务、移动游戏、广告和直播等节能型盈利的模式是（　　）。
   A. 休闲娱乐模式　　B. 生活服务模式
   C. 社交模式　　D. 广告模式
4. 企业开展搜索引擎营销是为了通过访问量的增加提高企业收益，这属于搜索引擎的（　　）目标。
   A. 第一层　　B. 第二层
   C. 第三层　　D. 第四层
5. 企业与企业之间通过互联网进行产品、服务及信息交换的电子商务活动是（　　）模式。
   A. B2B　　B. B2C
   C. O2O　　D. B2F
6. 买卖双方通过网络进行商务活动，不需要中介的参与，可以加快交易的速度，也无须付给中介费用，体现了电子商务（　　）的特点。
   A. 交易虚拟化　　B. 交易成本低
   C. 交易效率高　　D. 交易透明化

三、判断题

1. 社会化媒体营销开展需要对效果进行评估并实时进行调整。（　　）
2. 进行二维码营销不需要给消费者提供利益，这才是有效率的移动营销方式。（　　）
3. 移动广告具有精准性、即时性、互动性、扩散性、整合性、不可测性等特点。（　　）
4. 搜索引擎优化不仅要符合搜索引擎的搜索习惯，更应该符合用户的搜索习惯。（　　）
5. C2B 即 Customer to Business，即消费者到企业，其核心其实就是强调以消费者为中

心，消费者当家做主。（ ）

四、思考题

1. 选择一个案例，感受社会化媒体营销的开展步骤和注意事项。

2. 选择一个移动广告案例，分析这个广告的成功之处在哪里。

3. 为 B2B、B2C、C2B、C2C、O2O、O2M、B2B2B、B2B2C 等电子商务模式找到实际的企业案例并分析其营销策略。

第五章

大数据在数字营销中的应用

能力目标

通过完成本章的学习，学生能够掌握大数据相关知识、对大数据工具有更深入的了解和理解，以及其在营销中的应用。

素质目标

本章通过从学生关心的现实问题入手，运用一些网络语言，通过案例教学，引发学生产生情感和认知共鸣，引导学生与时俱进，树立大数据思维，认识到大数据经济的发展对国家经济社会发展的重要意义。

引例

《纸牌屋》依靠大数据分析进行营销

越来越多的企业开始从海量数据中挖掘有效信息，利用挖掘出来的有效数据进行用户行为分析，从而做到精准营销。

一部《纸牌屋》，让全世界的文化产业界都意识到了大数据的力量。《纸牌屋》的出品方兼播放平台 Netflix 在 2013 年第一季度新增超 300 万流媒体用户。第一季度财报公布后股价狂飙 26%，达到每股 217 美元，较 2012 年 8 月的低谷价格累计涨幅超 3 倍。这一切都源于《纸牌屋》的诞生从 3000 万付费用户的数据中总结收视习惯，并根据对用户喜好的精准分析进行创作的。

《纸牌屋》的数据库包含了 3000 万用户的收视选择、400 万条评论、300 万次主题搜索。最终，拍什么、谁来拍、谁来演、怎么播，都由数千万观众的客观喜好统计决定。从受众洞察、受众定位、受众接触到受众转化，每一步都由精准、细致、高效、经济的数据引导，从而实现大众创造的 C2B，即由用户需求决定生产。

互联网及社交媒体的发展让人们在网络上留下的数据越来越多，海量数据还可以被从多维度进行信息重组，这使得企业都在谋求各平台间的内容、用户、广告投放全面打通，以期通过用户关系链的融合、网络媒体的社会化重构，在大数据时代取得更好的精准营销效果。

（资料来源：姜中介，黄锴．《纸牌屋》的大数据力量：巫术一般的精准营销［N］. 21 世纪经济报道，2013-06-24.）

【分析提示】国内是否有利用大数据营销对影视娱乐节目进行主题定位的例子？

第一节　大数据概述

一、大数据时代的到来

2010 年前后，云计算、大数据、物联网快速发展，拉开了第三次信息化浪潮的大幕，也意味着大数据时代的到来。

（一）信息技术的发展为大数据时代奠定了技术基础

信息科技领域的进步为大数据时代奠定了技术基础。

首先是存储设备容量的大幅增加。随着技术的进步，数据存储介质的容量不断增加，速度不断提升，价格却在不断下降。以闪存为代表的新型存储介质，具有存储性高、体积小、质量轻、能耗低、抗震性好等优点，是非常优秀的存储设备。而基于闪存的 SD 卡、U 盘和固态盘等产品，读写速度也在不断升级，每秒钟读写次数（IOPS）有几万甚至更高。

数据量和存储设备两者相辅相成，互相促进。一方面，数据的不断产生促使存储设备容量不断提升以满足市场需求；另一方面，更大容量的存储设备也加快了数据产生的速度，原本因成本问题而丢弃的数据如今都得以保存下来。

其次是 CPU 处理能力的提升。2013 年之后，CPU 产品呈现每隔 18 个月性能提高一倍、价格下降一半的规律性发展。CPU 处理能力呈几何级数的上升，使得快速处理海量数据成为现实，也从另一方面促成了数据量不断地增加。

最后是网络带宽的增加。移动网络宽带迅速发展，目前基本已经做到了中小城镇全覆盖。4G 网络覆盖已达 100%，5G 时代已经到来。通信网络基础技术的进步，使得各种终端设备可以随时随地传输数据。

（二）数据产生方式的变化促成了大数据时代的到来

随着社会信息化进程的加快，人们在日常生活和工作中产生大量数据。这些数据渗透到每个行业和业务领域，成为重要的生产要素，并影响企业的发展。可以说，数据将会成为企业获取核心竞争力的关键。数据资源与物资资源、人力资源一样成为国家的重要战略资源。

这一切都源于数据产生方式的变革。人类社会数据经历了“被动—主动—自动”的过程。早期人类社会大规模管理和使用数据是源于数据库的诞生，当时数据产生方式是被动的，只满足企业业务需求。伴随着互联网的诞生，数据开始呈现“井喷式”增长。而物联网及有关设备的出现，使得每时每刻都在自动产生大量数据。这种数据产生方式的变迁促成了大数据时代的到来。

（三）数据变废为宝的观念是大数据时代开始的第一步

过去大家对数据的认识不足，认为数据只不过是一种记录，没有价值。比如商场购物后开具的小票，通常会被丢入垃圾桶。但现在，商场小票却成为商家最重要的商业信息之一，深刻地影响着他们的商业行为。

数据经历了“收集—挖掘—分析—应用”4 个阶段，这也是将数据信息变废为宝的重要流程，将收集与挖掘到的数据进行分析并应用于多个领域，站在企业对消费者定位的角度进行分析，对企业决策影响重大。

（四）大数据的发展历程

大数据的发展历程目前来看可分为三个重要阶段：

（1）萌芽期、成熟期和应用期。萌芽期（1900—2000 年）：这一时期数据挖掘理论和数据库技术逐步成熟，商业智能工具和知识管理技术开始被应用。

（2）成熟期（2000—2010 年）：这一时期 Web2.0 迅速发展，非结构化数据大量产生，传统数据处理方法难以应对，进而带动大数据技术快速突破，大数据解决方案逐步走向成熟，并形成了云计算与分布式系统两大核心，大数据技术受到追捧，平台开始大行其道。

（3）应用期（2010 年以后）：大数据应用渗透到各行各业，数据驱动决策，信息社会智能化程度大幅提升。

二、大数据的概念

大数据是指一种规模大到在获取、存储、管理、分析方面大大超出了传统数据库软件工具能力范围的数据集合。它具有海量的数据规模（Volume）、快速的数据流转（Velocity）、多样的数据类型（Variety）和价值密度低（Value）四大特征。

（一）海量的数据规模

信息社会的出现，尤其是物联网的推广与普及，使得数据以自然方式增长，而且不以人的意志为转移。如今数据产生速度之快，产生数量之大，已经远远超出人类可以实时掌握的范围。数据存储单位就是最明显的变化，如今最大的存储单位已经是 ZB（Zettabyte，泽字节），它相当于 1024EB，相当于 1024^3TB。

（二）快速的数据流转

大数据时代数据产生迅速，这就要求相应的程序能够基于快速生产的数据给出实时分析结果并应用于生产和社会实践。因此，对数据处理和分析的速度要求非常高，通常要达到秒级响应。

（三）多样的数据类型

大数据时代的数据来源众多，涉及各个行业，如生物、交通、医疗、电信、金融等，每个行业的数据都呈现“井喷式”增长，存储量由 TB 跃升至 PB 级别。

从形式上来说，数据可分为结构数据和非结构数据。结构数据是指直接可用行和列储存的数据，如 Excel 表格中的数据。非结构数据如微博、微信、抖音等产生的数据。非结构数据占据大数据时代数据总量的 80%以上。

从来源上来说，数据可分为商业数据、交互数据和传感数据。商业数据是指来源于企业 ERP 系统、POS 终端、网络支付等的业务数据。交互数据是指来源于通信记录及 QQ、微博等社交媒体的数据。传感数据是指来自 GPS 设备、REID 设备、无线网络和视频监控设备等的数据。

（四）价值密度低

数据价值的密度低体现在两个方面：一方面是海量数据中，大部分数据价值较低，仅有个别存在价值的数据零散分布在海量数据中。例如村居监控，只有发生意外事件时才会产生价值，否则平时连续的监控画面没有多大意义。另一方面为了获取特定数据必须耗费较大的成本构建平台，并进行趋势预测。这种前期成本的耗费使得大数据的应用成本较高，投资盈利比较低。

第二节　基于大数据的客户管理模式

一、客户关系管理

客户关系管理（CRM）是企业利用相应的信息技术以及互联网技术来协调企业与顾客在销售、营销和服务方面的交互，从而提升其管理，进而向客户提供创新式、个性化的交互和服务的过程。

（一）客户关系管理的功能

1. 市场营销

客户关系管理系统可以有效帮助市场人员分析现有的目标客户群体，如主要客户群体所集中的行业、年龄层次或地域等信息，从而帮助市场人员进行精准的市场投放。

客户关系管理系统可以有效分析每次市场活动的投入产出比，根据市场活动相关的收入记录、报销单据等内容进行计算，还可以统计出市场活动的效果报表。

销售是客户关系管理系统的主要组成部分，包括意向客户、现有客户、联系方式、接触机会、购买记录等板块。业务员通过记录沟通内容、建立日程安排、查询预约提醒、快速浏览客户数据，可以有效缩短工作时间。

同时，大额业务提醒、销售漏斗分析、业务绩效指标、业务阶段划分等功能可以有效帮助管理人员提高整个公司的成交率，缩短销售周期，从而实现最大效益的业务增长。

2. 客户服务

客户服务主要用于快速、及时地获取问题客户的信息和客户历史问题记录等内容，有针对性地解决客户问题，提高客户满意度，提升企业形象。某些集成呼叫中心系统的客户管理软件，还可以缩短客户人员的响应时间，提升客户服务水平。

（二）客户关系管理的好处

（1）增加销售额。例如，某企业在实施客户关系管理系统的三年里，年销售总额增长了 10%。之所以能够获得这样的收益，是因为销售人员提高了工作效率，借助系统工具实现了大量客户的记录与管理，同时为财务管理提供了决策支持，提高了企业销售业绩，改善了企业经营效果。

（2）减少营销成本。例如，某企业在实施客户关系管理系统的三年里，一般的市场销售费用和管理费用至少减少了 5%。因为公司和市场人员可以更有针对性地对目标客户发放他们所需要的资料，优化了企业业务流程，提高了企业的快递响应和应变能力，从而减少了不必要的人力和财力的浪费，降低了营销成本。

（3）提高营销成功率。例如，某企业在实施客户关系管理系统的三年里，销售成功率至少提高了 5%。因为销售员可以利用系统数据分析辨别和选择意向客户，及早放弃意向不明显或者购买潜力不大的客户，将精力集中于具有高成功率的意向客户。

（4）增加单笔业务价值。例如，某企业在应用客户关系管理系统的过程中，每笔业务至少增长了 1%的边际利润。因为销售员可以与那些经过仔细选择的客户群更紧密地合作，这些客户购买力强，对于价格不敏感，注重产品和服务的价值。这类客户被筛选出来后，成交的价格更高，毛利水平更高。

（5）提高客户满意度。例如，某企业在实施客户关系管理系统的三年里，通过使用建立的客户关系管理，客户满意度至少增长了 5%，因为企业能够更快地响应客户的需求和质询。

（三）大数据与客户关系管理营销

面对客户的多样化、层次化、个性化需求，大众化的营销已失去优势。在数据繁杂多样、市场竞争加剧、营销管理难度增加的时候，大数据中的海量数据中埋藏着用户习惯、市场变化、技术走势等有价值的信息，这些信息如果能够分析后挖掘出信息的营销价值，则更能够为客户关系管理营销带来帮助，客户关系管理与大数据应该加速走向融合。

随着云计算、移动互联网、手机、平板电脑、个人电脑以及遍布全球的各种各样智能设备的涌现，大数据变成了最热门的话题之一。大数据技术让数据变成能够快速获得的有价值信息。

1. 客户关系管理带动大数据市场快速成长

伴随着大数据走向传统行业，客户关系管理带动商业分析应用市场快速成长。按照客户关系管理的经营理念，企业应制定客户关系管理战略，进行业务流程再造，据以实施客户关系管理技术和应用系统，对客户的关系进行更系统的管理，从而增强客户满意度，培育忠诚客户，达到实现企业经营效益最大化的目标。

在企业的日常工作中，一般的客户关系管理至少要涵盖四个层面，才能保证企业及时与客户进行密切交流，处理好人员、流程、技术三者之间的关系。在线客户关系管理系统具有丰富的功能模块，能全方位地满足企业的管理需求。

（1）运营管理层面可以帮助企业实现市场分析、市场预测和市场活动管理等。

（2）销售管理层面可以帮助企业增加商机，跟踪销售过程，提高销售成单率。

（3）客户服务层面可以为客户提供全天候不间断服务、多种方式交流，并将客户的各种信息存入业务数据库，以便其他部门共同使用。

（4）技术支持层面可以为企业提供技术支持、技术改进，实现营销与数据的同步跟进。

所以，大数据下的客户关系管理系统是一套人机交互系统和解决方案，其中贯穿着系统管理、企业战略、人际关系合理利用等思想，能帮助企业更好地吸引潜在客户和留住最有价值的客户。

2. 帮助企业把握行业趋势，抢占市场先机

随着数据呈现指数级增长，从海量数据中提取信息的能力正快速成为战略性的强制要求。在这样的趋势下，大数据的挖掘和分析尤为重要，大数据时代发展和掌握客户关系管理的重要性不言而喻。

在蓬勃发展的中国市场环境中，大数据所带来的机遇前所未有。大数据必将成为客户关系管理的催化剂，成为多元化大数据时代营销者的全新利器。

二、客户细分、收集与整理

（一）客户细分

客户细分是指企业在明确的战略业务模式和特定的市场背景下，根据客户属性、行为、需求、偏好、价值等因素对客户进行分类的行为。

顾客存在差异是客户细分的前提，不同类型的客户存在多样化的异质性需求。通过客户细分，企业能全面了解自己的顾客群体，开展有针对性的营销，最大化地实现可持续发展。

客户细分可分为以下 5 个步骤。

1. 商业理解

在细分客户之前需要明确目的。一般来说，对用户进行细分，主要是为了精准营销，以达到降低成本、提高转化率的目的。

2. 数据理解

企业可以从业务角度确定合适的指标变量。

（1）行为指标，如购买频率、购买金额、使用次数、使用量、使用频率等。

（2）属性指标，如客户年龄、性别、职业、学历、收入等。

（3）时间指标，如使用时间、最近一次使用或者消费时间等。

（4）地理指标，企业应根据业务范围确定地理标志的大小。范围广，可分为华东、华南等；范围窄，可分为省市、区县等。

（5）渠道指标，如实体店或者线上平台，以及购买渠道的规模、信用等。

3. 数据建模

根据不同标准，这一步可分为事前细分和事后细分。事前细分技术主要是根据历史数据定义用户类型，再对未发生的进行预测，打上预测客户标签。事后细分技术主要是重点考虑细分的多维度，对客户打上类别标签，这样可以通过标签查看客户的性别、年龄、收入等差异，迅速找到目标客户。

4. 特征刻画

根据各群组的特征，用比较有代表性的名字进行命名，并对每类特征进行描述性分析，总结各群组的特征。例如，根据买家的成交笔数、金额、频率等进行分类，可以将用户分为活跃用户、优质重点用户、单一用户或抑制性客户。

5. 调研验证

针对真实的市场和用户开展实地调研，用于验证细分的准确性和发展潜在可开展的营销机会。

（二）客户收集

企业在客户管理过程中需要收集客户数据，特别是那些需要针对客户开展一对一个性化营销且预算充足的企业，更应该考虑通过自己建立客户数据库的方式收集客户数据。不过，虽然对企业而言，尽可能多地掌握客户数据是有效进行客户管理的基础，但企业搜索、清洗、储存数据需要付出大量的人力、物力、财力，所以，企业需要有选择地根据客户的特点来收集客户数据（见表 5-1）。

表 5-1 不同的客户类型需要收集不同的数据

客户类型	企业需收集的数据	
	一级数据	细分数据
个人客户	自身数据	姓名、性别、年龄、性格、电话、传真、住址等
	家庭数据	婚姻状况；结婚纪念日；配偶姓名、生日、爱好；是否有子女；子女姓名、年龄、生日、教育状况、子女是否与父母同住等
	事业相关数据	就业情况、单位、工作地点、职务、任职时间、收入、个人从业经历等
	心理与态度相关数据	购物动机、个性、生活方式、品牌信念与品牌态度
	行为数据	购买频率、购买种类、购买金额、购买途径
企业客户	基本数据	名称、地址、电话、创立时间、所在行业、规模、经营理念、销售或服务区域、声誉
	业务状况相关数据	销售能力、销售业绩、发展潜力、企业优势、企业存在问题
	交易相关数据	交易条件、信用等级、本企业与该客户的紧密程度

此外，企业面临的客户包括个人客户和组织客户等不同类型，这些不同类型的客户有各自不同的要求和特点。因此，对企业而言，在收集数据的时候，有必要根据客户的特点来确定数据收集的侧重点。

而根据数据收集平台的归属和数据源的归属，企业在客户管理中的数据收集主要来源于三个方面。

1. 第一方数据

第一方数据即企业自有数据，包括通过销售管理系统、会员系统、客户服务系统等直接采集的客户信息。例如，在订单系统中的历史交易数据、通过促销活动收集的客户描述性数据、企业电话客服中心收到的客户咨询及投诉等信息数据、企业通过网站分析技术收集的访问企业主页和移动端应用的行为数据等。

第一方数据记录着企业与客户接触的细节记录，由于数据是自己自主收集的，所以数据的质量毋庸置疑。但仅凭企业单方面的收集能力，其数据的规模必然受到限制，并集中在既定的消费群体中，理论上第一方数据更适用于客户服务与培育客户忠诚，而不适用于新客户发掘。

2. 第二方数据

第二方数据主要来自企业在外部平台上收集的属于自己的数据，包括企业从其下游企业、广告代理商、合作媒体平台等收集的数据。例如，企业使用谷歌、腾讯等媒体的大数据，或由媒体投放平台提供的广告曝光、点击量数据等。几乎所有媒体都会为广告主提供数据服务，从谷歌、BAT（百度、阿里巴巴、腾讯）这样的媒介巨头，到各大视频网站、门户网站、垂直媒体、智能设备供应商，都自有一套数据营销与应用体系。它们所提供的数据可以帮助企业了解客户的媒体偏好、内容偏好，甚至地理位置和生活习惯等，非常方便企业直接应用。以微信公众号为例，腾讯就拥有所有粉丝用户的ID、性别、注册地、发言等各种数据。

但第二方数据由于数据采集源并不属于企业，所以企业能收集到的数据完全取决于这些外部平台的开放程度，一旦外部平台停止提供数据，或提出一个企业无法接受的条件时，企业之前基于第二方数据建设的数据设置和数据内容就会失去作用，企业就会为此付出代价。

3. 第三方数据

第三方数据指的是由独立的数据供应商提供的数据。这些数据类型丰富、体量庞大、来源与维度极其丰富，能够帮助企业形成对市场以及用户的全面认识。但由于第三方数据直接面向市场公开出售，所以数据的稀缺性比较低，也就是说，企业现在看到的这份数据，竞争对手也能看到，双方将很难在数据战略上拉开差距。同时，专业的第三方数据机构数量众多，如何证明第三方数据的客观真实性也是困扰企业的一大问题，部分数据质量存疑。另外，需要强调一点，在国内，B2C领域的数据即个人数据的买卖属于非法行为。

（三）客户整理

从不同数据源收集的客户数据由于各种原因，会存在一些质量问题。例如，客户在调研问卷上填写假的姓名和联系方式；企业销售人员为了不让自己的公司获取自己的客户资源，了解真实的客户信息，在客户关系管理系统中录入虚假的客户信息；经销商为了完成指标编造假数据，每天在各五星级酒店晃悠，参加产品推介会，但目的是领取免费礼品盒享受午餐的“会虫”提供的虚假信息；在客户信息录入时出现的数据录入错误；等等。以上这些都是造成数据虚假的原因。在将这些数据录入数据系统前，数据分析人员需要对它们及时鉴别并进行清理，防止错误数据被营销部门使用。

首先，数据分析人员需要凭借经验对收集的客户数据质量进行评估，如长度只有10位的手机号码、不带@字符的电子邮件地址，都是错误数据，需要清理。

其次，通过相关字段的对比了解数据真实度。例如拿一张“全国城市名—邮编—电话区号—手机号段归属城市”的对照表，判断客户填写的数据是否有冲突，虽然可能存在一个客户在多个城市办公的情况，但如果这个比例超过1%就是不可接受的了。又如利用“中文—拼音”的对照工具，将客户的名字换成拼音字母，查看电子邮件是否含这些拼音，如果匹配率不到20%，那就需要人工识别了，如果看到大量姓名是“张三”，但邮件地址是“lisi@ sina. com”的数据，就需要找到数据源探查具体原因了。

通过一些工具可以对数据进行清理，清除数据中的空格、非法字符等，但是当数据量很大的时候，就需要通过数据仓储技术（ETL）工具来实现。

最后，通过测试工具对已经确认格式和逻辑正确的数据进行测试。例如，通过电子邮件发送欢迎邮件，通常电子邮件发送供应商都提供退回功能，并列出发送失败的邮件列表和失败原因（如邮件已满、邮箱不存在、邮件服务器拒收等）。而验证电话号码用的则是“信令”技术，即批量对电话号码进行预呼，根据拨打时运营商系统的回复，如“您拨打的用户正忙”“您拨打的电话号码是空号”，以及正常接通的“嘟嘟”声等情况进行罗列，了解电话号码的正确程度。

数据质量清理的大致逻辑如上所述，但是手法远不止这些。经过数据质量清理，可以保证之后录入客户关系管理系统的数据是基本正确的。

三、客户分析

客户分析是指企业在拥有基本数据的情况下，在客户关系管理中运用相关数据进行统计、分析，从而发现用户的特征和行为规律，从而为营销策略的制定提供依据。

客户分析具体可分为客户群体划分、客户行为分析、客户需求分析和客户流失分析。

（一）客户群体划分——聚类

客户特征常用五个常见的基本属性进行维度划分。

（1）性别。明确客户群的性别是什么。明确产品目标群的性别非常重要。数据显示，40%左右的男装购买人群为女性，因此女性也是男装品牌重要的营销目标群体。

（2）年龄。不同年龄阶段的人群消费水平与倾向存在很大差异，一般可分为 18～23 岁、24～28 岁、29～35 岁、35 岁以上等多个年龄阶段。

（3）职业。不同职业的消费群体其消费水平和倾向也不同。

（4）风格。这是指目标客户群的风格定位或者产品本身的风格定位。由于个体审美观念不同，不同的产品目标群体风格也是不同的。

（5）场景。不同场景的目标消费群体所需要的商品有很大不同。例如管理层职业女性，在生活和工作中对服装的风格、档次要求相对较高。

（二）客户行为分析

（1）客户基本信息的多维度分析。以用户所处的地域、性别、年龄等人文属性建立分析维度，把所有的信息进行筛选，可以简单地把用户相关属性与其行为进行匹配。例如高档小区的用户更倾向于高档次的产品消费。

（2）客户带来的价值高低的分析。通过量化顾客过去的购买记录、购买产品价值、购买频率等，对客户产生的价值进行评分，从而分析出客户价值的高低。价值高的客户更容易接受公司产品的推荐。

（3）顾客浏览行为的分析。对顾客过去购买或点击过的商品记录进行分析，可以统计归纳出客户的可能兴趣点，并可对其进行针对性推荐。

（4）客户“不喜欢”的分析。针对推荐商品增加“不喜欢”按钮，可以收集客户不喜欢的商品。这类信息与收集客户兴趣点信息一样重要。

（三）客户需求分析

企业还需要分析数据背后的含义，了解客户真实的需求是什么。通过数据分析洞悉客户需求，并提供定制化服务。

（1）用数据察言观色。这是指用数据对客户进行全方位的分析和基本的定位，主要通过客户所处的环境信息和行为特点进行判断。环境信息是指客户的爱好、品位以及周围的环境。行为信息是指客户特定行为背后的特殊意义。例如客户如果经常搜索母婴产品，那么他/她家里应该有一个刚诞生的婴儿。

（2）听数据告诉你的信息。数据的信息量可以说明用户的行为规律，帮助企业深入了解客户。如果某超市的会员购买记录显示其5月14日、5月28日、6月10日和6月22日都购买了纸尿裤和奶粉，就可以预测分析该用户下次购买的时间，进而在她购买之前进行针对性的促销推荐。

（3）挖掘数据的核心价值。数据的核心价值需要进行深度的挖掘，这是以大规模的数据为基础的。以购买纸尿裤的用户为例，如果超市通过时间线发现她逐渐从A品牌转向B品牌，那么进行针对性营销时，就应该避免对A品牌进行推荐。

（3）为客人“私人定制”。分析与掌握数据后，可以将客户精准定位到某个坐标上，并围绕这一坐标点对客户进行针对性营销。通过放弃A品牌纸尿裤的客户寻找他放弃的原因，从而找到A品牌纸尿裤的缺点，进而确定用户对于纸尿裤的特定需求，并帮助商家推出更贴合实际需求的商品。

（四）客户流失分析——偏差检测

大数据中常会有一些异常记录，从数据库中检测出这些偏差很有意义。偏差包括很多潜在问题，如分类中的反常实例、不满足规则的特例、观测结果与模型预测值的偏差、量值随时间的变化等。偏差检测的基本方法是寻找观测结果与参照值之间有意义的差别。比如传统的客户流失分析一般是通过销售员对客户交易进行检测来实现的，对销售员的依赖太大。为了提高流失客户的判别效率，企业可先根据一般分类客户的正常交易数据进行初步的自动判断，再针对那些被认定为有流失倾向的客户进行深入分析。

第三节　基于大数据的精准营销模式

营销专家菲利普·科特勒认为企业需要更精准、可衡量和高投资回报的营销沟通，需要制订更注重结果和行为的营销传播计划。精准营销简单来说就是五个合适，即在合适的时间、合适的地点、将合适的产品以合适的方式提供给合适的人。

现阶段互联网上的竞争变得越来越激烈，一般的网络精准营销已无法满足企业的发展和需求，在这样的背景下，大数据精准营销被推到台前。企业之所以需要大数据精准营销，是因为大数据精准营销更有针对性，更有的放矢，更能高效地捕捉到目标客户，降低企业运营成本。

一、利用大数据进行精准营销的步骤

（一）确定目标

对于企业而言，制定明确的、可量化的目标是进行精准营销的关键，即企业希望通过精准营销解决什么问题。当企业的目标制定得十分明确时，就有可能获得有价值、可量化且有意义的效果。一般而言，企业可以选择的四个精准目标：一是顾客保留，即维持现有顾客；二是顾客增长，即增加顾客数量；三是顾客激活，即激活休眠顾客；四是顾客获得，即获得新顾客。

1. 顾客保留

任何一家企业，为了使其自身能继续运转下去，都需要注意关键的一点：当自己的顾客完成一次购买后、开始下次购买前，留住他们。顾客保留是防止顾客流失和建立顾客忠诚的重要手段。研究表明，保留一个老顾客的成本是获取一个新顾客成本的1/5。也可以这样理解，向一个现有顾客销售产品要比不断寻找新顾客容易得多。因此，为了留住自己的老顾客，很多企业会非常关注顾客的反馈情况，并针对这些信息进行数据分析。

2. 顾客增长

现有顾客追加销售和交叉销售是使收益增长最快并且最节约成本的方法。例如保险业内人士皆知的一个事实就是，与只购买过一个保险产品的顾客相比，已经购买了两个或者两个以上的相关保险产品的顾客更换保险公司的可能性要小得多。与前一种顾客对保险公司保持忠诚的时间相比，后一种顾客平均要长出5～10年。

追加销售与交叉销售实现现有顾客收益增长是提高客户忠诚度和当前盈利的最佳手段。通过精准营销来实现顾客增长的具体方式是：判断顾客适合接收的信息，或者说判断哪些顾客更愿意了解具有哪种特性的产品。预测顾客需求以及在适当的时机采取行动实现增长需要以精准的大数据分析为基础。

3. 顾客激活

顾客激活是企业可选择的另一个营销目标，即触发老顾客再次购买的可能性。大数据主要是通过顾客以往的购买行为预测其重新购买的可能性。很多企业经常犯的一个错误就是忽略甚至删除最近没有购买行为的老顾客，认为这些顾客已经放弃了自己的产品或者对自己的品牌失去了兴趣。而事实上，用即时性的关联性信息激活不活跃的顾客可以为企业带来巨大的利润。因此，为了创造关联性信息，企业必须挖掘和利用丰富的顾客历史数据。

4. 顾客获得

顾客获得是精准营销真正的难题。首先，企业对新顾客知之甚少，因为这些顾客没有购买过任何产品，找不到任何与本企业相关的记录。其次，这些顾客有可能对企业的产品要求苛刻，他们完全可以继续购买自己曾经使用过的、曾经令自己满意的那些产品。所以，企业需要向这些潜在顾客提供与之高度关联的营销信息，在与其互动时留下良好的第一印象。而解决这一难题的关键在于找到合适的数据，掌握潜在顾客的情况，进行准确的归类与定位。

以顾客获得为目标的精准营销，需要营销人员通过数据去了解潜在顾客的行为、爱好与需求，然后将这些数据应用到获取新顾客的过程中。

（二）收集数据

数据对精准营销而言至关重要，因为大数据产生客户洞察力，客户洞察力创造关联性，而关联性培养客户的忠诚度。企业可以通过两个途径收集客户信息数据：直接渠道和间接渠道。

1. 直接渠道获得内部数据

企业可以通过与客户的直接接触获取所需要的客户信息数据及资料，具体方式如下。

（1）与客户直接交谈。当企业面对客户的时候，更需要主动与客户交流，以便准确、详尽地掌握客户信息数据。企业与客户的直接交流主要体现在三个阶段：客户关系建立前、客户关系建立中以及客户关系建立后。建立前，主要确定客户的基本状况及其主要的需求信息；建立中，主要是进一步明确客户具体的需求信息及这些需求信息是否发生了变化；建立后；主要了解客户对于品牌及产品的评价和态度。

（2）在营销活动中收集客户信息。例如通过会员卡、客户档案等方式记录客户的基本信息数据及其消费习惯数据。此外，企业还可通过对展销会、洽谈会、促销活动等营销活动的信息整理获得客户信息。

（3）通过售后服务获得客户信息。根据企业对客户的回访、客户反馈、客户的维修记录以及客户的抱怨和投诉获得客户信息。

（4）通过网站及移动终端收集客户信息。越来越多的企业有了自己的网站或 App 终端，或者利用这些终端销售产品。当客户通过网站了解或订购产品的时候，不可避免地需要填写相关信息，此时，企业就可以获得这些客户的基本信息，并通过追踪客户的购买频率、购买内容了解客户的购买行为和偏好，掌握更多的客户信息。

2. 间接渠道获得外部数据

企业可以利用多种渠道购买、补充和生产数据。

（1）利用搜索关键词了解客户。客户在电子商务网站输入的搜索关键词是个非常重要的信息，通过关键词能够确认客户的近期需求。

（2）客户定位。营销人员可以利用客户的所在地信息在目标客户与信息的筛选方面提高营销的精准度。地域信息十分有用，它可以让我们了解客户所在地的人口统计情况，从而做出有针对性的营销计划。

（3）快速投票和调查。在企业自己的网站、官方 SNS 或者通过电子邮件发起快速的简单投票是很容易的事情。这类快速调查不仅是吸引客户互动的便利机会，还能帮助营销团队掌握更多的客户信息数据。

（4）社交媒体。在社交媒体这种渠道上，企业不仅能与客户直接对话，还可以以此为平台收集各种自有数据，或称“客户自有言论数据”。不过，将原始的自由数据转化为可用的数据通常需要 3～4 周时间，这对于长期营销计划来说自然不是问题，但是对于想要及时纠正客户问题或者营销失误等公关问题的企业来说却不适用。

幸运的是，现在的软件工具可以迅速地处理自然语言数据，找出言论的主要思想，确定言论的情感基调（积极的或消极的），跟踪自由数据中的深度意义线索。

数据告诉了企业客户的收入、地址、手机号码、休闲爱好以及购买习惯等细节。每当与客户互动时，营销人员也有机会收集和了解其中的情况。每当与客户交流时，企业都应该思考如何倾听和回答客户的问题。只有了解客户的需求才能创造出关联性信息，而只有收集与分析数据才能了解客户的需求。

收集数据的本质是提炼客户信息的价值，根据这些数据以及其他有助于产生关联性的信息优化营销内容。高度有效的企业会把各方面的数据整合起来，将客户数据应用到业务的方方面面，而不仅限于营销。

（三）目标性建模

目标性建模是一种重要的数据分析方法，能够从数据中找到“相似点”。它可用于帮助企业划分客户的优先次序，判断客户激活、客户获得以及交叉销售与追加销售的成本。营销人员可以利用交叉销售与追加销售保留客户，消除营销活动摩擦，用产品组合销售获得较大的利润回报。

（四）制定战略

战略的制定能够帮助营销人员避免错误的客户定位。如果企业的客户定位错误，那么由此产生的无关联性信息可能导致客户放弃企业的品牌，企业投入了预算却得不到应有的回报。数据分析团队会根据业务目标、实际问题或机会向营销团队推荐合适的方案。在战略制定阶段，数据分析团队会将收集来的数据进行更深入的挖掘、分析建模，确保客户洞察力切实可行。他们会根据数据判断潜在的客户群体及其反应倾向。例如，根据价格敏感度或者地域特点对新的受众进行分级，从而运用客户洞察力、分级结论与推荐的方案综合制定行之有效的新营销战略。

二、产品定位分析——文本挖掘

舆情，是“舆论情况”的简称。信息化时代人们越来越深切地感受到舆情，尤其是网络舆情的影响力。例如买车和家电之前，消费者会浏览相关网站，或者在微博上搜索一番，看看某品牌或款式的评价如何，负面反馈多不多，这些评价和反馈就是一种舆情。消费者在网络上所形成的对于品牌、产品的评价，企业可以通过网络舆情数据，分析顾客对品牌或产品形象的描述，再对比企业自身的期望，分析原因进行品牌定位或产品定位。例如从产品、时间、地区等维度分析口碑变动情况及热词分布，对热词进行情感判断，识别热词倾向性。据此，企业可以针对分析结果采取针对性的精准营销策略，也可以针对反馈集中的问题对产品进行优化。而这所需要的分析方法就是文本挖掘。

文本挖掘是指利用数据挖掘技术，从大量无结构的文本信息中发现潜在的、可能的数据模式、内在联系、规律、发展趋势等，抽取有效、新颖、有用、可理解、散布在文本文件中的有价值的内容，并利用这些内容更好地组织信息的过程。常见的文本挖掘包括文本结构分析、文本摘要、分类、聚类、关联和数据演变分析等，涉及信息抽取、信息检索、

自然语言处理、知识发现和数据挖掘技术。

文本挖掘分析分为三个主要模块：文本信息采集、文本挖掘分析引擎和文本分析应用。文本信息通过文本信息采集模块流入文本挖掘分析引擎，文本挖掘分析引擎负责数据加工处理、文本信息分析等，最终分析结果通过文本分析应用展示，分析过程中的数据分别存在产品信息数据库和查询索引数据库中，如图 5-1 所示。

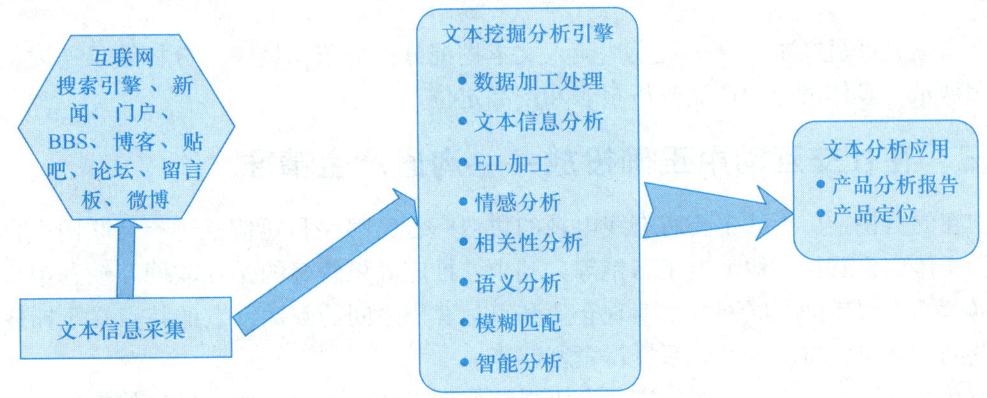

图 5-1　文本挖掘分析系统示意图

（图片来源：陈志轩，马琦. 大数据分析［M］. 北京：电子工业出版社，2019. ）

（一）文本信息采集

文本信息采集的基础是利用网络爬虫技术对指定网站的数据进行抓取。而利用网络爬虫技术实现对文本信息的采集时，需要注意以下两点：

（1）网页的抓取。对网页抓取的原理是通过 HTTP 协议请求访问指定的 URL 资源，URL 资源以 HTML 文档的形式返回给网络爬虫，通过对 HTML 文档的解析完成信息的采集任务。

（2）网页的更新。网页的更新是指网络爬虫访问并采集过的网页随着时间的推移会有内容更新的可能，这就要求网络爬虫周期性地访问那个网页并采集信息。

现在市面上的开源网络爬虫工具多达 100 多种，它们各有所长，主要以 Python 为主、其他开源软件为辅。需要注意的一点是，现在大多数网站都采取了反爬虫技术，在收集数据时，还需要使用多种技术手段应对反爬虫技术。

（二）文本挖掘分析引擎

文本分析是利用 NLP 技术分析文本文档、社交媒体、网页等文本数据的一种应用。在日常的产品和运营工作中，经常接触的数据分析方法、形式绝大部分是基于对数字或数值的描述性分析，而对数值型数据的分析主要是在事物的“量”上进行描述，但是这并不能解决“质”方面的问题，如“为什么”和“怎么样”。而文本分析的目的在于从之前这些被认为难以量化的海量文本中获取出大量有价值的、有意义的数据或信息。

借助基于大数据的文本分析，可以对用户行为和想法进行科学分析，使用户洞察由原来的主观“猜测”转变为以数据为驱动的精准预测。在新产品上市前，或者是小规模投放市场后，在社交媒体上对粉丝和潜在用户的言论进行收集，对其进行文本分析，知道他们喜欢产品的哪些方面，对哪些方面不太满意，以及他们对产品的其他期望，有助于企业敏捷、快速、准确地对用户的反馈作出积极的回应。

（三）文本分析应用

文本信息通过文本信息采集模块流入文本挖掘分析引擎，最终的分析结果通过文本分析应用展示。具体可分为产品分析报告和产品定位。

三、在社交互动中正确投放——沟通产生精准

现在的营销推广形式主要有有线电视的付费广告、邮件和短信推送、互联网广告、线下各种实体广告营销、线上电子营销等，其中，推广效果较好的是互联网互动营销。互联网互动营销主要借助互联网技术实现企业和目标客户之间的互动，它的特点在于抓住了彼此的共同利益点，将双方的联系变得紧密起来。

而在互联网社交平台上的推广，会更强调精准，即精准的投放是推广的核心。精准投放建立在获取精确信息的基础上，先对采集到的信息进行系统分析，对市场进行有效细分，再根据市场的细分有效组织资源，最后实现消费者和资源的精准匹配。精准投放就是为了更好地满足消费者的真实需求。

要实现精准投放，需要重视以下三点。

（一）准确定位投放目标

投放目标的准确定位必须构建在对客户需求的精准洞察的基础上。一方面，大数据时代，客户数据的爆炸式增长对企业精准营销提出了新的挑战；另一方面，不断发展和成熟的人工智能和大数据技术也让企业有能力对客户数据进行深度分析和挖掘，通过客户数据了解客户真正需求，从本质上了解和洞察客户。

举个例子，银行在做营销活动时，可以接触到各式各样的客户数据，有销售的数据，有客户在网上浏览的数据，还有各种其他数据，有了这些客户数据以后能做些什么呢？通过大数据分析技术，银行能更加精准地了解每个客户，知道每个客户的投资行为是什么样的，基于对客户偏好的精准把握，就能选择合适的理财产品推荐给客户。比如，做存贷款产品营销时，可对高价值信用卡用户的资产管理规模（资产管理规模=当月日均存款余额+当月日均投资额）进行分析，筛选他们每月的消费金额、信用额度、当前存款情况、贷款有没有拖欠、是不是商务卡持有者等信息，从这些维度对用户进行分析。再针对不同用户给出不同的营销策略，如哪些用户该提升额度，哪些应该为其推荐金融产品。在落实时，可以先通过短信进行营销，再通过呼叫中心了解客户意图。当客户有意向时，再交给理财经理进一步跟进。

事实上，与大数据相结合的精准营销的独特之处，不仅在于对用户群体的精准定位，还在于对“人性”的洞悉。巴里·施瓦茨在《选择的悖论》一书中曾描述：商品的过度

丰富不仅不能让消费者更快乐，反而使他们在购物前感到疲累、沮丧。消费者的诉求在不断提升，他们需要的不再是简单的商品，而是功能、情感、社会属性等多方面的满足，他们需要的是一种深度的消费，而智能客服结合精准营销、深度营销与垂直营销，有效地解决了“消费焦虑症”。

（二）实时把握营销时机

信息化时代，消费者时刻都在产生需求。营销或服务，只有在客户最需要的时候立即出现，才能让客户在惊喜中感受到服务和产品的溢价。随着客户需求越来越个性化、弹性化、生活化、差异化，业务也越来越复杂，营销的难度也在逐渐加大。只有在客户消费行为过程中，通过实时捕获用户行为数据，并对其进行即时分析，得到客户的需求最高点，恰当触发营销的执行，才是最佳的营销。例如，在客户有一定量储蓄时主动推荐理财投资产品，在客户余额较低时主动推荐分期付款产品，更可能获得事半功倍的效果。

（三）智能匹配

在互联网上，内容足够好的广告固然能引发用户点击和分享，但能形成购买转化的广告，更需要触达用户的兴趣，尤其是在当前场景下用户最大的兴趣。换言之，问题关键在于，如何把握用户在“当下”最关心的话题。

例如，腾讯视频在进行精准场景投放时，会从两个层面考虑：一是通过大数据导出用户画像，掌握用户的长期兴趣，形成对单个消费者的兴趣标签；二是根据消费者当前场景及行为，把握瞬时兴趣，洞察其潜在的购买意向。腾讯视频在为携程定制的针对老用户的“再营销”投放中，通过分析某用户的过往数据，识别出该用户收入水平较高、青睐欧洲旅游、重视旅游服务等“长期兴趣”，捕捉到其阅读了爱尔兰的签证和热点等信息，腾讯视频通过效果广告平台，为其推送携程的爱尔兰高端定制旅游产品。而且用户可以通过点击广告直接唤醒携程 App，缩短购买路径。突破性的数据对接和技术运用为携程带来了点击通过率的两倍提升和投资回报率的200%提升。

第四节　大数据给数字营销发展带来的大变革

一、跨界营销

在如今商品同质化越来越严重、竞争越来越激烈的市场形势下，企业若能够找到一个互补性的品牌，多方面诠释目标消费人群的特征，就能让品牌形成更大的优势和更强的竞争力，同时富有张力的品牌联想会在品牌出现营销危机的时候重塑形象。

（一）跨界营销的内涵

跨界营销，通俗地讲就是通过互联网连接一切的思维理念，对不同产品的广告受众，进行连接、分享，从而突破旧有的营销手段的局限。它是依据消费者表现出来的具有联系或者共性的消费特征，将不同偏好、产业、环境的消费群体联系起来，将一些之前没有任何联系的要素进行延伸、融合或渗透，从而彰显出独特的价值观念、审美情趣和生活态度，以此赢得目标消费者的好感，最终实现跨界企业的利润最大化和市场最大化。

跨界营销可以避免孤军奋战，通过不同行业品牌的联盟增强协同效应。跨界营销的本质是将同一个用户的特征以多个品牌从不同角度加以诠释，让不同行业的品牌在拥有相似消费群体和商品特征的基础上，相互融合、渗透，从而让品牌更具纵深感与立体感。

1. 品牌内涵的传递

跨界营销并不是两家企业走到一起，做一次联合促销那么简单，不仅要考虑两个品牌的受众群是否重合度高，还要考虑两个品牌在内在属性上是否有着一致的理念。企业跨界营销的根本目的是希望通过另外一个领域的成功经验，将自己很好地嫁接到一个本不相关的领域，并产生惊喜的效果，最终让企业的品牌内涵得到更好的传递。

2. 服务能力的延伸

服务能力延伸是赢得用户的心的关键手段之一。这就要求企业围绕让用户获得更好的体验、更丰富而且个性化的资讯，用聪明的营销思路去引导用户，让用户也变得更聪明。同时，服务能力的延伸，还意味着企业能抓住新的流量入口。因此，做跨界营销就是给品牌做延伸服务。消费者要得多，企业提供得更多。

3. 数字传播时代的必然选择

产品碎片化，即产品本身的物质形态不再重要了，产品按照功能被分类和分割成模块。完成一项为用户提供的服务，可能需要很多种产品的组合，所以重要的是产品的功能，而不是载体。于是，如何使用产品、增强用户的体验，可能会成为更重要的因素。

传播内容碎片化、媒介工具碎片化，改变了人们的阅读习惯，影响了整个广告触达方式的改变。目前传播渠道融合成为企业的普遍需求，因渠道融合不仅能够让多种渠道的内涵延伸到自己的产品中，更可以降低传播成本，突破单一渠道的瓶颈，形成联动优势，在联动的场景下，取得事半功倍的效果。触达路径不断发生变化，碎片化的资讯内容呈几何级增长，在组合传播渠道时，跨界就成了适应数字传播时代的一种必然选择。

（二）跨界营销的形式

从行业发展的角度来看，跨界营销可以分为水平跨界营销、纵向跨界营销和交叉跨界营销三类。

水平跨界营销主要是指两个或者两个以上的企业为了获得发展而进行合作，实现资源共享。纵向跨界营销是指在同一个经济实体中整合各部门的资源，以实现自身的发展。交叉跨界营销包含上述两种跨界营销方式的特点，并增加了与消费者互动的环节，从而可以实现增值和粉丝效应。

目前来说，企业需要根据自身的特点，选择合适的跨界营销形式。大体上来说，跨界营销主要有以下四种形式。

1. 品牌跨界

品牌跨界的核心体现在“创新”二字上，通过跨界合作实现双方的互利共赢，是企业在实际操作中需要把握好的一项重要原则。把握好这一原则可以帮助企业跳出自身品牌及其所在行业的局限，从外部客观看待自己，打破及颠覆传统思维，跨越行业之间的界限，借鉴以及嫁接其他行业的模式、资源、思想及方法，从而实现自我的提升和超越。

跨界活动通过对各个品牌的资源进行有效整合，可以最大化地利用各自的资源，从而提升整体的传播营销效果，塑造更为高大的品牌形象，并让用户对多个品牌萌生“爱意”，收获多赢的结果。

▶ 案例 5-1

酱香拿铁跨界营销

酱香拿铁背后的跨界路径

在跨界营销圈，瑞幸早已是经验老到的行家，从联名定位到合作预热，再到声量破圈，瑞幸已经形成了一套较为成熟的营销路径。具体来看其实主要包含四个方面。

第一，品牌强强联合。这是两个顶流品牌互借流量的双赢跨界。瑞幸咖啡这个非常擅长玩跨界的选手，这次通过茅台酒的背书，大大提升了在咖啡行业引领趋势的形象，以及迅速提升瑞幸的品牌调性，甚至大有碾压星巴克之势，是中国两个国货品牌的珠联璧合。而茅台酒呢，则通过这个联名，在之前被热炒已经卖出 1000 万杯的茅台冰淇淋后，再次制造出话题，实现了与年轻人的互动。可以说，茅台酒越来越懂年轻人了。

第二，口感独特体验。从整体的产品体验而言，喝起来不错，刚入口的时候确实有比较明显的酱香味，据说酒精度少于 0.5 度，然后自然是浓浓的咖啡味，节奏感也把握得很好。从年轻人秋天的第一杯奶茶开始，茅台酒通过瑞幸咖啡，让年轻人在这个秋天体验到了“第一口茅台”，从产品带来的话题感，这本身就是巨大的自传播力。

第三，话题迅速破圈。产品包装上“美酒加咖啡”这个表示特别显著。相信很多中年人有共鸣，会想起《美酒加咖啡》这首经典歌曲吧？所以，这杯酱香拿铁咖啡，不仅连接了年轻人，还有很多其实也是茅台酒当下的目标人群。这个跨界，迅速成为一个“社交货币”和品牌的“自来水”。

第四，强标识物料。跨界联名物料的识别度很好、很简洁，大家看到就知道这是茅台，可以迅速吸引注意力，尤其还有这个贴纸，可以把茅台酒的标志和形象收藏起来，创意的小心思真是覆盖到了每一个体验的细节。

据说这杯咖啡是限量款，但是，制造出这个热度，对于茅台和瑞幸已经足够了。这个联名案例带来启示的趋势观点是：品牌就是 IP，产品就是内容，内容就是流量。

曾几何时，有人说，年轻人到了一定岁数就会爱上茅台。

但在实际的市场环境中，却并不是这样。人们常把“种菜、买黄金、唱凤凰传奇”作为中国人血脉觉醒的三大标志。但喝白酒这件事，还真不一定。

从口味偏好方面讲，白酒的口感相对于年轻人喜欢的啤酒、红酒、鸡尾酒等更为辛辣、浓郁，甚至有苦涩的口感，这使得一部分年轻人无法接受或喜欢。

从酒文化差异方面讲，虽然白酒在中国文化中有着重要的地位，在社交场合中被视为一种交流工具，但很多时候这种酒桌文化很难被年轻人理解与接受，他们更倾向于现代、时尚的饮酒方式。白酒更需要适配的品鉴场景。

从健康意识方面讲，随着健康意识的提高，越来越多的年轻人开始关注饮酒对身体健康的影响。部分年轻人认为白酒的酒精度数过高，对身体损害较大，很多人更愿意选择相对而言更为健康的葡萄酒，白酒的消费数量也随之降低。

从消费习惯变化方面讲，现代社会的饮酒习惯逐渐向低度酒、休闲化方向发展，这与白酒的传统饮用方式存在一定的差异。因此，在这种消费趋势的影响下，年轻人对白酒的接受度可能会降低。

从社交方式改变方面讲，社交媒体和互联网的发展，让年轻人的社交方式也发生了变化。相比传统的面对面交流，他们更倾向于通过社交媒体、网络游戏等方式进行社交。这使得他们在实际生活中对白酒的需求降低，白酒的需求场景进一步减少。

为了应对这些变化和问题，作为白酒行业的老大哥，茅台也走下了神坛，选择与年轻人站在一起。从茅台红酒、茅台冰淇淋再到茅台咖啡，与其说这是一场营销大秀，不如说是茅台正在通过年轻人喜大普奔的社媒方式，“驯化”年轻人的口感选择。

这个“驯化”过程不是一蹴而就的，从红酒到冰淇淋再到咖啡，价格是阶梯式下降，对应从几百到几十再到十几的受众区间，这个过程既保持了茅台的社交话题度，又不用担心过低的联名产品价格影响消费者品牌认知，一举多得，是“重仓”年轻人，为未来发展蓄力的绝佳手段。

在瑞幸和茅台的这次联名中，我们可以看到品牌张力其实具有超越品牌本身的力量和影响，它体现在企业与用户和公众接触到的方方面面。企业想要维护品牌张力，不仅要着眼于产品、着眼于品牌，更要着眼于行业，着眼于未来的发展趋势，谋求未来发展的新格局。

（资料来源：陆莉. 瑞幸“酱香拿铁”成为爆款，品牌如何拓展跨界联名边界［J］. 企业家信息，2024（4）：57-58.）

2. 产品跨界

第一种常见方式是改变产品的价值属性。这种方式是在原有产品的基础上附加或者强化产品的其他属性，使产品焕发新生，树立全新的产品形象，在不同的领域拓展市场。

例如云南白药跨界牙膏领域。云南白药以深入人心的“止血、修复和化瘀”产品功能为核心资本跨界牙膏领域，研发出具有牙龈止血功效的全新产品，将目标消费者定位有轻微口腔问题，伴随牙龈出血、牙龈肿痛、溃疡等状况且乐于接受新生事物、具有预防意识，以及对药品具有一定敏感性的人群。这样一来，云南白药不仅保留了其技术和品牌上的优势，而且跨入了全新的营销领域，占据药效牙膏的空白市场，获得了比较高端的价值定位。云南白药在产品跨界研发的过程中，主要运用其核心的药效技术，将以往产品的药物定位变成了新产品的牙膏定位，使其价值属性发生了根本性的改变，但因其核心优势已经植入目标消费者的内心，所以更有利于新产品的推广以及云南白药品牌形象的提升。

第二种常见的产品跨界方式是不同品牌共同合作研发新产品。人们的需求具有复合性，功能单一的产品难以取得竞争优势，所以企业需要和同行业或者其他行业的企业进行合作，优势互补，借鉴不同的产品理念，为受众带来全新的体验和感受。在这种产品跨界的过程中往往也伴随着技术跨界。

▶ 案例 5-2

红牛饮料罐形状的便携充电器

红牛功能饮料和翰林大学（Hallym University）合作推出一款适用于智能手机的红牛饮料罐形状的便携充电器。这款充电器不仅外形独特，而且在充电过程中和充电断开状态下都会显示红牛的移动网页。

首先，产品研发者准确地判断出当下智能手机越来越普及，人们对于便携充电的需求越来越大这一消费趋势，因此认定研发便携充电器具有很强的实用价值；其次，红牛饮料的目标受众和广泛使用智能手机的年轻人具有很大的重合性，能够精准定位目标消费群体；最后，红牛一直以“功能饮料和补充能量”进行产品定位，而便携充电器也是补充能量的典型产品，二者有异曲同工之处。在这款便携充电器的使用过程中，红牛饮料“不可看见之能量”跃然于屏幕之上，化无形为有形，巧妙地将产品理念传递给用户，让红牛补充能量的功效更加直观，印象更加深刻。

（资料来源：头条君．那些不可思议的跨界品牌，你知道的有几个［EB/OL］．［2017-07-28］.）

3. 传播跨界

企业在进行跨界营销的时候应考虑品牌的互动能力。只有双方拥有相似的消费群体、消费文化、品牌资源和品牌影响力，品牌跨界所带来的宣传与营销的机会，才能够为品牌的传播创造更高的价值。

例如 2013 年可口可乐与小米开展合作，双方约定将小米的 Logo 印在可口可乐的瓶身上，只要消费者购买可口可乐旗下的汽水、果汁商品，都将有机会获得由小米提供的小米手机，而小米则专门为可口可乐定制了限量版的可口可乐主题手机。在进行品牌跨界的过程中，双方不仅扩大了各自品牌的影响力，提高了商品的销量，同时收获颇丰，这样的结果可谓是皆大欢喜。

4. 渠道跨界

渠道是市场营销中一个非常重要的环节，是帮助企业与产品进入市场和占领市场的重要条件。“得渠道者得天下”，渠道跨界是指产品或品牌在营销过程中突破常规销售渠道的限制，跨越到不同的渠道进行市场营销，抑或是双方相互借助对方的优势渠道资源开展营销推广活动。

在渠道跨界合作中，比较典型的例子就是上海大众斯柯达汽车与红星美凯龙的合作。双方不仅在全国 15 个城市合作开展了一系列的营销活动，斯柯达的两款车型还出现在了红星美凯龙的市场中。此外，双方还在营业场所、服务体系、媒体资源等方面实现了资源共享。

（三）跨界传播的效果：杠杆传播

跨界营销的尝试不是简单的媒体累加。当进行多种媒体投放时，如果只是从平面媒体、电视广播媒体、互联网媒体各选一个或几个，一起放在预算的“篮子”里，并没有考虑如何打通几种媒体之间的壁垒，就属于粗放式的跨界传播。这样粗放的跨界传播，不但不能做到效果累加，反而会使效果递减。

跨界营销的理想效果是杠杆传播，即在不同领域的跨界传播中，传播效果得到杠杆式的放大，这也是互联网传播独有的“秘密武器”。

跨界营销在最初设计时，需要寻找到一个引爆点。要想达到杠杆传播的效果，关键是找到正确的引爆点，然后集中资源去撬动它。

例如，小米利用QQ空间发布新产品红米手机，就采用了有限供给加病毒式传播的方式。有限供给不仅使小米可以将产能障碍暂时抛在脑后，其核心更是借鉴了互联网思维下的产品开发模式。事实上，大多数互联网产品，在正式推广之前，都会进行封闭测试，先让一部分人使用，同时根据这些用户的反馈加以完善，然后根据情况逐步地进行大规模生产和推广。于是，小米通过有限供给——用户必须获得F码才能购买，形成用户的追捧，再加上核心用户和早期用户满意度较高，人们在心理上形成了越难买到越想要的晕轮效应，进而在社交工具的传播下，便形成了病毒式传播。

在红米手机的营销推广中，QQ空间就是一个杠杆，有限供给就是一个引爆点，最终实现了小米手机的病毒式传播。

二、关联营销

（一）关联营销的概念

关联营销，也叫绑缚营销，是指一个产品页同时放了其他同类或者同品牌可搭配的有关联的产品。它是一种建立在双方互利互益基础上的营销。交叉营销是指把时间、金钱、构想、活动或是演示空间等资源整合，为任何企业提供一个低成本的渠道，去接触更多潜在客户的一种营销方法。而关联营销是在交叉营销的基础上，在事物、产品、品牌等所要营销的东西上寻找关联性，以实现深层次的多面引导。关联营销是一种新的、低成本的、适合通过互联网来提高收益的营销模式。

在关联营销中，可能是一家企业的网站或者平台上有另一家企业所售产品的描述、评价、评级和其他信息的链接等，也可能是同一家企业对同款产品进行交叉但有关联的引导销售，即在一款产品销售页面上除了有产品本身的一些信息外，还将同类或者有关联的产品信息放在一起，实现多款对比，提高用户自主选择性和网站黏性。

因此，关联营销离不开“购物篮分析”。购物篮分析是通过发现顾客在一次购买行为中放入购物篮中不同商品之间的关联，研究客户的购买行为，从而辅助零售企业制定营销策略的一种数据分析方法。掌握商品的关联特征后，就可以制定合理的营销策略，在提升转化率、提高客单价和提高店内商品曝光率方面获得优势。

（二）关联分析

关联分析是挖掘数据内在结构特征或变量之间的关联性。在日常生活中，事物之间的关联性随处可见，在电子商务平台的购物篮中的商品，其关联性也是显而易见的。例如，顾客中有很大比例的人会同时购买婴儿尿布和奶粉，或面包和牛奶，女性顾客中绝大多数会选择某知名品牌的护肤品系列产品等。这些都是事物（商品）间关联性的具体体现。

虽然购物篮中商品之间的关联关系在很多情况下是显而易见的，但是还存在着海量的商品之间的关联关系并不被我们所知，其背后是否存在重要商业价值？商场以获得最大的销售利润为目的，零售商时时刻刻都在考虑销售的商品采用什么样的促销策略，商品在货架上如何摆放，怎样了解顾客的购买习惯和偏好，等等。因此，购物篮分析是商业领域最前沿、最具挑战性的问题之一，也是许多企业研究的重点课题。

购物篮商品的关联关系通常有两种情况：一种是简单关联关系，即顾客在一次购买行为中放入购物篮中不同商品之间的关联关系。例如，在超市中购买啤酒的顾客往往会同时购买一些如花生米、鸡爪之类的小吃。另一种是序列关联关系，即顾客在购买某种商品之后，在下一次光顾时会购买另外一些其他商品，这些前后不同时间购买的商品之间同样存在关联关系。例如，购买了婴儿尿布和奶粉的很多顾客一段时间内会购买婴儿护肤用品，购买汽车的很多顾客近期内会购买汽车美容产品，等等。

关联分析的研究目的是分析顾客购买行为的规律，发现连带购买商品，为制订合理的、方便顾客选取的货架摆放方案提供依据。关联分析的目标就是基于已有数据，找到事物间的简单关联关系或序列关联关系，研究顾客的购买行为，从而辅助零售企业制定营销策略。

（三）常用分析方法

Apriori 算法是关联分析最常用也是最经典的分析频繁项集的算法，它的优点是大大压缩了频繁项集的大小，并取得了良好性能；缺点是每次计算支持度与置信度都需要重新扫描所有数据，而且该算法有多次扫描失误数据的缺陷，在每一步产生候选集时循环产生的项集过多，没有排除不应该参与组合的元素。

Apriori 算法除了适用于商品零售购物篮分析外，近年来也被广泛应用于金融行业中，可以成功预测银行客户的需求。其还可应用于网络安全领域，检测用户行为的安全模式，进而锁定攻击者。此外，Apriori 算法还可应用于高校管理、移动通信、中医等领域。

本章小结

本章主要说明大数据相关知识及其在营销中的应用。通过完成本章的学习，应理解和掌握以下内容。

（1）大数据时代的到来。信息科技领域的进步为大数据时代奠定了技术基础；数据产生方式的变化促成了大数据时代的到来；数据变废为宝的观念是大数据时代开始的第一步。

（2）大数据的概念与特征。大数据是指一种规模大到在获取、存储、管理、分析方面大大超出了传统数据库软件工具能力范围的数据集合。它具有海量的数据规模（Volume）、快速的数据流转（Velocity）、多样的数据类型（Variety）和价值密度低（Value）四大特征。

（3）客户关系管理是企业利用相应的信息技术以及互联网技术来协调企业与顾客在销售、营销和服务上的交互，从而提升其管理，进而向客户提供创新式、个性化的交互和服务的过程。

（4）客户细分可分为五个步骤：商业理解、数据理解、数据建模、特征刻画和调研验证。

（5）相对于传统的精准营销，大数据精准营销有以下四个优势：可量化、保障企业与客户的互动沟通、可调控、简化过程。利用大数据进行精准营销的步骤是：确定目标（顾客保留、顾客增长、顾客激活、顾客获得）、收集数据（直接渠道获得内部数据、间接渠道获得外部数据）、目标性建模、制定战略。

（6）跨界营销是依据消费者表现出来的具有联系或者共性的消费特征，将不同偏好、产业、环境的消费群体联系起来，将一些之前没有任何联系的要素进行延伸、融合或渗透，从而彰显独特的价值观念、审美情趣和生活态度，以此赢得目标消费者的好感，最终实现跨界企业的利润最大化和市场最大化。跨界营销有四种形式：品牌跨界、产品跨界、传播跨界、渠道跨界。

关键术语

大数据　客户关系管理　客户细分　精准营销　跨界营销　关联营销

案例分析

知乎×饿了么跨界合开了一家线下食堂

“民以食为天”，或许这句话在古代无法量化，但在互联网时代，通过知乎全站超过2.6亿人每天用饿了么吃饭、超2000万人关注了跟“吃”有关话题的现象，就能看出，古人的这句箴言是真真切切地深入民心。

饮食文化发展到现在，大家对“吃”的研究和挖掘更是五花八门，饿了么上有超过百万家餐饮商户，对于“吃”这件最重要的“小事”真是包罗万象；知乎上知友们讨论“吃”的方式和角度，也是如谜一般独特：“最适合在办公室吃的零食是什么？”“如何煎出完美的鸡蛋？”“古代的食物真的比现代的好吃吗？”要知道，“吃”的话题下有近8000个趣味横生的问答，其中精华问答足有上千之多。各种角度、极富创意的问答令人拍案叫绝。可以看出，身为“大吃货帝国星人”，我国人民在“吃”的方面确实有着源源不绝的好奇与动力。点开手机H5，一个名为“知食堂”的店铺（如图5-2所示）映入眼帘，大

门自动打开，带你向前迈进……这种贴心的交互设计，能够为用户带来绝佳的沉浸式体验，让人忍不住想要推开门走进去一探究竟。

图 5-2　手机 H5“知食堂”店铺

打开的每个房间里，都设有令人脑洞大开、措手不及的古怪问题，如“为什么《西游记》里唐僧总被提议蒸着吃”“如果吃一小勺月亮会如何”“龙可以怎么吃”等。并且，每个房间内还生动地还原了问题场景，玩法丰富且充满互动细节：试试调节火候大小，看看唐僧被蒸的样子。

这家主张“知有趣，食不同”的“知食堂”（如图 5-3 所示），是由知乎和饿了么跨界联手开的一家线下快闪店，坐标北京三里屯，2018 年 9 月 22—24 日限时三天售卖“知食”。只有到店来你才会发现，原来食堂竟然会成为一个寓教于乐的地方！

图 5-3　“知食堂”线下店

前来“知食堂”的客人举办了一场精美的“感官食界静态展”——包括“视觉放大器”“味觉实验室”“嗅觉交响曲”“感觉剧情片”四大主题活动。这一回，知乎和饿了么联手，将线上问答搬到线下，并巧妙地选取四个维度，实体还原那些优秀答案，给用户冲破书面文字、更多直观立体的知识感知方式。通过这些趣味丰富的互动环节，到店客人可以轻松获得美食智慧，一起饿了就要一起长知识，发现更大的美食世界。

除了能够亲身体验的特色主题展，店内专供食物也别具一格：“可以喝的墨水”“切开十万个为什么”“芝士就是力量”……而用心的菜品背后，有着更多知识力量，只要扫描二维码，就能一键跳转到知乎平台，查看相关的精选问答。

此外，知乎和饿了么都有着一个初心：试图通过此次活动，揭开食物背后更多的知识故事，帮助生活节奏快、容易迷失于眼前一时一事的人们，发现一个更有趣、更多元的美食世界。在活动中，饿了么延续自家“饿了就要”的品牌精神，提倡用户“饿了就要长知识”。知乎也希望能从更贴近人们生活的角度，找到一些关于“吃”这件事的不同面相，从而帮助大家“发现更大的美食世界”。

两家企业充满真诚且难得的关怀使命感，令这次营销活动更具社会价值，并且此次营销也不仅仅限于品牌自身的传播，两家企业更希望每位到店客人都能在“知食堂”快闪店里找到所有跟“吃”相关疑问的答案，找到自己那颗对生活更好奇的心。

（资料来源：黑马营销．知乎×饿了么跨界合开了一家线下食堂，用美食智慧激发场景营销最大化[EB/OL]．[2017-09-23].）

【讨论问题】知乎为什么要和饿了么开这样一家“知食堂”？

实训操作

实训项目	利用大数据开展数据采集
实训目标	掌握文本挖掘和分析的方法
实训步骤	1. 教师提出实训的准备要求及注意事项 2. 学生 5～6 人一组 3. 教师指导学生使用大数据获取软件进行数据获取 4. 教师指导学生利用语义分析软件针对获取的数据进行词频分析 5. 各组讨论具体数据分析结果并沟通大数据工具使用中的问题数字营销
实训环境	数字营销模拟实训环境
实训成果	数据分析报告

思考与练习

一、填空题

1. 大数据的四个特征是：__________、__________、__________、__________。

2. 客户细分可分为五个步骤，分别是__________、__________、__________、__________、__________。

3. 客户特征常用__________、__________、__________、__________、__________五个基本属性进行维度划分。

4. 企业利用大数据进行精准营销的第一步是确定目标，四个精准目标分别是：__________、__________、__________、__________。

二、不定项选择题

1. 大数据时代到来的条件有（　　）。

A. 信息科技领域的进步为大数据时代奠定了技术基础

B. 数据产生方式的变化促成了大数据时代的到来

C. 网络带宽不断增加

D. 数据变废为宝的观念是大数据时代开始的第一步

2. 客户关系管理的功能有（　　）。

A. 市场营销　　B. 产品分析　　C. 销售过程　　D. 客户服务

3. 跨界营销主要有（　　）等几种形式。

A. 品牌跨界　　B. 产品跨界　　C. 传播跨界　　D. 渠道跨界

4. 文本挖掘分析分为（　　）三个主要模块。

A. 文本信息采集　　B. 文本挖掘分析引擎

C. 文本数据清洗　　D. 文本分析应用

5. 购物篮商品的关联关系通常有（　　）。

A. 简单关联关系　　B. 序列关联关系

C. 复杂关联关系　　D. 乱序关联关系

三、简述题

1. 简述文本挖掘的定义与构成。

2. 简述实现精准投放需要重视的三个要点。

四、思考题

1. 试分析大数据精准营销与人工智能精准营销的区别和联系。

2. 如何达到跨界营销的最佳效果？

3. 利用大数据的数据搜索及分析技术，针对某一品牌商品进行产品定位分析和目标消费者分析，并制定社交媒体推广策略。

第六章

人工智能在数字营销中的运用

能力目标

通过完成本章的学习，学生能够了解并掌握人工智能基础知识、智能商业和人工智能营销具体应用场景。

素质目标

建立人工智能技术的发展将会引领未来的理念，形成谁能把握这个机会，谁就会抓住未来的认知。解读人工智能的本质，提升对于新技术的认知水平。

引例

优步的发展

优步是共享经济的先行者，特别是在美国。美国传统的出租车行业在大部分城市因为受到牌照的限制，供给严重不足，打车价格高昂，而且很多地方根本就没有出租车服务。在嗅到商机之后，优步鼓励很多私家车车主加入，为大众提供出行服务。这种商业模式最大限度地释放了社会闲置资源，改善了客户体验，带动了共享经济的发展。这肯定是优步成功的关键要素之一。大部分人可能没有意识到，优步的成功在很大程度上其实也是建立在数据智能的基础之上，优步把一个传统行业改造成了一个基于数据和算法的智能商业。

由于移动互联网的普及，智能手机成为大众的基本必需品，GPS 的实时地图服务也足够准确，乘客和司机的位置可以实时在线。云计算、人工智能、机器学习的高速发展，更使得实时匹配海量乘客和车辆成为可能。乘客和司机所能够得到的高效和便捷，远远地超出了传统的出租车行业。同时，由于数据智能引擎的存在，很多创新要素被引入，其中最核心的就是市场定价模式。通过高峰期加价，引导乘客用不同的出价方式表达自己的需求，打破了传统定价的刚性，这是非常典型的用市场化方法解决社会问题的案例。如果没有数据智能的基础，这显然难以实现。

近两年，优步的发展似乎进入了瓶颈期。一方面追赶者的脚步日益迫近，另一方面进入新领域屡遭挫折。这些都表明它正在面临一些根本性的挑战。理解这些挑战，不仅可以帮助优步理解互联网时代商业模式的关键之处，同时更重要的是，还可以帮助那些想模仿优步模式的创业者，对自己的未来提前有一个清晰的认知。

（资料来源：颜婧宇 . Uber（优步）启蒙和引领全球共享经济发展的思考［J］. 商场现代化，2015，000（019）：13-17）

【分析提示】请谈谈如何采用人工智能帮助优步走出瓶颈期。

第一节 人工智能概述

人工智能是计算机学科的一个分支，自 20 世纪 70 年代以来被称为世界三大尖端技术之一（空间技术、能源技术、人工智能），也被认为是 21 世纪三大尖端技术（基因工程、纳米科学、人工智能）之一，近 30 年来它迅速发展，在机器翻译、智能控制、专家系统、机器人学、语言和图像理解等众多学科领域都获得了广泛应用，取得了丰硕的成果。

一、人工智能的定义

人工智能的定义可以分为两部分，即“人工”和“智能”。“人工”比较好理解，争议性不大，有时我们要考虑什么是人力所能及的，或者人自身的智能程度有没有高到可以创造人工智能的地步，等等。但总的来说，“人工系统”就是通常意义下的人工系统。

关于什么是“智能”，就问题多多了。这涉及其他诸如意识（Consciousness）、自我（Self）、思维（Mind）等问题。思维包括无意识的思维（Unconscious-Mind）。人唯一了解的智能是人本身的智能，这是普遍认同的观点。但是我们对自身智能的理解非常有限，对构成人的智能的必要元素也了解有限，所以就很难定义什么是“人工”制造的“智能”了。因此人工智能的研究往往涉及对人的智能本身的研究。其他关于动物或人造系统的智能也普遍被认为是人工智能相关的研究课题。

早期人们对人工智能的理解不同。一些人认为人工智能是通过非生物系统实现的任何智能形式的同义词，智能的实现方式与人类智能的实现是否相同是无关紧要的；而另一些人认为，人工智能系统必须能够模仿人类智能。随着人工智能技术的发展和应用，人工智能的定义更倾向于第一种说法。人工智能分为强人工智能和弱人工智能。强人工智能认为有可能制造出真正能推理和解决问题的智能机器，这样的机器是有知觉的，有自我意识的。强人工智能可以有两类：一类是类人的人工智能，即机器的思考和推理就像人的思维一样；另一类是非类人的人工智能，即机器产生了和人完全不一样的知觉和意识，使用和人完全不一样的推理方式。弱人工智能认为不可能制造出能真正地推理和解决问题的智能机器，这些机器只不过看起来像是智能的，但是并不真正拥有智能，也不会有自主意识。

约翰·麦卡锡（John McCarthy）于1955年对人工智能的定义是“制造智能机器的科学与工程”。安德里亚斯·卡普兰（Andreas Kaplan）和迈克尔·海恩莱因（Michael Haenlein）将人工智能定义为“系统正确解释外部数据，从这些数据中学习，并利用这些知识通过灵活适应实现特定目标和任务的能力”。维基百科上对人工智能的定义是：人工智能是指由人制造出来的机器所表现出来的智能。百度百科上对人工智能的定义是：人工智能是研究、开发用于模拟、延伸和扩展人的智能的理论、方法、技术及应用系统的一门新的技术科学。维基百科上的定义简单明了，百度百科上的定义更正式一些，总体来说都倾向于给人工智能一个更广义的定义，即人工智能是模仿人类但不局限于人类的一切人工制造的智能形式，包含强人工智能、弱人工智能的一切形态。

二、人工智能的发展简史

（一）人工智能的诞生：1943—1956年

20世纪四五十年代，来自不同领域（数学、心理学、工程学、经济学和政治学）的一批科学家开始探讨制造人工大脑的可能性。1956年，人工智能被确立为一门学科。

1. 控制论与早期神经网络

最初的人工智能是20世纪30年代末到50年代初的一系列科学进展交汇的产物。神经学研究发现，大脑是由神经元组成的电子网络，其激励电平只存在“有”和“无”两种状态，不存在中间状态。诺伯特·维纳（Noebert Wiener）阐述的控制论阐述了电子网络的控制和稳定性。克劳德·香农（Claude Shannon）提出的信息论则描述了数字信号（高低电平代表的二进制信号）。图灵（Turing）的计算理论证明数字信号足以描述任何形式的计算。这些密切相关的想法暗示了构建电子大脑的可能性。

这一阶段的工作包括一些机器人的研发，如沃尔特（Walter）的“乌龟”（Turtles）和“约翰斯·霍普金斯兽”（Johns Hopkins Beast）。这些机器并未使用计算机、数字电路和符号推理，控制它们的是纯粹的模拟电路。

沃特·皮茨（Walter Pitts）和沃伦·麦卡洛克（Warren McCulloch）分析了理想化的人工神经元网络，并且指出了它们进行简单逻辑运算的机制。他们是最早描述所谓“神经网络”的学者。1951年，他们的学生，马文·明斯基（Marvin Minsky），与迪恩·艾德蒙兹（Dean Edmonds）一同建造了第一台神经网络机，称为SNARC。

2. 游戏AI

1951年，克里斯托弗·斯特雷奇（Christopher Strachey）使用曼彻斯特大学的Ferranti Mark 1机器写出了一个西洋跳棋程序，迪特里希·普林茨（Dietrich Prinz）则写出了一个国际象棋程序，亚瑟·萨谬尔（Arhur Samuel）在20世纪50年代中期和60年代初开发的国际象棋程序的棋力已经可以挑战具有相当水平的业余爱好者。

3. 图灵测试

1950 年，图灵发表了一篇划时代的论文，文中预言了创造出具有真正智能的机器的可能性。由于注意到“智能”这一概念难以确切定义，他提出了著名的图灵测试：如果一台机器能够与人类展开对话（通过电传设备）而不能被辨别出其机器身份，那么就可以称这台机器具有智能。这一简化使得图灵能够令人信服地说明“思考的机器”是可能的，论文中还回答了对这一假说的各种常见质疑。图灵测试是人工智能哲学方面第一个严肃的提案。

4. 符号推理与“逻辑理论家”

20 世纪 50 年代中期，随着数字计算机的兴起，一些科学家直觉地感到可以进行数字操作的机器也应当可以进行符号操作，而符号操作可能是人类思维的本质。这是创造机器的一条新路。

1955 年，艾伦·纽厄尔（Allen Newell）和后来荣获诺贝尔奖的赫伯特·西蒙（Herbert Simon）在肖（Shaw）的协助下开发了“逻辑理论家”（Logic Theorist）。这个程序能够证明《数学原理》中前 52 个定理中的 38 个，其中某些证明比原著更加新颖和精巧。西蒙认为他们已经“解决了神秘的心（身）问题”、解释了物质构成的系统如何获得心灵的性质。这一断言的哲学立场后来被约翰·希尔勒（John Searle）称为“强人工智能”，即机器可以像人一样具有思想。

5. 1956 年达特茅斯会议：AI 诞生

1956 年，达特茅斯会议的组织者是马文·明斯基、约翰·麦卡锡和另外两位资深科学家克劳德·香农以及内森·罗切斯特（Nathan Rochester），后者来自 IBM。会议提出的断言之一是“学习或者智能的任何其他特性的每一个方面都应能被精确地加以描述，使得机器可以对其进行模拟”。会上，纽厄尔和西蒙讨论了“逻辑理论家”，而麦卡锡则说服与会者接受“人工智能”一词作为本领域的名称。1956 年达特茅斯会议上 AI 的名称和任务得以确定，同时取得了最初的成就，出现了最早的一批研究者，因此这一事件被广泛认定为 AI 诞生的标志。

（二）黄金年代：1956—1974 年

达特茅斯会议之后数年是大发现的时代，对许多人而言，这一阶段开发出的程序堪称神奇：计算机可以解决代数应用题，证明几何定理，学习和使用英语。当时大多数人几乎无法相信机器能够如此“智能”。国防高等研究计划署（DARPA）等政府机构向这一新兴领域投入了大笔资金。研究者们在私下的交流和公开发表的论文中表达出相当乐观的情绪，认为具有完全智能的机器将在 20 年内出现，曾做出以下预言。

- 1958 年，艾伦·纽厄尔和赫伯特·西蒙：“10 年之内，数字计算机将成为国际象棋世界冠军”“十年之内，数字计算机将发现并证明一个重要的数学定理。”
- 1965 年，赫伯特·西蒙：“20 年内，机器将能完成人能做到的一切工作。”
- 1967 年，马文·明斯基：“创造‘人工智能’的问题将获得实质上的解决。”

• 1970 年，马文 · 明斯基：“在 3～8 年的时间里我们将得到一台具有人类平均智能的机器。”

从 20 世纪 50 年代后期到 60 年代涌现了大批成功的 AI 程序和新的研究方向，下面列举最具影响的几个。

1. 搜索式推理

许多 AI 程序使用相同的基本算法。为实现一个目标（例如，赢得游戏或证明定理），它们一步步地前进，就像在迷宫中寻找出路一般；如果遇到了死胡同则进行回溯，这就是搜索式推理。这一思想遇到的主要困难是，在很多问题中，“迷宫”里可能的线路总数是一个天文数字（所谓“迷指数爆炸”）。研究者使用启发式算法去掉那些不太可能导出正确答案的支路，从而缩小搜索范围。艾伦 · 纽厄尔和赫伯特 · 西蒙试图通过其“通用解题器”（General Problem Solver）程序，将这一算法推广到一般情形。另一些基于搜索算法证明几何与代数问题的程序也给人们留下了深刻印象。例如，赫伯特 · 吉宁特（Herbert Gelernter）的几何定理证明（1958）和马文 · 明斯基的学生詹姆斯 · 斯拉格（James Slagle）开发的 SAINT（1961）。还有一些程序通过搜索目标和子目标做出决策，如斯坦福大学为控制机器人 Shakey 而开发的 STRIPS 系统。

2. 自然语言处理

AI 研究的一个重要目标是使计算机能够通过自然语言进行交流。如果用节点表示语义概念，如“房子”“通门”，用节点间的连线表示语义关系，就可以构造出语义网（semantic net）。第一个使用语义网的 AI 程序由罗斯 · 奎利恩（Ross Quillian）开发，而最为成功也是最有争议的一个则是罗杰 · 香克（Roger Schank）的“概念关联”（Conceptual Dependency）。约瑟夫，威泽鲍姆（Joseph Weizenbaum）的 ELIZA 是第一个聊天机器人，可能也是最有趣的会说英语的程序之一。与 ELIZA“聊天”的用户有时会误以为自己是在和人类而不是和一个程序交谈，但是实际上 ELIZA 根本不知道自己在说什么，它只是按固定套路作答，或者用符合语法的方式将问题复述一遍。

3. 微世界

20 世纪 60 年代后期，麻省理工学院 AI 实验室的马文 · 明斯基和西摩尔 · 派普特（Seymour Papert）建议 AI 研究者们专注于被称为“微世界”的简单场景。他们指出，在成熟的学科中往往使用简化模型帮助理解基本原则，如物理学中的光滑平面和完美刚体。许多这类研究的场景是“积木世界”，其中包括一个平面，上面摆放着一些不同形状、尺寸和颜色的积木。在这一指导思想下，杰拉德 · 杰伊 · 萨斯曼（Gerald Jay Sussman，研究组组长）、阿道夫 · 古兹曼（Adolfo Guzman）、大卫 · 瓦尔兹（David Waltz，“约束传播”的提出者），特别是帕特里克 · 温斯顿（Patrick Winston）等人，在机器视觉领域做出了创造性贡献。同时，明斯基和派普特制作了一个会搭积木的机器臂，从而将“积木世界”变为现实。“微世界”程序的最高成就是特里 · 威诺格拉德（Terry Winograd）的 SHRDLU，它能用普通的英语句子与人交流，还能作出决策并执行操作。

（三）第一次 AI 低谷：1974—1980 年

由于人工智能研究者们对项目难度评估不足，这导致除了承诺无法兑现外，还让人们当初的乐观期望遭到严重打击。到了 20 世纪 70 年代，人工智能开始遭遇批评，研究经费也被转移到那些目标明确的特定项目上。

1972 年，康奈尔大学的教授弗雷德·贾里尼克（Fred Jelinek）被要求到 IBM 做语音识别。在此之前，研究这个问题已经花了 20 多年的时间，主流的研究方法有两个特点：一个是让计算机尽可能地模拟人的发音特点和听觉特征；另一个是让计算机尽可能地理解人所讲的完整的语句。前一项研究又被称为特征提取，后一项研究大都使用传统人工智能的方法，它基于规则和语义。

人的大脑是一个信息源，从思考到找到合适的语句，再通过发音说出来，是一个编码的过程，经过媒介传播到耳朵，是一个解码的过程。既然是一个典型的通信问题，那就可以用解决通信的方法来解决问题，为此贾里尼克用 2 个数据模型分别描述信源和信道，然后使用大量的语音数据来训练，最后，贾里尼克团队花了 4 年时间，将语音识别从过去的 70%提高到 90%。后来人们尝试使用此方法来解决其他智能问题，但因为缺少数据，结果不太理想。

在当时，由于计算机性能的瓶颈、计算复杂性的指数级增长、数据量缺失等问题，一些难题看上去好像完全找不到答案。比如像今天已经比较常见的机器视觉功能在当时就不可能找到一个足够大的数据库来支撑程序去学习，机器无法吸收足够的数据量自然也就谈不上视觉方面的智能化。

项目的停滞不但让批评者有机可乘，1973 年莱特希尔（Lighthill）针对英国人工智能研究状况的报告批评了人工智能在实现其“宏伟目标”上的完全失败，也影响了项目资金的流向。人工智能遭遇了 6 年左右的低谷。

（四）繁荣：1980—1987 年

在 20 世纪 80 年代，一类名为“专家系统”的 AI 程序开始为全世界的公司所采纳，而“知识处理”成为主流 AI 研究的焦点。日本政府在同一时期积极投资 AI 以促进其第五代计算机工程。80 年代早期另一个令人振奋的事件是约翰·霍菲尔德（John Hopfield）和大卫·鲁姆哈特（David Rumelhart）使联结主义重获新生。AI 再一次获得了成功。

1. 专家系统获得赏识

专家系统是一种程序，能够依据一组从专门知识中推演出的逻辑规则在某一特定领域回答或解决问题。最早的示例由爱德华·费根鲍姆（Edward Feigenbaum）和他的学生们开发。自 1965 年起设计的 DENDRAL 能够根据分光计读数分辨混合物。1972 年设计的 MYCIN 能够诊断血液传染病。它们展示了这一方法的威力。

专家系统仅限于一个很小的知识领域，从而避免了常识问题，其简单的设计又使它能够较为容易地编程后实现或修改。总之，实践证明了这类程序的实用性。直到此时 AI 才开始变得实用起来。

1980年卡耐基·梅隆大学（CMU）为数字设备公司（Digital Equipment Corporation, DEC）设计了一个名为XCON的专家系统，这是一个巨大的成功。在1986年之前，它每年为公司省下4千万美元。全世界的公司都开始研发和应用专家系统，到1985年它们已在AI上投入10亿美元以上，大部分用于公司内设的AI部门。为之提供支持的产业应运而生，其中包括Symbolics、Lisp Machines等硬件公司和IntelliCorp、Aion等软件公司。

2. 知识革命

专家系统的能力来自它们存储的专业知识。这是20世纪70年代以来AI研究的一个新方向。帕梅拉·麦考达克（Pamela McCorduck）在书中写道，“不情愿的AI研究者们开始怀疑，因为它违背了科学研究中对最简化的追求。智能可能需要建立在对分门别类的大量知识的多种处理方法之上”“70年代的教训是智能行为与知识处理关系非常密切，有时还需要在特定任务领域非常细致的知识”。知识库系统和知识工程成为20世纪80年代AI研究的主要方向。

第一个试图解决常识问题的程序Cyc也在20世纪80年代出现，其方法是建立一个容纳一个普通人知道的所有常识的巨型数据库。发起和领导这一项目的道格拉斯，莱纳特（Douglas Lenat）认为别无捷径，让机器理解人类概念的唯一方法是一个一个地教会它们。这一工程几十年也没有完成。

3. 联结主义的重生

1982年，物理学家约翰·霍菲尔德证明了一种新型的神经网络（现被称为霍菲尔德网络）能够用一种全新的方式学习和处理信息。大约在同时，大卫·鲁姆哈特（David Rumelhart）推广了反向传播算法，即一种神经网络训练方法。这些发现使1970年以来一直遭人遗弃的联结主义重获新生。

1986年由鲁姆哈特和心理学家詹姆斯·麦克莱兰（James McClelland）主编的两卷论文集“分布式并行处理”问世，这一新领域从此得到了统一和促进。当20世纪90年代神经网络获得了商业上的成功，它们被应用于光字符识别和语音识别软件。

（五）第二次AI低谷：1987—1993年

20世纪80年代中期商业机构对AI的追捧与冷落符合经济泡沫的经典模式，泡沫的破裂也在政府机构和投资者对AI的观察之中。来自机器人学这一相关研究领域的罗德尼·布鲁克斯（Rodney Brooks）和利汉斯·莫拉维（Hans Moravec）提出了一种全新的人工智能方案。

“AI之冬”一词由经历过1974年经费削减的研究者们创造出来。他们注意到了对专家系统的狂热追捧，预计不久后人们将转向失望。事实被他们不幸言中：从20世纪80年代末到90年代初，AI遭遇了一系列财政问题。变天的最早征兆是1987年AI硬件市场需求的突然下跌。苹果公司和IBM生产的台式机性能不断提升，到1987年时其性能已经超过了Symbolics和其他厂家生产的昂贵的Lisp机。老产品失去了存在的理由，一夜之间这个价值5亿美元的产业土崩瓦解。XCON等最初大获成功的专家系统维护费用居高不下，难以升级、难以使用、脆弱（当输入异常时会出现莫名其妙的错误），成了以前已经暴露的各种各样问题的牺牲品。专家系统的实用性仅仅局限于某些特定情景。

到了20世纪80年代晚期，战略计算促进会大幅削减对AI的资助。DARPA的新任领导认为AI并非“下一个浪潮”，拨款将倾向于那些看起来更容易出成果的项目。直到1991年，“第五代工程”还没有实现。事实上其中一些目标如“与人展开交谈”，直到2010年也没有实现。

20世纪80年代后期，一些研究者根据机器人学的成就提出了一种全新的人工智能方案。他们相信，为了获得真正的智能，机器必须具有躯体，它需要感知、移动、生存，与这个世界交互。他们认为这些感知运动技能对于常识推理等高层次技能是至关重要的，而抽象推理不过是人类最不重要也最无趣的技能。他们号召“自底向上”地创造智能，这一主张复兴了从60年代就沉寂下来的控制论。一位先驱是在理论神经科学上造诣深厚的大卫·马尔（David Marr），他于70年代来到MIT指导视觉研究组的工作。他排斥所有符号化方法（无论是麦卡锡的逻辑学还是明斯基的框架），认为实现AI需要自底向上地理解视觉的物理机制，而符号处理应在此之后进行。在发表于1990年的论文《大象不会下象棋》中，机器人研究者罗德尼·布鲁克斯提出了“物理符号系统假设”，认为符号是可有可无的，因为“这个世界就是描述它自己最好的模型”，它总是最新的，它总是包括了需要研究的所有细节。诀窍在于正确地、足够频繁地感知它。在八九十年代也有许多认知科学家反对基于符号处理的智能模型，认为身体是推理的必要条件，这一理论被称为“具身的心灵、理性、认知（Embodied Mind，Reason，Cognition）”论题。

（六）走在正确的路上：1993年至今

现在的AI终于实现了它最初的一些目标。它已被成功地应用在技术产业中，不过有时是在幕后。这些成就有的归功于计算机性能的提升，有的则是在高尚的科学责任感驱使下对特定的课题不断追求而获得的。不过，至少在商业领域里，AI的声誉已经不如往昔了。“实现人类水平的智能”这一最初的梦想曾在20世纪60年代令全世界的想象力为之着迷，其失败的原因至今仍众说纷纭。各种因素的合力将AI拆分为各自为战的几个子领域。有时候它们甚至会用新名词来掩饰“人工智能”这块被玷污的金字招牌，AI比以往的任何时候都更加谨慎，却也更加成功。

1. 里程碑和摩尔定律

1997年5月11日，深蓝成为战胜国际象棋世界冠军卡斯帕罗夫的第一个计算机系统。2005年，斯坦福大学开发的一个机器人在一条沙漠小径上成功地自动行驶了131英里，赢得了DARPA挑战大赛头奖。2009年，蓝脑计划声称已经成功地模拟了部分鼠脑。2011年，IBM公司的超级电脑沃森参加《危险边缘》节目，在最后一集打败了人类选手。2016年3月，AlphaGo击败李世石，成为第一个不让子而击败职业围棋棋士的电脑围棋程序。2017年5月，AlphaGo在中国乌镇围棋峰会的三局比赛中击败当时世界排名第一的中国棋手柯洁。

这些成就的取得并不是因为范式上的革命。它们仍然是工程技术的复杂应用，但是计算机性能已经今非昔比了。事实上，深蓝计算机比克里斯多福·斯特雷奇（Christopher Strachey）在1951年用来下棋的Ferranti Mark 1快1000万倍。这种剧烈增长可以用摩尔定律描述：计算速度和内存容量每两年翻一番。计算性能上的基础性障碍已被逐渐克服。

2. 智能代理

20世纪90年代，被称为“智能代理”的新范式被广泛接受。尽管早期研究者提出了模块化的分治策略，但是直到朱迪亚·珀尔（Judea Pearl）和艾伦·纽厄尔等人将一些概念从决策理论和经济学中引入AI之后现代智能代理范式才逐渐形成。当经济学中的“理性代理（Rational Agent）”与计算机科学中的“对象”或“模块”相结合时，“智能代理”范式才得以完善。

智能代理是一个系统，它感知周围环境，然后采取措施使成功的概率最大化。最简单的智能代理是解决特定问题的程序。已知的最复杂的智能代理是理性的、会思考的人类。智能代理范式将AI研究定义为“对智能代理的学习”。这是对早期一些定义的推广，它超越了研究人类智能的范畴，涵盖了对所有种类的智能的研究。

这一范式让研究者们通过学习孤立的问题找到可证的并且有用的解答。它为AI各领域乃至经济学、控制论等使用抽象代理概念的领域提供了描述问题和共享解答的一种通用语言。人们希望能找到一种完整的代理架构（像纽厄尔的SOAR），允许研究者们应用交互的智能代理建立起通用的智能系统。

3. “简约派”的胜利

越来越多的AI研究者们开始开发和使用复杂的数学工具。人们广泛地认识到，许多AI需要解决的问题已经成为数学、经济学和运筹学领域的研究课题。数学语言的共享不仅使AI可以与其他学科展开更高层次的合作，而且使研究结果更易于评估和证明。

AI已成为一门更严格的科学分支。罗素（Russell）和诺维格（Norvig）（2003）将这些变化视为一场“革命”和“简约派的胜利”。

朱迪亚·珀尔发表于1988年的名著将概率论和决策理论引入AI。现已投入应用的新工具包括贝叶斯网络、隐马尔可夫模型、信息论、随机模型和经典优化理论。针对神经网络和进化算法等“计算智能”范式的精确数学描述也被发展起来。

4. 幕后的AI

AI研究者们开发的算法开始变为较大的系统的一部分。AI曾经解决了大量的难题。这些解决方案在产业界起到了重要作用。应用了AI技术的有数据挖掘、工业机器人、物流、语音识别、银行业软件、医疗诊断和谷歌搜索引擎等。

AI领域并未从这些成就中获得多少益处。AI的许多伟大创新仅被看作计算机科学工具箱中的一件工具。尼克·波斯特罗姆（Nick Boslrom）解释说，“很多AI的前沿成就已被应用在一般的程序中。不过通常没有被称为AI。这是因为，一旦变得足够有用和普遍，它就不再被称为AI了”。

20世纪90年代的许多AI研究者故意用其他一些名字称呼他们的工作，如信息学、知识系统、认知系统或计算智能。部分原因是他们认为他们的领域与AI存在根本的不同，况且新名字也有利于获取经费。至少在商业领域，导致 AI 之冬的那些未能兑现的承诺仍然困扰着 AI 研究，正如纽约《时代》周刊在 2005 年的一篇报道所说："计算机科学家和软件工程师们避免使用'人工智能'一词，因为怕被认为是在说梦话。"

5. HAL-9000 在哪里

1968 年，亚瑟·克拉克和史丹利·库布里克创作的《2001 太空漫游》中设想 2001 年将会出现达到或超过人类智能的机器。他们创造的这一名为 HAL-9000 的角色是以科学事实为依据的：当时许多顶级 AI 研究者相信到 2001 年这样的机器会出现。

"那么问题是，为什么在 2001 年我们并未拥有 HAL 呢？" 马文·明斯基问道。明斯基认为，问题的答案是绝大多数研究者醉心于钻研神经网络和遗传算法之类商业应用，而忽略了常识推理等核心问题。不过，约翰·麦卡锡则归咎于资格问题。雷蒙德·库茨威尔相信问题在于计算机性能，根据摩尔定律，他预测具有类智能水平的机器将在 2029 年出现。杰夫·霍金（Jeffrey Hawkins）认为神经网络研究忽略了人类大脑皮质的关键特性，而简单的模型只能用于解决简单的问题。还有许多别的解释，每一个都对应着一个正在进行的研究计划。

6. 深度学习，大数据和人工智能：2011 年至今

进入 21 世纪，得益于大数据和计算机技术的快速发展，许多先进的机器学习技术成功应用于经济社会中的相应领域。麦肯锡全球研究院在《大数据：创新、竞争和生产力的下一个前沿领域》的报告中曾估计，到 2009 年，美国所有行业中具有 1000 名以上员工的公司都至少平均拥有一个 200 兆字节的存储数据。

到 2016 年，AI 相关产品、硬件、软件等的市场规模已经超过 80 亿美元，《纽约时报》评论 AI 已经形成了一个热潮。大数据应用也开始逐渐渗透到其他领域，如生态学模型训练，经济领域中的各种应用，医学研究中的疾病预测及新药研发等。深度学习（特别是深度卷积神经网络和循环神经网络）更是极大地推动了图像和视频处理、文本分析、语音识别等问题的研究进程。

深度学习是机器学习的一个分支，它通过一个有着很多层处理单元的深层网络对数据中的高级抽象进行建模（Universal Approximation Theorem）。对于神经网络而言，如果要拟合连续函数深度性，深度性并不是必需的，即使一个单层的网络，只要拥有足够多的非线性激活单元，也可以达到拟合目的。但是，目前深度神经网络得到了更多的关注，这主要是源于其结构层次性，能够快速建模更加复杂的情况，同时避免浅层网络可能遭遇的诸多缺点。

然而，深度学习也有自身的缺点。以循环神经网络为例，一个最常见的问题是梯度消失问题（在时间序列反向传播过程中，梯度逐渐减小到 0 附近，造成学习停滞）。为了解决这些问题，很多针对性的模型被提出来，如长短期记忆网络（ISTM）、门控循环神经单元（GRU）等。

现在，最先进的神经网络结构在某些领域已经能够达到甚至超过人类平均准确率，如在计算机视觉领域。特别是一些具体的任务上，如 MNIST 数据集（一个手写数字识别数据集)、交通信号灯识别等。再如游戏领域，谷歌的深度思维（Deep mind）团队研发的AlphaGo，在问题搜索复杂度极高的围棋上，已经打遍天下无敌手。

三、人工智能的应用

人工智能涉及众多领域，包括数学、统计学、计算机科学、物理学、哲学和认知科学、心理学、控制论、社会学、犯罪学等。研究范畴包括自然语言处理（Natural Language Processing)、知识表现（Knowledge Representation)、智能搜索（Intelligent Search)、推理(Reasoning)、规划（Planning)、机器学习（Machine Learning)、增强式学习（Reinforcement Learning)、知识获取（Knowledge Acquisition)、感知问题（Perception Problems)、模式识别(Pattern Recognition)、逻辑程序设计（Logic Programming)、软计算（Soft Computing)、不精确和不确定的管理（Inaccurate And Uncertain Management)、人工生命（Artificial Life)、人工神经网络（Artificial Neural Network)、复杂系统（Complex System)、遗传算法（Genetic Algorithm)、数据捕捞（Data Mining)、模糊控制（Fuzzy Control）等众多方向。人工智能涉及应用领域极广、研究内容极多，暂未找到清晰合理的分类。

人工智能技术无论是在核心技术，还是在典型应用上都已得到爆发式的进展。随着平台、算法、交互方式的不断更新和突破，人工智能技术的发展将主要以“AI+X”（X为某一具体产业或行业）的形态得以呈现。所有这些智能系统的出现，并不意味着对应行业或职业的消亡，而仅仅意味着职业模式的部分改变。任何有助于让机器（尤其是计算机）模拟、延伸和扩展人类智能的理论、方法和技术，都可视为人工智能的范畴，展现出无比光明的发展前景。

在生活方面，协助人类完成此前被认为必须由人完成的智能任务。人们将不仅生活在真实的物理空间，还生活在网络空间。网络空间中的每个个体既有可能是人，也有可能是一个人工智能。

在农业生产方面，未来人工智能有望在传统农业转型中发挥重要作用。例如，通过遥感卫星、无人机等监测耕地的宏观和微观情况，由人工智能自动决定（或向管理员推荐）最合适的种植方案，并综合调度各类农用机械、设备完成方案的执行，从而最大限度地解放农业生产力。

在制造业中，人工智能将可以协助设计人员完成产品的设计，在理想情况下，可以在很大程度上弥补中高端设计人员短缺的现状，从而大大提高制造业的产品设计能力。同时，通过挖掘、学习大量的生产和供应链数据，人工智能还有望推动资源的优化配置，提升企业效率。在理想情况下，人工智能将从产品设计、原材料购买方案、生产制造、用户反馈数据采集与分析等方面为企业提供全流程支持，推动制造业转型升级。

人工智能同样有望在教育、医疗、金融、出行、物流等领域发挥巨大作用。例如，在医疗方面，人工智能的应用可协助医务人员完成患者病情的初步筛查与分诊；医疗数据智能分析或智能的医疗影像处理技术可帮助医生制订治疗方案，并通过可穿戴式设备等传感器实时了解患者各项身体指征，观察治疗效果。在教育方面，一个教育类人工智能系统可以承担知识性教育的任务，从而使教师能将精力更多地集中于对学生系统思维能力、创新实践能力的培养。对金融而言，人工智能将能协助银行建立更全面的征信和审核制度，从全局角度监测金融系统状态，抑制各类金融欺诈行为，同时为贷款等金融业务提供科学依据，为维护机构与个人的金融安全提供保障。在出行方面，无人驾驶（或自动驾驶）已经取得了相当进展。在物流方面，物流机器人已可以很大程度上替代手工分拣，而仓储选址和管理、配送路线规划、用户需求分析等也将（或已经）走向智能化。

平台、算法及接口等核心技术的突破，将进一步推动人工智能实现跨越式发展。从核心技术的角度来看，三个层次的突破将有望进一步推动人工智能的发展，分别为平台（承载人工智能的物理设备、系统）、算法（人工智能的行为模式）以及接口（人工智能与外界的交互方式）。

在平台层面实现一个能服务于不同企业、不同需求的智能平台，将是未来技术发展的一大趋势。算法决定了人工智能的行为模式，一个人工智能系统即使有当前最先进的计算平台作为支撑，若没有配备有效的算法，只会像一个四肢发达而头脑简单的人，并不能算真正具有智能。面向典型智能任务的算法设计，从人工智能这一概念诞生时起就是该领域的核心内容之一。

令算法通过自身的演化来自动适应这个“唯一不变的就是变化”的物理世界吗？这也许是“人工”智能迈向“类人”智能的关键。接口、沟通是人类的一种基本行为，人工智能与人类的分界正变得模糊，一个中文聊天机器人也许比一位外国友人让我们觉得更容易沟通。

因此，如何实现人机的高效沟通与协同将具有重要意义。语音识别、自然语言理解是实现人机交互的关键技术之一。另外，不采用自然语言，而是直接通过脑电波与机器实现沟通即脑机接口技术，也已有相当进展，目前已经大体可以实现用脑电波直接控制外部设备（如计算机、机械手等）进行简单的任务。

第二节　商业智能分析

商业智能分析是数据挖掘的一个重要的子类。商业智能是用数学算法为商业决策和行为赋能，将数学、计算机和商业完美地融为一体。

一、商业智能的概念

可以预见，未来随着科技的进步和时间的推移，商业必将面临全面的智能化。那么究竟什么是智能化呢？其实“智能”一词，在不同时期和不同科技水平下，有不同的具体含义。

对于当下的商业而言，智能化指的是商业决策会越来越多地依赖机器学习，依赖人工智能。机器将逐步取代人，在越来越多的商业决策上扮演着非常重要的角色，它能取得的效果远远超过今天人工运作产生的效果。

其实，如今的智能商业还处在萌芽阶段，相对于传统商业的优势，它在很多领域的优势还不太明显。然而即便通过现有的案例，我们也看到这一趋势的巨大力量。伴随着互联网技术，特别是物联网、数据科学和计算能力持续的高速发展，几乎可以断言，基于数据智能的商业必将超越1913年横空出世的福特流水线，给人类整体的生产力带来一次根本性的巨大突破。

正是在这个意义上，我们强调，这是一场商业模式的范式革命。未来10年，最大的商业价值就是如何创造一个个智能商业，带来用户体验的飞跃。

商业智能也称为BI，这一概念最早于1996年提出，它描述了一系列概念和方法，通过应用基于事实的支持系统来辅助商业决策的制定。今天，商业智能已成为每个商业公司不可或缺的一部分，市场上甚至出现了一些专门为其他公司完成商业智能分析的公司。

商业智能分析着力于辅助企业的决策。在业务分析方面，商业智能分析可以帮助企业了解客户的竞争对手的动向，业务分析的灵活性较强，根据企业类型的不同又有很大不同。在决策管理方面，商业智能分析主要用于帮助企业了解其内部的缺陷，以及帮助企业制订企业的发展方向和具体实施计划，这一点在大多数企业内部都是相似的。

一个完整的商业智能分析包含一系列的工作，包括提取数据、清洗数据、向软件中装载数据、使用多种分析方法分析数据、根据数据分析结果生成最终报告等。一个优秀的商业智能分析往往搭配使用数种不同的数据分析方法。我们总是将某种数据分析算法作为一个独立的整体来分析，但在实际应用中并不是这样的。

商业智能有三个阶段：报表阶段、数据分析阶段和数据挖掘阶段。在报表阶段，企业只具备微弱的商业智能分析能力，从数据中获取的知识非常肤浅，只能形成一些简单的描述性报告。数据分析阶段是商业智能分析的中级阶段，在这一阶段，企业能够使用大部分成熟的数据分析方法来分析数据，如回归分析、聚类分析等，它们不但较为简单，而且多侧重于在小数据量上工作。数据挖掘阶段是商业智能分析的终极阶段，在这一阶段，应用于数据上的是一些新兴的数据挖掘算法，如神经网、马尔可夫链等算法，它们侧重于在大数据量上工作。

商业智能的成功与否十分依赖数据质量的高低。这很容易理解，每个单独的数据分析算法都要求数据样本具有代表性、不含异常值、整体符合某种分布等，而且对于一系列数据分析算法的总和（商业智能应用）来说，这些要求只会更苛刻。另外，商业智能往往涉及多种数据源、多个数据库、多种数据格式，因此它的数据处理过程更加复杂。

商业智能分析往往依赖商业智能软件来实现。如今市场上流行着多种商业智能软件（如SAS、SPSS），这些商业智能软件集合了大部分常见的数据分析算法，数据分析师可以较为简便地完成商业智能分析。对于某些特别复杂的问题，数据分析师需要自己构建一个临时的数据分析框架，这个框架能够将输入的数据经过一系列处理后，变成一份优秀的分析报告，这一框架也可视为一个具有专门用途的商业智能软件。

二、商业智能的主流发展与应用

自从理查德·德文斯（Richard Devens）在它的《商业轶事的百科全书》中用“商业智能”来描述当时的大银行家福尼斯爵士的成功来源：“他在荷兰、法国和德国构建了一套完美的商业智能列车，他总是可以先对手一步获得信息、采取行动、获取利润”，商业智能由此进入萌芽阶段。

在20世纪50年代末以前，科学技术的发展还不够成熟，因此使用技术手段来分析商业行为和做出决策的情况还是比较罕见的，直到科学家汉斯·罗恩（Hans Ron）的《商业智能系统》一文横空出世。汉斯在这篇文章中提出，可以使用一种自动系统向工业界、科学界等各个领域传播信息，收集和组织数据。这对于整理和简化第二次世界大战后各行业繁荣发展导致的数据量暴增有着非常积极的意义。

而这也正是商业智能的核心：从大量繁杂数据中得出规律并做出正确的决定。由于在商业智能和分析系统结合中做出的杰出贡献，汉斯·罗恩也被后人称为“商业智能之父”。

在这之后的下一个阶段，随着计算机在商业领域中的成功应用和软盘、激光磁盘的出现，对公司而言，它们终于找到了另外的存储数据的方式，而且这还直接促使数据库管理系统的支持决策系统（DSS）诞生。虽然支持决策系统是个革命性的成果，但是由于计算机在当时“不晋级”而且这些软件的操作难度很大，支持决策系统类应用并没有得到广泛应用。于1988年在罗马举办的数据分析联盟会议之后，各种各样的工具应运而生，如执行信息系统（EIS）、联机分析处理（OLAP）、数据仓库（Data Warehouse）等，这也标志着商业智能全面进入了信息化时代。

执行信息系统是20世纪70年代末诞生的一种为管理层提供商业分析的信息系统，它通过剔除决策过程中的冗杂信息，以即时呈现最新的信息为基础，以丰富的图表形式呈现分析结果而受到广泛认可。

联机分析处理是基于现有的关系型数据库提供的简单查询越来越无法满足分析需要而提出的可以多视角分析多数据源和复杂关联的软件技术。它不但可以像传统的关系型数据库一样对简单查询快速返回结果，而且可以从多个角度抽取需要的数据，进行复杂查询，得到真正有价值的信息。

数据仓库的概念兴起于20世纪90年代，能够很好地指导企业的生产经营管理，用于支持管理决策。由于数据量快速增长及数据类型增加，传统的数据仓库无论是计算还是处理的能力都越发不能达到要求。随着大数据时代的到来，很多分布式系统框架（如Hadoop、Spark）都开发和支持了数据仓库工具甚至是实时查询引擎，如Hive、Pig、Impala、Presto等。这些新的工具的诞生不但使得我们可以更加快速地分析大量数据，而且使得我们方便地将一些数据挖掘算法应用到商业智能领域中。

2000年以后，随着商业世界的联系越发紧密，人们对数据的时效性要求变得非常高。数据的流处理（实时处理）的出现标志着公司可以根据最新的数据作出决策，时效性更强，便于领先对手作出反应。随着大数据和人工智能的发展，预计将有更多算法被应用到商业智能领域，产生重要的影响，量化交易系统和反欺诈模型就是典型的商业智能的落地项目。另外，无线商业智能和云商业智能会在不久的将来走进商业分析师们的视野。

三、商业智能双螺旋

商业智能最重要的两个组成部分分别是网络协同与数据智能，两者机制不同却相辅相成，网络协同推动数据智能发展的同时，数据智能也成为网络协同扩张不可或缺的助力，二者共同组成了商业智能的双螺旋。

（一）网络协同

所谓网络协同，指的是通过大规模、多角色的实时互动来解决特定问题。网络协同通过互联网等技术手段，连接不同的系统、平台和设备，实现信息的共享与互通。无论是企业内部的不同部门，还是企业与企业之间的合作，都可以通过网络协同实现信息的实时传递和共享。通过网络协同，不同的系统可以协同完成某项工作或任务。这种协同合作能够优化工作流程，提高工作效率，减少重复劳动，降低成本。例如，在智能制造领域，网络协同可以实现设备的智能调度和协同生产，提高生产效率和产品质量。基于大数据和人工智能技术，网络协同可以分析海量数据，为决策提供有力支持。通过对数据的深度挖掘和分析，网络协同可以预测市场趋势、用户需求等，帮助企业作出更科学的决策。

▶ 案例 6-1

淘宝这张“网”

“边界开放+直连互动”带来的创造力激发，首先体现在淘宝的网络扩张上。各种新商品上线销售，各种新店也纷纷开张。为了对更多的细分市场形成覆盖，淘宝不断拆分类目，甚至由各种奇特到无法归类的商品所形成的“其他”类目到今天都还是商品数最多的类目之一。

这种创造力激发，更体现在众多新角色的孕育上。例如，当越来越多的店主开始希望自己的店铺页面更美观、更独特、更能吸引买家时，店铺装修市场随之出现。专业的设计师、网页制作者在这个新生的双边市场上可以满足卖家的相应需求。这样的新角色在淘宝上越来越多，淘宝客、独立软件开发商（ISV）、导购达人等都是很好的例子，快递、客服这些角色更是无须赘述。例如，随着宽带的发展，2010 年淘宝开始以图片销售为最主要的模式，这自然就产生了海量的模特需求，淘女郎应需而生。她们不是专业模特，但恰好满足了广大买家“看看衣服穿在普通人身上效果如何”的需求。淘宝建立的在线模特市场，是几百万卖家和淘女郎的双边市场。

同时，海量的直连互动时常让更多的断点、坑洞、磕绊得以显现。不过，它们既是直连互动的阻力，又是全新直连互动的机会。这样的新角色，由直连互动激发生长，又促发新的直连互动，带来新的效率提升，从而营建出新的网络结构。它们不是由淘宝规划出来的，但是一旦它们生长出来，淘宝往往迅速给予充分的鼓励，或建设新市场，或开发新工具，让这些新角色成长得更加茁壮。

所以，如果说“双边市场的扩张”是淘宝早期的核心特征，那么，当这些新角色不断产生后，淘宝在第二个阶段的核心特征，就是从一个简单的双边市场演化成了一个复杂的多边市场，多元角色在其中相互协同表现得越来越充分，淘宝也越来越立体。这个立体的淘宝还在继续演化，协同从商品买卖这个环节向广告、物流、供应链等众多环节进一步延展，更多的场景被网罗进来，更多元的协同在这一网络中发生。

比如，网络协同进一步扩展到了物流，菜鸟网络就是阿里巴巴在这个领域最主要的存在，其全名是全国智能物流骨干网。它连接所有物流公司、快递人员以及仓库，同样，它也是一个利用互联网分布式信息可以同步共享的结构，让所有人的商业信息在参与方之间可以适时、多方、多角度地互动沟通，而不需要中间人来计划和安排。这一生态的力量进一步延伸到采购、批发，最终延展到整个供应链。在淘宝店做预售，并根据具体销售情况灵活地安排整个生产计划，实现小单多批、快速翻单的柔性生产，这样的情形已经在越来越多的生产制造厂家中发生。

在淘宝这张“网”上，已经密布了海量的“点”，它们就是在直连互动中的各个角色。这些“点”由于有巨大的规模经济，往往能提供性价比很高或者很独特的服务，这些服务又纵横交织成“线”，从而提供传统方式无法实现的更优质的服务。每条“线”都是一个细分场景，都是一个独特的服务，这就是淘宝的海量卖家。这些“点”和“线”，远看似乌合之众、排列分布几乎无规律可循，但实际上能聚散自如，招之即来，来之能战。“点”的数量，从晨星寥落走向燎原之火，就是因为无数“点”与“线”构成的这张网，可以提供更好的客户价值，吸引更多的消费者，从而催生新的“点”或者新的“线”参与其中，形成良性循环。也就是说，从稀疏的“点”开始连接，“点”与“点”互动，帮助“线”更好地服务用户，构成了今日星河灿烂、生机盎然的淘宝。

多点协作的开放平台，总体势能已逐渐超过传统的交易线。单独一个卖家的货物，可能还无法与传统大品牌商家媲美，但蚂蚁雄兵集合起来的势能——每天涌入数以亿计的客户，交易额以每分钟亿元为单位计算——是任何一家线下零售商都无法想象的。

互联网时代才是真正的网络协同时代。只要一个行业、一条流程、一项任务初步完成在线化，直连互动就可能发生，其后所展现出来的网络演进就完全有可能远远超出我们的想象。淘宝就是最好的证明。随着互联网的发展，景德镇的传统陶瓷业网络与网店、设计师等新的角色产生了丰富的互动，形成了新的创意协同网络，使得景德镇成了各种手工业产品集聚的网络——这是一个线上与线下融合的协同网络。

一些时下火热的新概念，包括按需经济、共享经济、社群经济等，本质上都必须建立在网络协同的基础上。按需是网状协同的目标，共享是网状协同的价值观，而社群是网状协同的有机组成模块。只有全网协同才能满足每一个消费者的个性化需求，只有超越线性结构，才能实现个体优化、局部优化和全局优化的动态统一，才能最大化、最深层次地展现网络的价值。区块链技术由于提供了一个点对点的、建立在共识基础上的协同网络，很有可能带来网络协同的一次大飞跃。网络协同效应是当今互联网企业成功最大的价值源泉。

（二）数据智能

数据智能的本质就是机器代替人直接作决策。未来数据智能将成为商业的基础，而智能商业也将成为数据时代的全新的商业范式。要把数据智能融入具体商业，要做好“三化”：数据化、算法化和产品化。

1. 数据化

所谓数据化，不仅包括客户的经营数据，还有更多维度的数据，被记录、分析和融入，从而构成了对客户全方位的描摹。数据初始化是一件成本高和困难大的事情，仅仅是最简单的客户性别数据就包含了十几套标准，诸如身份证上登记的性别、实际经营者的性别、行为特征显示出的性别等。这些数据各有价值，但传统方法又无法使它们融合，故需要创新的方法才能合理使用。

与此同时，数据化更是一件高收益的事情。例如，“客户对经营的投入程度”这一很有价值的指标，传统金融机构几乎没有任何有效的获取方法。然而在互联网的语境下，早上几点卖家在旺旺上线了，买家的询问在几秒钟内能得到回复，这些我们已经可以看到。在互联网上留下的每一处“足迹”都被数据化地记录下来，成为各种应用推送个性化服务的关键依据。脸谱实现了人际关系的数据化，带来了很多全新的应用，例如，通过分析选举前用户的行为数据来“计算”选民的投票倾向，成了有史以来最准确的选前民调。

互联网技术使我们终于可以低成本、全方位地记录数据，而只有当我们拥有了足够大量、足够多维度的“大数据”时，才可能真正客观、真实而深刻地理解我们周围的环境、事物的本原以及我们自己。

有效的数据初始化是大数据创造价值至关重要的第一步。可以说，没有数据的初始化，就没有后继的商业创新。而成本高昂的数据初始化工作能否创造巨大的客户价值，就成为当下海量创业项目能否存活立足的重要考验。企业家的创造性也将在这一领域中大放异彩。

2. 算法化

我们提到算法时，常常会接上另一个词——引擎。这是一个奇妙的比喻，因为如果我们将数据看作数据处理技术（Data Technology，DT）时代的一桶高标号汽油，那么算法无疑就是这台引擎。只有算法才能让数据中的能量得以完全喷发出来，为智能商业这辆“汽车”推进加速。

在商业语境下，算法就是一组反映产品逻辑和市场机制的计算指令的集合。完成了商业场景的数据化之后，算法就是提炼数据价值的思路，而DT时代的数据价值就是商业价值。如同谷歌正在做的，我们每个人打开过的那些商品的页面、网购的某件商品，都无疑是数据的“金矿”，但只有当在线广告的算法引擎从中挖掘出每件商品的潜在买家，并据此投放广告时，这座数据金矿的价值才真正被开发出来。

算法看似高精尖，实际上，它在我们的日常生活中早已无所不在。不仅是手机和汽车，在房子里、电器里、玩具里都藏有算法。现在的银行是错综复杂、规模巨大的算法聚合，只是当中会有人时不时地微调一下罢了。世界上主要的股票、期货市场，看似有无数的交易员以各种手势不知疲倦地报价买卖，但真正“不知疲倦”地记录各种数据，做出空单或者多单决策的同样是算法，而交易员常常只是算法决策的执行者。算法制定飞机航程，然后把飞机开走；算法管理厂房，进行贸易，控制货物流通，兑现利润，甚至做账。

Polyphonic（一家针对音乐和唱片公司的技术研发公司）开发的算法是用数学函数解构歌曲的曲调、节奏、和弦进程、声音饱满度等指标，以此预测一首新歌能否流行。一位名不见经传的歌手的新专辑，据算法分析，专辑14首歌中有9首能登上流行排行榜，连写这个算法的工程师都觉得难以置信。然而，这张名为《跟我远走高飞》（*Come Away With Me*）的专辑最终热销2000万张，那名叫诺拉·琼斯（Norah Jones）的歌手当年获得5项格莱美奖。

设计一套算法并非易事，工程师需要以机器可读的语言编写，然后进行千丝万缕的测试，找到复杂编码中的每一个问题。久而久之，计算机工程师研发了无数个互相关联、互相依赖的算法，形成了编码的生态系统。然而这套生态系统的复杂程度日增，系统中的小问题也会迅速蔓延。算法与算法之间的相互作用，乃至算法本身，其复杂程度开始胜过人类的脑容量。

算法是什么？让我们回到这个基础问题上。算法是按照设定程序运行以获得理想结果的一套指令。

人类可见的最早算法来自两河流域的苏美尔人，他们留下的一块距今4600年的泥板上刻着一段文字，写的是利用小型称量工具，在人数不定的一群人中平均分配谷物可重复使用的方法。计算机的发明使算法的功能被极大提升，因为在做重复性工作时，计算机显然更具优势，而人们要做的是运用计算机语言将众多极为简单的指令组成非常复杂的逻辑推理链条。譬如，做蛋糕的时候该加一小勺白糖，人可以执行，计算机却不行，它首先必须知道白糖是什么；其次，"一小勺"的量不够精确；最后，计算机也不知道怎么"加"，从如何拿起勺子到如何移动勺子再到如何把勺子里的白糖倒入碗里，计算机都需要明确的指示才能执行。可见，算法是一种严苛的标准。

不过，随着算法对我们日常生活的渗入，一个小错误就可以击垮整个系统，导致火箭陨落、电网崩溃、市场溃塌，前两者我们或许还没见到实例，但是因为算法的一个小错误引发连锁反应导致市场崩盘的惨剧确实发生过。2010年5月6日，美国股市就曾因为计算机算法停止竞价，导致股价大幅下跌，市场崩溃，这种情况被人们称为"闪电崩盘"。

那么，怎样避免这样的情形再次发生？怎样让算法越来越聪明？怎样让算法超越人类既有经验，创造出前所未有的价值呢？这些领域都有巨大的发展空间。

算法是"机器学习"的核心。笨机器用笨办法，靠着算法的持续迭代优化，变得越来越聪明。即便是一个非常粗糙的算法模型，也可以在实时在线、全本记录的数据中，通过没有预判和方向的数据探索，来发现那些广泛潜伏但我们无从察觉的关系结构，并持续优化。

这是算法的又一次决定性的跃升。也是在这次跃升中，数据对算法的巨大作用被充分显现出来。任何一个算法模型，尤其是能够自我学习、自我优化的算法模型，比如股票市场分析模型或者巧克力爱好者口味偏好模型，都承担着在成千上万个可能的因素中寻找出所隐藏着的联系的艰巨任务。这些可能因素中有些具有决定性的价值，有些却是彻底的"噪声"，而且，它们还在实时发生着变化。因此，算法真正要准确地预测股价，或是猜对某种朗姆酒口味巧克力的受欢迎程度，就必须通过分析海量数据来实现，必须在实时更新的数据中快速迭代优化。

机器学习的原材料是数据，数据越多越好。并且，机器学习能够克服各种复杂情况，只要数据足够丰富，简单的学习算法就可以轻松编写百万行长的新算法，工程师的工作轻松多了。工业革命使得体力劳动自动化，信息革命使得脑力劳动自动化，而机器学习使得自动化过程本身自动化。战胜围棋本身并没有什么商业价值，但它带来了算法的突破，而这种突破肯定可以被应用到不同的商业场景中。

数据时代的智能商业对算法提出了全新的要求：算法的迭代方向、参数工程等，都必须与商业逻辑、机制设计甚至价值观融合为一。当算法迭代优化时，决定其方向的不仅是数据和机器本身的特性，更包含了我们对商业本质的理解、对人性的洞察和对创造未来商业新样貌的理想。

这就是我们将算法称为智能商业的“引擎”而非“工具”的关键理由，它是智能的核心。只有基于数据和算法，完成“机器学习”，才能实现“人工智能”。第三次工业革命发展到今天，计算方法已经发生了从量变到质变的飞跃，这可以说是数据时代最根本的特征。

3. 产品化

其实，人工智能只是人类的一个工具。智能商业的核心特征是能主动地了解用户，通过学习不断提升用户体验。而真正把用户、数据和算法创造性地连接起来的是产品，这也是互联网时代特别强调产品重要性的根本原因。

产品和数据、算法的互补作用可以形象地比喻成“端+云”。“端”就是产品，是与用户完成个性化、实时、海量、低成本互动的端口，它不仅直接完成用户体验，同时使数据记录和用户反馈闭环得以发生，和“云”互动；而“云”则是数据聚合、算法计算的平台，它通过算法优化，更好地揣摩用户需求，提升用户体验。作为“端”的产品具有以下三大关键作用。

（1）产品设计直接影响用户体验。产品的功能是否齐全、界面是否友好以及交换是否自然，都是产品能否取得成功的关键因素。苹果公司的成功，特别是 iPhone 的跨时代意义，充分显示了这一点；谷歌也是如此，超简洁的搜索框一经问世就立刻俘获了用户的心，人们的口口相传为其带来了早期的高速发展。

（2）上传，即将“端”的行为数据向“云”反馈。产品是用户通过行为数据向“云”上的数据智能进行反馈，实现数据增值和算法优化的通道。用户的真实需求常常是无法直接加以表达的，但是他们的行为不会骗人。用户的每一次行为都成为一次数据反馈，算法在这样一次次的反馈中敏捷迭代，一次次更加接近用户的真实需求。

（3）下达，即将“云”的数据智能传递到“端”。产品也是将“云”上的数据智能传递给用户，为用户带来价值的通道。事实上，在智能商业的“云”和“端”之间，客户的产品体验绝不仅仅来自“端”上的用户界面（UI）互动，而更多地决定于“云”上的数据智能。

例如，用户在淘宝的体验不仅是搜索是否好用、类目是否合理、导航是否有效等，更重要的是用户能否高效地从几十亿件商品、千万级卖家中快速找到自己需要的商品，甚至还有惊喜，而这取决于“云”上的数据智能。不通过数据和产品的紧密融合，不通过“云”上的数据智能实时发挥作用，真正意义上的客户体验持续提升是根本无法想象的，就好像我们根本无法想象传统的金融服务能在几秒钟内完成对客户的贷款一样。

上传下达，双“管”齐下，数据闭环靠产品互动实现，而产品体验依赖于数据智能，数据和产品合二为一。只有一切的数据智能体系，都最终融合在功效直接、交互友好、价值明确的互联网产品上，其智能的价值才能真正体现出来。

万物互联之“广”和数据智能之“深”，其价值都集中体现在互联网产品上。通过创造性的产品设计，既把数据智能的价值不折不扣地传递给用户，又使用户低成本、高频度地进行反馈，从而使数据智能持续提升。实际上，从更广泛的意义上说，互联网产品是一种包含了“云”的智能和“端”的体验的完整互联网服务，它是数据智能和商业场景紧密融合的最终载体，也必将取代营销，成为商业运营的关键。

因此，智能商业的成功，最关键的一步往往是一个极富想象力的创新产品：针对某个用户问题，定义了全新的用户体验方式，同时启动了数据智能的引擎，持续提升用户体验。这样的智能商业才是对传统商业的颠覆，才能真正实现降维攻击，胜者一骑绝尘，败者元气大伤。谷歌超越雅虎、脸谱超越 MySpace（一个社交网站）、优步颠覆出租车行业等，莫不如此。

数据化、算法化加上产品化构成了智能商业的三大基石。例如，谷歌搜索引擎的三大核心：一是网页内容的数据化，二是基于 PageRank 的算法引擎，三是谷歌巨大的产品创新——极为简洁的搜索框和基于相关性排序的结果页。然而这还不够，要让智能商业一天比一天更聪明，还有一样东西不可或缺，那就是反馈闭环。

用户行为通过产品的“端”实时反馈到数据智能的“云”上，“云”上的优化结果又通过“端”实时提升用户体验。在这样的反馈闭环中，数据既是高速流动的介质，又持续增值；算法既是推动反馈闭环运转的引擎，又持续优化；产品既是反馈闭环的载体，又持续改进功能，在为用户提供更好的产品体验的同时，也促使数据反馈更低成本、高效率地发生。

一言以蔽之，数据化、算法化和产品化就是在反馈闭环中完成了智能商业的三位一体的。智能交通体系是另一个例子。以无人驾驶汽车为代表的整体智能交通体系已经不是科幻，谷歌首次实现了根据路况数据设计路线，本质上就是将关于路线选择的算法在线了，而今天，无人驾驶汽车已经上路试验，这就是汽车这个“端”的全面智能化。

在中国，阿里巴巴最新的实践则是交通“云”的全面智能化。依据各方面交通数据的整体打通，预测未来一小时内每一个路口可能的交通状况，进而对接城市交通指挥系统，有的放矢。在北京这样复杂的路况下，此套体系的预测准确率超过 95%。其中，数据化、算法迭代和产品同样在反馈闭环中实现了三位一体。首先，智能交通体系以一连串事物的数据化为前提，包括地理位置的数据化、车况的数据化、天气的数据化，以及红绿灯、分道线、行人的数据化等；其次，它还是算法实时优化的结果——不仅是车况本身的优化，更是整体智能交通体系的优化；再次，它当然离不开从汽车到红绿灯等种种产品的智能化；最后，它更是众多数据反馈闭环的集合体——路况数据使车辆实时优化行车路线，周围环境数据使车辆实时决定行驶速度，乘客身体状况的数据使车辆实时调整车窗开合。

本质上，商业从一开始就是基于某种反馈闭环的，从而了解客户所需，提供相应的产品或服务。然而，不论是发挥商业天分猜测客户需求，还是通过市场调查听取客户需求，都始终失之于准确、困之于成本。不过，到今天，当客户可以通过实时的数据把他们的需求直接告诉商家时，当商家可以凭借敏捷迭代的算法引擎精确满足客户的需求时，当产品借助互联网的巨大能量成为数据智能和用户实时互动的端口时，我们终于可以说，我们找到了促使这个反馈闭环成本更低、效率更高甚至自动运转的颠覆性工具。

它可以被视作数据智能的“永动机”。只要有在线的互动，有数据的反馈，这台机器就永不停歇地学习，实时敏捷地进行优化。

数据、算法、产品在反馈闭环中三位一体，唯有如此，智能商业才能完成对传统商业的降维打击，数据处理技术时代的商业跃升才有发力点。

▶ 案例 6-2

数据智能的又一次胜利

在淘宝由社区快速演化成一个不断自我扩张的电商平台的整个过程中，网络协同是当仁不让的核心驱动力之一。然而，当淘宝的协同网络发展到一定阶段时，一个新问题进入了我们的视野——淘宝越来越复杂，已经超过人力所能处理的极限。

我们在 2008 年就很清楚地意识到，类目的扩张已经不再像过去那样，能够对淘宝的发展发挥显著作用。对于用户而言，淘宝此时的浏览路径已经变得过于复杂且不再友好。在商品数量还比较少的时候，淘宝只有几大类目，如男装、女装、儿童用品和食品等，消费者按照自己所需商品所属的类目点击浏览十分方便，仅需两三步操作就可以找到自己想要的商品。然而，当淘宝平台拥有几十万卖家和上千万种商品时，按类目浏览的效率大幅下降，消费者往往花了很长时间也无法找到自己想要的商品，这无疑是一种不太好的购物体验。

当协同网络发展到一定阶段时，你需要用数据和智能手段协调网络中非常复杂的交互关系。为了解决这个棘手的问题，淘宝完成了最重要的一次数据智能升级——引入搜索。搜索技术的这次突破，在很大程度上归功于雅虎中国多年的积累。在阿里巴巴收购雅虎之后，将其由 200 多名技术人员和产品人员构成的技术团队全部搬到阿里巴巴的大本营杭州，用于支撑阿里巴巴的 B2B 业务和淘宝的技术升级。数据智能升级的效果极为显著，2008—2011 年，淘宝的流量占比之王很快便从类目变成了搜索。

除此之外，当协同网络中的多方利益相互纠缠时，如果没有一个足够智能与自动化的利益分配机制，协同网络同样无法继续快速扩张。为此我们引入了效果营销，也就是竞价排名的广告模式。通过这个平台，我们将小广告主（淘宝上的小卖家）和淘宝搜索，以及站外很多小网站的流量全部加以连接。如此一来，大多数淘宝卖家都愿意给站外的小网站主一定的分成，前提是它们带来的流量能够带来成交。

这次利益分配机制的调整，实际上让我们在数据智能的基础之上又形成了新一轮的网络协同扩张，海量的小网站主变成淘宝生态圈的外围，它们直接为淘宝导入流量，而这些流量在为站外小网站带来直接回报的同时，也让淘宝卖家的销量得到了显著提升，可谓一石多鸟，互惠共赢。

在这次收效显著的尝试之后，淘宝更加坚定地对第三方服务商提供服务的软件平台予以大力支持。如果所有的服务商都针对不同的卖家提供服务，那么服务商之间的标准接口问题就会成为很大的挑战。为了解决这一难题，淘宝提供了一个统一的商家服务平台，各种各样的软件服务都能在这个平台上发布，商家可以整合不同的服务商来完成自己所需的软件服务。一些体量较大的商家往往会在淘宝平台上买一两百个服务插件，这些插件中的绝大部分都由第三方服务商提供，而每个服务商的背后都代表一个个不同的协同角色。通过技术手段，淘宝得以将这些多元角色更有效地连接在一起。

回望淘宝的生态发展史，不难发现淘宝的演化正如海潮，一浪接一浪，一浪推一浪——网络扩张带来了新一轮的多元角色；越来越多的协同角色共同构筑并丰富了淘宝的协同网络；网络的日趋复杂化推动了关键数据智能技术的引入，提高了淘宝的网络效应；一个更为广大的网络，又有能力吸引更多的数据智能应用加入……循环往复，不断提升。正是在这样一轮轮扩张中，淘宝才能够快速演化成今天大家所熟悉、几乎能够交易所有商品和服务的智能生态平台。在这个平台上，各种旧物种和新物种都有自己生存和发展的空间。

（资料来源：赵洁，陈敏，张瑞 . C2C 电子商务网站竞争力综合评价研究——以淘宝网为例［J］. 情报杂志，2010 年第 29 期 . ）

毋庸置疑，我们可以在淘宝的案例中学到很多东西。如果淘宝在 2008 年前迫于盈利压力，过早地收取店铺费、上架费或者会员费，就会陷入传统商业模式的泥潭，其后那些数据智能的丰富运用很有可能都会被压制；如果没有在创立初期就刻在淘宝骨子里的网络协同和数据智能，想必淘宝难以形成二者双螺旋驱动的生态平台，更不用说突破千亿美元的市值瓶颈。企业早期商业原型 DNA 的重要性由此可见一斑。

无论多大的企业，其实都是从一个很小的原型中发展而来的，它的 DNA 是否符合时代的步伐，直接影响着它在未来的可能性，对其日后的每一步都会产生深远影响。

第三节　人工智能营销

人工智能能够将产品信息与潜在客户当前需要的信息以最可能促成消费行为的方式进行匹配。

机器学习拥有巨大的力量并提供了很多机会，我们正处于一个与 1980 年个人电脑的问世、1993 年互联网的诞生以及亚马逊开始开展电子商务相似的时代。在每一个时代，未来的前景都是广阔的，可能性也是无止境的。那些懂得这些事物会产生多大的影响的人，可以在竞争对手前面占得先机。但由于其影响是多方面的，而且未来的发展趋势无法预知，所以这种优势开始时并不明显。

今天的人工智能也是如此。我们知道它很强大，我们也知道它将打开人类未知世界的大门。目前有一些营销领域在尝试使用人工智能，有些得到的结果不错，也有的结果欠佳。但总体而言，人工智能的前景依然广阔。

一、机器学习能力在市场调研中的使用

1937 年，国家营销教师协会（National Association of Marketing Teachers，1915 年成立）与美国营销社团（American Marketing Society，1933 年成立）合并，成立了美国营销协会（American Marketing Association，AMA）。

在 2004 年，美国营销协会对市场调研的定义为：通过信息来连接消费者、顾客、公众与市场营销人员，这些信息整合后，能够帮助厂商辨别与定义市场的机会与问题；产生、改善与评估市场营销行为；监测营销表现；提升对营销整体流程的理解。市场调研阐明了处理这些问题所需的信息，设计了收集信息的方法，管理并实施信息收集的流程，分析结果，并与利益相关方沟通市场调研的发现和启示。

现在，美国营销协会正在探索如何以最佳的方式将人工智能技术加入信息收集、结果分析以及交流调研结果的各个阶段。他们把这个人工智能技术的成果，命名为露西（Lucy）。

美国营销协会正在与源于 IBM 的 Watson 的第三代露西一起工作，意图开发出美国营销协会的下一代超级英雄。露西最初是作为一个汲取了美国营销协会近 80 年研究成果，能够让协会成员回答基本营销策略问题的门户。露西由美国营销协会首席执行官鲁斯·克莱恩（Russ Klein）提出，作为一个结合了美国营销协会的研究成果与其他各种数据（客户数据、敏感数据、购买数据等）的工具，被当作一个“市场人士的认知伙伴”而存在。

克莱恩预测露西将会成为营销界的 Amazon Alexa（亚马逊的语音助手产品）。“如果碰到一个人说：‘我想为一个洗涤剂产品写一份媒体计划。’露西计算后会这样回答：‘我已经分析了所有对洗涤剂感兴趣的人的社交媒体信息流，这里是一个能够触达他们的最好的媒体组合。’”

不难想象，露西正在不断地为美国营销协会的研究增值，并将营销定量模型、消费者行为模型、广义的营销策略和管理技术转变为可执行、可管理的相关答案，以回答市场营销人员提出的问题。露西在总结摘要、建立联系、识别模式等方面越来越快。

在拥有了这么多数据的情况下，整个市场已经进入了更加细分的时代，在这个时代，一对一营销已经成为可实现的营销手段，是时候迈出这一步了。

计算机正在学习如何更好地沟通。随机访问导航（RAN）这个概念是一位叫沙恩（Shane）的首席执行官和联合创始人在 Medium 的一篇文章中首次创造的。他的公司的目标是“为消费者在没有明确规定路径的情况下提供导航服务，并能够支持用户随时改变自己的想法和目的地”。

人们与技术互动应该和他们在现实当中与周围互动的方式一致。我们相信，随机访问导航为消费者提供了不止一种线路的可能性，而平常机器人智能通常只能提供固定解决方

案的“决策树”。它可以通过100%的自动化完成更复杂的任务，同时增加客户满意度，减少冲突和人们等待的时间。

随机访问导航的概念包含四个方面：它检测到所有关联到同一种倾向的参数（基于背景）；允许用户在不返回的情况下改变他们的想法；它能够无缝地使用网络视图；用完全不同的方式撰写指导文案。

二、人工智能营销的切入点

（一）从市场应用切入

在选择人工智能应用的时候，大多数会从市场应用进行切入。因为市场工作是企业的核心工作，只有深入分析客户、产品，才能提升企业的市场竞争力。首先，抓住了市场的营销工作，就抓住了企业的核心业务。其次，分析市场方面的应用比较容易见到效益。通过一次人工智能应用，增加了多少新客户，多卖了多少产品，很容易计算出人工智能项目的投入产出比。从市场应用切入的应用案例相对成熟，算法比较丰富，应用经验也有很多。

人工智能驱动市场发展的具体实施路径可以从如下两方面加以考虑。

1. 改进传统的机器学习

传统的机器学习（数据挖掘）在企业市场应用过程中积累了很多算法和应用案例。人工智能技术可以首先选择升级传统的机器学习工作。

在机器学习领域，一般都需要变量“降维”。就是在选择某个算法之后，还要评估哪些变量（参数）对该算法产生的模型影响最大。例如，在对200万客户群体进行细分时，传统机器学习最终选择的主要影响变量不会超过20个。

而人工智能中的深度学习算法，本质上是神经网络算法。对变量的选择可以相对宽泛，不用局限于20个变量以内。由此，对传统机器学习模型进行人工智能算法（深度学习等）升级，就可以提升传统模型的准确度，改善模型应用效果。

因为传统的机器学习已经渗透到企业经营的各个环节，所以，人工智能算法可以进行逐个替代、优化升级，改善企业应用效果。

2. 效益驱动利润

从企业角度来说，最重要的还是利润率，单位成本期望带来更多的收益。

人工智能可以评估企业的利润组成情况，评判市场中的改进策略。通过“开源节流”等方法，提升企业的利润率。

人工智能可以进行关键影响分析，找出企业的关键绩效指标（KPI），分析其主要的影响点，然后据此找到对应的可供部署策略。

企业都希望能够精准营销，即找到最需要的客户，在合适的时机和渠道，为其适配最需要的产品。人工智能可以借助算法分析，找到企业产品的潜在客户特征，然后进行针对性营销，降低无效的市场营销成本，提升企业精准营销的水平。

在这类应用中，很多企业积累了广泛经验，包括：如何计算潜在客户模型，基于模型进行客户筛选；设计针对性营销方案，吸引客户眼球，并通过促销等形式，最终达到卖出产品的目的。在整个环节中，用人工智能替代传统机器学习算法产生潜在客户模型，更精准地找出潜在目标客户即可，其后的营销过程基本可以照搬原来机器学习的营销方法。

（二）从企业痛点切入

人工智能应用的切入点也可以从企业的痛点入手。企业的痛点就是企业最困难但用传统办法短期又解决不了的问题。借助人工智能，可以探索解决企业痛点的方法和算法。解决一个痛点，就相当于帮助企业治愈了一种疾病，比较容易说清效果。

1. 痛点有哪些

首先要分析企业的痛点有哪些。对这些痛点进行分析，看看解决这些痛点所需的大数据和算法是否具备，再尝试从该痛点进行切入。

例如，某通信企业很大的一个痛点就是市场占有率指标。人工智能技术能否帮助该企业提升市场占有率呢？当然前提是在有限的成本之内。

传统的方法就是增加营销力度，多送客户一些小礼品或者给客户提供更加便宜的产品组合，这种方法比较简单粗暴。引入人工智能技术之后，企业可以分析客户最关心的需求是什么，有针对性地赠送客户急需的小礼品，然后再据此进行产品设计改进，提升产品吸引力，进而提升市场占有率。

比如当对某个城市的外来打工群体进行分析时，人工智能技术首先通过数据分析找出不同群体的关键人，然后基于该关键人进行产品的推荐和营销工作，同时分析出每个特定群体关注的营销方案有何不同。比如，针对比较关注通话聊天的客户群体，可以向其推荐特定时段资费优惠的话费套餐。通过此类方法，某通信企业的市场占有率提升2%～3%，效果显著。

2. 解决痛点的角度

每个痛点都有不同的影响因素。针对某个痛点，通过数据分析可以评估不同的影响因素对该痛点问题的影响占比。

针对该痛点的各个影响因素，可以进一步细分出多个解决该问题的子分析需求，如果采用人工智能算法对其逐个击破，就可以达到改进的效果。

（三）从客户分析切入

企业的市场工作一定是从客户分析入手的。根据客户留下的各种数据，借助数据分析手段，可以生成客户的各种特征标签。基于这些特征标签，可以进行后续的精准营销工作。

有了人工智能之后，企业会开始收集客户的人脸等图像数据。例如，对于电信企业，之前仅有客户的一个号码，数据信息非常匮乏。而现在，只要可以看到客户的长相，就增加了很多从客户照片中能够获取的信息。举个例子，是否可以收集一下长寿者的脸部特征？借助人脸识别，可以看出客户的一些其他特征，而这些特征也许可以和企业的营销工作结合起来。例如，A 客户慈眉善目，营销起来可能就容易一些。而 B 客户横眉冷对，营销的难度会大一些。

所谓“友善”和“不友善”的脸看起来是什么样子的？有关人脸表情社会感知的研究表明，人对一张脸的印象可以浓缩到一些基本层面，包括强势、吸引力和价值（与“值得信赖”“外向”等积极评价有关）。科学家研究了多种方法，将这些维度上的典型面部表情可视化。其中一种是让实验参与者评判随机合成的面孔是可靠还是强势。由于合成的人脸是根据不同面部特征的相对大小或位置得出的统计模型，所以可以计算出代表“值得信赖”或“不可信任”的人脸的平均特征。

这只是一个分析客户面相的维度，能够开展的研究还有很多。可以从客户的照片中读出的内容有很多，虽然不一定准确，但开辟了一种新的分析维度。

三、未来能否实现全程人工智能管理

站在未来的角度，企业应用人工智能应该覆盖企业运营的全部过程，甚至可以出现自动管理模式，工作人员可以进行更多创造性的工作，提升企业的市场竞争力。

当然，大部分的企业还无法做到人工智能的理想应用状态，还要脚踏实地、一步一个脚印地推动人工智能技术在企业各个环节的应用。

（一）围绕 KPI 的量化管理

确立围绕 KPI 进行量化管理的理念，据此提升企业管理的科学性。KPI 是企业的关键指标，记录了企业最核心的业务。

（二）辅助科学决策

在逐步尝试人工智能应用之后，逐步建立起人工智能辅助科学决策的企业环境。如前所述，逐步确立数据驱动、算法驱动的企业文化，提升企业的科学管理应用水平。

（三）未来渐进的人工智能决策

随着人工智能应用的逐步深入，企业将逐步依赖人工智能进行企业发展的决策工作。人工智能有助于提升企业决策的科学性，降低“拍脑袋作决策”的风险。

人工智能算法在企业中进行应用可以有很多不同的切入点。但无疑，很多企业会选择市场营销工作作为人工智能算法的切入点。

1. 营销活动的“最后 1 公里”

在进行市场营销方面的人工智能应用时，大家的关注点往往集中于算法的选择和调试上，而忽略了营销活动的重要性。

营销活动就是为了配合营销工作而采取的活动。例如，如果顾客购买了某公司产品，那么某公司将赠送给顾客一张电影票或者一个 U 盘。很多顾客可能对公司的产品推荐可有可无，但对配送的小礼物十分感兴趣，很可能因为想要赠送的小礼物而购买公司的产品。而配送什么小礼物，也可以用人工智能算法进行分析。

如果没有这种营销活动作为配合，那么人工智能算法找出的客户群体可能会没有营业员向其推销，导致人工智能算法给出的模型被束之高阁或者放在柜子里。这种算法造成的浪费，在企业里比比皆是，所以一定要重视营销活动的设计工作。

如果没有营销活动的设计，人工智能算法就缺这“最后 1 公里”，最终很难带来收益。而这也会反向影响人工智能技术在企业中的应用前景。

2. 闭环优化的过程

企业在应用人工智能算法的过程中也有流程闭环的问题。

很多企业在应用了人工智能算法之后，就不再变化、升级。人工智能算法需要定期重新跑一遍，定期更新模型，从而保证模型的准确度。还要注意的就是保障人工智能应用的闭环性。

人工智能技术的应用是企业整个流程中的一环，是数据分析的环节。在实际应用后，要根据实际效果进行调优。

▶ 案例 6-3

个人化的人工智能生态系统

你所管理的人员是人类生态系统，你的专业能力通过他们工作表现良好的结果体现。如果你有一个水平欠佳的团队，你将不会表现出众，这反映出你的能力不足。

会议管理公司 X. AI 的 CEO 丹尼斯 · 莫特森向我们描述了在不远的将来，职位面试中你的潜在工作能力将根据你所训练的人工智能助理的表现情况来评估。

在接下来的 5 年中，随着越来越多的人工智能助理进入市场，企业员工将越来越多地部署人工智能助理套件来完成他们的工作，那些确实能够充分利用智能助理的人将会更具生产力，此外也会更引人注目（无论是对内还是对外）。

与自带设备办公（Bring Your Own Device，BYOD）非常相似，这种新的模式称为自带智能助理（Bring Your Own Agent，BYOA），有希望为员工及雇主带来许多好处，并且将有可能改变工作的本质。

莫特森描绘了关于瑞贝卡的一个画面。瑞贝卡是一个虚构的事件活动总监，她同时使用了一个行程安排智能助理、一个合同管理智能助理和一个开支管理智能助理。瑞贝卡教给它们她的工作风格、她的主要联系人、她的预算限制以及如何与其他的智能助理分享数据。瑞贝卡衡量它们的工作表现，在必要的时候进行调整，并且消除那些没有达到预期的对象。她的专长就是优化。

当瑞贝卡步入一场面试时，新老板应该会非常渴望能够雇用她。

这又带来了一个非常有趣的问题：你雇用的究竟是谁？是瑞贝卡？还是被 9 个智能助理增强的瑞贝卡？你关心这个问题吗？

当我们进入自带智能助理的时代，面临以下可能的发展结果。

（1）企业雇主将不得不从两个维度去衡量员工的绩效：员工本身掌握的技能以及智能助理附加给他们的能力。

（2）如果人们发现智能助理是非常有用的（我非常看好这个趋势），他们将会希望将其作为必要的工作助手，带入一份又一份的工作中。

（3）企业雇主并不能阻止这种趋势，取而代之的是他们会采取一系列的政策和措施去降低隐私风险。最后也是很重要的一点是，人们将会从许多极度枯燥乏味的工作中解放出来，从而去专注于他们真正应该做的事。

（资料来源：段云峰，田雷，严昱超，等. 人工智能技术商业应用场景实战［M］. 北京：电子工业出版社，2020.）

▶ 案例 6-4

明日的计算

变化来得如此迅速，你永远也无法为接下来将要发生的事做好充足的准备。但是，你却能为变化本身做好准备。

IBM 正在研发的 TrueNorth 系统，是一种基于神经元，带有本地储存，能够通过突触进行沟通的类人脑芯片。它有着“并行的、分布式的、模块化的、可扩展的、容错力强的、灵活的设计结构”“整合了计算、传输以及储存能力，并且没有 Clock 函数”。这使它在图像和语音的识别处理上具有更高的效率。这也意味着手机中嵌入芯片的人工智能将与其他在云端、在汽车、在心脏起搏器、在用于治疗帕金森病症状的脑部深层电刺激设备上以及在任何有电池的设备上共同工作。这非常强大。

而在“探索实验室”的另一端，一些公司正在进行量子计算商业化的尝试：利用原子作为量子进行处理和储存。这是戈登·摩尔在 1965 年无法想象的一种计算能力。

当所有这些计算能力与所有的数据结合起来时会发生什么？或许到那时再谈论市场营销将会是一件非常奇怪的事。

没有任何一台计算机在设计之初便能知道它将会被用来做什么，但大多时候，我们自己也并不知道。

（资料来源：段云峰，田雷，严昱超，等. 人工智能技术商业应用场景实战［M］. 北京：电子工业出版社，2020.）

本章小结

完成本章的学习，应理解和掌握以下内容。

（1）人工智能的定义、发展简史、应用。

（2）商业智能的概念、主流发展与应用、商业智能的双螺旋。商业智能最重要的两个组成部分分别是网络协同与数据智能。两者机制不同却相辅相成，网络协同推动数据智能发展的同时，数据智能也成为网络协同扩张不可或缺的助力，二者共同组成了商业智能的双螺旋。

(3) 今天的市场营销要求每天甚至实时对市场的变化作出决策，人工智能和机器学习可以为营销人员提供工具，以此来应对从消费者或者从潜在客户处获得的实时数据，并提供定制的内容和购物体验。我们可以为犹豫不决的购买者提供特殊的促销，也可以根据数据分析为消费者引导产品和服务。

关键术语

人工智能　商业智能　人工智能营销

案例分析

蚂蚁小贷的逻辑

众所周知，小微企业的贷款业务一直是一个世界级难题。由于信息的收集、分析和审核需要投入巨大的成本，因此贷不贷、贷多少、收多少利息等问题困扰了无数的贷款机构。

但蚂蚁小贷这个成立时间并不长的公司，彻底改变了这一局面。短短几年时间内，它已经累计服务了上百万淘宝和阿里巴巴的卖家，这些卖家的平均贷款额大约为 5 万元，多不过百万元，少的只有几百元。他们不仅没有靠谱的抵押，有些甚至连规范的账目都没有。更匪夷所思的是，他们甚至不需要见到信贷经理。事实上，蚂蚁小贷所有的信息采集和决策都由计算机后台来完成——商家在线上提交贷款申请，几秒钟内系统自动审批；审批后，贷款几乎可以实时地汇入商家账户。虽然是无人信贷，但蚂蚁小贷的坏账率却显著低于传统银行的平均水平。

蚂蚁小贷能做到这些，主要归功于互联网。它能够分享潜在客户的诸多数据，比如，这些淘宝卖家正在卖哪些商品、生意好不好、经营店铺是否勤快、之前是否有过不诚信行为，甚至还有他是否喜欢玩网游、卖家朋友的信用度是否高等。这些数据的丰富度、准确度，远高于传统银行能采集到的贷款者的信息。

如果更全面地检视蚂蚁小贷的业务，就会发现它落脚于三个关键点：特定商业场景的数据化、忠实于商业逻辑的算法及其迭代优化，以及将数据智能与商业场景无缝融合的产品。这三点融会贯通、相互包含，在反馈闭环中共同演化，这就是未来智能商业的样貌。

【讨论问题】结合本案例，谈谈您对人工智能技术应用到数字营销过程的看法。

实训操作

实训项目	人工智能在商业中的发展趋势分析
实训目标	掌握发展趋势分析技巧
实训步骤	1. 教师提出实训前的准备要求及注意事项 2. 学生 5 人一组 3. 教师指导学生上网或到图书馆收集二手资料 4. 各组通过小组讨论，提出人工智能在商业中的发展趋势
实训环境	数字营销模拟实训室
实训成果	小论文

思考与练习

一、填空题

1. ＿＿＿＿＿＿、＿＿＿＿＿＿、＿＿＿＿＿＿构成了智能商业的三大基石。

2. 随机访问导航概念包含的四方面内容分别是：＿＿＿＿＿＿、＿＿＿＿＿＿、＿＿＿＿＿＿、＿＿＿＿＿＿。

3. 商业智能最重要的两个组成部分分别是＿＿＿＿＿＿、＿＿＿＿＿＿，两者机制不同却相辅相成。

4. 人工智能是研究、开发用于＿＿＿＿＿＿、＿＿＿＿＿＿人的智能的理论、方法、技术及应用系统的一门新的技术科学。

5. ＿＿＿＿＿＿是机器学习的一个分支，它通过一个有着很多层处理单元的深层网络对数据中的高级抽象进行建模。

二、不定项选择题

1. （　　）是指能够自己找出问题、思考问题、解决问题的人工智能。

A. 超人工智能　　B. 强人工智能

C. 弱人工智能　　D. 人工智能

2. （　　）是利用计算机将一种自然语言（源语言）转换为另一种自然语言（目标语言）的过程。

A. 文本识别　　B. 机器翻译

C. 文本分类　　D. 问答系统

3. （　　）是人工智能的核心，是计算机具有智能的主要方法，其应用遍及人工智能的各个领域。

A. 深度学习　　B. 机器学习

C. 人机交互　　D. 智能芯片

4. 谷歌搜索引擎的三大核心分别是（　　）。

A. 网页内容的数据化　　B. 基于 PageRank 的算法引擎

C. 巨大的产品创新　　D. 反馈闭环

5. 商业智能的三个阶段为（　　）。

A. 报表阶段　　B. 数据分析阶段

C. 数据挖掘阶段　　D. 人工智能阶段

三、判断题

1. 智能是适应变化的能力。（　　）

2. 人工智能的特别之处在于它可以进行基于机器的自我检测、判断和提升。（　　）

3. 供应商关系管理工具旨在通过提供更好的与供应商互动的方式而给予客户更高的独立性。（　　）

4. 搜索是第一个数据和算法驱动的互联网产品，使我们每个人都可以在海量的互联网数据中找到最相关的信息。（　　）

四、思考题

1. 未来，绝大多数的营销工作都可以依靠机器来完成，以机器系统为主体的人工智能自动化营销时代令人期待，但是由于营销要做的工作不只是计算和自动响应，还有创意和创造，加之用户行为习惯复杂，心理变化多样，因此人工智能在营销应用中还存在不少瓶颈。你认为有哪些瓶颈？如何破解？

2. 人工智能领域中最常说到的一句话就是人工智能没有智慧，有智能无智慧是人们对人工智能的普遍感觉。首先我们要理解什么是智能，什么是智慧，二者的区别在哪里。智能是指运算、记忆、处理问题、解决问题的能力，可以归纳为记忆力及提取。而智慧更多表现为创造和理解事物的本质。你是如何理解这一段话的？

第七章

VR、AR、MR在数字营销中的应用

能力目标

通过完成本章的学习，学生应能了解并掌握VR、AR、MR相关知识及其在营销中的应用。

素质目标

本章旨在挖掘前沿科技发展对日常生活的影响，探讨VR、AR、MR的发展对未来生活和商业的影响与改变。通过创新案例的分析，融入科学精神，树立大局观和前瞻性，与时代同步，让青春飞扬。让学生充分感受到科技的发展与营销的结合，描绘出未来的商业场景。

引例

淘宝造物节

随着互联网流量红利消失、传统电商增效放缓，越来越多的电商巨头们看到了传统线上市场的天花板，先后利用VR技术去寻求线上线下融合的突破口。

早在数年前，阿里巴巴VR实验室GM Lab（Gnome Magic Lab）实验室就在“双11”期间推出了“Buy+VR”购物体验产品。

阿里巴巴紧锣密鼓地筹备VR购物，从宣布VR战略、组建VR实验室、举办淘宝造物节、VR购物体验Buy+首秀，到蚂蚁金服公布全球首个VR支付产品支付宝VR Pay，Buy+频道终于上线了。在手机App点击“抢红包”可以进入AR游戏寻找狂欢猫。Buy+的VR模式需要VR头戴显示器支持，天猫特别准备了15万份VR眼镜，消费者只需花上

1 元便能领到。另外，Buy+还有全景模式，一般手机都能玩。

我们可以看到，超市满满地陈列着很多商品（如图 7-1 所示）。不过，只有出现带交互的标签的商品才可以购买。这也跟游戏制作一样，虽然场景里看着有很多东西，但是能点击的东西只有那些有交互标签的商品。点击标签，出现商品，可以 360°旋转以多种角度查看。

图 7-1 VR 超市

VR 模式可以使用 VR Pay 完成购物支付，手机有陀螺仪就可以操作，十分简单、方便。

【**分析提示**】VR 技术在电商营销上有哪些优点和缺点？

第一节 VR、AR、MR 概述

一、VR、AR、MR 的基本概念与区别

准确地说，虚拟现实（VR）、增强现实（AR）和混合现实（MR）并不是一种非常具体的技术，而是一个概念、一个目的。

（一）VR（虚拟现实）

虚拟现实（Virtual Reality，VR）属于科学技术领域，利用计算机科学和行为界面，在虚拟世界中模拟 3D 实体之间实时交互的行为，让一个或多个用户通过感知运动通道以一种伪自然的方式沉浸于此。用户借助特殊的输入/输出设备，与虚拟世界中的物体进行自然交互，从而通过视觉、听觉和触觉等方式获得与真实世界相同的感受。VR 系统将用户从现实环境中剥离出去，强调的是重度体验，并不寻求与周边环境有重度交互，主要用于游戏、视频、教育、会议等领域。

VR 具有三个最突出的特征：沉浸性、交互性和想象性。沉浸性和交互性这两个特征，是 VR 与其他相关技术（如三维动视化以及传统的多媒体图形图像技术等）最本质的区别。

1. 沉浸性

沉浸性又称临场感，指用户感受到作为主角存在于虚拟环境中的真实程度，被认为是 VR 系统的性能尺度。一般来说，导致沉浸性产生的原因主要有以下两方面：

（1）多感知性（Multi-Sensory）。指除了一般计算机所具有的视觉感知外，还有听觉、力觉、触觉、运动，甚至包括味觉、嗅觉等感知功能。理想的 VR 系统应该具有人所具有的多种感知功能。

（2）自主性（Autonomy）。虚拟物体在独立活动、相互作用或与用户交互作用中，其动态要有一定的表现，这些表现应服从于自然规律或设计者的规定。自主性就是指虚拟环境中物体依据物理定律做出动作的程度。

影响沉浸性的因素还有图像的深度信息（是否与用户的生活经验一致）、画面的视野（是否足够大）、实现跟踪的时间或空间响应（是否滞后或不准确），以及交互设备的约束程度（能否为用户所适应）等。

2. 交互性

交互性就是通过硬件和软件进行人机交互，包括用户对虚拟环境中对象的可操作程度和从虚拟环境中得到反馈的自然程度。VR 应用中，用户将从过去只能通过键盘、鼠标与计算环境中的单维数字信息交互，升级为用多种传感器（眼球识别、语音、手势乃至脑电波）与多维信息环境交互，逐渐与真实世界中的交互趋同。

3. 想象性

想象性是指在虚拟环境中，用户可以根据所获取的多种信息和自身在系统中的行为，通过联想、推理和逻辑判断等思维过程，随着系统的运行状态变化对系统运动的未来进展进行想象，以获取更多的知识，认识复杂系统深层次的运动机理和规律性。

（二）AR（增强现实）

AR 技术将计算机生成的虚拟信息叠加到真实场景上，并借助感知和显示设备将虚拟信息与真实场景融为一体，最终呈现给用户一个感官效果真实的新环境。这些信息通常是视觉，有时是听觉，少部分是触觉。大多数 AR 应用程序中，用户通过眼镜、耳机、视频投影仪甚至是手机、平板电脑来可视化合成图片。

AR 系统具有以下三个突出的技术特点：

（1）真实世界和虚拟的信息集成。

（2）具有实时交互性。

（3）在三维尺度空间中增添定位虚拟物体。

目前，AR 面临的主要技术难题是视觉呈现方式、目标追踪定位等。AR 系统经历了有标记点与无标记点两种类型。前者依赖数据手套、传感器和立体显示设备，后者依靠全球定位系统（Global Positioning System，GPS）、电子罗盘和图像识别设备。随着移动互联网产业的蓬勃发展，智能终端的便携性、智能性、互动性等特征逐渐显现，其也开始成为AR发展的重要领地，与AR密切相关的应用程序将迅速扩张并独成一脉。

AR技术主要包括显示技术、识别技术、立体成像技术、传感技术等。就显示技术而言，AR则主要分为头显式和非头显式两种。依据影响头显呈现方式的不同，AR又分为屏幕式和光学反射式。

（三）MR（混合现实）

MR是将虚拟世界与现实场景融合起来，直至模糊了两者的界限，让人分不清眼前的景象哪些是虚拟的、哪些是现实的。MR不仅能在穿戴者的视野中叠加符号、图像和文本，还能将虚拟图像和现实场景巧妙地结合起来。

MR是处理后的虚拟世界和现实场景的混合体，进一步来说，在MR中，现实场景这一部分，可以是数字化产生的，可以不等同于人眼直接看到的景象，而是摄像头扫描出来的图像。

（四）VR、AR、MR的区别

1. VR与MR

MR的场景中不仅包括了VR的虚拟，还包括了现实，VR技术的发展同样推动着MR技术的发展。需要注意的是，不能说MR的技术更先进，就一定比VR更适用于用户，毕竟两者的侧重点不同，用户需求也不同。

2. AR与MR

AR和MR在概念上，同时具有虚拟和现实的元素，同样是两者的混合。要说区别，可以先看看谷歌的谷歌眼镜（Google Glass）和微软的全息眼镜（HoloLens）的区别。谷歌的谷歌眼镜直接将虚拟图像叠加于现实场景之上的技术就是AR，而微软的全息眼镜不仅能在穿戴者的视野中叠加符号、图像和文本，还可以叠加由计算机运算产生的虚拟图像，这种将虚拟图像和现实场景和谐地融合起来的技术就是MR。

例如，在AR游戏《精灵宝可梦Go》（Pokemon Go）中，用户在手机上看到的图像，是在摄像头扫描的现实场景上叠加了游戏角色即精灵的混合图像，精灵图像的大小是固定的，不会随着用户的远近移动而缩小或变大，这就仅仅是AR；而如果将计算机计算产生的精灵的图像融入现实场景之中，就会更加3D立体化，符合现实世界中的透说法则，能随着用户的远近移动而缩小或变大，那就可称为MR了。

换一个角度来讲，可以把MR当成一种追求，就是努力使自己的技术产品达到能让用户混淆虚拟和现实的境界。

二、VR、AR、MR的发展历程

VR、AR、MR的发展历程如图7-2所示。

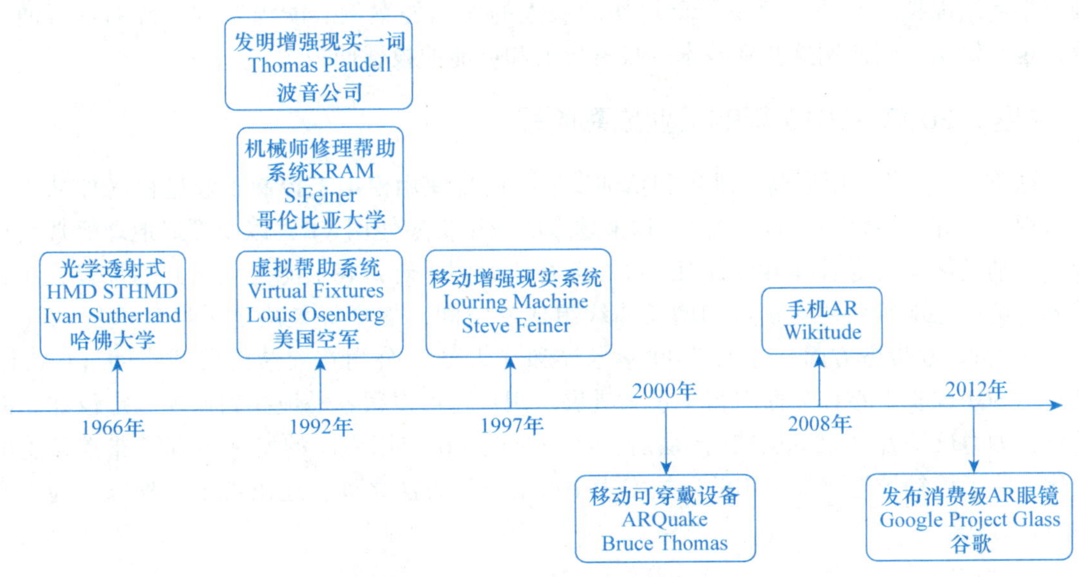

图 7-2 VR、AR、MR 的发展历程

（一）1960—1980 年的起步阶段

计算机科学的出现使所有基础元件得以发展，从而促使虚拟现实出现。即使在今天，合成图像中用于表示虚拟环境的组件仍然是 3D 对象的建模和操作、算法使用（最重要的是 Z-buffer 算法）以及光和照明模型的处理。用于交互系统的组件，包括第一个头戴式显示器（Sketchpad）和第一个利用力反馈的项目（GROPE 系统），构成了触觉反馈的基础。在应用方面，飞行模拟器相关的开发进展迅速。

（二）1980—1990 年的技术发展阶段

这一阶段的特点是 3D 交互技术发展。1985 年，迈克尔·麦格里维（Michael McGreevy）和斯科特·费希尔（Scott Fisher）重新发现了虚拟现实显示系统，并给它起了一个名字：头戴式显示器（HMD），从此它就永远为人所知。1986 年，Scott Fisher 提出了空间化声音复原。美国人杰伦·拉尼尔（Jaron Lanier）和法国人让-雅克 ·格里莫（Jean-Jacques Grimaud）创建了 VPL 研发公司，该公司利用数据手套和自己设计的视听设备，销售了首批虚拟现实应用程序。由于计算机设备的进步，弗雷德里克·布鲁克斯（Frederick Brooks）的 GROPE 系统开始运行。

（三）1990—2000 年的应用实验阶段

在这 10 年中，材料和软件解决方案的集成使实现可信和可操作的实验性应用成为可能。电子游戏行业最先预见到虚拟现实的潜在好处，并且是使用专门为此开发的设备提供创新解决方案的行业之一，其系列产品在 20 年后仍然影响着当今的解决方案。交通行业开始使用虚拟现实来设计车辆模拟驾驶。医疗行业也进行了一些 VR 的实验，例如，华盛顿大学使用虚拟现实减少遭受严重烧伤的病人的疼痛的案例。能源领域，特别是石油工业，也开始认识到使用这些新技术的投资价值和可能的投资回报。

（四）2000—2010 年的工业成熟阶段

这阶段 VR 的应用逐渐向维护和培训发展，而且使用模拟来控制工业过程（如从指挥室监视工厂等）。我们也可以看到，越来越多的应用程序使用 VR，以便更好地理解真实环境，特别是帮助决定后续事宜方面。以石油行业为例，研究底土能优化钻井的位置。在金融界，可视化地研究共享收益和增长曲线组成的空间，能更好地决定采取什么行动（买入、卖出）。在设备方面，这 10 年间学术界和（大型）公司在安装沉浸式空间（CAVE，尤其是 SGI 现实中心）方面取得了重大进展。用户还可以很容易地找到捕获、定位和定向设备，如力反馈臂（触觉反馈）。最后，这一时期 VR 应用程序的发展出现了非常显著的变化：除了该领域先驱者采用的以技术为中心的设计方法之外，还出现了一种以人为中心的设计方法。

（五）2010 年以后的大众普及阶段

这一时期的特点是新设备的大量出现，其费用比以前的设备低得多，同时提供了高水平的性能。这种反弹主要是由于智能手机和视频游戏的发展。尽管头戴式显示器在媒体上的曝光率最高，但新的动作捕捉系统出现了。这种爆炸式的增长促使媒体发表了许多相关文章，将这些技术的信息更广泛地传播给了公众。

与这种新设备（这只是冰山一角）相对应的是，新的软件环境也建立起来了，它们通常来自视频游戏（如 Unity 3D）。这使得来自中小企业的“新”开发人员能够独立开发他们的解决方案。很明显，这只是 VR、AR 向公众开放的开始。经过一段时间的媒体“喧嚣”之后，真正的好处才会显现。毫无疑问，未来几年这些技术的大规模使用将会出现爆炸式增长。

另一个巨大变化是，最初打算用于少数专业领域（通常是专门领域，如设计工作室和行业专家等）的应用扩展到了整个社会，甚至进入了我们的家庭（如游戏、服务、家庭自动化系统）。在过去的 10 年里，增强现实的用户已经从一个在办公室工作的专家变成了家里或者路上的每一个人。这种演变无疑将在今后几年内继续下去。

第二节　VR、AR、MR 与数字营销

一、VR、AR 与直播

（一）VR 直播的到来

2016 年被称作 VR 元年。这年的 4 月 14 日，NBA 巨星科比拿下 60 分完成了他职业生

涯的最后一场比赛，我们与亿万球迷和电视媒体共同见证了这一历史时刻。而 NextVR，这家算是全球最炙手可热的 VR 直播平台公司，对那场比赛进行了全程 VR 直播。直播拥有最真实的临场感，在家中就可以听到现场海啸般的欢呼呐喊声。

NextVR 直播实现了实时带深度信息（俗称立体视频）的 VR 直播。从拍摄到直播虚拟现实内容，NextVR 提供了深度沉浸式体验。VR 直播平台 VREAL 则将娱乐和社交结合在一起，观众可以观看沉浸式游戏视频，就像站在玩家身旁去观看一样。

国内的花椒直播则推出了送 VR 设备的营销手段推广自己的 VR 直播。2016 年 6 月 3 日，明星入驻花椒，并借助 VR 技术与花椒员工游戏互动，引来网友强烈关注。直播开始仅 30 分钟，粉丝关注已经超过 400 万人，两小时的直播共 600 万人同时在线互动，各种礼物刷屏不断。2016 年全球移动互联网大会（GMIC）上的新亮点，就是大会改变了以往视频直播的传统模式，采用关注度极高的 VR 技术进行会议全景直播。

综艺节目如《我是歌手第四季》引入 VR 直播，不仅拍摄歌手演唱，还为歌手们设计了在房间中的活动，如明星大年初五喂大家吃饺子，拉近了与观众的距离。武汉的草莓音乐节也试水了 VR 直播……一大波 VR 直播正如潮水般直奔我们而来。

（二）VR 直播的优势

目前，大部分移动直播多以直播事件或主播直播自己要做的事情、生活状态为主要形式，所以也就出现了一大堆直播吃饭、睡觉等令人诧异的直播视频。尽管与传统的网络直播相比，用户有了更多的选择性和互动渠道（如弹幕、送花），但是依然未能解决用户与主播“隔着一层屏幕”这个问题，观众与直播现场的距离依然存在。

而 VR 技术的引进可将直播变得立体。与现在网络直播和移动直播平面化的特点相比，VR 直播将让扁平的图像变得饱满和丰富。得益于 VR 技术，用户有机会沉浸到直播现场的环境中，更有触碰欲望。身处逼真的情景中，用户的兴趣和互动欲望也将提升，最终实现直播质量的升级。

（三）VR 直播的问题

1. 设备复杂、价格高、不普及

从技术上来说，一个完整的 VR 直播需要由采集设备、上传网络、直播后台、分发网络和播放设备组成。说起来容易，做起来很困难。VR 采集设备目前的主流方案有三种：第一种的成本最低，使用双鱼眼镜头背靠背组成 VR 摄像机，售价从几百元到几千元不等，但由于只有双镜头，有效像素偏低，边缘畸变很大，视角变形也大，适合用于对画质要求不高的直播场合；第二种，俗称“狗笼”，使用多个 GoPro 组成 VR 拍摄设备，一般至少使用 6 个；第三种是多目一体方案，从 4 目到 16 目都有，技术难度最大，售价也相对最高，从几千元到几十万元不等。

而设备搭载的软件和算法才是最重要的，相当于设备的大脑。与 VR 录播不同，VR 直播没有后期，所以所有的缝合（不准会导致边缘无法对齐）、白平衡（不准会导致不同视角看上去颜色失真）、曝光（不平衡会导致阴阳脸或前景全白背面全黑）、美化（美

颜）以及接缝的处理（处理不好会导致变形和鬼影）都必须即时完成，无法后期再调整，对设备的要求也就比录播高很多，这些的核心在于算法。国内有能力做出自己的VR视频算法的团队屈指可数，大部分团队用的都是开源算法或者是根据摄像头厂商提供的算法进行了二次定制开发。

传统的网络直播，主播只要一台配置还算可以的计算机、一个摄像头、一个好点的麦克风、一个好点的背景就可以直播了；而观众只要有网，无论PC还是移动端，都可以观看。换作VR直播，做直播、观看直播的门槛大大提高。主播要买专门的拍摄设备。现在一套VR拍摄设备少说上万元；背景布在此时就不行了，容易露馅；观众也得有配套的头显设备，又是一笔花销。至于数据传输，采用VR直播，其单位用户成本会达到如今电视用户成本的10倍或手机用户的100倍。普通的视频网站会员一个月也就需要20元到30元，但是如果使用VR直播想要保持同样的利润率，则需要会员每个月支付3000元左右。另外，VR视频的拍摄成本非常高。从人力成本，到后期制作，再到向云端传输，产生的成本大概是每分钟1000元。不过这一点倒是在一定程度上提高了直播内容的质量与水平。

目前的VR设备都能够让用户感到新奇，但是缺乏熟悉感反而会拉远用户与产品的距离，并且成本较高，普及困难。VR直播多是采用头戴式设备加移动端应用模式。用户视角多是固定的，加之显示原因，一旦观看时间稍长，用户就容易产生眩晕感。硬件体验问题，归根结底是技术不够成熟，这也是阻碍VR直播普及的重要原因。

2. 延时

直播最重要的一点是“此时，正发生”。在VR当中，画面显示的延迟不尽如人意，通常20 ms被业内认为是个分水岭，现在的视频串流技术可以将延迟降到1 ms以下。但目前最普遍的H. 264视频编码在遇到VR视频时表现出了明显的力不从心，经编码后视野内分辨率会下降很多。例如，一个4K分辨率是3840×2160的视频，在展开成球形并分成左右眼以后，总分辨率下降到了3840×2160的1/6，即1108×1247，而视野内的分辨率就更低了，如果是3D还会更低。

从这点来说，4K以下的分辨率是不足以拿来做VR视频的。4K情况下，用H. 264在可接受的清晰度范围内码流接近10 Mbit/s，一部分机身压缩算法不够强的摄像机甚至达到了20 Mbit/s，这对于国内很有限的上传带宽来说，基本上是个不可能的任务，即使现在普通家用最快的100 Mbit/s宽带，运营商也只分配了5 Mbit/s的上传带宽。这种分辨率和带宽之间的矛盾，也抑制了VR直播的推广普及。

3. 生态的不成熟

当前，多数直播平台都是由大V、蓝V、草根和观众构成。VR直播由于技术问题尚未普及到全民范围，参与者多是蓝V。这种模式只能依靠内容本身及内容提供者的号召力，能够提供的VR直播场景极为有限，加之VR本就是个缺乏互动的平台，所以用户黏性不强。

（四）AR 直播展望

1. AR 眼镜在直播中的作用

AR 眼镜发展起来确实会给我们的生活和工作带来许多便利。利用 AR 眼镜能够很方便地拍摄视频。

歌手在演唱会上忽然忘词并不是什么罕见的事儿。过去，在演唱会的现场周围全方位安装提词器，把提示歌词的字幕投射到歌手能以任意角度看到的地方，这样就不会因忘词而失误了。但假如歌星戴上 AR 眼镜，在 AR 眼镜上以文字提示歌词，那么就可以不用再在演唱会现场装那么多的提词器了。也许有一天，科技足够发达，AR 眼镜能做成像隐形眼镜那样，就算用 AR 眼镜偷看歌词，歌迷也不会察觉到，不会有碍观瞻。

2. 各种 AR 技术在直播中的运用

（1）特效动画。我们在电视节目上经常看到一些属于增强显示概念的技术，用以增添特殊的效果。例如，给电视节目中的主持人或嘉宾加上一个羞羞的红脸，这样的动漫感效果，会让观众很喜欢。或者，从荧屏横着飞过一只乌鸦，以表达幽默的意味。还有其他一些特殊效果，如为视频中的人物头上添加兔耳朵之类。这些效果，现在可以通过视频后期处理软件添加上去。其实也可以直接在直播上即时处理，只不过对技术、硬件要求更高而已。

（2）特效场景。增强现实运用在电视节目上，还能转换场景。通过绿幕技术，能任意转换场景，让电视节目的主持人“穿越时空”，如从大草原来到高山峻岭，乃至星际空间。同样，这样的技术也能应用于直播上。这对主播的房间布置提出了要求，就是背景需要铺设蓝幕或绿幕这样的纯色背景幕布，直播画面会在计算机中进行处理，抠掉背景的纯色，再换上其他任意背景，如花园、宫殿、大草原、高山峻岭，乃至星际空间等。实际上，现在已经有公司在运营这样的 AR 直播了。

随着技术的发展，AR 直播的明天会越来越好。

二、VR、AR、MR 与概念电商

2016 年，阿里巴巴紧锣密鼓地筹备 VR 购物，一年一度的“双 11”之际，Buy+频道终于上线了。京东也不甘落后，同样公布了自己的 VR/AR 战略。京东的 VR 购物应用“VR 购物星系”跟阿里巴巴的 Buy+相比，不遑多让。

（一）VR 电商

那么，VR 购物模式到底如何呢？

1. 缺点

（1）与普通网络购物相比，VR 购物进程缓慢，可见商品数量稀少，只能进行简单的操作，在功能上比普通网购差远了。例如，消费者想对比多种同类商品，却无法办到。虽然在技术上还会再提升，但 VR 购物的根本模式很难改变，一些功能实现起来始终会很难。

（2）与到实体店购物相比，消费者在VR购物中不能切实地摸到商品的实物，不能真正地试用，虽然VR技术还有提升的余地，能够继续提供一些获取关于商品更多信息的功能，但是，如果你想买一部手机，你就无法要求VR世界里的手机能开机运行。体验差距还是巨大的。

（3）技术不能大规模实现。商品在VR商店上需要经过技术处理，扫描建模，工作量会很大，不可能所有商品都这么去做。就算淘宝能提供便捷的工具给卖家，卖家每件商品上架都需要这样做的话，工作量也会很大。

2. 优点

（1）有利于体验宣传。VR电商体验美妙，毕竟打的旗号是“100%还原真实购物场景”，因此有种逛实体店的感觉，而且能突破时空的限制，随时进入全球各地的商店，这种强调沉浸感的VR购物方式，有点实体体验店的感觉，还像是广告宣传片，可以用于品牌宣传。

（2）可以有独特的运营模式。实际运营也可以做成品牌旗舰店，就只卖一家公司的少数几种商品，或者做成主题店，如做成某部动漫或某款游戏的主题店，就只卖该动漫或游戏的周边产品。

（二）AR/MR电商与体验式营销

除了VR购物，还有AR/MR购物。阿里巴巴投资的Magic Leap，在淘宝造物节上提供了MR购物的Demo视频。例如，买台灯，消费者可以通过MR设备，选择台灯在自己桌子上的摆放位置，系统能自动筛选出合适尺寸的台灯展示在面前，消费者在选择一盏台灯后，可以进一步查看台灯摆放在桌子上的效果，基本上跟实物摆放效果一致。

京东计划联合第三方推出的AR家装产品也类似，通过AR购物应用，用户可以在真实的环境下“看到”虚拟物品，利用AR技术来明确物品与空间的关系，提供更好的尺度测量。

实际上AR/MR是体验式营销的突破点。

一般情况下的体验对应的是个别事件。而AR/MR相比于个别事件，具有一些新的特征和优势。AR/MR让复杂行业在体验式营销方面找到了新机会。复杂行业的体验式营销，通常需要通过策划活动来完成。例如，3C产品需要体验式的发布会，汽车产品需要试驾，饮料需要调研味道等活动。而现在AR/MR可以通过游戏的方式打破时空界限，不通过活动也可以进行体验。AR/MR可以连通线上和线下，通过线上互动和LBS定位进行签到、引导线下体验，让体验、调研变得更简单。

三、VR、MR与房地产

随着VR技术的突飞猛进，VR的触角正逐渐延伸到房地产行业，VR+房地产也俨然成为房地产行业的一个新模式，让传统的房地产营销有了新的思路。因此各大房地产开发商对它尤为上心，于是各类VR样板间开始出现。当然，这里说的VR目前大部分为全景，少部分包含了简单的交互。在做VR样板间的同时，可以做VR家装。VR家装也可以作为一个独立的项目、一个独立的应用，目前也慢慢发展为 MR 家装。

（一）VR 看房能够解决的问题

目前国内比较有名气的房地产商像万科、绿地、碧桂园、当代置业等，都开始引进 VR 技术运用在众多项目中。作为售楼处的体验商品，则多了一个吸引消费者体验的新方式。例如，绿地集团计划将 VR 设备变成旗下全部项目售楼处的标准配置，并要求新建项目都要引入。不得不说，VR+房地产对于开发商来说是下了一步好棋，毕竟虚拟现实技术的应用能解决开发商的很多问题。

1. 资金成本和时间成本

作为重资产行业，资金如何快速地周转是房地产开发商需要考虑的核心要素。例如，如果两家开发商拿到同样的地皮，到时建成后卖同样的价格，在一年时间销售完成和在两年时间销售完成，利润甚至会差一倍。为什么差距会这么大？

其背后的原因在于开发商每天都需要承担高达几百万元的利息，这是一个很简单的算术题，一年有 365 天，这个利润差距可想而知。为了尽快出售，开发商往往在正式盖楼前就开始推广，盖售楼处几乎是和打地基同时进行。可房子还没盖好，如何让用户了解未来的户型呢？楼盘模型只能了解外观，户型平面图还得靠脑补，这时候，临时样板间便派上了用场。临时样板间曾在很大程度上提升了预售效率，加快开发商回款。但搭建临时样板间的时间在 3～6 个月。这 3～6 个月对于营销部门来说，除了做一些暖场活动外，毫无销售可言。而 VR 技术只需 10～15 天。通过虚拟看房，营销人员可以提前锁定客户，提前销售，赢得时间红利。

VR 技术也让开发商更省钱。临时样板间的成本在 6000～10000 元/平方米，而 VR 技术让每平方米的成本直接降到 600 元以下，成本不到原来的 1/10。这个投入成本相对于其他营销宣传的动辄上百万元来说，确实是一个值得做的买卖。

2. 人流量营销

营销最好的地方就是人流量足够大的地方，能大大提高销售转化率。而传统售房，往往只是在人群集中的地方发传单，好点的情况是找块地搭个展棚，摆摆模型，放放视频，方式单一，而且在那么短时间的接触里，很难给人留下较深的印象，更别指望还会专门跑到售楼处去了解详情。而 VR 技术的出现可以在人流量大的地方，打出噱头，创造出让人感到新奇的虚拟世界，在此基础上截客、获客，提升销售转化率。

3. 异地看房

随着旅游地产、养老地产、海外地产还有作为投资的酒店公寓的兴起，异地买房开始逐渐成为中产阶级的一大生活方式，而其中却是痛点颇多。例如，海南的楼盘，作为旅游地产，需要在全国销售。旺季，游客进岛，房子自然好卖。可到了淡季，房子还得接着卖，这个时候，营销人员就需要出岛，在重点城市布点销售。而布点销售费用惊人，且耗时耗力。租展厅，一租就是 3～4 个展厅；做沙盘，小则 10 万元，大则 30 万～40 万元；如果用 VR，一个展厅即可，且不需要做沙盘。VR 费用大多低于沙盘，而效果远超沙盘。

此外，VR 的便捷性和移动性，方便在各地铺开，反复使用。对于买房人来说，也不用请假跑到海南去看房。当然，开发商们也承认，靠 VR 直接带动异地销售的概率比较低，其更多的是提高客户的决策效率。客户看到感兴趣的虚拟户型，会提前缴纳少部分预订金，再以旅游的形式实地观看，由此提升售房概率。

（二）VR 看房的实际运用效果

VR 技术在体验方式上能造就“沉浸感”，让用户参与其中，身临其境地从任意视角漫游观察和体验产品，随意浏览不同房型和装修效果的房子。但是，估计不少用户体验完了之后还是会问，实体样板间在哪儿呢？

首先是技术上的问题。VR 对于显卡的需求极大，即使是市场上性能最好的显卡之一英伟达 GTX980Ti 显卡，想要呈现更逼真的动态效果，加入更丰富的人景互动，也是捉襟见肘。因此目前市面上的 VR 看房还是存在一定程度的失真。

其次，VR 看房只能获取视觉真实，其他的感受并不能获得。真实看房时去坐坐沙发，摸摸质感，打开窗户看看视野和光线等一些感觉，通过 VR 都是没法感受的，需要现实世界的实体来辅助。

再次，市面上硬件产品的参差不齐会影响看房体验。有的头盔因为质量差，戴久了容易出现头晕、眩晕等不适感。画面刷新率不够或有滞后，都会让客户的大脑产生异样的感觉，无法达到“身临其境”的居住体验。

最后，最为关键的是，用户对于虚拟现实带来的看房体验的不信任。VR 版本的样板间再怎么真实都是虚拟的，尤其像房子这类交易，交易价格高，虚拟现实的体验始终不能带给客户安稳和靠谱的感觉。客户可能还会怀疑，VR 版本的样板间做得这么完美，数据什么的会不会有纰漏之类的。

VR+还没形成一整套商业应用，尤其是消费者对于它还并不太感冒。在房地产行业的应用也只是多了一种营销宣传方式。实体样板间就像客户吃的正餐，而 VR 样板间就相当于一个饭后甜点，对喜欢甜点的人来说，它是加分的。而对喜欢正餐的人来说，已经吃饱吃好了，甜点可有可无，并不会影响吃饭的质量。

（三）从 VR 看房引申出来的 VR/MR 家装

除了 VR 看房还有 VR 家装。戴上头盔，在虚拟的世界里，换换沙发，试试北欧风，然后一键下单预估整套家装的价格，对于苦于装修的年轻人来说，这是再轻松不过的了。2016 年初，专注 VR 家装的美屋 365 完成了 1800 万元的融资，彼时这家公司才成立了 9 个月。而国内类似的平台还有豪斯 VR、指挥家、芸装家居、布居 e 格、锐扬科技，传统互联网家装公司土巴兔，上市公司洪涛股份、亚夏股份等，这个领域已经成为 VR 消费场景应用最广的一类。

目前 VR 家装逐渐发展为 MR 家装。MR 家装需要 MR 眼镜的支持。MR 家装的实现方式跟 VR 家装的实现方式类似，但在效果方面有很大不同。MR 家装是现场看房，毛坯房就可以，没有装修的毛坯房通过 MR 眼镜进行装修，能够像 VR 家装一样由用户自由添加各种家具、贴上各种壁纸。

第三节　VR、AR、MR的未来展望

一、娱乐领域可预见的变革

1. 家庭影院

随着沉浸式媒体的推出，它将逐渐通过游戏机、移动电话和其他接入点（如智能电视、机顶盒等）进入我们的家庭，而游戏将成为主要载体。它可以很容易地将家中的空置空间转换为完全浸入式空间。市场上已经有普通大众可用的外围设备，它们可用于单人房大小的区域。传感器可以在空间中实时跟踪头戴式显示器和控制器等交互设备。这些体验会变得越来越丰富。虽然这些体验的最初浪潮是由游戏引领的，但电影内容也越来越多。目前我们可能对360°全景视频的兴趣不大，但伴随着VR、AR、MR技术的发展，叙事和情感将成为媒体的核心，并对我们产生新的体验。360°全景视频将成为真正的虚拟现实体验，并应用于电影，使得用户可以参与其中并产生交互，最终通过呈现同一场景的多重视角来增加维度。家庭媒体消费方式将从使用沉浸式耳机发展到更复杂的沉浸式电视，体验使用更多样化的外围设备。最后，虚拟将现实融为一体，通过增强现实耳机或移动设备（电话、平板电脑）提供与电视相关的更全面的体验。这些体验，例如角色从电视中走出来，进入用户的客厅，附加信息、广告以及其他交互手段，将考虑房间、家具和房间中的人三者的布局，以便动态地调整内容以达到完美的整合。

2. 主题公园

主题公园是让观众沉浸在“品牌世界”中的一个成功尝试。主题公园现在的趋势是让观众自己成为演员。过去，奥兰多迪士尼乐园中的哈利·波特世界花费了几千万美元才建成。然而，虚拟现实可以更易于管理的成本提供了一并修改、增强和扩展体验的解决方案。第一次用户试验是六面旗主题公园中的一个结合了机械和虚拟的过山车。用户的物理感觉（滑过轨道的过山车）与虚拟宇宙相关联（对于同一物理位置，虚拟宇宙可能会被改写多次）。这是一种确保内耳感觉和虚拟模拟之间保持一致性的方法，从而消除认知的不安。这种经济模式很有趣，因为它可以产生多种多样的体验，而不用全盘推倒重建。大部分投资都用在了机械部分及其维护上。目前的问题就是如何给通常是无线的外围设备充电，以及如何提高其使用率（一个主题公园的人流量大概在每小时1200人），这给景点及其可靠性带来了很大压力。

3. 体育领域

体育领域也将是最主要的受益者之一。无论是作为观众还是作为“演员”，VR都让人能够在家里“近距离”地参与体育活动。也就是说，观众可以和他们的朋友一起在体育场观看比赛，可以与团队在更衣室里闲逛，或者坐在赛车手或自行车手旁边。未来的VR

房间可以把无聊的跑步机、单车机、划船练习机和重量训练转变为一场场冒险体验。VR可以把玩家传送到另一个环境，同时回溯这一领域的历史。目前已经有这类尝试，如一次单车训练可以变成一次经过法国阿尔卑斯山山口的骑车探险，一次跑步机训练可以变成在纽约或巴黎的马拉松，卧推和深蹲可以变成一次掠过岛屿的飞行。这些体验将会是感官体验，而新的触觉设备将允许运动者接收到来自虚拟世界中的力度反馈与物理反馈。

4. 虚拟消费

休闲与消费主义之间的界限变得越来越模糊。我们的大部分空闲时间都花在寻找我们想拥有的东西上，无论获得这些东西的想法是否现实。VR 和 AR 可以让每个人都投身于一个可以立即获得和享受自己财产的世界。我们可以很容易地用超现代设计师的家具来替换旧家具，使用虚拟镜子来把我们的衣服换成完美定制的豪华服装，甚至让一辆崭新的法拉利跑车停在我们的房子外面。通过逃避到虚构的世界中，我们能按照自己的心意改变我们的外表和周围的世界。毫无疑问，这种新的虚拟消费模式是有代价的。

二、脑机接口

（一）脑机接口：简介和定义

脑机接口（BCI）可以被定义为将用户的大脑活动转换交互式应用程序的命令或消息的系统。例如，在虚拟现实领域中，典型的脑机接口可以允许用户通过想象左手或右手的运动，将化身或虚拟对象移动到左边或右边。这是通过测量用户的大脑活动来完成的，通常使用脑电图（以下简称 EEG）。通过系统将命令与精准的大脑活动模式相关联，正如由想象手的运动引起的大脑活动。因此，脑机接口允许与应用程序进行“免提”交互，这些交互实际上不涉及任何运动和肌肉活动，可能会成为一种与数字或虚拟环境交互的新手段。

（二）脑机接口现有应用：视频游戏与虚拟环境中的直接交互

从 21 世纪初，人们开始考虑将脑机接口应用于视频游戏和虚拟现实。一些在实验室进行的概念实验证明了在视频游戏或虚拟环境可以用脑机接口来实现“用大脑控制”。脑机接口被成功地用于执行多个 3D 任务，例如，选择 3D 目标或控制虚拟导航。法国的 OpenViBE2（2009—2013）合作研究项目汇集了法国视频游戏专业人员和学术领域的重要参与者。该项目在视频游戏与 3D 虚拟环境直接交互的情况下，通过脑机接口测量主要脑信号：P300、SSVEP、想象运动或控制自己的集中或者放松水平。在这个项目中，游戏开发者最感兴趣的大脑活动是那些更容易向用户解释的、更易于用户学习的并且看起来是最可靠的、识别率最高的。事实上，已经有由脑机接口控制的视频游戏。

随着脑机接口技术可用性的进一步提高，越来越多的相关应用产品应该会出现。在图 7-3 的 VR 应用“Vitual Dagoba”中，用户配备了无线 EEG 头戴式显示器，沉浸在沉浸式空间以及以电影《星球大战》中的宇宙为蓝本建造的 3D 场景中。用户可以通过集中精力将飞船拉上来，也可以放松精神将飞船放下去。

图 7-3　VR 应用

本章小结

本章主要说明 VR、AR、MR 相关知识及其在营销中的应用。完成本章的学习，应理解和掌握以下内容：

（1）VR、AR、MR 的基本概念。VR 属于科学技术领域，利用计算机科学和行为界面，在虚拟世界中模拟 3D 实体之间实时交互的行为，让一个或多个用户通过感知运动通道以一种伪自然的方式沉浸于此。AR 是将计算机生成的虚拟信息叠加到真实场景上，并借助感知和显示设备将虚拟信息与真实场景融为一体，最终呈现给用户一个感官效果真实的新环境。MR 是将虚拟世界与现实场景融合起来，直至模糊了两者的界限，让人分不清眼前的景象哪些是虚拟的、哪些是现实的。

（2）VR、AR、MR 的区别。AR 和 MR 同时具有虚拟和现实的元素，同样是两者的混合。但 AR 是直接将虚拟图像叠加于现实场景之上的技术，而 MR 不仅能在穿戴者的视野中叠加符号、图像和文本，还可以叠加由计算机运算产生的虚拟图像，是将虚拟图像和现实场景和谐地融合起来的技术。而与 VR 比较，MR 的场景中不仅包括了 VR 的虚拟，还包括了现实。VR 技术的发展同样推动着 MR 技术的发展。需要注意的是，不能说 MR 的技术更先进，一定比 VR 更适用于用户，毕竟两者的侧重点不同，用户需求也不同。

（3）VR 直播、AR 直播。与现在网络直播和移动直播平面化的特点相比，VR 直播将让扁平的图像变得饱满和丰富。身处逼真的情景中，用户的兴趣和互动欲望也将提升，最终实现直播质量的升级。但 VR 直播目前也面临着设备复杂、价格高、延时、生态不成熟等问题。

（4）VR、AR、MR 的概念电商。VR 概念电商的优势在于有利于体验宣传、体验美妙和独特的运营模式，但面临着很多问题，如购物进程缓慢、可见商品数量稀少等。另外，消费者不能切实地摸到实物，不能真正地试用，同时需要消耗极大的工作量，不能大规模实现。但是，随着 AR、MR 技术的发展，在体验式营销理念的指导下，AR、MR 肯定能够提高用户黏性，增加营销的成功率。

（5）VR 看房与家装，MR 看房与家装。VR 看房能够解决资金成本和时间成本、人流量销售和异地看房三大问题。目前已经实际运用在用户看房体验中，但还没形成一整套的商业应用。而 VR 看房引申出来的 VR 家装和 MR 家装则已经运用在行业营销实务中。

关键术语

虚拟现实（VR） 增强现实（AR） 混合现实（MR）

案例分析

指挥家科技：线上 VR 看房如何成为主流

指挥家科技有限公司是一家专业的虚拟现实内容公司，成立于 2014 年 5 月，总部位于厦门，于北京、上海等地设有分公司，专业为房地产等行业提供设计、研发、施工等一体化全流程服务，以“技术+创意+多媒体”的创新方式精耕场景，致力于成为一流的地产数字化营销服务商。该公司目前服务客户多达 100 余家，包括万科、碧桂园、绿地、万达、中铁建、保利等全国知名企业，服务多个国家和地区，落地项目 1000 余个。

一、线上 VR 看房优势

优势一：足不出户，省时省力。随着互联网以及技术的发展，现在只要通过手机打开小程序，便可以在线看房。方便快捷，免去线下辗转售楼处的时间。用户还可根据自身喜好，如区位、户型等多重条件查找，筛选心仪意向房源。

优势二：快速便捷，信息齐全。目前通过小程序，各个项目的效果图、户型图、样板间、720°全景看房（如图 7-4 所示）、周边配套都会呈现出来。想要知道的信息应有尽有，多种方式让好房信息一目了然。VR 看房带来的交互式视觉冲击，使客户仿佛置身真实房间全场景体验看房。

图 7-4 指挥家 VR720°全景看房

优势三：7×24 小时无缝对接。线上看房 7×24 小时全程在线，提供全天候的贴心服务。小程序里面都可以一键呼叫经纪人，有问题、有需要只要点击便可线上直接交流咨询。

二、看房容易，下单难

VR看房以前主要应用于一些房产信息平台，特别是在展示二手房信息时使用较多。而对于新建商品房，由于相关营销更为系统全面，单方面倾向于VR看房的反而较少。开发商目前更热衷于通过线上VR看房途径来获取客户。主要原因在于线上是目前唯一的营销环境，用VR技术增强体验感成为开发商抢夺客源的必用手段。

在正常的销售流程中，VR看房作为前期吸引消费者眼球的工具，与普通的图文视频相比确实更胜一筹。当前的市场营销处于非常时期，VR看房作为线下实地看房的临时替代品，所取得的效果自然比之前更加明显。但VR看房毕竟只是在虚拟环境中完成，而房产作为大宗交易，涉及的问题较多，消费过程复杂，购房者十分慎重，所以终究是不能取代线下实地看房的。

从目前的情况来看，各开发商推出的VR看房在为项目做宣传、引流量、聚客户等方面都起到了不错的效果，虽然没有带来成交井喷现象，但为后续销售业绩的增长打下了较好的基础。

三、线上看房如何才能成主流

VR看房、直播卖房等所有的尝试都是为了提高效率，对于房地产领域是一种进步，但并不能一步到位。事实上，未来这种形式能不能起到作用，不是企业有没有准备好，而是用户有没有准备好。别说买房，即使是租房，也很少有人用VR看房后就决定要租，还是要实地去看朝向、通风。现在用户在淘宝上就可以不试穿衣服直接下单购买，房产领域也可能会倒逼消费者发生变化。

要真正让购房者认可线上模式，必须具备三个条件：第一，信息齐备。如果是现房带精装修甚至还有房产证，购房者在线上看房就和购物一样，这个时候，购房的压力会减少一些。第二，在目前交易中，预付款退款非常困难。如果可以引入反悔机制，购房者在线上交易的顾虑才能降低，也许可以通过设立购房保险等机制来改变这一现状。第三，线上看房只是简单的二维或三维，体验感还是不够强（如图7-5所示），企业还需要通过科技方式来实现更高级的体验感。

图7-5　线上售楼处功能展示

企业还应在技术、资源配套、人员素质上做好准备。未来，如果能实现三屏联动，亲朋好友可以同时在线看房、讨论、评价，并且看房者能看到其他人的评价，将会是很好的体验。

（资料来源：指挥家 VR. 指挥家 VR CEO：线上 VR 看房如何成为主流［EB/OL］.［2020-03-07］.）

【讨论问题】

1. VR 技术在房地产中的应用能够为目前房地产营销解决哪些问题？
2. VR 看房会成为日后房地产营销的主流吗？为什么？

实训操作

实训项目	掌握典型体验式营销的内容
实训目标	1. 教师提出实训的内容要求及注意事项 2. 学生 5～6 人为一组 3. 学生利用互联网获取体验式营销的典型案例 4. 各组讨论 VR、AR、MR 技术在体验式营销中的具体应用及未来发展
实训步骤	数字营销模拟实训环境
实训环境	案例分析报告
实训成果	掌握典型体验式营销的内容

思考与练习

一、填空题

1. VR 具有的三个最突出的特征分别是：__________、__________、__________。
2. AR 系统具有的三个突出的技术特点分别是：________、________、________。
3. VR、AR、MR 发展经历的五个阶段分别是：________、________、________、________、________。

二、简答题

1. 简述 VR、AR、MR 的区别。
2. 简述 VR 直播的优势和劣势。
3. 简述你对脑机接口的理解。

三、思考题

1. VR、AR、MR 在娱乐领域会产生什么样的变革？
2. 脑机接口如何与视频游戏结合并带来营销机会？

第八章

人格化电商：网红与IP

能力目标

通过完成本章的学习，掌握人格化电商、网红思维、爆款IP打造与运营、网红经济发展趋势等内容。

素质目标

从学生关心的现实问题入手，以学生喜爱的网红作为案例来进行教学，引发学生产生情感共鸣，引导学生了解网红，指导学生区别网红与IP，树立正确的互联网价值观，深度剖析网红效应。

引例

人格化商家，用内容撬动生意

2024年以来，企业董事长、CEO纷纷涌入台前，争做“网红”和“代言人”，积极推广企业，开展营销工作，企业家个人IP带来了巨大的流量。

在小米集团首款新车发布期间，雷军基于短视频和社交媒体平台开展的系列营销吸引了足够多的眼球，并使得小米SU7销售取得亮眼成绩。根据小米方面提供的数据，小米SU7上市27分钟，大定突破5万辆。雷军个人的抖音账号粉丝量突破3500万，优质内容确保其个人粉丝量一直在持续的增长。有人做过测算，雷军依靠其个人社交媒体和新媒体的传播力与影响力，个人IP每年给小米企业省去了将近十几亿的广告费。

一时间，汽车行业大佬也纷纷现身直播间。奇瑞董事长尹同跃在直播间表示，当下市场的环境，车企需要新的互联网思维。岚图汽车CEO卢放更是直言：“我特别想成为‘网红’。”

对于汽车行业大佬争做“网红”的原因，业内人士表示，这实际上反映出产品同质化背景下，市场竞争愈发激烈。独特的竞争优势难以构建，于是，大家除了“卷”价格，更要“卷”流量。

以新能源汽车行业为例，其传播模式出现过三次重要变革：第一次是“蔚小理”加入，互联网宣传方式进入汽车企业；第二次是华为的加入，华为智能汽车解决方案 BU 董事长余承东火爆的“金句”给市场留下深刻印象；而雷军强大的个人 IP 引流能力，让小米汽车的营销策略取得极佳效果，并促使更多汽车行业企业家走到台前。

企业家打造个人 IP 并非新鲜事。在更早些时候，俞敏洪、董明珠等企业家通过参与电视节目以及直播带货等方式，为企业及产品争取了更多曝光率，提升了大众知名度。

IP 正在成为全行业的连接语言，它是社交的连接媒介，是人格化的交易入口。

【分析提示】“网红”思维如何影响和改变现代商业经济模式？

第一节 人格化电商概述

几乎所有品牌的用户都是人。人是一切营销活动的中心。人最喜欢与具有人格化的事物相处。给产品、营销输入人格，把人格化的力量发挥出来，是我们这个时代的新课题。

一、人格化电商的内涵

一个具备 IP 属性的个人品牌，拥有庞大的用户信任关系链，借助自身的用户圈层和平台的技术赋能形成人格前置，形成即看即买的商业体系。在未来，人格化形象的展现，会构建出一个又一个流量入口，虽然这些入口都不大，但是会有着非常强的黏性。

二、人格化电商的商业逻辑

（一）影响力

人格就是流量来源，人格的背后是用户信任，所以卖货其实卖的就是用户的信任，是个人的影响力。当某人有 IP 特质的时候，其个人信用契约就是关于 KOL（关键意见领袖）身份。这种影响力也相当于其是某个领域的“草根”专家，带有某类产品标签。比如：罗振宇是知识领域 KOL、王自如是手机领域 KOL。KOL 依靠的是专业影响力，聚焦垂直领域。

（二）铁杆用户

这类群体有一定的复购率，但其主要价值在于对品牌价位的认同。他们会有“主人翁”的特性，提出优化产品的建议，但绝对不是挑剔，是为品牌方提供合理意见或建议的群体。凯文·凯利在《一千个铁杆粉丝》写道：从事创作和艺术工作的人，如作家、摄影师只要能获得1000位忠实粉丝就能维持生活。这1000位粉丝是那种认可其价值观，被其内容吸引，愿意为其做口碑传播和知识付费的。他们比普通用户需求更强，可能是某类产品的发烧友；他们容错率高，积极尝试新产品，对产品不完美宽容度更高；他们乐于参与，愿意将使用体验及改进建议提出来，以帮助改进产品；他们有传播性，对其他群体有影响力，能传播品牌。

（三）内容

依托于优质内容吸引潜在客户，在此过程中介绍或推荐相关商品，以达到成交的目的。人格化电商必须善于制造稀缺性的内容，也善于借势为个人品牌提升影响力。人和内容在一起塑造了IP核心。

▶ 案例8-1

“一条”视频商业逻辑：内容即电商，有范儿就有钱

很多人喜欢“一条”的配乐，能让人静下心来；很多人喜欢一条里面的建筑，因为那是他们心中的理想住所；还有人喜欢一条的拍摄手法，因为他们自己也想成为一条视频中的主角。定位“生活、潮流和文艺”的一条，目前涉足建筑、摄影、美食、个性酒店、读书、时尚等领域。

一条视频是如何吸粉千万，估值上亿美元的？

(1) 坚持“美”这个标准

一条一直坚持生活美学。在一条的时间观中，所有的内容背后都有一个美物：一个设计、一个作品或是一个空间。一条实际上是要把人内心最深处的对美的追求激发出来。可以让娱乐、恶搞围绕着你，甚至成为生活的主流；但如果不给高尚的情趣和优雅的价值预留出比1%更多的空间，将很难成就一个脱离了低级趣味的人。

一条聚集了数名担任过主流生活类刊物总编级职务的业务骨干，就连剪辑的年轻人也在反复修改中百炼成钢，被同事们尊称为“大神”。为了拍摄一段3分钟长的《做一碗最鲜美的上海虾肉小馄饨》视频，一条团队拍摄了13个小时，通常几分钟的视频，后期剪辑制作长达一个星期，这足以说明一条对“美”的追求有多极致。

(2) 风格统一，用户辨识度强

一条的视频风格和产生过程，都颇具工匠精神。一条微信的标题从来不能超过22个字，所以这些字必须足够“抓人”。一般人一个标题起3遍，勤奋点的起10遍，而一条常常起上百遍。在拍摄手法上，无论什么内容的主题，放到短视频的5分钟里，都将被拆解成若干的画面。拍一个卖杯子的小店，在拍之前就会很精准地确定杯子的特写镜头有多少个：三五个杯子放在一起的（镜头）要6个，空间上的要4个。里边交叉着空镜头、特写和中景，什么时候该停下都是规划好的。

生活、潮流、文艺……每一个栏目都被固定成形，没有人可以乱发挥：开头2秒，中

间停3秒，这时候音乐一定要适当插入。在框架之中，所有人都知道怎么进行采访、拍摄和剪辑。

一切都在规则与框架之中进行，最有技术含量的一点是：哪怕只跟被摄者聊一小时，也会整理出15000字。但5分钟的视频最多容纳950字，950字会成为共识。里面包含10个要点，每个要点80～90字。

（3）做电商也要有文艺范儿

一条引人注目之处在于，产品足够精致、足够美好，这样，它才能在如今竞争激烈的商业社会中体面地生存下来。一条的内容都是接近生活的，而且画面有杂志的质感，所以一条做成了一个生活方式的电商平台。与传统电商相比，一条将美物推荐给千万用户，转化率很高，利润也比那些打价格战的电商要高几倍，一条没有任何库存风险。

一条的电商模式很简单，在中国、日本、北欧等地挑选优质的独立品牌、设计师产品，从100家逐渐发展到1000家，把优质的产品推荐给自己的用户。同样是产品详情页面，一个普通的茶杯不是内容，但是一个出自独立设计师之手的杯子，就有内容了。给产品赋予一个故事，这也是很多人追求的格调。

一条的崛起首先在于它内在的、稳固的核心内容。其次则在于移动互联网把快速传播、链式反应变为现实。

（资料来源："一条"视频商业逻辑：内容即电商，有范儿就有钱［EB/OL］．［2016-10-14］.）

三、人格化电商的四大应用场景

（一）内容电商

内容电商有头条的付费圈子、专栏，在行的问答模式，知乎等。

内容电商中头条的付费圈子、专栏，在行的问答模式都把人格前置了，而其中的根本是内容的持续输出，并通过平台的运营手段直播互动、评论区互动、私信、群聊、抽奖等，通过内容和运营不断强化用户对内容的认知和信任。

▶ 案例8-2

一个健身号的内容电商逻辑

头条中有一个健身博主，每天在头条输出动态图、小视频等，教大家如何减肥、如何锻炼马甲线、如何清理肠道等运动技巧，并且经常组织问答环节，通过直播和用户互动，大概坚持了3个月，粉丝从几千到几十万。这个时候他推出了一款减肥的代餐棒，再结合他的训练营玩法（社群+专栏）得以实现。

这个案例是典型的内容电商的逻辑，初期通过内容输出和运营培养用户关系，建立人格符号。当用户达到一定基数的时候，就可以通过运营去识别用户的需求，此时再推出相应产品，人格前置推荐购买。

（资料来源：屈冠银，张哲．内容电商发展及运营逻辑思考［J］．北京劳动保障职业学院学报，2016年第10期.）

（二）直播电商

代表人物：罗永浩、董宇辉。

直播电商是内容电商的一种升级。直播是一种“更轻快”和“更交互”的内容形式，显然也应该有一波流量红利。直播电商的优势在于，一是能将需求链缩短。主播以自己的“人设”为支点，以“严选”为依托，直接摆摊种草，用户不用在货架上找货，缩短从看见商品到决策购买的链路。二是供应链缩短。去掉中间商，用户通过主播直连品牌，有更大的让利空间。如果主播集客能力较强，未来还可以形成C2M的反向定制。不仅最大限度地放大了规模效应，而且能够实现零库存。三是场景化，货找人。在供需两侧缩短的链条上，直播电商还有个独特的动力机制，传统货架电商都是“人找货”；而直播电商相当于为用户定制了一个专属生活方式的购物商城，让他们在特有的场景中沉浸。这种“货找人”的方式，也最大限度地促进了成交的可能。

（三）短视频电商

短视频电商在抖音、快手、微视、小红书等App上比较常见，大部分的内容是录制形式，结合平台的小店功能，引导用户下单购买。短视频有效链接与触达用户的关键在于构建以用户关注内容为核心的消费场景，其中包括两个层面的内容。

其一，打造有价值的短视频内容，以此来吸引用户。对短视频而言，丰富的内容表现形式是其与生俱来的优势，因此在短视频电商营销过程中，如果能够进一步做到“投用户之所好”，以用户关注内容为核心进行节目内容生产，便可以在吸引用户的同时，提高营销的成功率。

其二，营造消费场景来连接用户情感。短视频平台可以在内容上因时制宜，并通过精心的设计，将合理的互动式消费场景融入进来，为用户营造“沉浸式体验”即精神高度专注、未遭干扰且体验最佳的无意识状态。

（四）社群电商

社群电商是社群经济线上的表现形式，从某种意义上来说，社群电商是一套客户管理体系，通过客户的社群化充分激活企业的沉淀客户，抛弃了传统的客户管理方式，将每一个单独的客户通过社交网络工具进行了社群化改造，利用社会化媒体工具充分调动社群成员的活跃度和传播力。社群电商模型不仅适用于传统电商，也适用于移动电商，甚至适用于仅仅通过社交工具进行销售的微商。

四、人格化电商的商业价值

（一）负成本的流量

电商人格化成功后的结果是自带势能，即有流量和粉丝。众所周知，历经40多年还长盛不衰的迪士尼，是极具品牌张力的超级IP，无论是人物还是故事，总有说不尽的趣味谈资，道不完的娱乐触点。它已经累积了足够大的势能，拥有了负成本连接的能力。负成本连接，是指因高势能形成的被动连接状态，由于连接成本足够低廉，而被称为负成本连接。

▶ 案例 8-3

迪士尼IP的流量和影响力

2016年6月16日上海迪士尼开园首日，一个帅小伙儿为圆女友的童话梦，手握DR求婚钻戒和一大束气球吊起“房子”，模仿《飞屋环游记》浪漫求婚。《飞屋环游记》之所以成为万千少女的最爱，是因为它述说的浪漫爱情、幸福婚姻吸引着女孩儿们。

这个IP贩卖的是爱和浪漫，所以才具有连接粉丝集聚流量的能力。超级IP自带流量，且是负成本连接的自然结果。

（资料来源：程维嘉．迪士尼公司基于IP产业链的营销战略［J］．传播与版权，2017年第12期）

（二）信任代理的变现效率

信任代理是超级IP流量转化的重要因素，也是超级IP的终极游戏规则。所谓信任代理，其实就是像经营资本一样经营信任的人。传统商业模式中，通过“契约”的形式体现这种互不信任却又能合作的制度设计，而在互联网世界里，不相识的人却可以赢得众多粉丝的信任，这是因为传统的商业注重物性，而在网络和自媒体时代，我们看到的却是商业社会中的人性。在传统商业模式中，用户与品牌的关系比较薄弱，因为缺乏信任代理，所以需要大量的广告和轰炸模式购买流量来提高转化率，而在人格化电商的经营场景中，因为信任代理的出现反而是先有用户，再有产品。人格多样性是IP丰富性的必然要求，基于满足情绪化的社会人格，挖掘与抚慰潜藏于诸多社会现象背后的个体表达需求，形成社群整体的信任代理机制，从而提高变现效率。

五、电商人格化的方法

（一）名称人格化

以微信公众号为例，名称人格化就是让账号具有温度，如“罗辑思维”“吴晓波频道”“同道大叔”等账号。相对那些以公司名字命名的账号而言，这些就是人格化的账号。这些IP的背后，用户会感受到那是一个有温度的人，而不是冰冷的组织。

（二）形象人格化

以“有人味”的形象面对用户，用户便会觉得是跟人在对话，而不是跟机器在对话。以微信公众号为例，那些圈粉无数的公众号图像都是以人的形象出现的。如“罗辑思维”用的就是罗胖的形象，“吴晓波频道”用的是吴晓波本人的图像，还有一些微信公众号用的是卡通人物图像等。所以，面对一个人格化的公众号和非人格化的公众号，用户阅读时的心理感受是明显不同的。

（三）产品人格化

以前人们对好产品有很多标准，如好看、质量好等，现在其实就一个标准：你愿不愿意在朋友圈分享这个产品。这个时候，你会发现产品其实由单纯的产品变成了“产品+人”，人本身附在产品上了。

（四）渠道人格化

以前推出一款电子产品，会先看电子产品的销售渠道在哪里，然后开始铺货。而现在要转变这种思维，先去看消费这个电子产品的人在哪里，然后销售渠道就在哪里。也就是说，首先要知道是卖给什么人，然后看这个产品的销售渠道。如果一个电子产品定位是文艺青年，那么我们就要去找这些人会在哪些场景下出现，这些场景都有可能成为推广渠道。简单来说，人即渠道。

（五）传播人格化

人们以前习惯通过媒体传播产品，但是现在要习惯通过人去传播产品。信息传播出去之后，接收到信息的人还会实现二次传播，如果二次传播实现后，还有三级、四级一直往下传，那么信息传播就成功了。

（六）信任人格化

要达成交易，信任的问题如果解决了，交易的问题也就解决了一半。以前，商家通过各种各样的认证、保证和硬指标去维系信任，而今天信任更多的是通过朋友、社交圈来维系，这种信任度要比认证、保证和硬指标好得多。

第二节　网红思维

一、网红的内涵

（一）网红的定义

网红，即网络红人的简称，是指在现实或者网络生活中因为某事件或行为而被网民广泛关注从而走红的人。从一定意义上讲，他们因为自身的某种特质在网络传播的作用下被放大，迎合了网民的审美、娱乐、刺激、臆想等心理，从而有意识或无意识地受到网络群体的关注，成为网络红人。因此，网红是网络推手、各类媒体以及受众心理需求等各方面利益综合催化作用下的产物。

（二）网红的类型

1. 从粉丝类型来分

（1）大众网红。现在大多数人眼中的网红，更多指的是类似于 Papi 酱的大众网红。他们出色地玩转短视频、微博、直播、微信等投放渠道，受到大批粉丝追捧，流量轻松突破 10 万，快速成为大众关注的焦点。大众网红想要把投放内容转化为经济效益，就必须进行经济变现。变现渠道主要是打赏、贴片赞助、视频植入广告等。

（2）垂直网红。垂直网红就是在某个垂直领域的网红。与大众网红吸引大众的“注意力”相比，垂直网红优势在于“影响力”。知名投资人黄斌认为，网红其实就是影响力经济。影响力经济其实一直都在，无非现在影响力变现换成了互联网的几个形式，关键还是看影响力如何，如何积累出影响力，如何“变现”。

2. 从网红依附的载体来分

（1）文字网红。极早的网络红人，在互联网的 56k 时代甚至更早，那是源于文字激扬的时代，培育出一批网络红人，他们共同的特点是以文学创作为专长并走红。这一时期典型的代表有朱威廉、痞子蔡、安妮宝贝等。

（2）图文网红。当互联网已经进入高速的图文时代，这时候的网络红人开始如时尚杂志般绚丽多彩起来。在这样的时代，女性占有一席之地，在网络中立体地展示其才华。这一时期的典型代表如 Papi 酱等。

（3）视频网红。当科技不断发展，资费的平民化促使互联网用户越来越多，进入了宽带时期，网络歌曲、视频造就了一批网红。这一时期比较有名的如留几手、天才小熊猫、叫兽易小星等。

（4）直播网红。当今互联网行业中最火热的当数网络直播。随着花椒、映客、虎牙等直播平台的观看人数增多，众多活跃其中的俊男靓女依靠自己出众的外表、风趣的语言和出众的才艺，赢得了众多粉丝的青睐，占据了流量的焦点。另外，通过电商直播带货成为关注的焦点，现在比较出名的直播带货网红有董宇辉、罗永浩等。

3. 从网红成名的原因来分

（1）艺术才智成名。这一类型的网络红人主要是依靠自己的艺术才华获得广大网民的青睐。他们大多出身草根，不是科班出身，没有接受所谓正规的训练，往往是依托其非同一般的天赋和在兴趣支配下的自我学习，从而在某个艺术领域形成了自己独特的风格或者技巧。他们通过把自己的作品传到个人网站或者某些较有影响力的专业网站上吸引人气，由于他们在艺术上不同于主流的独特的品位，所以能逐渐积累起来较高的人气，从而拥有部分固定的粉丝群体。

（2）恶搞作秀成名。这一类型的网络红人通过在网络上发布视频或图片的“自我展示”而引起广大网民关注，进而走红。他们的“自我展示”往往具有哗众取宠的特点，他们的言论和行为通常借“出位”引起大众的关注。

（3）意外成名。这一类型的网络红人主观上并没有要刻意地炒作自己，而是自己不经意间的某一行为被网友通过照片或者视频传上网络，因为他们的身份与其表现同社会的一般印象具有较大的反差从而迅速引起广大网民的注意，成为网络红人。大众在猎奇心理的驱动下给予关注，觉得新鲜有趣。但是他们自身往往并不知道自己在某一时刻已经成了网络的焦点。

（4）网络推手成名。这一类型的网络红人背后往往有一个团队，经过精心的策划，一般选择在某个大众关注度很高的场合通过某些举动刻意彰显自身。给大众留下较深的印象，然后团队组织大量的人力、物力进行推动，在人气较高的论坛发帖讨论，营造一个很热的氛围从而引起更多的网民关注。

（三）网红的特征

1. 有特质的外形

很多网红是漂亮、帅气等外形出众的，还有一部分网红靠自己独特的造型、出格的装扮和张扬的个性成为流量之王。总之，他们有着极为鲜明的个性和社会影响力。

2. 有价值的内容

网红在某个领域或者行业有较为深刻的理解或者较为专业的技艺，其思想或技艺通过自己的理解转化为文字、声音或视频，深深影响了其所在行业领域粉丝的行为。

3. 有整合的能力

网红依托自己强大的整合能力，将不同的资源有效组合，从而产生巨大的客户黏性。

二、网红经济的内涵

（一）网红经济的定义与本质

网红经济是以一位个性突出的时尚达人形象的代表，以网络红人的品位和眼光为主导，进行选款和视觉推广，在社交媒体上聚集人气，依托庞大的粉丝群体进行定向营销，从而转化购买力的吸引力经济。

网红经济的本质是吸引力经济，网红产业的本质是内容产业，是创造围绕网红但又能使消费者心情愉悦的各种内容的产业。

（二）网红经济的核心

1. 强大的数据分析能力

为了寻找合适的网红为产品代言，网红经纪公司需要极强的大数据分析能力。一方面，网红经纪公司需要能够根据微博粉丝数据快速定位潜在签约网红粉丝的类型、质量、活跃时间、转化率等，以确定该网红是否具有经济价值；另一方面，网红经纪公司需要根据粉丝的回复率、点赞率，以及回复内容关键词的提取来预测网红发布的商品是否能够热销，以销定产，避免出现产能过剩或者供不应求的情况。

2. 网红社交账号的运营维护能力

网红社交账号的运营对粉丝黏性的维护至关重要。在与网红签约之后，网红经纪公司就会全面接管网红的个人社交账号。网红在社交账号上发布的大部分内容都由网红经纪公司决定。各家公司都有专门的微博运营团队。网红经纪公司需要时刻保证网红与粉丝互动内容的质量以及频率，始终维持住粉丝黏性。

3. 极强的新品设计能力以及供应链支持

由于网红店铺采用“上新闪购+预售”的模式，其对供应链的快速反应以及补单能力有极高的要求。比如网红想要持续为粉丝提供时尚的新款服饰，背后就必须有一个强大的设计生产体系为其源源不断地提供可供选择的新品。

（三）网红经济带来的新商业变局

“网红经济”展现了互联网在供需两端形成的裂变效应，网红一族在制造商、设计者、销售者、消费者和服务者之间产生了全新的连接。目前在淘宝平台上，有数百位网红拥有超过5000万粉丝。他们依靠社交网络快速引进时尚风潮，在淘宝上进行预售、定制，配上淘宝商家强大的生产链，最终形成了一种崭新的商业模式。

实质上网红经济依然是一种眼球经济、粉丝经济，是注意力资源与实体经济相结合的产物。在网络时代，它的出现契合了用户消费心理上的个性化的需求，运作简单、高效、快速，前端精准感知消费人群的需求，后端快速反应，以数据驱动，倒逼供应链的改造。

1. 网红升级为经济现象形成产业链精准营销

由于网红平民化、廉价以及精准营销的特点，其商业价值正在被逐渐挖掘。网红经济由于网红在特定领域的专业性，网红能够更精准地将产品导向粉丝需求，提高了消费转化率。同时，网红又兼具广告或流量费相对较为便宜以及更为平民化的特点。从获取用户的成本上，网红和新媒体比较类似，都较为低廉和快捷。然而，网红所独具的买手制、意见领袖形态是新媒体所不具备的。

2. 网红买手制的购物模式提升整体垂直电商供应链的效率

网红通过精准营销方式促进垂直电商供应链效率提升。网红作为专业领域的意见领袖，其可以利用自己在时尚领域的敏感度、品位以及其背后强大专业的设计团队，将符合潮流趋势且迎合粉丝偏好的产品推荐给消费者，这在降低消费者购物难度的同时，提升了供应链效率，缓解了品牌商库存高、资金周转慢的压力。

3. 网红经济实现低成本营销新渠道

在传统B2C电商中心平台搜索品类繁杂且收费日益昂贵的大背景下，网红这种借助社交平台海量流量宣传产品的精准营销模式，极大地解决了品牌商推广产品效率低下的问题，帮助移动社交电商完成又一次交易场所的转移。

4. 网红经济优化现有运营模式

网红经济极大地优化了当前品牌商家的运营模式。首先，网红经济改善了线下实体店的运营模式。传统实体门店（主要指直营店，分销商模式则为分销商主导）需要负责店铺租赁、店员雇用、品牌推广以及店铺的最终运营。由此带来的业务支出主要包括店铺租金、人工成本、广告费用以及其他运营相关开支。随着店铺规模的扩大，租金、人工成本等一系列费用在总收入中的占比大幅提升。其次，网红经济改善了传统线上B2C电商的运营效率。品牌商寻找新的品牌推广廉价渠道以获取新的廉价客流，由此形成了以淘宝、天猫为首的B2C电商的兴起。最后，网红为B端电商吸引用户提供了新的渠道选择。由于粉丝关注的网红均为各自专业领域的达人，其对网红推销的专业领域产品更加敏感，也更容易被接受，因此提高了用户消费的转化率。

5. 互联网购物的去中心化趋势

网红经济本质上是传统商品寻找的新营销路径，其核心在社会化媒体平台。网红售卖的是“偶像”的生活方式。在网红经济中，社交渠道内容输出、产品设计、运营、供应链的管理等要素很关键。网红作为一个推广渠道，宣传品牌，在吸引—信任—购买这个社交电商过程中，产品和个人相辅相成。随着越来越多的顾客流量开始由网红社交账号导入，移动社交电商有望通过社交网站承载起越来越多的交易功能，互联网购物的去中心化趋势也越发明显。

三、高效利用网红思维策略

（一）找准定位，对品牌进行人格化塑造

网红经济的本质是对品牌进行人格化、达人化塑造，这个塑造可以是多方面的、涉及各个领域的。比如，我们能通过社交媒体，塑造出养生达人、健身达人、美容达人等各种领域的KOL。当然，进行这个塑造的前提是要对品牌、产品、目标人群，以及所选择的KOL自身的优势和短板，都有比较明确的定位，然后有目的、有节奏地推进。

▶ 案例8-4

水果电商品牌“菓盒”的人格化塑造之路

水果电商品牌“菓盒”前期主要通过其官网、1号店等平台进行销售，2015年底开始用微商三级分销系统——微巴人人店，把店开到了微信上，仅10天销售额就达到50万元。菓盒给自己的市场定位非常明确，即“中高端水果的采购、销售、配送”，以吸引“经济能力较强+追求健康、有品质的生活”的这一群体。菓盒将品牌人格化、人格标签化。所有菓盒的客户和分销商都知道菓盒的CEO“壮爷”。壮爷身上有这些标签：85后、奶爸（注重安全和健康）、高学历人群（浙大毕业）、专业专注（在上海最大的农产品批发市场从事食品安全管理工作7年）等。这些标签所传递出来的信息简单鲜明，让人有记

忆点，再通过阐述创业初衷、品牌故事传达了“新鲜、营养、安全的高品质水果”这一品牌诉求，壮爷本身就是菓盒的人格化品牌代言人。可以说，KOL 的形象、特质与产品和品牌给人带来的感觉和印象息息相关。

（资料来源：祝家兴，刘小丹. 电商直播背景下人格化 IP 的信任建构与影响机理分析［J］. 大武汉，2022 年第 1 期.）

（二）持续输出有价值的内容

将品牌进行人格化塑造只是万里长征的第一步，有人会因此记住你，甚至成为你的粉丝，但这还不足以构成刺激他们购买的动力。再加上我们生活在这样一个连鹅都能成为网红的信息爆炸时代，受众的兴趣点分布广、迁移快，粉丝的忠诚度也不是持久保鲜的。

如何能持续为粉丝的热情加温，并将其转化为购买力？持续输出有价值的内容，和粉丝谈一场持久的精神恋爱是非常重要的。网红经济中，KOL 本身就是品牌最大的差异化竞争力。粉丝选择 KOL 推荐或销售的产品，是因为喜欢、认可、相信 KOL，粉丝所选择的并不仅仅是产品本身，而是通过 KOL 塑造的形象、输出的内容，传递出来的一种生活态度和方式。

进行内容输出时需要注意以下四点：

（1）贵在坚持。坚持输出自己，坚持输出品牌和产品。

（2）对什么样的人说什么样的话。根据用户性质进行内容传播时有针对性，才是有效的传播。

（3）新鲜感、刺激点。在人格化品牌中，对 KOL 的消耗较大。因此在运营过程中，KOL 需要不断充实、提升自己，与用户一起成长，而不是进行刻板化的内容输出。最具代表性的 Papi 酱就是通过“紧抓热点+强内容输出”，不到半年就蹿红。

（4）多平台化运营。粉丝在哪里，KOL 就在哪里。除了微信、微博等平台，根据粉丝的分布特点，选择不同的渠道、平台进行内容输出。如果粉丝群体比较年轻，就可以选择小咖秀、秒拍这样的平台与粉丝互动。

（三）注重粉丝运营、用户体验

网红店铺与一般店铺相比，有一个很大的优势在于，网红和粉丝不是简单的买卖关系，既可以作为某一方面的偶像、导师，也可以像是身边的朋友、邻居。而我们知道，越紧密、越深入的关系，对营销的需求就越低。

网红通过社交媒体与粉丝互动从而建立起信任感、亲切感，除了能不断提升客户黏性，还能在互动过程中更清楚地明白客户需要什么，进而优化产品、服务。现在很多网红店铺在上新前还要经过选款—粉丝互动—预售等步骤，让粉丝（客户）参与到产品的开发中来，实现精准生产和销售。通过连接和互动，增加客户的购买频次；通过信任和加强关系，使客单价不断提升；通过推出符合客户需求的新产品和服务，延长产品的生命周期。

第三节　爆款 IP 打造与运营

一、人格化 IP 打造的四个关键点

人格化 IP 可以是人，也可以是拟人化的形象，只要它具有能引起群体消费认知的能量，拥有能够进行整体开发、持续经营、稳定产出的特性，就会是移动互联网时代最受欢迎的新的交易入口。

（一）找准定位

打造人格化 IP 从最初开始就要思考每个阶段的自我定位。关于自我定位，有两个建议。

1. 长板法则

传统营销常常谈到木桶原理，强调补短板。但人格化 IP 定位必须强化自己的长处，定位必须结合自己的长板并做到极致。所谓长板，要么是你的核心资源，要么是你的天赋优势。找到长板，就要求人格化 IP 聚焦到自己最擅长的领域，不断借助最擅长的能力进入其他能发挥影响力的区域，不断进化、演变成新的 IP 产品。

2. 试错法则

定位不是那么容易一蹴而就的，能够一下子准确看到自己未来的路线的人几乎不存在。谁都需要试错，并且在试错中进行动态调整。

如 Papi 酱，在火爆之前，也曾尝试过时尚博主路线、传统网红靠脸晒美图路线，甚至还尝试了长图文路线。最初的探索虽然磕磕绊绊，但经历一番摸索之后，她终于敲定了吐槽短视频，清晰地找到自己最擅长的模式，全力以赴。在自制的短视频里发挥才华的 Papi 酱，终于借助优秀的作品被微博大号转发，开始迎来爆发式的吸粉时代。

如果在定位阶段找不到合适的模式，不妨试着先模仿一个成熟的模式，看看是否能找到感觉。一开始可能不容易找到，但只要及时依据反馈发现潜在的引爆点，不断尝试，就可能有脑洞大开的时候。这个时候就可以把新的可能性做到极致，也许就找到了引爆市场的切入点。

在这个过程中，对于任何一次新尝试你都必须全力以赴，因为谁也不可能提前知道，哪个通道能通向 IP 之门。有时候，一个灵感没有把握好，机会就可能稍纵即逝。

（二）传播爆款

在这个人人皆媒体的时代，要打造人格化的 IP，必须传播出爆款，让足够多的人知道你是谁。爆款传播的难点，在于找到一鸣惊人的内容，还需要具备特定的环境。所以要多储备传播渠道和媒介，多测试不同形式的内容。机会是留给有准备的人的。

如何做爆款？

1. “抱大腿”法则

所谓“抱大腿”法则，无非是与“牛人”为伍，得高人指路，获贵人相助。牛人、高人、贵人最显著的特点就是比例小、层次高。比例小这个概率是左右不了的，所以能做的是认识更多的人或者让更多的人知道自己，这样，辐射的人群基数上去了，被牛人、高人、贵人关注到的概率显然也会增加。

通过互联网、社交媒体让个人品牌传播得更快。通过微博、微信公众号直播，何种形式不重要，关键是能持续输出一些能够吸引一定人群的内容，这就是当下这个时代网红的超级名片，其持续输出爆款的过程，是让这张名片愈加闪闪发光的过程。

说到“抱大腿”，有两个层面：第一，要抱行业的大腿（站对位置）；第二，抱行业里有影响力的人的大腿（找准贵人）。

2. 金钟罩法则

爆款基于大量的传播。如果想在网上做品牌，就要承受得了可能发生的一切，比如被吐槽、被误解，甚至是被诋毁。要成为爆款 IP 的个人都难免要在历练中成长。好多人骂你不是真骂，就是骂着玩儿而已。不同的人站在不同的位置就有不同的看法。

（三）平台卡位

平台卡位往往是在爆款产品出现后要做的工作，要在最短的时间内尽量用最低成本入驻各大平台，获取第一批规模性种子用户，为后续运营打下基础。

1. 要抢红利

平台的进进出出、起起伏伏非常常见。任何平台都有红利期。在平台的红利期入驻很重要，这决定了后续传播的成本及空间，所以平时要对所有的平台保持关注度和敏感度，并且能够根据平台的特点快速反应，将自己的能量最大化地通过平台红利期整合爆发出来。

2. 要多互动

不管入驻哪个平台，都要利用平台的交互模式多和粉丝互动。要拥有能快速让人信任的能力。

（四）滚动产出

IP 未来发展潜力有多大，很大程度上取决于你的变现能力有多强。占据了平台，人格化 IP 需要源源不断地生产内容，但是内容只是带来流量的中间产品，还得考虑流量变现的通道。一个努力成长为优质 IP 的网红获得商业回报的最可能途径有五种：打赏、广告、电商化、培训和直播。

1. 打赏

直播型及内容型网红最易被打赏，打赏收入现在已经成为这种人格化 IP 获得商业回报不可低估的部分。

▶ 案例 8-5

抖音直播的打赏功能

在当前的短视频与直播热潮中，抖音平台汇聚了众多用户与主播。其中，抖音直播的打赏功能备受瞩目，尤其是主播如何从这些打赏中获取收益，成为了大家热议的话题。

首先，我们来了解抖音直播的打赏机制。在直播过程中，观众可以通过购买虚拟礼物来支持自己喜欢的主播。这些礼物形式多样，如玫瑰、飞机、跑车等，每种都标有特定的价格。观众使用抖音币进行购买，随后将礼物赠送给主播。

接下来，我们探讨抖音打赏礼物的价值计算方式。礼物的价格由抖音平台统一设定，用户需用抖币支付。例如，一束玫瑰可能定价为 10 抖币，而一辆跑车可能定价为 1000 抖币。值得注意的是，主播从打赏中获取的收益并非全额，抖音平台会抽取一定比例的费用。通常，主播能获得的收益比例为 50%～70%，具体比例可能因主播的知名度、粉丝数量等因素而有所不同。

为了更直观地展示打赏收益的计算过程，我们通过一个具体实例来进行说明。假设某主播在直播时收到了观众的两类打赏：一类是 10 束玫瑰，每束价值 10 抖币；另一类是 2 辆跑车，每辆价值 1000 抖币。那么，主播的总收入计算如下：玫瑰礼物总价值为 100 抖币，跑车礼物总价值为 2000 抖币，两者相加得出总打赏价值为 2100 抖币。再假设抖音平台抽取了 30%的费用，那么主播最终能获得的收益即为 70%的打赏价值，也就是 1470 抖币。

一些主播们的收入，完全来自粉丝的打赏，收入从月收入几千元到百万元不等。

（资料来源：谢娟．场景，行为和互动：抖音主播直播策略对观众打赏意愿的影响［J］．现代青年，2023 年第 11 期．）

2. 广告

只要是有影响力的网红，都会得到各种广告的机会，从最简单的微博转发，到稍微复杂一点的微信软文植入，或者直接做某个品牌的代言人。

▶ 案例 8-6

中国新媒体世界的第一次广告拍卖

罗振宇和徐小平投资 Papi 酱后，罗振宇宣布要做中国新媒体世界的第一次广告拍卖，成为新媒体第一个“标王”。2016 年 4 月 21 日，Papi 酱广告招标会中丽人丽妆以 2200 万元的价格成为此次拍卖的“标王”。从起拍价 2. 17 万元到最后成交价 2200 万元，只用了不到 20 分钟。

和一般拍卖会不同的是，Papi 酱的这次拍卖会是线上线下同步进行的，线上是在阿里拍卖平台，线下则有几十位竞买人。线上拍卖人通过阿里拍卖平台，手机淘宝客户端直接按按钮出价，现场竞买人在这里举牌应价，线上竞买人能够看到现场，现场竞买人通过屏幕也能看到线上竞买人的出价。

基于流量的商业模式，要么是卖广告，要么是卖商品。变现流量，对于手握百万粉丝、过亿视频点击量的Papi酱而言，本身并不是难事，只是由于红得太快，还没想好怎样卖广告，更没有想好卖什么商品，被自媒体商业运营非常成功的罗振宇说服一起合作，让大咖替自己操盘，自己专注做内容产出，也是一个不错的选择。

（资料来源：李志军《拍卖整成了营销，是喜是忧?》2019年6月25日，https：//baijiahao. baidu. com/s? id=1637296710820588952&wfr=spider&for=pc）

3. 电商化

有意识地在形成“造血”系统，去广告化，走符合网红本身的人格和特质的电商店路线，定制粉丝喜欢的电商商品，变身电商模式，解决广告主的流量转化问题。用户是粉丝与顾客，网红是导购与买手，广告主是商品供应者，每个人都成为供应链中的一部分。

4. 培训

对于专业领域的网红，还有一种新的变现模式——做培训。从课程入手，逐步覆盖讲座、短训班、长训班、在线课程、认证，形成完整的教学产业链，把个人网络影响力逐步和线上业务交叉覆盖。

5. 直播

直播平台成了IP变现新途径。移动在线直播更具备颠覆传统的秀场直播平台模式的潜能，因为它解决了真实性的问题。直播模式的诞生，改变了传统互联网以内容为传播核心的模式。大家都是来看内容的，并不关心生产内容的人。随着直播平台的崛起，越是能生产内容的人，越容易借助直播模式放大自己的能量。一个不是以“内容”而是以“人”为核心的传播时代正在开启。

二、爆款IP运营要点

爆款IP的背后有很多层次和丰富的运作机制，占据行业的绝大部分，经过各种博弈形成的大规模影响力扩张，通过良好运作形成整体产业生态。

（一）品牌化运作

树立IP的品牌影响力。要想打造好的IP必须融入品牌元素。品牌是依附在产品中的一种无形资产给产品带来高溢价、附加值。它通常是指用以和其他竞争者的产品或服务相区分的名称、术语、象征、记号或者设计及其组合，增值的源泉来自消费者心中形成的关于其载体的印象。由此，一个好的品牌会给商家带来很大的商机和效益。建立IP品牌需要做好以下两个方面：

（1）做好底层建设。底层建设也叫打基础，主要是指对大框架的设计，如设定人物的价值观、宏观背景等。

（2）提炼品牌理念、品牌文化。拥有品牌理念、品牌文化是一个品牌存在的基础，否则就难有明晰的产品定位。当然，这一切都要建立在产品构建的基础上。一个品牌，无论是小说、动漫、游戏，还是电影、电视剧、舞台剧等，只有围绕一个品牌核心，才能在市场上游刃有余、高契合度地穿梭，从而形成一部又一部具有强大竞争力的作品。

（二）链条化运作

链条化运作即从点到面进行多维度布局。围绕一个 IP 进行深度挖掘，开发其周边产品和衍生品，从而建立起一个与源 IP 相关联的链条、生态圈，持久地去影响大众。例如，一部小说所具备的音乐、游戏、影视、动漫等原创能力，经过二次改造 IP 升级为一个高能化产品。一个 IP 无论处于什么形态，在进行链条化运作之前都需要做好以下工作：

（1）选择自己擅长的方式完成创作 IP 的链条式运作。这在某种程度上是一种跨界，每转换一次形态就意味着需要一个全新的操作模式。

（2）处理好不同形态 IP 内容的转换。IP 在不同形态的转换中，需要处理好题材的迭代关系。从一个题材到另一个题材，是延续还是创新，处理好这个关系很关键。无论是将题材注入新 IP 还是自创 IP 题材，关系的平衡都非常重要。如在 PC 端游戏时代，游戏外延的扩展落在了相关的 YY 频道里，间接炒热了女主播行业。而在移动互联网时代到来之后，便携设备使得随身视频、游戏等形式更加多样化，未来 IP 的载体也会更加广泛。

（3）融入一个亚文化体系中。每种文化形式在拥有一定数量的优秀内容之后，无形中都会把自身固化在一个形象之上，要把自创 IP 融入整个亚文化体系中，进而反哺。

▶ 案例 8-7

《十万个冷笑话》的链条化运作

《十万个冷笑话》最早只是一个流行在网络上的漫画段子，凭借幽默的风格和夸张的画风而吸引了大量粉丝。有人看出了其中的商机，便制作成了动漫。《十万个冷笑话》第一季点击量超过 10 亿次，漫画版点击量达到了 14.9 亿次。在已经拥有优秀的动漫品牌之后，为了进一步挖掘其潜力，先后又开发了电影、舞台剧、手游等；同时在衍生品开发方面，也做了一些尝试，如卡包、手表、玩具等，无论创意还是做工都算得上精致。《十万个冷笑话》由一个网络段子最终发展成爆款 IP，正是链条化运作的结果，即从点到面进行多维度布局。如果当初只限于段子或动漫，恐怕不会有如此大的影响力，那么与《十万个冷笑话》有关的很多潜力也就很难被挖掘出来。

（资料来源：中国动漫产业网）

（三）生态化运作

所谓 IP 生态圈，是把不同形态的 IP 整合起来，在用户群体中形成价值。如果说链条化运作针对的只是作品本身，那么生态化运作则针对的是用户，属于动态运作。换句话说，一个IP无论延伸出多少衍生品，最重要的都是能被用户接受，在不同领域体现其价值，在用户心中产生价值，否则费力不讨好。

（四）立体化运营

企业在打造品牌的长久影响力方面，要不断深入挖掘，进行网状联动，实施立体化运营，让IP全方位地实现它的价值。

（五）多平台传播

在IP的运作过程中，最不能缺少的就是渠道。畅通的渠道是IP扩大宣传力、提高曝光度，被大众认识和接受的主要途径。可以说，打造渠道确实是一种商业行为。尤其是我们今天谈到的IP渠道，与其他商业行为渠道的打造还有些不同，最显著的特点就是多维度。如果大规模地拓宽渠道、扩大宣传，资金难免会吃紧，从而加大投资风险。在这种情况下，很多人便开始向成本低廉的渠道转移。在宣传渠道上，除了传统的电视、网络发布会外，还有很多更加自由、便捷、灵活的渠道。尤其是随着互联网技术的发展和普遍应用，宣传渠道的种类越来越多，如微博、BBS及其他多种视频网站等线上渠道，以及微信、App、直播等自媒体渠道，这些都对打造IP、提高IP的影响力有很大的帮助。而在新媒体时代，每一个发出声音的地方（BBS、博客、微博、微信等），都可以看成一个话语节点。整个互联网的价值，就是这些节点的平方。这里所谓的价值是指对社会人文乃至人类文明的贡献。这对于没有足够经验和资金的个人或团队来讲非常合适，能够以低成本打造自己的IP。

（1）利用自媒体。自媒体已然成为最强大的内容承载平台，IP必须善于去迎合才能保证阅读量和热度。

（2）利用工具市场。工具市场上充斥着大批活跃的工具，如果能够恰当地利用好这些高频的工具，对自己的IP打造也非常有帮助。

第四节　网红经济的发展趋势

伴随着移动互联网技术的高度发展，网红经济作为一种新型商业业态而逐渐兴盛起来。网红经济在不同行业、渠道、场景的应用渗透程度不断加深，形成了丰富、多元的创新商业生态。

一、从发展状态来看，网红领域和内容趋向多元化

随着自媒体时代兴起，碎片化信息越来越丰富，微阅读、图片、短视频等传播信息的方式更容易让大众接受。网红涉及的领域越来越广，从化妆、美容、美食、游戏到运动、财经等，囊括吃、住、行、游、购、娱各方面。

网红内容的传播形式多元化，如直播、制造话题、公众号文章推送、短视频等。Wi-Fi和5G网络的普及以及智能手机的广泛使用，短视频的兴起受到越来越多的网红青睐，成为网红向粉丝推送内容的首选方式。粉丝们逐渐把注意力从真实存在的人转移到了虚拟创造的“人”和形象上，而这些新的形象，也在逐渐崛起成为新一代的网红。相比现实人物，虚拟人物以其特有的可塑性和趣味性大大加快了自身的传播速度与被认知程度。

▶ 案例 8-8

虚拟人物典型 IP

（1）一禅小和尚：《一禅小和尚》是由苏州大禹网络科技有限公司原创的一部网络IP，主人公一禅是一个6岁的小男孩儿。其通过各种形式的内容为观众呈现出人性的美好和善良。微博粉丝数达到350万人，动画全网播放量超3.5亿次，漫画在“有妖气”点击量高达1500万次。

（2）小爱同学：作为小米首款AI音响的唤醒词，小爱同学成功获得了自己的二次元虚拟形象，并在小米相关设备上线，小爱同学因其“本体”为人工智能，所以通过超强的互动性以及智能性吸引了许多粉丝的关注。

（3）洛天依：身为中国虚拟人物第一人，洛天依以15岁、单纯机智的形象进入人们的视线，随后爆红于全网络，成为现象级虚拟偶像，并成功登上2016—2017年湖南卫视跨年晚会的舞台。其于2017年底在上海梅赛德斯-奔驰中心举办了自己的第一场演唱会，7000余张门票售卖一空。

（资料来源：吴声，超级IP：互联网新物种方法论［M］. 北京：中信出版社，2016.）

二、从职业形态上看，网红趋向职业化

伴随着网红经济的逐步专业化以及MCN机构产业的完善，网红与MCN机构签约成为专职网红的一种新趋势。网红签约MCN机构比例加重，专职网红成为一大职业选择。头部网红对MCN机构的青睐，彰显了MCN机构所带来的全方位的帮助在网红竞争中的重要性。越来越多的用户会把网红当成自己的正式职业和工作，职业网红的人数不断增加。而MCN机构在为网红带来诸多裨益的同时，通过更精准的引流以及更多元的分发渠道，将更有效、更丰富的商业变现方式赋予网红。

三、从运营平台选择来看，多平台化成为主流

随着互联网的不断发展，丰富的内容衍生出多样的平台，这也导致曾经扎根于单一平台的走红方式无法跟上市场的节奏。在适合自身优势及内容的多个平台同时上传作品，以吸引不同使用习惯的粉丝，成了如今网红们提高自身知名度和吸引流量的新方式。例如，知名的游戏主播Miss，其作品多为直播以及游戏相关视频，因此在斗鱼、优酷、哔哩哔哩等直播平台及视频网站上均能搜索到她的作品，其子频道总播放量更是达到了6.5亿次。

同时为了获得更多的关注，在以微博为典型的社交平台上上传自己的作品也是网红们的不

二选择。以 Miss 为例，其微博粉丝数已达 940 万人，超过了其直播平台上 757 万人的关注数。

四、从网红变现方式来看，网红变现形式多样化

网红经济的实质是粉丝经济，本质是网红价值观和受众注意力资源的货币化，核心是流量变现和内容变现。网红变现方式主要包括五种：一是通过电商。具有代表性的是淘宝网红店。二是代言和植入广告。网红除了代言广告，还在社交媒体上通过内容发布或者直播等手段植入广告。三是直播分成。四是签约费。五是粉丝打赏。

五、从产业链构成来看，网红产业链不断延伸

网红经济从产业链条上看，首先是网红生产，主要由经纪公司或孵化机构包装打造“网红”；其次是网红传播，在双微社交平台，以及各类短视频和直播平台上为粉丝推送网红产品；最后是网红变现，主要通过电商、广告、直播分成、粉丝打赏等变现渠道。网红产业链不断延伸，使各个环节均可获得资本青睐，各个环节的投资机构联合起来实现了共赢。

六、从运营方式来看，网红经济运营专业化

由于粉丝消费需求增多和对产品质量要求提高，因此对网红产出内容的质量和专业性要求也逐渐提高，网红不得不从形式单一的个体转向团队合作，从而促使许多网红专业运营公司出现。因此，网红经济不仅包括由网红直接形成的经济，还包括围绕网红形成的网红孵化服务、网红经纪服务、社交平台提供的软硬件服务和数据分析服务等衍生经济。未来网红类型更加多样且快速迭代，网红经济产业链向专业化、精细化迈进。

本章小结

本章主要讲述了人格化电商、网红思维建立、爆款 IP 打造与运营等内容。完成本章的学习，应理解和掌握以下内容：

（1）人格化电商的商业逻辑。一是影响力。这种影响力是指具有某个领域的“草根”专家影响，带有某类产品标签。二是拥有铁杆用户。“主人翁”的特性使其抱有优化产品的态度，但绝对不是挑剔，是合理地为品牌方提供意见或建议的群体。三是内容。依托优质内容吸引潜在客户，在此过程中介绍或推荐相关商品，以达到成交的目的。

（2）人格化 IP 打造的四个关键点。一是找准定位，打造人格化 IP。最好一开始就仔细思考每个阶段的自我定位。二是传播爆款，让足够多的人知道“你是谁”。三是平台卡位，在最短的时间内尽量用最低成本入驻各大平台，获取第一批规模性种子用户，为后续运营打下基础。四是滚动产出，考虑流量变现的通道。

关键术语

人格化电商　网红思维　爆款 IP 打造与运营

案例分析

高跟鞋 73 小时

著名的独立高跟鞋品牌“73hours”，每双鞋子的售价在 1000 元以上。即使在商场专柜，这个价格也不算便宜，更何况是在人们通常认为可以去“淘便宜”的淘宝网。但这家店铺经常新品上架不到 1 小时，就被粉丝抢到断码。店主赵若虹的前主持人、演员、出版人等身份决定了她具有较强的话题性、内容输出能力和粉丝运营能力。除了分享店铺的更新动态，她在微博当中更多的是通过时尚、美食、健身等元素，塑造一个精致、乐观、温暖、有情调的“名媛”形象。而她的粉丝大多认可并羡慕她的生活态度和方式。套用一句网络用语来说就是：“姐买的不是鞋子，而是情怀，是一种新的生活方式！”

【讨论问题】结合本案例，谈谈你对高效利用网红思维的理解。

实训操作

实训项目	网红思维的利用与分析
实训目标	掌握网红思维运用于分析技巧
实训步骤	1. 选择一款你熟悉的商品 2. 以小组为单位（5~6 人）分析被选择商品的属性及特征 3. 利用网红思维策划如何销售商品 4. 分析网红思维利用所带来的效果与变化
实训环境	数字营销模拟实训室
实训成果	策划报告

思考与练习

一、填空题

1. 网红经济的本质是：______________________________。
2. 一个成长的网红获得商业回报的途径有：__________、__________、__________、__________、__________。
3. 人格化 IP 打造的四个关键点是：________、________、________、________。
4. IP 生态圈，是把不同形态的 IP 整合起来，在用户群体中形成__________。
5. 网红经济的核心在于：强大的数据分析能力、__________、__________。

二、不定项选择题

1. 企业在打造品牌的长久影响力方面需要不断深度挖掘，进行网状联动属于（　　）运作。
   A. 品牌化　B. 生态化　C. 立体化　D. 平台化
2. 从网红依附的载体上分，网红可分为（　　）。
   A. 文字网红　B. 图文网红　C. 视频网红　D. 直播网红
3. 人格化电商的四大应用场景是（　　）。
   A. 内容电商　B. 直播电商　C. 短视频电商　D. 社群电商
4. 网红的特征是（　　）。
   A. 有特质的外形　B. 有价值的内容
   C. 有整合的能力　D. 有数据分析的能力
5. 电商人格化的方法有（　　）。
   A. 名称人格化　B. 形象人格化
   C. 产品人格化　D. 渠道人格化

三、判断题

1. 网红不能是虚拟人物。（　　）
2. 网红生产主要由经纪公司或孵化机构包装打造。（　　）
3. 网红领域和内容趋向集聚化、单一化。（　　）
4. 渠道是 IP 提高影响力、增加曝光度、被大众认识和接受的主要途径。（　　）
5. 内容社交电商是直播电商的一种升级。（　　）

四、思考题

1. 选择一个案例，说明网红思维的运用。
2. 思考网红经济如何实现低成本营销。

第九章

新媒体运营

能力目标

通过完成本章的学习，学生能够基本形成新媒体运营思维，掌握新媒体运营推广的基本技巧和用户培育方法。

素质目标

从新媒体快速发展切入，以新媒体运营推广作为教学模式，让学生在学中用、在用中学，通过实践引导，让学生深化认识新媒体运营，树立正确的运营价值观和认知导向，守牢价值阵地，让主流声音更加响亮。

引例

四川观察抖音号出圈

四川观察抖音号注册于2018年，是四川广播电视台旗下注册运营的新媒体账号。在成立后的较长一段时间内，四川观察一直处于摸索阶段，发布一些自制情景剧和模仿搞笑类视频，没有引起太多的关注。直到2019年8月，四川因连续暴雨受灾严重，武警官兵投入抢险救灾一线，四川观察发布了一条武警跑步驰援灾区、群众自发送粮的视频，感人的场景令不少网友为之动容。这条视频最终获得65万次点赞量，远超之前发布的其他视频。后四川观察迎来了发展转折点，在一年之内猛涨3000余万粉丝，且日均互动量达到近千万级，在一众官方自媒体账号中崭露头角。2020年，四川观察抖音号运营成绩显著，其凭借高用户互动率、高更新频度、高热点关注度等得到了用户青睐。截至2024年12月31日，该账号拥有4796万粉丝，累计获赞量达41.7亿次。

大大小小的“观察”账号不计其数，但四川观察既能坐拥4700多万粉丝，又稳稳地成为当下最热的媒体转型话题。它的走红难道纯属意外？其实不尽然。四川观察的强势走红，可从以下几个方面分析。

借力出圈，“蹭”热点获得注意力

四川观察借助了互动的形式来获得受众的注意力，“人民日报”涨粉过亿后，它蹭了一下主流媒体的热点，直接表示羡慕，央视表扬四川观察之后，它又发布了一条“央视都催你关注我了。你还没关注我吗?”的视频，突如其来地和央视新闻来了一次隔空互动，其实是为网友们设置了议题，引发网友热烈讨论从而提升热度。

创新形式，形象更加亲民化

四川观察并没有局限传统媒体的报道形式，孟晚舟事件、小伙爬楼救女、日本洪水等各类各路事件，四川观察都会报道一番。也正是从这时开始，网友开始调侃四川观察为四处观察。面对网友们的催更，四川观察也用“这届观众太难带了，真当观众是生产队的驴吗?”这样的视频及时回应，四川观察摒弃传统媒体的宣传特质，利用视频效果让自己的形象更加亲民化。

找到定位，契合受众的情感点

四川观察的抖音号和其他抖音号差别并不是很大，它会拍些情景剧、模仿其他账号的爆款，好似打酱油一般的运营，流量不瘟不火。在经过一段时间的沉寂后，四川观察找到了属于自己的定位，内容更能契合受众的情感点，用户评论代表了用户对信息的一种消费，相较于浏览量，转发数、点赞数等数字化呈现，通过用户的评论文本可以更直接地洞察用户的观后感和取向。四川观察调动了受众的积极性，将受众容纳到运营模式之中。

质量、速度、网感在线，看家本领不能丢

在人人都可以麦克风的时代，一个最新的独家新闻，对于很多媒体来说意味着数不清的流量。央视表扬四川观察的视频中这么说道：“颠覆了观众对本地融媒体的传统认知，质量、速度、网感都在线，不管再怎么破圈，传统媒体人的看家本领不能丢，内容真实，消息迅速，稿源渠道丰富。”

孵化新媒体项目，深耕垂直内容

未来将在产品与渠道方面继续发力。四川广播电视台已经和百度签署战略合作协议。双方未来将在重大新闻领域深层联动，通过四川观察与百家号的通力合作，孵化新媒体项目，深耕垂直内容。四川观察总编辑岳学渊透露，内容团队接下来还会做垂类孵化，开设一些子账号，如评论、慢直播、新闻矩阵等方面的内容，继续做规模化传播，做好内容和服务。

【分析提示】在新媒体浪潮下，政务单位为什么要参与?

第一节　新媒体概述

一、新媒体的定义

移动互联网的发展，让新媒体应运而生。这种新型的媒体形式催生了新的营销模式，加速了传统媒体的转型，同时也让各大行业纷纷转身，利用新的媒体平台来提升自身的行业竞争力。

（一）新媒体定义的演进

新媒体全面影响我们的生活是在近几年，但新媒体的概念早在 1967 年就出现了。时任美国哥伦比亚广播电视网技术研究所所长的戈尔德马克先生首先提出了与传统媒体相对的“新媒体”概念。

美国《连线》杂志认为，新媒体是“所有人对所有人的传播”。

联合国教科文组织则把新媒体定义为“以数字技术为基础，以网络为载体进行信息传播的媒介”。

我国清华大学的熊澄宇教授认为，新媒体的内涵和外延在不断延伸，在传统互联网和移动互联网之外还出现了其他新的媒体形态——凡是跟计算机相关的都可以被视为新媒体。

新媒体有狭义和广义之分。狭义的新媒体是指与报纸、广播、电视等传统媒体不同的一种新的媒体形态，包括互联网媒体、移动互联网媒体、数字电视、博客、微博、微信等形态。广义的新媒体是指在各种数字技术与互联网技术的支持下，通过电脑、手机、数字电视等一切互联网终端向用户提供信息或服务的新的媒体形态。

为了更清晰地描述新媒体的本质，也为了便于理解和接受，更接近人们的认知习惯，本书对新媒体的界定是：以数字化为传播技术特征，以互联网为传播渠道，以智能终端为接收介质的互动性媒介。

（二）新媒体和传统媒体的区别

1. 实现了信息的双向传播

传统媒体是信息传播者单方面发出信息，受众只能被动接受而无法有效回馈。新媒体的互动性很强，每个人既是传播者又是受众。

2. 信息传播不再局限于固定场所

移动互联网的出现让新媒体的传播变得更加无孔不入。只要有智能手机，人们就可以在互联网上冲浪。因此，人们的上网时间比过去大大增加，信息覆盖水平也远超以往。

3. 传播行为个性化

传统媒体具有很强的专业性和垄断性。但在新媒体时代，人人都可以制作和传播新闻快讯。特别是微博、微信等新媒体平台，让每个人都能变成一个内容制作中心和信息传播中心。

4. 实现了即时传播

传统媒体要派出记者采访，然后由记者写报道，相关部门审核报道并最终呈现。除了简短的新闻快讯外，传统媒体发布的信息具有一定的滞后性。新媒体则不同，可以随拍随传。

5. 传播内容多元化且充满原创性

传统媒体基本不报道没有新闻价值的内容。而新媒体的内容多种多样，且拥有大量的原创内容，这使得新媒体成为人们展示自我的有力平台。

（三）新媒体行业的总体发展现状

从2015年开始，我国新媒体产业就取得了长足进步，其中互联网广告、网络游戏、电影、大数据 VR 的发展尤为迅速。以 BAT（百度、阿里巴巴、腾讯）等互联网巨头构成的新媒体生态系统正在逐步完善，传统媒体产业与新媒体产业将在“互联网+”与“大数据+”等政策的推动下进一步融合。

国内互联网企业采取“资本+媒体”等形式在传媒领域投资和布局，促成了多类型传播渠道的发展，同时也有力地促进了媒体行业的转型升级。2015年，中国新媒体产业出现了合并潮，不少同行业的竞争对手转而进行战略合作发展。比如滴滴打车与快的打车合并，美团网与大众点评网宣布合并。这些同类型企业的合并减少了新媒体产业的恶性竞争，优化了整个产业的生态布局。

总体来看，国家对新媒体产业发展依然采取大力扶持的政策。新媒体生态圈在碰撞与融合中逐渐形成。智能技术的发展使新媒体的跨行业整合进程进一步提速，甚至有机器人参与到新闻的生产流程之中。自媒体的价值变现能力更加突出，内容提供者将成为新媒体产业未来的重点培育对象。“新媒体+电商”等多元化经营方式也成为各行各业的重要营销手段。

二、新媒体、自媒体、微媒体的辨析

“人人都是自媒体”这句话在社交平台上屡屡出现。此外，还有人把微博和微信称为“微媒体”。“新媒体营销”“自媒体营销”“微媒体营销”等字眼都在网络上出现，使不少运营者晕头转向。其实，新媒体、自媒体、微媒体三者既有区别也有联系，不要把它们看成三个完全独立的概念。

广义的新媒体指的是“在各种数字技术与互联网技术的支持下，通过电脑、手机、数字电视等一切互联网终端向用户提供信息或服务的新的媒体形态”。由此可见，新媒体的内涵外延更广，包含了自媒体和微媒体。微媒体强调的是一种由多个信息发布点组成的网络传播结构，侧重点在平台。自媒体虽然被定义为一种信息传播途径，但它的侧重点在于“普通大众”和“与他人分享”等关键词。本书提到的新媒体，既包括企业组织的新媒体，也包括普通大众以新媒体工具形成的自媒体品牌。

自媒体运营的门槛是最低的，只需要注册账号，把身边的事情传递出去即可。很多时候，私人化、平民化的自媒体仅仅被视为自娱自乐的后花园。只有少数特别有人气的自媒体才会被企业看重，展开真正意义上的商业合作。这是一块大蛋糕，很多企业的新媒体营销团队都会抓住这点来做文章。

相对企业新媒体而言，自媒体最大的优点是个性鲜明且拥有较多的话语权，让运营者有更多机会传播个性化内容，这使得自媒体成为新媒体产业中最主要的内容提供者。

第二节　新媒体运营思维

一、新媒体运营概述

新媒体运营是指利用新媒体平台进行营销的模式。新媒体运营有精准化、智能化、效果直接、可控性强等优势。我国的网络营销发展迅猛，互联网广告已经成为我国广告产业规模最大和增速最快的板块。受网民人数增长、数字媒体使用时长增长、网络视听业务快速增长等因素推动，未来几年，报纸、杂志、电视广告收入将持续下滑，而网络营销收入将继续增长。2025 年 1 月 7 日发布的《2024 中国互联网广告数据报告》显示，2024 年中国互联网广告市场规模持续承压增长，市场增速较 2023 年提升了近 1 个百分点，达到 13.55%，收入规模达到 6508.63 亿元。新媒体运营多偏向于自媒体方面的运营发展，从现在主要的新媒体营销表现形式来看，新媒体营销具有以下特点。

（一）体验性

新媒体营销改变了传统媒体“传者单项发布，受众被动接受”的状态，使每个受众既是信息的接收者，又扮演着传播者的角色，还摆脱了固定场所的限制，增强了消费者的参与体验，取得了更好的传播效果。

▶ 案例 9-1

可口可乐的元宇宙运动

元宇宙是近年最火的一个概念，它是一个数字空间，人们可以在其中互动、玩耍、工作和社交。许多公司，例如 Facebook，都在斥巨资开发元宇宙。

可口可乐利用大家对元宇宙的极大兴趣，尤其是其年轻客户的兴趣，推出限量版饮料——零糖字节（Zero Sugar Byte）。据悉，新品灵感源自在线游戏《堡垒之夜》和元宇宙的设定，旨在吸引精通新科技的年青一代消费者。零糖字节口味清爽明亮，不含添加糖，有望成为电子游戏的绝佳伴侣。

这种创新的营销方法被证明是有效的，因为每次发布的收入增加了30%，每次发布的毛利润增加了25%。

可口可乐的活动表明，技术将始终在创新营销技术中发挥重要作用。通过使用颠覆性技术并满足千禧一代客户的需求，可口可乐有效地将技术、创造力、营销和产品开发结合起来，极大地提高了活动的回报。

（资料来源：王菲．社会化媒体时代可口可乐在中国的包装营销研究［D］．海南大学，2023.）

（二）沟通性

新媒体的信息传播速度相比传统媒体更加迅速，消费者可以实时接收信息，并且做出相应的反馈，让消费者的互动性更强。

（三）差异性

新媒体营销方式与传统媒体营销方式有着很大的差别，在进行内容传播时，可以做到将文字、图片、视频等同时进行传播，不仅增加了传播内容的信息量，也在一定程度上增强了传播内容的深度和广度。

（四）创造性

新媒体营销能够创造可能的热点，超越传统媒体的信息竞争。

（五）关联性

新媒体营销更注重“关系”与“情感”的影响是“深度卷入”，而不是“生拉硬拽”，使广告产生真正的影响力。

二、新媒体运营的主要思维

在移动互联网时代，新媒体的发展最重要的就是对新媒体营销思维的理解和运用。要想实现新媒体的营销，就要创造出有价值的内容。只有这样，这个媒体平台才能得到更好的运营。新媒体营销常用的思维主要包括粉丝思维、平台思维、营销思维和病毒传播思维，本节主要对这四种思维进行具体介绍。

（一）互动：每个粉丝都是交流主体

粉丝思维，主要体现在新媒体平台与粉丝之间的互动上。传统意义上的互动指的是一群人聚集在一起，通过脑力去解决某个问题，而数字时代的互动却是指网络信息的双向互通。网络的特殊性改变了传统单向的信息流动方式，网络舆论的生成能让企业进一步了解用户内心的想法。每个人都是互动的主体。每个人都有属于自己的不同观点和意见，这些观点的交流和交融能够为新媒体运营带来全新的面貌。

（二）共存：用优质内容吸粉引流

平台思维，其实是一种“打造精品内容”的思维，即通过优质的、对用户有价值的内容吸引用户，留住用户。打造一个好的平台，除了要在内容上下功夫之外，还需要在排版、图片、文字等细节上入手，通过舒适的版面、高清的图片和精彩的文字来吸引用户。

平台内的资源运作也是平台思维的思想之一。什么是资源运作？资源运作就是当一个平台的粉丝量达到一定程度时，这些粉丝就变成一种资源与平台成为利益共存体。这样的平台不仅能够留住粉丝，还能实现平台和粉丝的利益最大化。因此，对公众平台来说，平台思维是相当重要的。

（三）营销：娱乐化的策略是关键

新媒体的营销思维很大程度上体现在内容的娱乐性上。移动互联网时代，消费者喜欢具有娱乐性质的事物。新媒体在运营时要抓住这个要点，打造一套创新的娱乐化营销策略。

娱乐化的新媒体营销方式也是传播的一种手段，它主要指企业在利用移动互联网进行新媒体营销的过程中，利用各种娱乐元素吸引消费者的目光，达到信息传播的目的。

娱乐化的新媒体营销策略主要表现在以下两个方面。一是娱乐精神。新媒体从业者在营销过程中要充分发挥娱乐精神，用创意思维为用户营造轻松的环境，打造具有娱乐精神的产品。二是制造好玩的事件。新媒体从业者还需要注意的是，在营销内容上不同于以往的、乏味的说教形式，而是要制造好玩的事件让全民狂欢起来，这样才能得到关注。

▶ 案例 9-2

蜜雪冰城魔改音乐，抢占流量高地

2021 年爆款案例，蜜雪冰城魔改的音乐 MV 可以说是 NO. 1。

蜜雪冰城 MV 改编自美国民谣《哦，苏珊娜》的魔性洗脑动画 MV 主题曲，因简单的旋律，朗朗上口的文案，在不少人的朋友圈成功刷屏。MV 以品牌的 IP 形象“雪王”为主角，向大众演绎了蜜雪品牌、蜜雪员工以及蜜雪用户的“爱恨情仇”，在向用户传递幸福分享甜蜜的品牌理念之余，凸显了欢快和谐的氛围。

这支 MV 堪称 2021 年上半年的流量收割机，一经发布就呈现了爆款的趋势，仅在 B 站就获得超过 1900 万+的播放量、36 万+分享、23 万+收藏以及 80 万+点赞次数。

可以说蜜雪冰城这支 MV 成功俘获了年轻人的心。以蜜雪冰城这首 MV 为创作灵感的二次创作内容比比皆是，在抖音、快手、微博等社交平台上不同语言、风格、文案的内容都获得了不俗的流量。品牌用户之间的内容共创，为蜜雪冰城带来了超高的讨论热度，实现了营销裂变，并增强了用户与品牌之间的黏度。

在注意力稀缺的年代，蜜雪冰城凭借一首魔改的 MV 成功刷屏一整年，并帮助品牌引爆了流量，让品牌通过传播放大了杠杆效应，带来了意料之外又在情理之中的营销效果。

加上其产品的亲民价格，帮助蜜雪冰城树立了“高性价比”的品牌形象。

（资料来源：网易数读. 洗脑神曲正在这样批量制造［J］. 2022.）

（四）传播：“病毒”式激发与散发

“病毒”式传播是由受众自发产生的一种发散式、激荡式、扩散式的传播方式。新媒体从业者具有的“病毒”传播思维其实就是一种“病毒”营销思维。这种思维方式有利于扩大辐射面和提高影响力，进而提高企业的知名度。

三、新媒体运营的发展趋势

从很多方面可以看出，新媒体正在开始替代传统媒体，传统媒体的市场空间被进一步压缩。新媒体之所以受商家欢迎，是因为与传统媒体相比，它更容易获取相应的营销利益。因此，新媒体在商业中的价值趋势越来越重要。那么，新媒体营销的发展又会有怎样的趋势呢？

新媒体的优势是可以帮助企业进行营销整合、提高品牌知名度和拓展市场，因此，企业和个人在营销的时候会优先考虑新媒体平台，从新媒体平台入手，打开企业营销之路。

目前，我国的主流消费群体是“80后”“90后”和“00后”。他们在互联网中长大，智能手机的普及更是让他们24小时都在接触媒体信息。可以说，主流人群的生活、工作、学习、娱乐等方式有90%的信息是从网络中获取的，不论什么时间他们都在与新媒体接触，网络带来的影响越来越大。例如，“手机摄影构图大全”微信公众号就是某公司为了销售该公司的产品所选择的新媒体营销平台，利用微信的“关系”营销价值，在微信公众号上发布公司精美的文案，吸引对该产品感兴趣的人群，从而取得销售产品的效果。

▶ 案例9-3

支付宝“锦鲤”火了

2018年的“双11”，支付宝在微博上发布了“锦鲤”活动，锦鲤一词迅速上升为热门流行语。之所以被称为锦鲤，是因为被抽中的幸运儿将会获得超级福利。

支付宝锦鲤是一种对好运的寓意称呼，实际上就是指支付宝“双11”期间推出的免单活动，主要用于“双11”出境游的用户，只要在境外使用支付宝支付，就很有可能会被免单，也就是中了传说中的锦鲤大奖。活动于2018年9月29日由支付宝推出，用户在微博转发中国锦鲤的活动，或转发指定的微博，支付宝会抽出1位集全球独宠于一身的中国锦鲤。除了这个好运的寓意之外，支付宝锦鲤还代表了很多实际的物品奖励，包括鞋、包、服饰、化妆品、各地美食券、电影券、SPA券、旅游免单、手机、机票、酒店等。

上面这还只是一小部分，完整的奖品清单非常长，总之免单的项目非常多。不过我们现在知道这些奖励已经被一位微博上叫作“信小呆”的网友独享了。

（资料来源：佚名. 支付宝锦鲤是什么？都有哪些奖品［EB/OL］.［2020-01-13］.）

第三节　新媒体运营推广

一、用内容形成品牌效应

品牌黏性的增强重点在于优质内容的运营。当新媒体平台能够为用户提供优质内容时，用户会主动向周围人宣传，这样一来，用户的社交圈便能为运营者所用了。通过内容形成的品牌效应去增强新媒体平台的用户黏性需要一个过程，运营者在此过程中不仅要不断创新和完善自己的产品内容，还应通过社交营销使其影响力进一步提高。

（一）做好内容定位

品牌效应的初始阶段是整个内容供应链的初始时期，在此过程中，运营者最主要的任务就是通过各种方式了解目标用户需求，也就是平台得做好内容定位，如内容从哪儿来、内容到哪儿去、内容的关键方向以及新媒体平台的功能和内容板块设置等。

（二）甄选优质内容

在新媒体平台的内容运营过程中，运营者主要做的就是内容质量的甄别。通过优质的内容打造和社交宣传，逐步建立品牌效应。展示内容属于整个运营阶段的一部分，而要展示用户真正需要的内容，就需要先探知用户的需求。

（三）积极进行互动

利用社交媒介与用户积极互动，更有利于内容和品牌的传播，也更能增强用户的信任度和支持度。在与用户进行社交互动时，运营者需要把握四个关键点，即根据自身特点进行运作、固定时间发布内容、与受众时刻互动和尽量推广原创内容。

▶ 案例 9-4

小米微博矩阵：在原创和互动中传播

许多新媒体营销号喜欢发一些心灵鸡汤、励志文章和恶搞段子，这在短期内确实能引发粉丝的关注，但缺少足够的互动。小米公司的新媒体运营团队则不太喜欢发这些没营养的内容，而是为“米粉”提供有互动性、参与性、新闻性和实用性的内容。

小米微博矩阵的每个账号每天平均发文数通常在 8 条以内，其中至少 4 条是原创内容。小米微信公众账号一直追求产品的传播，并以此拉动销售。为此，小米只围绕核心用户的需求来做内容，进而提升小米用户的存在感和参与感。

不少企业新媒体运营者只是一味地提高品牌的曝光度，但很少与用户分享各类有趣或有用的信息，也很少解答粉丝的提问。小米用户则觉得小米微博矩阵给的信息很有用，会主动分享给自己的朋友。因此，小米产品的品牌影响也在接力式的分享过程中越传越广。

（资料来源：佚名．新媒体运营分享内容，引发粉丝互动［EB/OL］．［2020-06-08］．）

二、用户促活

经大数据统计，每次新媒体运营信息推送的阅读量一般是全平台用户数的10%左右，其他没有阅读内容的用户，有些是对此次信息不感兴趣，更多的还是用户仅在最初的关注之后就再没有后续动作了。对于这些用户，运营者应当重点考虑解决促活问题。

（一）活动：五种方式快速促活

想要让用户活跃起来，利用活动是一种比较有效的方式。一般来说，只要是活动，就能在促进用户活跃上有一定的影响，只是这种影响有大有小。运营过程中一般会选择能极大地活跃用户的方法。

（1）促销类活动，即利用打折、满减等活动方式促活用户，提升销售额。

（2）热点类活动，即利用热点来提升搜索度和关注度，以此促活用户。

（3）节假日类活动，即利用节假日等时间节点来提升关注度，让用户活跃起来。

（4）签到式活动，即通过日常的签到行为，使用户经常活跃在平台上。

（5）积分、优惠券活动，即利用唾手可得的利益点设置，刺激用户消费。

▶ 案例9-5

京东商城："男人帮+京东帮"，三着先手技惊四座

2011年，电视剧《男人帮》在东方、天津、浙江、北京四家卫视播出，这是一部由赵宝刚导演，会聚孙红雷、黄磊、王珞丹等一众当红明星，讲都市男女爱情故事的时尚剧。伴随《男人帮》的播出，京东商城强势出现在大众视野中。一夜之间，"京东商城+男人帮+孙红雷"的三角组合仿佛无处不在。这正是京东商城精心布好的一局棋。整局棋的亮点在于提前布好的"三着"。

第一着，剧内植入。从第9集开始，京东商城就在剧中不断出现。据统计，通过情节、道具、口播等多种形式，京东一共传达了货品低价、快速送货、正规发票、无忧退货、客服态度、商品齐全以及"月黑风高""211限时达"特色服务共七大卖点，全面、深入、生动地展现了京东商城的竞争优势。

第二着，先签代言。这是京东商城下的第二步好棋。京东用孙红雷拍了"数码篇"和"服饰篇"两部TVC，均以"Fashion学《男人帮》，购物让京东帮，全剧潮服（数码产品）京东有售"为广告语，不到20个字的文案，让硬广和《男人帮》及京东植入形成了无缝衔接。这两部TVC先后在电视台、门户网站、楼宇、移动公交等媒体进行了大量的

投放。与此同时，在京东商城官方网站上，以“Fashion 学《男人帮》，购物让京东帮”为主题的促销活动也如火如荼地展开。在其促销页面中，孙红雷依然领衔打头阵，九大商品类别，每一类用一句“男人帮”风格的语言引领。这样趣味的促销页面设计，在网络上掀起了一阵“京东热”。

第三着，衍生商品开发。在《男人帮》热播之后，年轻人特别是都市时尚白领一族对剧中主演的时尚装扮群起效仿，最具代表性的就是时尚框架眼镜、围巾、帽子等饰品，满大街都是。打开京东商城的官网，就能看到一行醒目的大字：《男人帮》全剧潮货，京东有售！

（资料来源：佚名．内容为王的营销整合案例分析［EB/OL］．［2012-11-14］．）

（二）机制：物质激励巧妙促活

除了活动外，企业和商家制定用户激励机制也是一种必要的促活用户的技巧，一般包括物质、精神等方法。在此介绍利用物质激励机制促活用户的方法。

这里的“物质”既可以是实体的物质，也可以是虚拟的物质。利用不同形式的物质进行用户促活，是众多企业和商家选择的方式。

（1）实体奖品赠送，即把实实在在的可见的利益摆在用户面前，可以非常有效地促活用户。

（2）积分系统，即积分赚取，鼓励用户消费，是促活用户常见的方式；积分消耗，利用积分换取其他实在利益，从而促活用户。

本章小结

完成本章的学习，应理解和掌握以下内容。

（1）新媒体运营。新媒体运营是指利用新媒体平台进行营销的模式。新媒体运营有精准化、智能化、效果直接、可控性强等优势。我国的网络营销发展迅猛，互联网广告已经成为我国广告产业规模最大和增速最快的板块。

（2）新媒体运营特点。新媒体运营多偏向于自媒体方面的运营发展，从现在主要的新媒体营销表现形式来看，新媒体营销具有以下特点。

①体验性。改变了传统媒体“传者单项发布，受众被动接受”的状态，使每个受众既是信息的接收者，又扮演着传播者的角色。

②沟通性。新媒体的信息传播速度相比传统媒体更加迅速，消费者可以实时接收信息，并且作出相应的反馈，能让消费者的互动性更强。

③差异性。与传统媒体的营销方式有着很大的差别，在进行内容传播时，可以做到将文字、图片、视频等同时进行传播，不仅增加了传播内容的信息量，也在一定程度上增强了传播内容的深度和广度。

④创造性。创造可能的讨论热点，超越传统媒体的信息竞争。

⑤关联性。更注重“关系”与“情感”。影响是“深度卷入”，而不是“生拉硬拽”，使广告产生真正的影响力。

(3) 新媒体内容推广。品牌黏性的增强重点在于优质内容的运营。当新媒体平台能够为用户提供优质内容时，用户会主动向周围人宣传。这样一来，用户的社交圈便能为运营者所用了，通过内容形成的品牌效应去增强新媒体平台的用户黏性。

新媒体内容推广主要做好三方面的内容：

①做好内容定位；

②甄选优质内容；

③积极进行互动。

(4) 用户促活。想要让用户活跃起来，利用活动是一种比较有效的方式。在运营过程中一般会选择促销类活动、热点类活动、节假日类活动、签到式活动以及积分、优惠券等活动。

关键术语

新媒体营销思维　新媒体运营特点　新媒体用户促活

案例分析

《啥是佩奇》爆火春节档

2019年春节期间，一条微信刷爆了几乎所有人的朋友圈：“她爹也是猪，她娘也是猪，儿子还是猪，一窝猪。”

凭借一部电影的宣传短片，这只粉红色的小猪再一次出现在大家眼里。

一夜之间，我们都知道了啥是佩奇。该短片是电影《小猪佩奇过大年》的宣传短片，全片不到8分钟。

故事发生在贫瘠的大山里，一位空巢老人站在山坡上拿着一部老式手机给在城里工作的儿子打电话。老人盼望着儿子带着全家人一起回老家过年。在问到孙子想要什么礼物时，信号不好，电话中断，隐约中只听见孙子说了一句“佩奇”。全片也正因“佩奇”两个字，开始了“啥是佩奇”的故事。回家后爷爷翻阅了整本字典，也没有找到“佩奇”的含义。

爷爷为了靠近孙子的世界，问遍了全村人：啥是佩奇？

他在小卖部里找到了叫“佩琪”的护发素，寻到了叫“佩奇”的货车司机……费尽心思，终于在一位在城里当过保姆的人口中知道了佩奇是啥——“佩奇”是猪，小猪，粉红色的。

通过别人的描述，爷爷勾勒出了“佩奇”的模样，并努力用身边的工具创造、打磨。当除夕夜全家团聚的时候，爷爷开始展示自己的爱心礼物，直到“硬核佩奇”的出现，惊呆了众人。别出心裁的爱跨越了隔代距离，成功博得了孙子的欢心。

【讨论问题】如何理解新媒体营销？结合本案例，谈谈你对新媒体营销的看法。

实训操作

实训项目	新媒体营销实操
实训目标	掌握新媒体运营特色和推广手段
实训步骤	1. 老师提出实训案例（例如，娃哈哈集团找到我们进行新媒体营销合作，主推产品为 AD 钙奶） 2. 学生 4～6 人一组 3. 教师指导学生头脑风暴以及形成初步运营方案 4. 各组汇报
实训环境	数字营销模拟实训环境
实训成果	新媒体运营方案

思考与练习

一、填空题

1. 新媒体运营是利用新媒体平台进行营销的模式。新媒体运营有__________、__________、效果直接、可控性强等优势。

2. 从新媒体营销表现形式来看，新媒体营销具有__________、__________、__________、创造性、关联性的特性。

3. 传统媒体要派出记者采访，然后由记者写报道，部门审核报道并最终呈现。除了简短的新闻快讯外，传统媒体发布的信息总有一定的__________。

4. 新媒体环境下，品牌黏性的增强重点在于__________的运营。

5. 企业和商家制定用户激励机制也是一种必要的促活用户的技巧，一般也包括__________、精神等方法。

二、判断题

1. 相对于企业新媒体而言，自媒体最大的优点是个性鲜明且拥有较多的话语权，让运营者有更多机会传播个性化内容。（　　）

2. 新媒体的优势是可以帮助企业进行营销整合、提高品牌知名度和拓展营销市场。（　　）

3. 广义的新媒体指的是“在各种数字技术与互联网技术的支持下，通过电脑、手机、数字电视等一切互联网络端向用户提供信息或服务的新的媒体形态。（　　）

4. 新媒体信息传播不再局限于固定场所。（　　）

5. 新媒体包含了自媒体和微媒体。（　　）

三、思考题

1. 选择一个案例，说明新媒体与传统媒体的区别。

2. 罗列你最近关注的新媒体热点信息，思考你能利用这些信息开展哪些新媒体营销活动？

第十章

直播与短视频营销

能力目标

通过完成本章的学习，学生能够掌握直播营销的运营思维、直播流程以及主播应该具备的能力和修养；短视频营销的概念、发展趋势、特点以及短视频平台运营模式。

素质目标

从直播的流行趋势入手，运用理论+实践的教学模式，通过案例式教学，引发学生对直播营销模式的理解与思考，引导学生与时俱进，树立正确的直播价值观。同时从主播的职场素质入手，帮助学生树立正确的就业观、择业观和人生观，坚持主流价值观，树立正确的人生观。

引例

直播的未来，不只是直播

直播催生了新的经济增长点，“双 11” 则把直播+电商推向了高潮，原以为 “双 12” 会让直播来得更猛烈些，没想到被职业打假人王海的一条微博和头部带货主播辛巴的带货翻车抢了风头。因此，信任才是主播与粉丝之间最核心的联系。

如果说早期观看直播，大家还是在关注价格的话，现在优质且极具特色的商品、直播时打出的全网最低价、商品品质的有效控制、及时有力的售后服务、环环相扣的供应链和服务体系才是直播时最有竞争力的条件。拥有一条靠谱的商品供应链很重要，但现在做直播带货的人很多，可真正懂产品的人却很少。

直播把消费者搜索比价的过程变得更加简洁，但换来的可能是冲动消费后的懊恼和退货。冲动消费带来的无谓退货，反而增加了社会成本。

如今，商家在选择主播时更倾向于自建或者头部，部分 MCN 机构也放弃了对腰部主播的扶持，他们放弃的主要原因是前期投入和后期产出无法成正比。

直播不仅要带货，也应该带品牌。现在的直播处于 1.0 的阶段，还建立在促销、降价、打折的基础上。而直播 2.0 时代，必须存在两种专业人士：一种是广告人，另一种是电视人。他们会把直播做成不同于以往的形态，即以说故事的形式进行直播。企业通过品牌打造赢得消费者的心，再通过内容上的跟进，成功实现销售目标。

（资料来源：电商头条：直播的未来，不只是直播 [EB/OL]. [2020-12-16].）

【分析提示】请分析当前直播存在哪些问题，未来将向哪个方向发展？

第一节　直播营销概述

今天，“网络视频直播”已经不算是新词汇了，它已成为人们生活中的“常态事务”。《人民日报》评论，媒介形态的演进，为数字经济的发展打开了一扇新的大门。2019 年发布的《中国互联网发展报告（2019）》指出，“数字经济的蓬勃发展催生了大量新业态、新职业”，网络直播、共享经济等数字经济新模式拉动了就业人数快速增加。在这一背景下，许多没有知名度的普通人，靠优质内容创作赢得了关注度。直播正由“蓝海”迈向“红海”。

一、直播平台的分类

（一）泛娱乐类直播平台

泛娱乐类直播平台，是与主播高度相关的直播平台类型，直播的主要内容在于观众和主播的交流互动、带有较强的情感色彩与社交属性，未来发展主要集中在内存升级层面上。因主要为用户原创内容，企业除基础运营费用外，投入较少，同时相关主播资源丰富，是 2016 年以来获得爆发式增长的平台类型。

泛娱乐说到底是一种打造明星 IP 的粉丝经济。对网络直播平台来说，应利用好平台的资源，打造优质主播，来推动自身流量与用户的增长，以及平台的品牌升级。而主播能有庞大的粉丝群，得益于平台对各方资源的孵化运营。这种新的造星模式，为观众带来了更加多元化的娱乐内容体验。

（二）游戏类直播平台

游戏直播伴随着游戏产业的兴起而发展，是通过评论、弹幕等与用户实时交互，以游戏直播内容为主的直播平台。该类型直播与游戏厂商关系密切，人群垂直度较高，因此一直处于稳定发展阶段，平台数量无明显增长。

随着电子竞技市场的升温，中国游戏直播市场以官方赛事+第三方自由赛事为基础，构建出了一套自有的电竞产业链。以战旗为例，除了 LPL、DPL、OMPS、MDL、NEST 大赛，战旗的赛事直播体系还包括 HTS（炉石传说战队总动员）与 OTS（守望先锋战队总动员）两项自有赛事。官方赛事是打开直播平台流量入口的利器，第三方赛事则是提升旗下主播 IP 价值、培养用户忠诚度的有效办法。一般来讲，第三方赛事参赛选手以平台旗下签约主播为主，草根主播极有可能通过赛事一跃成名，进而又带动赛事的热度。当用户习惯某赛事后，对赛事乃至直播平台的依赖度都会提高。

（三）电商类直播平台

随着移动直播技术的兴起及用户对直播热情的提高，“直播+”发展迅速，作为一个传播载体，它可以与其他行业良好地结合，并获得 1+1>2 的效果。主要有“电商直播”“旅游直播”和“财经直播”等，其占比，仅次于泛娱乐类直播平台。

“电商+直播”所组成的新型直播形态，让许多传统电商找到了新的商机，并成为这些传统电商在流量红利消退的情况下提升交易量的另一种方式。于是，淘宝、京东、蘑菇街等电商平台纷纷开始做自己的站内直播。这种互动性强的营销方式更受网友喜欢，效果也是立竿见影。淘宝直播成立 100 天时，淘宝红人张大奕的一场直播观看人数超 40 万人，点赞人数超 100 万次，而这场直播为张大奕的店铺创收近 2000 万元，平均客单价近 400 元。

（四）课程类直播平台

课程类直播最显著的优势是互动性强。在直播出现之前，录播是以往在线教育的主要形式，但课程录播大多是老师自说自话，内容稍显枯燥，难以使人持续观看。课程直播则像真实的课堂教学一样，虽然隔着屏幕，但用户却可以通过弹幕、音频等方式与老师进行互动，既打破了地域的限制，又能很好地实现线下教学。直播带来了互动性的提升，使得师生之间的沟通更加便捷。学生能看到老师的动作、表情，老师也能及时掌握学生的学习状态，根据情况调整课程，从而做到因材施教。

课程类直播还具有很强的传播性，通过教育直播，学生可以随时随地展开学习，教育与直播 App 的结合让学习更加便利。不论是通过 PC 端还是移动端，学生都可以进行听课，不再需要冒着风雨外出参加辅导班，三四线城市的学生也可以享受到一二线城市甚至国外的优质教育资源，进而建立起良好的教育生态系统，实现教育资源共享。

差异性的在线教育不仅能够让直播平台的流量得以延续，而且通过直播这个平台教师资源能够更大限度地被利用。与偏娱乐化的秀场、游戏直播不同，直播界的“网红”教师们，可以通过平台为更多教师资源不足的地区提供直接、有效的帮助。

直播作为在线教育的重要手段，在 2017 年就受到大量企业的青睐。胡润研究院 2017 年发布的“独角兽指数”显示，在教育行业，包括 VIPKID、沪江、知乎、猿辅导在内的 8 家企业均上榜，而 90%以上的在线直播为其核心战略。

（五）版权类直播平台

版权类直播平台，包括电视直播、活动直播及自制节目直播，属于较为传统的直播类型，以第三方的客观角度对活动现场情况进行信息传递。因电视台及相关活动资源稀缺，平台数量相对较少。

▶ 案例 10-1

《生存之王》，主播挑战生存

《生存之王》作为全国首档大型极限生存直播真人秀节目，通过与主播的跨界联合，呈现了直播的另一种方式。《生存之王》直播节目的嘉宾主要由 7 位背景不同、风格不同但“颜值爆表”的主播组成。在节目中，他们必须在独立的 7 个密室空间完成直播任务。节目采取“主播累计生存值可兑换实物”的游戏模式，要求 7 位主播只能通过粉丝的打赏来换取食物和水等相应的生活用品。网友也可以通过花椒直播平台尽情地对主播表达支持与吐槽，观看主播在 7 天 7 夜的不间断直播中如何生存。

这种高颜值主播与娱乐类节目合作的模式，展现了各位主播的生存技能，因为主播们必须通过才艺展示，如唱歌、跳舞、魔术等才能获得粉丝的打赏；同时，相较于一般的秀场直播，生存挑战这一内容形式也更利于粉丝了解主播最真实的一面。

（资料来源：中国日报网 2016 年 9 月 1 日 https：//ent. chinadaily. com. cn/2016 - 09/01/content_26668130. htm）

二、直播快速发展的原因

（一）直播本来就存在广泛的群众基础

2023 年，我国网络表演（直播）行业市场营收规模达到 2095 亿元，同比增长 100 亿元以上。直播电商的渗透率在 2023 年达到 37. 8%，同比增长 24. 3%，成为经济增长的重要驱动力。截至 2023 年底，网络直播用户规模已达 8. 16 亿人。

随着 5G 技术的普及和增强现实（AR）、人工智能（AI）技术的应用，直播技术不断升级。虚拟直播等全新形式为消费者带来更沉浸式的体验，AI 技术贯穿直播活动的各个环节，提升了直播电商行业的运营效率和效果。此外，AR 试妆、数字人主播、个性化推荐和智能客服等新功能也开始广泛应用于直播电商行业中。

国家及地方相继出台了一系列政策法规，如《互联网直播服务管理规定》《关于进一步规范网络直播营利行为促进行业健康发展的意见》《网络主播行为规范》等，对直播行业的行为规范、营利行为等进行监管和约束。这些政策的出台为行业的健康发展提供了政策保障。

未来，直播行业将继续保持强劲的增长势头。预计 2024 年我国网络直播行业市场规模将超过 2300 亿元。直播电商的数字化、智能化属性将不断增强，AI 技术的应用将进一步赋能行业降本增效。同时，直播电商行业的规范化和职业化趋势也将进一步推动其高质量发展。

（二）智能手机的普及使直播从 PC 端向移动端转移

传统的在线直播需要一台 PC 和一个账号，而智能手机的普及摆脱了直播硬件的约束，成本也更低，人人都能参与，且携带方便，用户掏出手机就能开播。

（三）4G、5G 网的出现让直播随时随地就能播

4G 网络通信速度快、智能性高且资费便宜，为用户随时随地玩直播提供了条件。5G 网络通信速度更快，更稳定。目前正在大力发展，资费也在逐步下调，为用户提供了更为强大的带宽支持。

（四）直播用户大多是在互联网中成长起来的 85 后年轻用户

易观千帆对娱乐直播用户的监测数据显示：24 岁及以下和 25～30 岁的用户占比高达 73.1%。就用户年龄分布来看，娱乐直播用户大多是在互联网中成长起来的 85 后年轻用户，这部分人群想法极多，可带来多元化的直播内容。

（五）媒体演进呈现富媒体化

互联网时代信息化传播工具历经了从文字到图片到语音再到视频的进化，视频直播成为人们分享、交流信息的新方式。社交平台完成了“文字、图片→语音→视频→视频直播”的进化。

如果说以上几点是移动直播火爆的必要土壤，那么资本的抢滩就是点燃这把火的重要催化剂。国内几大互联网巨头（如腾讯、阿里巴巴、新浪、360 等）纷纷步入移动直播领域，移动直播作为互联网元素的集大成者，正逐渐成为新一轮争抢阵地。腾讯投资斗鱼，并推出自己的腾讯直播。新浪继秒拍后一如既往地跟一直播深度合作，阿里巴巴将优酷和微博变成自家的营销平台，360 也参与投资花椒，足见各界对移动直播领域的看好。

三、直播营销的优势

“一种新媒介的出现，将导致一种新文明的产生”。伊尼斯在《传播的偏向》一书中写道。从电视到互联网、从 PC 到手机、从微博到微信，每一次的媒介变革都带来了一场营销革命。直播营销是一种营销形式上的重要创新，也是非常能体现互联网视频特色的板块。对广告主而言，直播营销有着极大的优势。

（一）在某种意义上，直播营销本身就是一场事件营销

除了本身的广告效应，直播内容的新闻效应往往更明显，引爆性也更强，可以更轻松地进行传播和引起关注。

（二）能体现出用户群的精准性

在观看直播视频时，用户需要在一个特定的时间共同进入播放页面，但这其实与互联

网视频所倡导的“随时随地性”背道而驰。但是，这种播出时间上的限制，也能够真正识别并抓住这批具有忠诚度的精准目标人群。

（三）能够实现与用户的实时互动

与传统电视相比，互联网视频的一大优势就是能够满足用户更为多元的需求。不仅仅是单向观看，还能一起发弹幕吐槽，喜欢谁就直接献花打赏，甚至还能动用民意的力量改变节目进程。这种互动的真实性和立体性，也只有在直播的时候能够完全展现。

（四）深入沟通，情感共鸣

在这个碎片化的时代，在去中心化的语境下，人们在日常生活中的交集越来越少，尤其是情感层面的交流越来越浅。直播，这种带有仪式感的内容播出形式，能让一批具有相同志趣的人聚集在一起，聚焦在共同的爱好上，情绪相互感染，实现情感气氛上的高度凝聚和激发。

（五）营销效果直接

在变现上，依托便捷的互联网支付渠道、用户的打赏和购买行为可以迅速完成，进而可以帮助直播平台形成稳定的现金流。

第二节　直播营销模式

直播作为互动性与实时性极强的社交媒体平台，其营销优势主要体现为提供给用户真实的使用场景，增强产品体验感。此外，用户的高频互动行为可使营销者实时接收到营销效果反馈，及时解决用户的问题，增强营销效果。直播营销模式主要有以下几种。

一、直播+发布会

“直播+发布会”已成为各大品牌抢夺人气、霸占流量和制造热点的营销法宝。

▶ 案例 10-2

“直播+发布会”的形式带来了多少流量

2022 年直播电商市场不得不提因为一首《本草纲目》火遍全网的健身主播刘畊宏。数据显示，2022 年 4 月近 30 天，刘畊宏的直播累计观看人次超 1 亿，创 2022 年抖音直播最新纪录，单日最高涨粉达 1000 多万。在 2018 年刘畊宏就入驻了抖音平台，但其与妻子王婉霏的账号数据却一直不温不火，直到 2022 年，刘畊宏因为在直播跳操时的几起“乌龙”审查事件一下子登上话题热榜前列，自此便开始了其走红之路。

说到刘畊宏的走红确实是多方因素共同作用的结果。一方面是大环境变化之下，市场对于健康的需求猛增；另一方面，是疫情之下，直播跳操所带来的在场感与参与感无法比拟，出行受限，宅家健身蔚然成风；再加上在刘畊宏身上的多个网络热梗，在多方因素的作用下，刘畊宏直播间的热度持续上涨，市场上还因此出现了“刘畊宏女孩”“今天你刘了吗”等多个热点话题。在刘畊宏爆火之后，也有不少明星与健身达人效仿，推出相关跳操直播间，但效果却远未跟上刘畊宏，这样一场无法复制的成功背后，是直播电商高速发展的缩影。

因为刘畊宏的走红，也进一步推动了功能饮料市场与健身服饰行业的发展。在跳操直播间走红后，刘畊宏与妻子王婉霏毅然投身直播带货的大军中。各大直播间不断崛起，正在悄然撬动着直播电商市场格局的发展，刘畊宏的崛起，也只是众多变局中的一环。

（资料来源：白星星. 直播赋能品牌营销 各大品牌直播发布会举行［J］. 中国会展，2020 年第 8 期.）

二、直播+产品体验

产品体验通过邀请人气网红站台背书，往往能使品牌的人气迅猛提升，形成良好的广告转化效果。该形式适用于快消（如食品、饮料、化妆品、服装、日化）、3C 数码、智能硬件、景区、餐饮、娱乐、线下服务等多个行业，是个普适性极高的玩法。

▶ 案例 10-3

罗永浩的“交个朋友”进军淘宝

2022 年 10 月 24 日，“交个朋友”正式在淘宝直播开播，罗永浩本人于当晚 18 时亮相直播间，开启其首场淘宝直播。这也是罗永浩以及交个朋友继抖音后首次进军淘宝。据公开数据，天猫“双 11”期间罗永浩直播间成交额亿元以上。在新主播中成交额排名第一。

进驻淘宝平台首战告捷，罗永浩及交个朋友直播间在直播电商平台的版图再扩大一块。作为罗永浩“真还传”的产物，交个朋友直播间在 2022 年的直播电商中画下了浓墨重彩的一笔。从内容上看，市场内部戏称老罗直播间为“所有男孩们的直播间”，某种程度上交个朋友填补了直播电商市场的部分空白区域。但老罗的野心却不止于此。今年年底，交个朋友出海计划面世。从抖音到淘宝，再从国内到海外，交个朋友的目标还在不断扩大。

相较于交个朋友 11 月底才匆忙成立的淘宝事业部，罗永浩此次的战绩真正受益的或是淘宝平台，对于淘宝平台吸引其他大 IP 直播间来说是一个很好的积极诱因。今年“双 11”，淘宝快速下手，邀请了罗永浩、刘畊宏等多个当红主播进驻平台，在主流电商购物节中，淘宝迅速地巩固了平台在直播电商市场中的位置，但未来淘宝平台如何迎接抖音等平台带来的挑战，“罗永浩”们似乎还无法给出回答。

（资料来源：赵东山. 罗永浩身边那个男人，又创业了［J］. 中国企业家，2024 年第 3 期.）

三、直播+日常活动

以性感著称的美国时尚品牌 Calvin Klein 在推特（Twitter）的直播平台 Periscope 上，直播了极具标志性的2016秋季广告大片制作全程，包括选秀、幕后花絮等。“所有镜头都通过 Gopro 相机和 iPhone 完成。你会觉得很真实、很原始，很自然。”CK 首席营销官认为。实时直播不容易修饰，因而看起来更加真实。

另外一家，虽然是老牌 B2B 企业，但是百年来一直走在营销前沿的 GE（美国通用电气公司），也成为直播营销的尝试者。2015年7月，GE 推出了一场为期五天的无人机直播，从东海岸到西海岸，在五个不同的地点对五项业务现场（如深海钻井、风力发电等）进行全方位扫描；同时，GE 也在社交媒体平台上配合解答了观众诸如“工人们站在百米支架上工作如何克服恐惧”等问题，激发了他们对科技和公司的兴趣。

四、直播+解密

“直播+解密”是行业内较为创新的营销方法，通过“网红记者”将不利于传播不被公众熟知的品牌优势传播出去。例如，有趣的产品制造过程、不好表达的企业实力、小众的产品或服务以及美容整形过程等。

美联英语百名美女直播，七大 TOP 人气主播走进北京、上海、深圳，携手百名美女老师，解密美联英语课堂。“网红老师”的强大阵容吸引了百万用户的在线围观，成为教育界首个尝鲜直播营销的成功案例。在线互动在拉近品牌和用户距离的同时也使品牌的知名度和美誉度大大提升。

五、直播+广告植入

广告植入一直以来都备受品牌偏爱，直播口播或原生内容插入的形式摆脱了生硬传播，更能收获粉丝好感，获得良好的转化效果。

微信美妆大号“小魔女 TV”通过直播与粉丝分享防晒秘籍，无缝植入屈臣氏脱毛膏、面膜、防晒霜、去油纸、保湿补水等系列防晒产品，互动试验中直接导入购买链接，转化效果非常好。2小时直播全程实力霸屏热门，吸引超过10万年轻女性受众观看。

六、直播+名人访谈

企业“大佬”参与访谈直播，对传递企业文化、提升企业知名度及市场好感度、塑造良好的企业形象等都起着积极作用，是一种十分值得尝试的直播营销方法。

▶ 案例 10-4

格力女秘书直播淡出

2022年8月，格力“明珠羽童精选”抖音账号被曝更换头像，董明珠和孟羽童的合照被撤下，董明珠的单人照片顶上，孟羽童疑似淡出直播间。

2022年3月，贴着“董明珠接班人”标签的孟羽童开始常驻“明珠羽童精选”抖音账号直播带货。但从公开数据来看，其带货业绩始终不是很理想。随后孟羽童在直播间出现的次数便明显减少。作为格力在直播电商领域的重点人物，孟羽童如今已经不见身影，取而代之的仍旧是董明珠的亲力亲为，如此可见，董明珠不仅没有为格力找到新一任的接班人，也没有为格力直播间找到长久的流量话题。

从一开始，董明珠仅因个人喜欢就决定培养孟羽童为接班人，这个理由本身就是站不住脚的。孟羽童形象的出现或许只因为这是一个市场喜欢的故事，可是再好的故事，在无法变现这一硬伤的掣肘之下，都会成为讲不通的故事，或许多年后，孟羽童真的成为格力新一代接班人，但是她解救不了格力当下的难题是事实。格力需要除了董明珠以外的新故事，但谁能讲好却还未知。

（资料来源：仲才. 2020“格力式直播”背后的逻辑［J］. 2021年第3期.）

七、直播+产品售卖

“直播+产品售卖”将流量变现、产品售卖紧密结合，成为当下的变现利器。

第三节　直播营销操作流程

一、直播营销总体流程

（一）精确的市场调研

直播是向大众或者个人推销产品，推销的前提是我们深刻地了解到用户需要什么，我们能够提供什么。还要避免同质化竞争。因此，只有精确地做好市场调研，才能做出真正让大众喜欢的营销方案。

（二）项目自身优缺点分析

做直播，营销经费充足，人脉资源丰富，可以有效地实施任何想法。但对大多数公司和企业来说，没有充足的资金和人脉储备，这时就需要充分发挥自身的优势来弥补。一个好的项目不仅仅是靠人脉、财力的堆积就可以取得预期的效果，还要充分地发挥自身的优势，才能取得良好的效果。

（三）市场受众定位

营销必须弄清楚受众是谁、他们能够接受什么等问题，这需要做恰当的市场调研。找到合适的受众，是做好整个营销工作的关键。

（四）直播平台的选择

直播平台种类多样，根据属性可以划分为不同的几个领域。例如，如果做电子类的辅助产品，虎牙 App 是个不错的选择；直播推销衣服、化妆品，淘宝 App 及美妆 App 将会带来意想不到的流量。所以，选择合适的直播平台也很关键。

（五）良好的直播方案设计

做完上述工作之后，成功的关键就在于最后呈现给受众的方案。在整个方案设计过程中，需要销售策划及广告策划的共同参与，让产品在营销和视觉效果之间恰到好处。在直播过程中，过分的营销会引起用户的反感，所以在设计直播方案时，如何把握视觉效果和营销方式，还需要不断商榷。

（六）后期的有效反馈

实时反馈和后期反馈都要及时跟上，同时，通过数据反馈不断地修正方案，将营销方案的有效性不断提高。

二、直播营销内容打造的流程

（一）从模仿做内容

直播内容当然是原创的更受欢迎，但是原创需要一定的经验积累，灵感和创意不可能随时迸发出来，完全的原创难度很大，成本也不低，不是一句努力就可以换来的。更关键的是，效果往往也是不可预见的。其实对于新人主播来说，寻找适合自己的人气高的、力所能及的直播内容进行模仿，是比较稳妥的起步方式。

虽说是模仿，但是切不可一味地照搬照抄，否则很难给粉丝留下特有的印象。更何况，还可能引起版权纠纷。很多主播尝试模仿一些大牌明星的妆容、穿着、语气，经典歌曲等各个方面，或搞笑或认真，可以带给粉丝们不少乐趣，甚至能开创自己的特殊风格。而后，这些主播也成为其他主播模仿的对象，包括素材借鉴、风格模仿、同类挑战等。这种模仿学习带来的效应就是人气高的内容可以在一夜之间引发全民“跟风”，如抖音上的“学猫叫”。

1. 在模仿中提高

要说直播界的“模仿大咖”，就不得不提到冯提莫。现在，她的人气堪比明星，也成了电视综艺的常客。其实早些时候，她并没有发行自己的个人单曲，而是在直播中翻唱经典歌曲。由于声音条件不错，唱功也很好，能把经典歌曲唱出自己的风格和特色。同样的一首《学猫叫》，在众多翻唱版本中，她唱得更有韵味，也得到了多数人的喜欢和认可。她的模仿并非单纯的有样学样，而是融入了自己的理解和想法。在模仿中寻求提高，是她能够在诸多竞争与风波中立而不倒的原因之一。

2. 在模仿中创新

模仿是主播们追求原创过程中较为简单的学习方法，也能在初期吸引不少粉丝的目光。但是当新鲜度过了以后，观众就会对这个模式感到乏味。如果主播一直模仿某种内容和风格，这个直播间很容易就会被粉丝抛弃。纯粹的模仿者只能吸引到对被模仿人物有一定认知的部分粉丝的关注。如果没有自己的原创内容，有朝一日被打上了某某模仿者的标签，那么以后的路就会变窄，做什么都像是在模仿了。所以模仿也必须融入自己的特色，不管内容是什么，否则很难长久。美妆类主播和搞笑类主播总是占主播比例的很大一部分，也因为其自身的特点，这类主播很难在内容框架上有太大的变化。无非就是前者介绍化妆技巧，后者通过搞怪和自我调侃博人一笑。但艾克里里，就综合了这两类直播内容。

▶ 案例 10-5

没有套路的艾克里里是怎么红的

当所有人都认为艾克里里的搞怪化妆只是为了搞笑而胡乱为之的时候，有眼力的粉丝们看出了他的实力：上妆动作熟练，涂粉底非常均匀，画眼线手一点儿不抖，化妆品都是口碑极好的大牌子。化出来的妆看似猎奇搞笑，实则是时装周上的常用妆。大胆又不失时尚性。

艾克里里其实并不简单。他的老本行是摄影，同时也是时尚达人。他表示，与其去拍别人，自己更喜欢被拍；因为相机拿了很多年，现在能不拿相机就不拿相机。因此他选择成为屏幕中的主角，将喜怒哀乐呈现给粉丝。“时尚+搞笑”的变化是艾克里里的“绝招”。在介绍潮流穿着和化妆技巧的时候，他总是能用些让人捧腹大笑的方式，这就是他的特点。

（资料来源：钛媒体．没有套路的艾克里里是怎么走红的［EB/OL］.［2016-07-13］.）

（二）从模式做内容

直播平台和头部主播格局逐渐稳定，很多新主播用尽各种招数想在竞争中站稳脚跟，可以播的内容是不少，可是究竟播什么，怎么样才能上热搜是值得思考的问题。其实我们不妨从基础的模式分类开始，根据模式的选择考虑做的内容，从而厘清思路。从热度来看，主要的直播形式大致可以归纳为：游戏直播、美妆直播、娱乐直播和严肃直播（包括教育、政务等）。

1. 励志型游戏主播

如何能够快速地积攒人气？游戏是一个很好的载体，能够为主播和粉丝创造共同话题。但是游戏直播的门槛，就是技术要过硬。我们看到职业的电子竞技选手当主播，好像风轻云淡的样子就把人气携起来了。

游戏主播想要提高水平，首先，要多看教学视频，这些由“电竞前辈”制作的视频，蕴含着很多技巧。这些视频是他们在长期的比赛、训练和直播过程中总结出来的，结合了实用性与观赏性的技术要点。

其次，还要多看游戏比赛解说。很多主播或许比较擅长玩游戏，但闷头玩游戏并不是一个好现象，因为不是每个人都像“纯黑”那样能玩出观赏性的技巧。更何况在等待过程中，也会出现冷场的尴尬，应该多学习优秀解说员们是如何表达的。

最后，实践出真知。作为靠技术吃饭的游戏主播，若是只看不练，终归是无法取得效果的。就拿当下火爆的 LOL 来说，都是有“段位”的。“段位”越高，说明主播在游戏上花的功夫越多。

2. 自黑型美妆主播

主播难免会受到争议，粉丝们自然不喜欢因为争议就玻璃心、吵闹和哭泣的主播，而喜欢在任何情况下都能放平心态、以微笑对待恶语、内心强大的主播。“自黑”则是美妆博主常见的回应方式。说起“自黑”，不得不提一位美妆主播——邢晓瑶（粉丝昵称老邢）。邢晓瑶不仅是一位美妆主播，还是平面模特。但邢晓瑶走红却不是因为颜值和身材，而是因为在微博上放了一段“3 分钟快速化妆”的视频。在视频开始时她以完全的素颜状态出现，3 分钟内双手翻飞开始化妆，短短的时间内就呈现出了几乎完全不同的面孔，让粉丝对其技术惊叹不已。因此，也有不少留言称她为“日抛脸”，于是她经常“自黑”调侃自己。

“自黑”是一种态度，邢晓瑶恰到好处的“自黑”与真实的性情，为她吸引了大批粉丝。美妆主播免不了要以素颜示人，妆前和妆后的差距肯定是有的，甚至差距越大，越能体现主播的化妆功底。面对观众对自己素颜的评判，一个强大的内心总是不可或缺的。与其被“黑”，不如“自黑”。当然，“自黑”只能是娱乐，不能是侮辱。

3. 互动型娱乐主播

直播营销最重要的就在于及时性的信息交互，所以我们在直播的时候，不能是一个人自说自话。如果不能及时与线上观众轻松互动，就失去了直播的意义，尤其是对主体内容略显单薄的娱乐主播而言，更是如此。那么在进行娱乐直播的时候，应如何与观众互动？

首先，要选择时机来交流。主播与粉丝比较常规的交流时机，就是进入直播间、关注主播、加入粉丝团、礼物赠送和提问。对新人主播来说，直播间的人数可能较少，每个进入直播间的人都是需要给予足够关注的。一句“欢迎某某来到直播间”，可以让“游客”产生归属感。

其次，对于观众的提问，不一定要全部回答，甚至需要进行筛选。因为可能会遇到一些敏感、尖锐和无法回答的问题，这就是主播常常会遇到的“陷阱”，引诱主播在无意间犯错。因此，我们可以有针对性地对一部分问题进行回复，就像淘宝等购物平台及微信公众号选择性展示热评一样。

4. 严肃型官方主播

张召忠，网友戏称为“张局座”，起初是因为一些网络水军对其节目内容断章取义地“黑”，这个称呼也是调侃其“忽悠”大众。他的视频被 B 站的 UP 主们二次创作，可谓红遍了整个年轻的网络群体。退休后的张召忠并没有深究什么，反而觉得“小孩们这样挺好玩”，经过多次在网络媒体倾吐心声，把以前的“黑粉”转为“真粉”，“局座”也从调侃变成了尊称。

▶ 案例 10-6

张召忠与他的国防科技教育

60 多岁的张召忠能玩转新媒体，走在互联网的前沿，显得有些嘻哈，但核心内容依然是国防教育和军事教育。张召忠本人曾说：现在的年轻人不爱看书，成天刷手机，想把关于军事方面的技术和故事用他们喜欢的、能接受的方式说给他们听，打入孩子们的“内部”和他们平起平坐。这样的张召忠，怎么能不受粉丝的追捧呢？对于网友的二次创作，他也持开放态度，甚至是支持的。

“张局座”的直播和视频节目都有一个明确的核心内容，即进行国防科普教育。粉丝们往往能够在他的节目中看到不一样的东西：专业背景下的深刻分析和亲切的轻松解读。作为严肃认真主题的直播，“张局座”在整个过程中通常从年轻网友们热爱的游戏、漫画入手，逐渐深入真正的知识分析层面，最后又升华到“关注国防、人人有责”的层面。

在过去的几年中，“张局座”经常在直播中玩一些新东西，如新出的手游、VR 游戏等，虽然都只是浅尝辄止地体验一下，但这无疑是拉近与粉丝距离的好方法。网友能够在直播的内容上找到认同感，才能够最大限度地接受主播所要传达的核心思想。

（资料来源：佚名．“局座”张召忠：我跟上了时代，虽已老朽但依然年轻［EB/OL］.［2017-12-24］.）

三、直播营销团队打造的流程

（一）团队配置

1. 运营

运营需要在文案、创意、活动策划等方面活跃。可以说运营就是主播电商团队的大脑，负责衔接直播内容与产品、品牌的关系，并制订出合理的运营方案，指导美工、技术人员的工作，也需要承担起客服的一部分责任，可以说相当于一个淘宝店主。

2. 美工

美工需要对社交媒体、网店中所有展示的店铺页面、产品图片、图文内容和海报负责，根据运营所提供的思路和素材，将这些要素处理妥当，配合直播营销。相当一部分主播都有自己的美术组（其他还有录播组等，在此不作赘述）。

3. 技术人员

技术人员需要负责除美工以外的工作，包括网页、设备等的维护。虽然有不少主播选择外包，但做出来的效果并不尽如人意。由于外包服务的不仅是一家店，很难保证随叫随到和不出差错。尤其是做外设等一些较为专业的产品时，更需要专业的技术人员作为支持。

4. 客服

客服是和粉丝们直接接触的，关系到粉丝对主播的直观印象。成立客服部门，须招纳两名以上的客服，才能够保证领域的专业化，也能够增加客服在线的时长。此外，主播偶尔客串客服，也是一种营销手段。

（二）团队经营

电商团队建立培训制度的目的就是培养符合需求的成员。直播经济链越来越成熟，但配套的电子商务人才严重短缺。因此，针对所需要的不同岗位进行培训是很有必要的。例如：技术类岗位，要求员工精通网页设计，包括网站维护、编辑与美工；营销类岗位，则要求员工熟悉品牌产品、粉丝服务等要素，并将所学知识结合起来应用。

1. 身先士卒

主播在团队营销中需要身先士卒，成为整个营销机器转动的源泉，否则会出现各自为战的情况。即便大家都在努力，却可能不在一个方向上。这样相互掣肘，反而会让效率大大降低。领导者的破坏力其实更大，因为所有的部门都会围绕着领导者来运转。

2. 规范行事

没有规矩不成方圆。直播+电商营销，并不是特殊的电商团队。在工作中，规范的用人制度依然是保证工作效率的基本。不能因为主播本身的风格是幽默风趣，就在团队管理上也嘻嘻哈哈，不能以自己的好恶和心情办事，更不能意气用事或因人而异。

3. 定期总结

互联网属性明显的直播，比传统电商营销更具时效性，一个错误不及时刹车，就可能让整个营销团队的策略谬以千里。因此，评估与总结是必要的。是发挥自身的优势，弱化和弥补自己的不足，选择强强联合，还是转型求变，都需要根据总结来定。

（三）激励方式

团队激励也是运营团队的关键要素，必须通过适当的激励方式与手段来增强团队的凝聚力和工作动力，尤其是以粉丝为基础培养出来的直播营销团队。当然，最基础的还是物质利益激励，主要包括以下具体形式。

1. 奖酬激励

奖酬激励包括工资、奖金、各种形式的津贴及实物奖励等。如果以团队形式固定下来，主播可以申请注册自己的公司，与员工签订合同，稳定军心。

2. 关心鼓励

主播的团队中可能有粉丝参与到工作中来，对他们而言，薪资是次要的，他们希望得到主播和其他粉丝的认可，为主播的团队作出贡献。除此之外，一些电商团队的惯用激励技巧也是有效果的。

3. 目标激励

目标激励是以目标为诱因，通过设置适当的目标激发动机、调动积极性的方式。可用以激励的目标主要有三类：工作目标，个人成长目标和个人生活目标。

4. 表扬与批评

表扬与批评是管理者经常运用的激励手段。

5. 感情激励

感情激励，即以感情作为激励的诱因，调动人的积极性。

第四节　主播的自我管理与修养

网络直播主要是通过语言与用户进行交流与沟通，所以语言的包装是必不可少的。语言是主播思维的集中体现。相比主播的外在形象，它更能体现主播个人的修养与气质。

一、要做一个专业性强的主播

网络直播良好的商业前景引得众人争相在直播领域里分一杯羹，各种网络直播平台如雨后春笋般涌现，网络主播也一度成为热门职业。不过，能真正生产专业内容的主播并不多。一些网友在观看了某些直播节目后，对如今各类主播的真正实力心存质疑。直播作为一种暴利的代名词出现在观众的视野中，一些主播也是直接奔着流量和变现而去的。因此，内容就成了直播的硬伤。虽然主播数量成倍增长，但口碑却日趋下降。

专业的内容是网络主播的核心。在未来的发展中，实质性的专业内容将成为主播自身强劲的优势。在日常生活中，主播一定要加强学习，积累专业知识，提高专业素养。这样可以在直播过程中融入自身的专业见解，彰显实力。个人的精力终归有限，一旦进入发展期，主播的流量激增，就需要兼顾到不同时段、不同人群的观看需求，直播时长增加；加上平台签约后的硬性要求，以及随之而来的其他社交媒体、商业板块的维护，就很难做到面面俱到了。主播只有具备了一定的底蕴后，才可以发展和组建自己的团队。

提升专业水准最好的方法，就是不断学习，通过学习和总结来提高自己的职业修养。直播是一场秀，主播需要让观众有收获。之前已经说到过，要么让人身心愉悦，要么让人学到知识，而不仅仅是通过一些标新立异的行为吸引眼球。

二、要做一个文明的主播

在网络直播的过程中，很多主播都喜欢用黄段子来吸引用户，满足部分用户的恶趣味。一些主播更是明目张胆地在直播间讲黄段子，引来不少网友的关注。这其实是对直播行业的一种侮辱。大多数主播都不会用这种“染色”的方法吸引眼球，毕竟这种行为于法于理都不合规。

文明直播首先是微笑，其次是交流，再次是学会聆听，最后是适度沟通。为了与网友有更好的沟通，主播应采用更随性、更礼貌、不具侵略性的聊天方式。如此，当主播表达意见时，网友也比较容易听进去，而不会产生排斥感。每个人都想拥有实现梦想的舞台，网络的确给怀揣梦想的人提供了更加自由、可以展现才华的舞台，而主播应该是这群人中的佼佼者，应该传递正能量。

但是有一部分主播并没有做到以身作则。虽然吸引了公众的广泛关注，也为自己赢得了名气，甚至赚取了丰厚利益，但他们出名是“剑走偏锋”，出的是“臭名”，给社会传递的是负能量。“网红”这个词，一度在大部分网友心中的印象并不佳，认为是不学无术和投机的代名词。

三、要做一个幽默的主播

能玩能说还很幽默，这样的主播怎能放过？不过幽默气质并不是谁都能拥有的。因此，在日常生活中，主播要做一个有心人，学会积累一些有趣的段子或者找一些有“槽点”的梗，适当运用于节目中，给直播带来欢笑，活跃直播间的气氛，也让观众有更多的话题和谈资。当然，除了搞怪段子和吐槽之外，“自黑”也是相当不错的一种幽默方式。大方承认自己被网友有意或无意嘲弄、调侃的点，使自己打一个漂亮的翻身仗。例如，众所周知的人气明星杨幂早年并不太受欢迎，更因一条微博而被嘲讽为“脚臭”。而她却凭借自身的努力磨炼，大方自嘲，反而得到了大度、幽默的赞誉。

四、要做一个爱国的主播

张召忠老师多次在直播和节目中提倡、号召年轻人“多玩游戏”，多了解国家的军事、历史，勿忘国耻，把娱乐与爱国主义、把游戏与爱国精神相结合。他声称要“打入年轻人的内部”，和当今及未来社会的主流人群打成一片，积极引导粉丝们培养爱国情怀。在他看来，正能量不一定非要板着脸，爱国主义和民族情怀也没必要严肃刻板。对年轻人要以引导为主，寓教于乐。在潜移默化中，培养粉丝的爱国情怀。作为老一辈投身新媒体和直播的先驱，“张局座”是值得绝大多数主播学习的，这也是公众人物的责任与义务。爱国并不仅仅是关注国家发展和热点新闻事件，还要在适当的时候发出正确的声音，这也是主播需要具备的大局观。

第五节　短视频营销的概念

据中国 CNNIC 数据显示，到 2021 年底中国网络视频用户规模达到 9.27 亿，占全体网民的 93.7%。

一、视频营销的概念

广义的视频营销是指所有利用视频手段进行的营销，包括企业在官网或推介会前播放的企业宣传片、品牌故事片等，在电商平台上播放的视频及投放的各类视频硬广等。狭义

的视频营销是指主要基于视频网站为核心的网络平台，以内容为核心创意为导向，利用精细策划的视频内容实现以产品营销与品牌传播为目的的营销活动。我们在这里讲的内容为狭义的视频营销。

二、视频平台的分类

视频平台可以按照来源、内容和长度进行分类。视频平台的分类如图 10-1 所示。

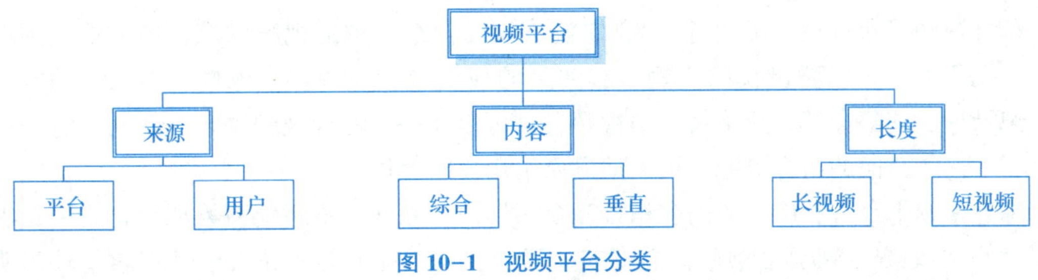

图 10-1　视频平台分类

（一）按照来源分类

从来源上讲，目前的视频平台可以大致分为两类：以平台内容为主的视频平台和以用户内容为主的视频平台。

1. 以平台内容为主的视频平台

以平台内容为主的视频平台是我们认为的更为“传统”的视频平台。这种类型的平台可以购买互联网上已有的电视、电影等视频内容的版权，将其放置于自己的平台上供使用者观看（如电影频道旗下的 1905 电影网）；也可以利用平台自身资源，通过制作网络剧集、网络电影乃至网络综艺的方式，由平台方出资进行拍摄并投放于自身平台，如湖南卫视旗下的芒果 TV，就不仅“转载”湖南卫视上新的电视剧以及综艺节目，还推出了诸多网剧、网综，较好地利用了平台自身所拥有的资源，生产了很多很好的内容供用户观看。

对于这类视频平台而言，其用户是内容的消费者，观看内容基本局限于平台上已有的内容，相对而言缺乏互动性。但这类平台往往有着十分优质的内容库，能够满足大部分用户对于优质内容的需求，从而吸引用户，并最终通过会员、贴片广告等方式来实现盈利。

2. 以用户内容为主的视频平台

以用户内容为主的视频平台是新兴的一种视频平台。相较于上一类平台，这类平台的视频内容更为依靠用户所上传的内容，用户不仅仅是内容的消费者，更是内容的提供者，更多地参与到整个平台生态的构建之中。

事实上，以用户内容为主的视频平台，依据用户种类和目的的不同，还可以继续细分为用户生产内容、专业生产内容和职业生产内容三类。用户生产内容的概念包容性最大，它是指用户生产的内容；而专业生产内容和职业生产内容则是指将生产内容作为一种职业，从中获取收入的内容生产者所生产的内容。这三者之间既有密切联系又有明显的区别。一个视频平台的专业生产内容和职业生产内容有交集，表明部分专业内容生产者，既是该平台的普通用户，也以专业身份（专家）贡献具有一定水平和质量的内容。

（二）按照内容分类

从内容上讲，视频平台则可以分为综合视频平台和垂直视频平台两大类。

1. 综合视频平台

综合视频平台重点在于“综合”，它们不仅提供某一类的视频内容，还力求做到琳琅满目、无所不包。以腾讯视频为例，它涉猎的板块包括电视剧、电影、综艺、动漫、少儿、纪录片、演唱会等。几乎每一类视频，都可以在一个综合视频平台上找到，它为用户提供了丰富、全面的内容资源，极大地方便了用户的使用。

综合视频平台有着广泛的内容积累和众多用户，并处于不断地积累和优化之中，极易形成“马太效应”，即强者愈强。爱奇艺、腾讯视频、优酷等领先者已经积累了较为明显的竞争优势，对优质内容和用户资源的获取以及把控能力进一步增强，并通过资源积累建立了差异化竞争壁垒，给后来者以强大的竞争压力。在互联网内容快速视频化的趋势中，综合视频平台充分发挥媒体所具有的兼容并包的特性，为其开辟更多业务、搭建起多元化的商业模式、形成庞大的业务“护城河”提供了坚实的保障。

2. 垂直视频平台

综合视频平台巨大的内容广度提供了广大的受众基础，但也在很大程度上分散了它们的精力和资金，难以在某一领域内提供具有足够深度的内容，吸引较为资深乃至于“骨灰级”的用户。因此，这样的市场空白就为专注于某一领域的垂直视频平台提供了生存和发展的空间。例如，上文提到的电影平台 1905 电影网、注重二次元文化的 AcFun 和哔哩哔哩、专注美妆类内容的小红书等，这些平台都是为用户提供了在这一领域内最具深度和专业性的内容。值得注意的是，由于某一细分领域的内容往往并不足以仅用视频来吸引人，所以许多垂直视频平台不仅做视频，还融合了该领域内的众多内容，如文章、经验分享以及购物引流等。这些构造了该领域的“一站式”平台，为用户提供了极大的便利，这类平台也因此得以形成较高的用户忠诚度，以促进自身发展。

（三）按照长度分类

从视频长度来看，视频平台可以分为长视频平台和短视频平台两类。

1. 长视频平台

长视频一般指时长超过半个小时的视频，以电影、电视剧、综艺节目为主。由于时长长、内容多、制作成本高，长视频主要由专业公司或专业人士完成制作，而视频平台则多起到视频发行、上传、引流等作用，其版权的获得至关重要。

相对而言，长视频是一种较为传统的视频形式，种类也相对固定。由于电视剧、综艺节目等内容具有较大的重合性，各大视频平台之间竞争激烈，其独特性和竞争优势也往往表现在独占资源上。腾讯视频依靠丰厚的资本，大量购买版权，主打丰富电影、电视剧资源来吸引观众；芒果 TV 主打优质的自制综艺节目、剧集，如《明星大侦探》《变形记》等，而优酷则推出了数量多、质量好的自制网剧，如《白夜追凶》等，往往能够引发热潮，在激烈的竞争中占据一席之地。

2. 短视频平台

短视频是指以新媒体为传播渠道，时长控制在 5 分钟之内的视频，是继文字、图片、传统视频之后又一种新兴的内容传播媒体。它融合了文字、语音和视频，可以更加直观、立体地满足用户的表达、沟通需求，满足人们互相展示与分享的诉求。

近年来，随着智能手机的普及和时间碎片化程度的加剧，人们很难再拿出大量的时间来观看传统意义上的长视频。因此，不占用过多时间，又充满趣味性的短视频应运而生，抖音、快手便是代表。它们依靠自身丰富的功能和极高的参与度，吸引用户自己制作视频并上传，采用用户生产内容的形式充实自己的内容库。抖音发布的《2024 抖音数据报告》显示，截至 2024 年 1 月，抖音日活跃用户突破 4 亿。抖音注册用户数突破 10 亿。短视频的持续爆火，给长视频行业和平台带来了巨大的冲击。

相较于长视频，短视频主要有以下四个特点。

（1）生产流程简单化，制作门槛更低。长视频的生产与传播成本较高，不利于信息的传播。短视频则大大降低了生产传播门槛，即拍即传，随时分享。短视频实现了制作方式简单化，只用一部手机就可以完成拍摄、制作、上传分享。目前主流的短视频平台功能简单易懂，使用门槛较低，添加现成的滤镜等特效能使制作过程更加简单。

（2）符合快餐化的生活需求。短视频时长一般控制在 5 分钟以内，内容简单明了。现在快节奏的生活使得用户用在单个娱乐内容上的时间越来越少。短视频更符合碎片化的浏览趋势，充分利用用户的零碎时间，让用户更直观便捷地获取信息，主动抓取更有吸引力、有创意的视频，加快信息的传播速度。

（3）内容更具有个性化和创意。相较于文字，视频内容能传达更多更直观的信息，表现形式也更加丰富，这满足了当前 90 后、00 后个性化、多元化的内容需求。短视频平台自带的滤镜等特效可以使用户自由表达个人的想法和创意，同时使视频内容更加丰富多样。

（4）社交属性强。短视频不是长视频的简单缩减版，而是社交的延续，是一种信息传递的方式。用户通过短视频平台拍摄生活片段，并分享至社交平台，短视频平台内部也设有点赞、评论、分享等功能。短视频信息传播力度强、范围广、交互性强，为用户的创造及分享提供了一个便捷的传播通道。短视频平台近几年快速发展，越来越多的人投入短视频行业中，短视频市场持续扩大但市场的同质化也越来越严重。在这种行业趋势下，短视频平台只有准确定位，生产优质内容，才能从众多短视频平台中脱颖而出。

对于学生而言，了解视频平台是基础，进一步了解视频平台的营销模式则是需要关注的另外一个内容。下面我们将介绍有代表性的短视频平台营销方式，以帮助大家更好地理解短视频平台这一产品的商业逻辑。

第六节　如何做好短视频平台上的账号，以抖音为例

一、短视频平台的运营模式

短视频平台通过激励内容生产者，形成丰富的短视频内容，吸引用户持续地使用。然后平台通过整合其中的媒体和流量资源，向广告主售卖变现。这样的商业模式使短视频平台跳出了向用户收费的逻辑，而转向广告主，以流量换金钱，在能够维持用户忠诚度的同时增加了平台方和内容方的收入，实现良性发展。

短视频平台的商业生态，形成了一个三角形的稳定模式，如图 10-2 所示。无论是平台方还是内容方，都能在其中实现自己的商业价值，持续发展。在这样的商业生态中，广告主、平台方、内容方三方相互依赖，又相互促进，不会有任何一方强势到主宰话语权。失去了平台的内容方可能难以持续发展，失去了内容的平台会不再具有吸引力，而这两者都是广告主所倚重的。这与长视频平台被内容版权方“牵着走”的态势、依靠会员制收费和贴片广告实现盈利的商业逻辑不同。从用户的角度看，短视频平台使用成本是相对最低的，甚至能够在平台方的补贴之中获取一定的收入，从而形成了极高的用户忠诚度，为平台的持续发展奠定了基础。

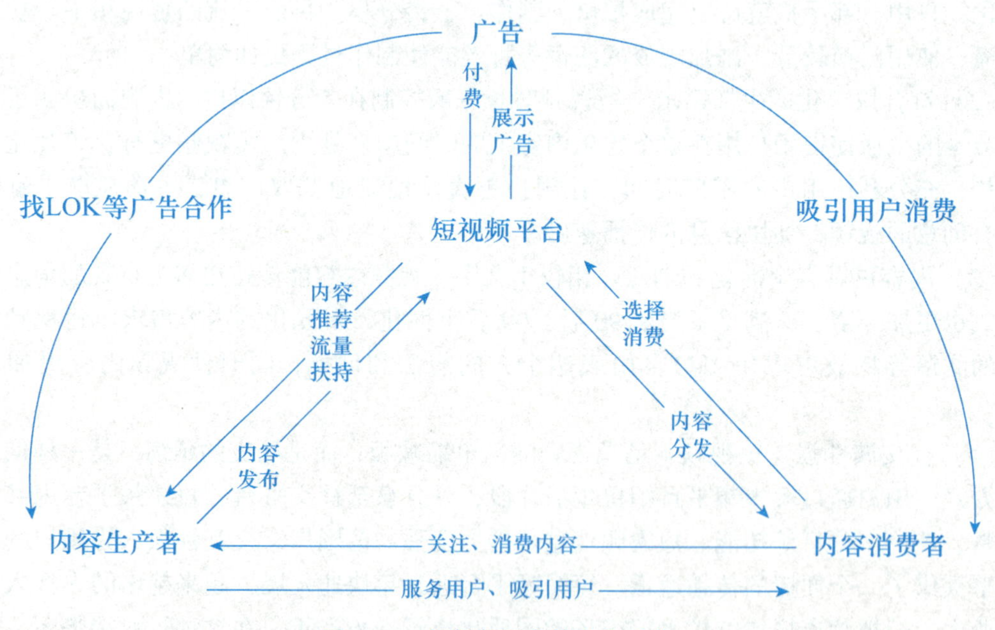

图 10-2　短视频平台的商业生态

短视频自媒体在自己的内容中植入了广告信息，还具有独特的关系加成作用。在广告视频内容之外，视频自媒体还附加了与粉丝之间的关系价值，这一层关系价值使得视频自媒体的广告内容更容易说服粉丝，形成有效转化。

总而言之，利用视频平台，尤其是短视频平台，可以更好地帮助企业进行营销，多角度贴近用户，实现企业、产品和用户的良好交互，以新奇、有趣的方式开展营销活动，从而实现良好的效果。

二、抖音账号：从 0 到 1

“现在抖音的新账号真的不好做啊！”这是现在很多抖音创作者都在感叹的一句话。除非头部 MCN 孵化的账号，不然做新账号似乎真的很难出畅销号。据了解，抖音确实针对 MCN 机构制订了新账号的冷启动扶持计划。但是对于大多数无法被官方扶持的，又想进入抖音的创作者来说，到底该如何做呢？

（一）初期团队精简化

“工欲善其事，必先利其器”。其实抖音一个账号背后设有 3 个岗位，即演员、编导、后期。原震惊文化抖音内容负责人说：“现在很多的账号，其演员同时也负责编导、剪辑等工作，尽量充分利用人员。”就像拥有 700 多万粉丝的抖音账号“灵魂当铺”，其核心团队其实就是 3 个人：一个负责写剧本找群演，一个负责分镜和联系场地，还有一个负责后期的剪辑制作。

如果有足够的预算，也可以找专业的团队。使导演、编剧、策划、演员、摄影、剪辑一应俱全。但无论配置如何，“网感”和“视频思维”才是十分重要的。能否把握好抖音的热门话题，直接关系到所做的短视频能否有播放量、能否成为热门视频。

（二）确定内容垂直领域

对于垂直领域的选择，最直接和简单的方式就是选自己擅长和了解的领域。比如懂汽车的可以做汽车领域的内容，擅长唱歌的可以做音乐领域的内容，如此抖音就有很多与音乐和汽车相关的账号。若你无法确定垂直领域，也可以参考抖音内热门视频，或者尝试做蓝海领域。

蓝海领域中的母婴、汽车、教育培训、医学科普等，都有着非常广阔的前景；而红海领域中的测评、美食、美妆等，只要形式足够新颖，仍然非常值得投入。

（三）隐藏步骤：养号

“养号”和“权重”其实是抖音官方不认可的说法，但是这也不代表注册完账号就可以发内容，因为容易被判定为机器或者是营销号。

那么，究竟何为“养号”？很多人都以为“养号”就是模仿正常活跃用户的行为，每天刷刷抖音，点点赞。网络上总结出一些规律，如“每天早上、中午、晚上分别刷垂直领域 30 分钟”“关注至少×个作品相似的账号”“点赞、评论×个相同类型的作品”等，但其实这些规律也都是因账号而异的。

（四）抖音涨粉的核心秘诀：热门视频内容

想在抖音上获取粉丝，具备持续生产优质内容的能力才是关键。播放量、完播率、点赞和评论，都是抖音对于视频流行度预测的维度。这里需要特别注意两个打造热门视频的法则。

1. 开篇 3 秒决定成败

抖音视频是按秒计算的。在抖音算法下，真正决定成败的就是开头的几秒。如果作品开头的几秒不足以吸引观众，那么观众可能就直接划走了；被划走的次数过多，这个视频就再难获得推荐。所以在抖音内容的生产中，“减法”比“加法”更重要。创作者需要删除视频中无用的信息，在第一时间吸引观众的视线。

2. 热门视频内容有迹可循

抖音的算法就是将用户喜欢的内容不断地推送给他们，但热门视频内容的背后还有用户对优质内容的喜爱。以下总结了热门视频的 4 条原则。

原则一：情感共鸣。必须引起观众强烈的情感波动。

原则二：形式创新。新颖的形式才能够脱颖而出。

原则三：热点反差。出其不意的反转让效果翻倍。

原则四：互动合拍。两个账号的互动合拍吸引更多流量。

（五）抖音账号的精细化运营

仅仅有了热门视频内容还不够，对账号进行精细化运营是一项非常重要的工作。对于抖音创作者来讲，这个账号就是你的产品，如何打造好、保养好账号，是引流的关键所在。具体来说，有以下 4 点可以参考借鉴。

1. 高频率更新，把握流量高峰点

持续又稳定的内容输出可以获取更多的播放量，有助于涨粉。而每天的更新时间也是颇有讲究的。抖音有 3 个高峰期：中午 12 点前后、下午 6 点前、晚上 10 点前后。在这 3 个时间段发布视频，有机会获得更高的流量。

2. 引导粉丝参与互动

发布内容时有意识地引导用户评论与互动，是抖音精细化运营的重要一环。如果没有人回复，那就自己“抢沙发”，千万不要出现 0 评论的视频。对于每一条评论都应该认真回复，尤其是“神评论”。偶尔可以在视频剧情中故意留下些许瑕疵，让用户找到并在评论中交流。

3. 迅速有效的外部助推

抖音的算法是多级推荐模式（图 10–3）。如果在发布后短时间内获得了较多的评论、点赞，便有机会进入更大的流量池。

4. DOU+：少量多次，小额多投

DOU+是抖音官方的助推方式，能够带来一定程度上的曝光和流量增长。但是对于运营初期的账号，是否投放 DOU+是需要斟酌的。DOU+的投放对于一定起量趋势的视频是有助力的，能够为其锦上添花；但对于自然流量很差的视频，助推也很难做到雪中送炭。

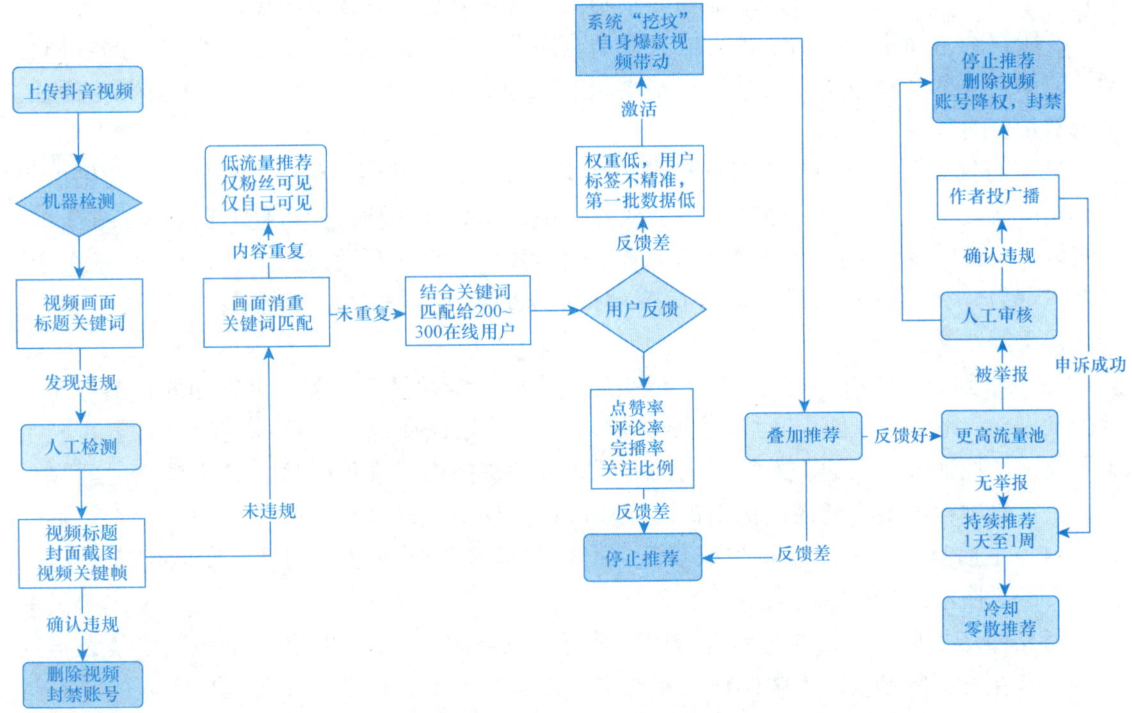

图 10-3　抖音的多级推荐模式

同时，在投放过程中，尽量采用"少量多次，小额多投"的原则。少量多次的投放会有更大的概率辐射到不同兴趣领域的人群，收获不同类型的粉丝。

本章小结

完成本章的学习，应理解和掌握以下内容。

（1）常见的直播平台类型包括泛娱乐类直播平台、游戏类直播平台、电商类直播平台、课程类直播平台、版权类直播平台五大类。

①泛娱乐类直播平台是与主播高度相关的直播平台类型，直播的主要内容在于观众和主播的交流互动，带有较强的情感色彩与社交属性。未来发展主要集中在内容升级层面上。

②游戏直播伴随着游戏产业的兴起而发展，是通过评论、弹幕等与用户实时交互，以游戏直播内容为主的直播平台。该类型直播与游戏厂商关系密切，人群垂直度较高，因此一直处于稳定发展阶段，平台数量无明显增长。

③"电商+直播"所组成的新型直播形态，让许多传统电商嗅到了新的商机，并成为这些传统电商在流量红利消退的情况下提升交易量的另一种方式。于是，淘宝、京东、蘑菇街等电商平台纷纷开始在自己的站内直播。这种互动性强的营销方式更受网友喜欢。

④课程直播像真实的课堂教学一样。虽然隔着屏幕，但用户却可以通过弹幕、音频等

方式与老师进行互动，既打破了地域的限制，又能很好地实现线下教学。

⑤版权类直播平台包括电视直播、活动直播及自制节目直播，属于较为传统的直插类型，以第三方的客观角度对活动现场情况进行信息传递。因电视台及相关活动资源稀缺，平台数量相对较少。

（2）直播作为互动性与实时性较强的社交媒体平台，其营销优势主要体现为提供给用户真实的使用场景，增强产品体验感。此外，用户的高频互动行为可使营销者实时接收到营销效果反馈，及时解决用户的问题，增强营销效果。直播营销模式主要有直播+发布会、直播+产品体验、直播+日常活动、直播+解密、直播+广告植入、直播+名人访谈、直播+产品售卖等。

（3）原创的直播内容更受欢迎，但是原创需要一定的经验积累，灵感和创意不可能随时迸发出来，完全的原创难度很大，成本也不低，效果往往也是不可预见的。对于新人主播来说，寻找适合自己的、人气高的、力所能及的直播内容进行模仿，是比较稳妥的起步方式，在此过程中要注意在模仿中提高、在模仿中创新。

（4）主播有了一定的经验和积蓄后，可以发展和组建自己的团队。团队配置包括运营、美工、技术人员和客服等。

（5）网络主播主要是通过语言与用户进行交流与沟通的，所以语言的包装也是必不可少的。语言是主播思维的集中体现。相比主播的外在形象，它更能体现主播个人的修养与气质。一个专业主播应当具备较强的专业性、富有幽默感、文明有礼，且在直播间传递正能量。

关键术语

直播平台分类　直播营销模式　直播团队打造　主播的修养

案例分析

董宇辉爆火的东方甄选

他曾是新东方名师，8 年教授了 50 万学生，如今突然转型直播“双语卖菜”，边带货边教英语，3 天涨粉上百万，直播间超一个亿点赞。他到底是如何转型的？

2022 年 6 月 9 日，新东方的“东方甄选”直播间超 4 万人次在线。只见一位主播一手拿着白板，一手拿着马克笔，平板上写满了密密麻麻的英文。

刚进直播间的，你或许会以为他是名英语老师，过来售卖英语课程的。但他却从身旁拿出了一袋装满了虾仁的水产品，镇定自若地用中英文讲解各种龙虾的英文间的区别。

这种新型的带货方式彻底吸引了众人的眼球，一夜间不仅新东方的直播火了，这名鬼才主播也迅速走红网络。他就是董宇辉。

董宇辉今年 29 岁，出生于陕西潼关的一个山村里。2011 年他凭借优异的成绩考上了西安外国语大学。

2014 年实习期他便来到了新东方，担任高中英语老师。

2016 年，不到两年的时间，他凭借着出色的教学能力成为最年轻的英语教研主管。

任职 8 年间，他一共教授了 50 万名学生。

2021 年 11 月，国家突然公布“双减”，各大教培机构受到冲击，新东方也因此被迫裁员 1.4 万人，股票一夜间急剧下跌 90%，企业几乎濒临破产。

在艰难困境下，新东方创始人俞敏洪逆流而上，转型做直播，助力农产品。

在这时，董宇辉陷入了两难。他之所以来到新东方，是因为父亲曾说要做一位对社会有贡献的人，因此他选择了成为一名教师，教书育人，为国家培养栋梁。

从教师到成为主播，两个毫不相关的职业，他真的能做好吗？事实上他的确做到了。

他的直播间人气直直飙升，最高时有 70 万人次在线观看，单场直播获赞一亿次。董宇辉彻底火了，新东方也成功转型。

打造知识直播间

其他人直播卖货都是疯狂吼叫，对着镜头让人“买它”，各种气氛选手后台准备；而董宇辉直播卖货悠闲自得，靠一张白板、一支笔和一口流利的伦敦音，将直播间打造成了“知识直播间”。

别人卖牛肉都是运用各种形容词来将产品吹得天花乱坠，有时还得亲自试吃；他不一样，他卖牛肉从来不试吃，反而拿着牛肉教起了英语，比如牛肉叫作“Beef”，牛排就叫作“Beefsteak”，吃起来的口感就是 Juicy——“多汁的”等。

除了卖农产品，他还会卖书，不管是古诗词还是现代文学他都能中英文来回解读，并且发音清晰标准。这让来到直播间的网友直呼“赚到了”，不仅买了东西，又学了知识，一举两得。

董宇辉酷爱读书，从经典名著小说，到世界文学获奖书籍，再到古今中外的历史，以及各类的名人传记，数十年来，他始终坚持每年读书 20 本。

用博览群书来形容他毫不夸张。因此在直播间里，他除了用标准的伦敦音进行双语教学外，还能随时出口成章。

董宇辉的才华不仅如此，他讲解的《中国历史》不仅能够脱口而出古今中外的人物，还能将古代与现代相结合，用诙谐幽默的语言讲述历史名人趣事。

从唐朝说到宋朝，从古罗马讲到现在，从散文讲到诗词，董宇辉的直播间的高级感，让人怎能不纷纷为他买单。

【讨论问题】如何理解主播的修养？结合本案例，谈谈主播在直播中如何传递正能量。

实训操作

实训项目	直播实操
实训目标	能够熟练进行多种场景直播
实训步骤	1. 教师提前让学生在直播平台注册 2. 学生分成 2～4 人一组，选择一种直播模式 3. 教师指导学生进行 5 分钟直播 4. 在一个小组进行直播的同时，其他小组进行打分，并记录主播的优缺点 5. 请学生点评
实训环境	多媒体教室
实训成果	直播视频

思考与练习

一、填空题

1. 常见的直播平台类型包括 ________、________、________、课程类直播平台、版权类直播平台五大类。

2. 直播营销模式主要有：直播+发布会、直播+产品体验、直播+日常活动、直播+解密、________、________、________。

3. 主播有了一定的经验和积蓄后，可以发展和组建自己的团队。团队配置包括________、________、________、________。

二、不定项选择题

1. 直播营销的优势有（　　）。

A. 用户群的精准性　　B. 实现与用户的实时互动

C. 深入沟通，情感共鸣　　D. 更容易广泛引起关注

2. 团队激励也是运营团队的关键要素，包括（　　）等激励方式。

A. 奖酬激励　　B. 关心激励

C. 鞭策激励　　D. 目标激励

3. 目标激励是以目标为诱因，通过设置适当的目标激发动机、调动积极性的方式。可用以激励的目标主要有（　　）三类。

A. 工作目标　　B. 个人成长目标

C. 个人生活目标　　D. 家庭目标

4. 短视频平台的核心商业逻辑是（　　）。

A. 内容　　B. 广告

C. 用户　　D. 专业

三、判断题

1. 直播营销最重要的就在于即时性的信息交互，所以我们在直播的时候，不能是一个人自说自话。（　　）

2. 客服不是主播，不会关系到粉丝对主播的直观印象。（　　）

3. 差异性的在线教育不仅能够让直播平台的流量得以延续，而且通过直播这个平台，教师资源能够最大限度地被利用。（　　）

4. 泛娱乐说到底是一种打造明星 IP 的粉丝经济。（　　）

5. 与传统电视相比互联网视频的一大优势就是能够满足用户更为多元的需求。（　　）

四、思考题

1. 分享一个生活中直播的成功案例。

2. 如果让你做旅游直播，你会采取哪一种直播模式？

3. 相较于长视频，短视频主要有哪些特点？

第十一章

软文营销

能力目标

通过完成本章的学习，学生能够掌握新媒体软文营销的特征、软文策划和软文写作。

素质目标

从学生未来发展所需掌握的技能出发，通过案例式教学，引发学生对信息化时代营销方式转变的关注，引导学生与时俱进，学习软文营销策划、写作技巧，增强自身职业素养。

引例

褚橙的品牌故事

在2012年以前，褚橙只是云南的一种普通冰糖脐橙。然而，在年逾八旬、昔日的烟草大王褚时健通过种植这种橙子再次创业时，这种普通的橙子就被贴上了“励志橙”的标签，并引发了人们的购买热潮。褚时健曾是一名优秀的企业家，众多企业家都对他惺惺相惜，这些企业家在微博等社交媒体平台上传播他的故事，“励志橙”的名字也因此被人们所熟知。

这个励志故事就是褚橙的品牌故事，因为这个故事，褚橙被赋予了更加丰富的内涵。它的网上销售代理商——本来生活网也靠着褚橙迅速打开了网站的知名度。2013年，褚橙销售季再次到来时，本来生活网采取了一种个性、幽默、娱乐的方式进行营销，与韩寒合作。韩寒发布了一则微博：我觉得，送礼的时候不需要那么精准……附图是一个大纸箱，上面仅摆着一个橙子，纸箱上印着一句话：在复杂的世界里，一个就够了。

文案一经发布，就获得了网友的大量阅读和转载，不仅引发了网友的讨论，还传播了商品的价值，对企业形象和商品质量进行了更好的宣传。其实，不只是微博推广文案，微信推广文案、电子邮件推广文案和社群推广文案等都属于软文的范畴。

【分析提示】一则优秀的文案在商品销售、企业品牌传播等方面将发挥哪些作用?

第一节　软文营销概述

一、软文的内涵

软文是指由企业的市场策划人员或广告公司的文案人员负责撰写的，根据特定的用户诉求，以强有力的、有针对性的心理攻击迅速实现品牌推广或销售目的的文字。与硬广告相比，企业软文之所以叫作软文，其精妙之处就在于一个“软”字。它将企业宣传内容和文章内容完美结合在一起，做到绵里藏针，收而不露，让用户在阅读文章的时候能够了解策划人所要宣传的东西。一篇好的软文是双向的，既让客户了解了他想要的内容，也实现了产品的宣传。

（一）软文的定义

1. 狭义的定义

软文是指企业花钱在报纸或杂志等宣传载体上刊登的纯文学性的广告。这种定义是早期的一种定义，即所谓的付费文字广告。

2. 广义的定义

软文是指企业通过策划在报纸、杂志或网络等宣传载体上刊登的可以提升企业品牌形象和知名度，或可以促进企业销售的一些宣传性、阐释性文章，包括特定的新闻报道、深度文章、付费短文广告、案例分析等。

（二）软文的分类

按照不同的分类标准，软文可以划分为不同的类别。

1. 按营销目的划分

营销目的不同，对应的软文写作方法也有所不同。

（1）品牌推广软文。品牌推广软文是指企业为建设品牌形象、积累品牌知名度、沉淀品牌资产而撰写的软文。常见的如品牌故事软文，即通过讲故事的形式把品牌发展的历史脉络、品牌的内涵、价值及特点向读者娓娓道来，并潜移默化地让读者对品牌产生印象或好感。此外，当企业品牌遭遇危机的时候，也可用软文进行危机公关，以防止事态恶化，消除危机事件带来的负面影响。

（2）产品推广软文。产品推广软文是指为企业推广新品或促进热销单品的销售而撰写的软文。产品推广软文（图 11-1）一般从产品的不同方向选材，如产品成长进程、产品里程碑、产品亮点等。

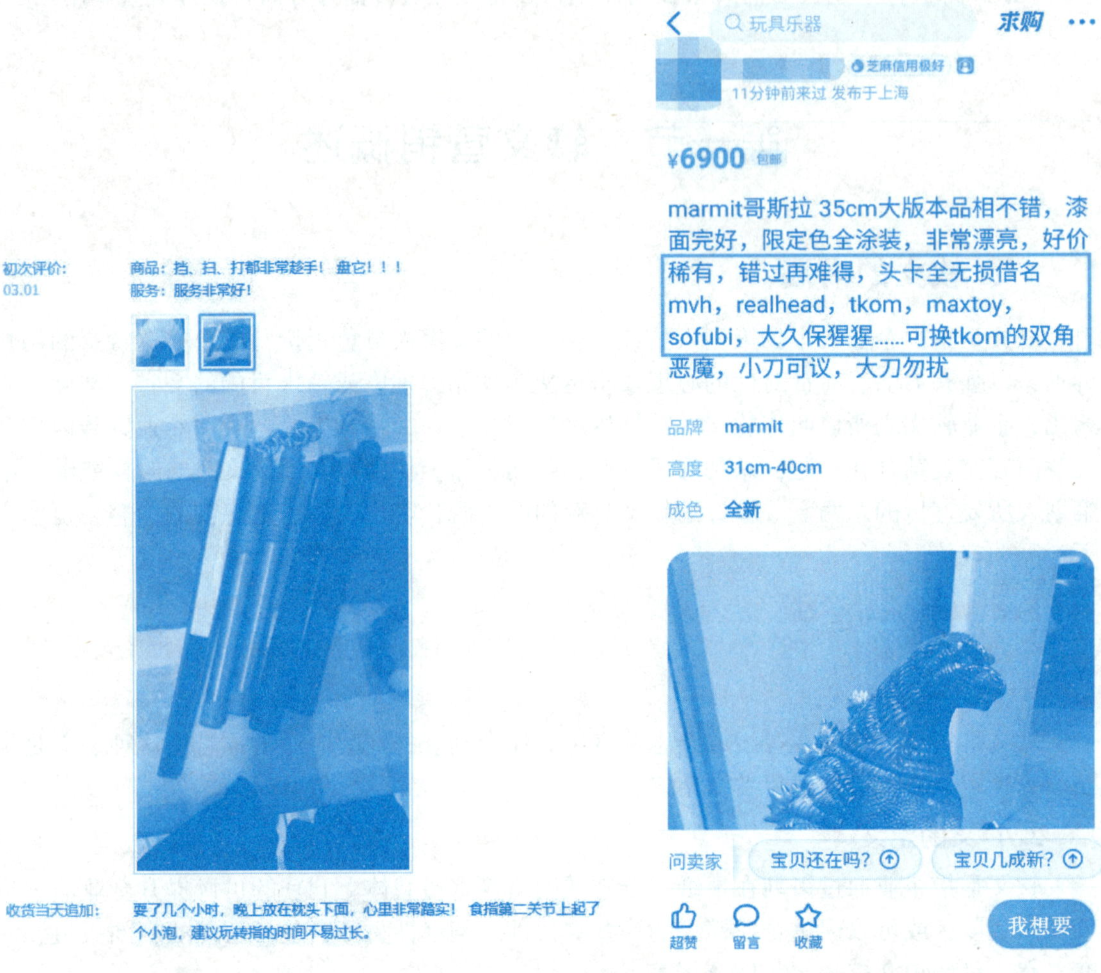

图 11-1　推广类软文

（3）活动推广软文。活动推广软文是指企业为推广其线上或线下活动、刺激读者参与而撰写的软文。例如，知名电商平台唯品会借助热播剧《欢乐颂》的资源，专门推出符合剧中“五美”穿衣风格的“五美馆”，以促进不同风格服饰的销售；并邀请微信大号为此活动撰写了一篇题为“人生最痛苦的是，怎么选都是错的”的公众号软文，通过讲述多个关于选择的故事引出活动广告。

2. 按写作形式划分

（1）悬念式（设问式）软文。核心是提出一个问题，然后围绕这个问题自问自答。通过设问引起话题和关注，必须掌握火候。提出的问题要有吸引力，答案要符合常识，不能作茧自缚、漏洞百出。

(2) 故事式软文。通过讲一个完整的故事带出产品，使产品的“光环效应”和“神秘性”给消费者心理造成强暗示，使销售成为必然。例如，“1.2 亿买不走的秘方”“神奇的植物胰岛素”“印第安人的秘密”等。讲故事不是目的，故事背后的产品线索才是文章要表达的关键。听故事是人类最古老的接受知识的方式，所以故事的知识性、趣味性、合理性是软文成功的关键。

▶ 案例 11-1

故事式软文举例

成功型

3 岁丧父，摆地摊、卖煎饼、当搬运工，44 岁后月入过百万元！

过去的辛酸：3 岁丧父，摆地摊、卖煎饼、当搬运工。

现在的成功：月入过百万元。

情怀型

“90 后，浙江小伙放弃百万年薪，选择去乡间做农业为圆梦！”情怀事件：放弃百万年薪去务农圆梦。

综合型

“从濒临倒闭到年收入 15 亿日元，20 年来他把一碗米饭做到极致！”

过去的辛酸：濒临倒闭。

现在的成功：年收入 15 亿日元。

情怀事件：20 年来他把一碗米饭做到极致。

(资料来源：廖敏慧，吴敏，李乐. 电子商务文案策划与写作［M］. 2 版. 北京：人民邮电出版社，2020.)

(3) 情感式软文。情感一直是广告的一个重要媒介。软文的情感表达由于信息传达量大、针对性强，当然更可以叫人心灵相通。如“写给那些战‘疸’的青春”等。情感最大的特色就是容易打动人，容易走进消费者的内心。

▶ 案例 11-2

情感式软文举例

之前网上很火爆的一个励志漫画软文《对不起，我只过 1% 的生活》就展示了情感式营销软文的威力。主人公从小就有画家梦，却历经生活的磨难：被说画得差、负担不起昂贵的学费、妈妈有心脏病没钱住院、爸爸因车祸不能工作。主人公只能自强奋斗，以一个女生柔弱的肩膀扛起家庭重担。但她依旧坚持了下来，实现了自己的梦想。作者借用这种生活与梦想的摩擦与矛盾，把“弱小化”的情感无限地放大，引发受众的感同身受。我们每个人都有梦想，都想实现自己的梦想，但很多人由于各种生活的无奈，选择了放弃，主人公却能坚持并一步步实现梦想，这不仅传达了正能量，还触发了受众追求梦想的情感共鸣。

这篇软文感动了无数人，引起网络上的广泛转发和讨论。软文推出后一天就引发超过40万次的惊人转发量。其微信公众号在进行推送时，阅读量几乎都是“10000+”。其推出的App“快看漫画”，创下了单日30万次的下载规模。

（资料来源：廖敏慧，吴敏，李乐. 电子商务文案策划与写作［M］. 2版. 北京：人民邮电出版社，2020.）

（4）恐吓式软文。恐吓式软文属于反情感式诉求。情感诉说美好，恐吓直击软肋，如“高血脂，瘫痪的前兆”“天啊，骨质增生害死人”“洗血洗出一桶油”等。实际上，恐吓形成的效果要比赞美和爱更具备记忆力，但是也往往会遭人诟病，所以一定要把握尺度，不要过火。

（5）促销式软文。促销式软文常常在上述几种软文见效时直接配合促销使用，或者就是使用“买托”造成产品的供不应求，通过“攀比心理”“影响力效应”等多种因素来促使消费者产生购买欲。

（6）新闻式软文。以新闻事件的手法去写，让读者认为就仿佛是昨天刚刚发生的事件。但是，文案要结合企业自身条件，不要天马行空地写。

3. 按投放渠道划分

由于不同的媒体渠道拥有不同的目标人群及渠道特性，相对应的软文写法也略有不同。按投放渠道的类型划分，软文可分为以下几种。

（1）新闻资讯类软文。软文内容多以新闻资讯的形式出现。

（2）自媒体类软文。自媒体类软文是指关键意见领袖或企业的微信公众号、微博头条等自媒体账号发布的软文。

（3）问答类软文。问答类软文是指以百度知道、知乎问答等平台为依托，以设置问题并回答的形式创作的软文。

（4）个人社交类平台软文。个人社交类平台软文是指通过微信朋友圈、微博、QQ空间等个人社交类平台发布的软文。由于个人社交类平台具备用户体量较大、交流便捷、互动性强等特点，因此越来越多的企业将个人社交类平台列为软文推广和信息发布的重要渠道。

（5）社群类软文。社群类软文是指以社群（如微信群、QQ群）为依托，在与群友交流互动或分享的过程中出其不意地植入广告，最终实现营销的软文。

（三）软文的特点

软文是对受众进行针对性心理引导的一种文字形式。在编写相关文字内容时，文案人员应注意软文的以下特点。

1. 软文和广告具有同样的商业本性

从本质上来说，软文也是一种广告。它是企业软性渗透的商业策略在广告形式上的实现，通常借助文字表达与舆论传播使受众认同某种观念、观点和思想，从而达到企业品牌宣传、产品销售的目的。

2. 软文利用文字的表现形式来伪装自己

不同于硬广告在宣传上的开门见山，在软文营销中，软文利用一切文字资料来伪装自己，进而达到变向广告宣传的效果。软文的表现形式包括新闻资讯、管理思想、企业文化、技术与技巧文档、评论、趣味性的故事、包含文字元素的游戏等。这些文字形式对于受众来说都非常熟悉，受众在阅读这些文字时，不经意间就会被它所影响，从而产生某种思想和行为。

3. 软文制造信任与受众产生共鸣

很多营销软文凭借文章的情感因素和渗透其中的产品关键词的影响，使目标受众产生心理共鸣，营造出相互信任的氛围，进而激发受众了解产品的兴趣，从而达到宣传或推广销售的目的。

▶ 案例 11-3

汽车软广告《回家的路》

制造信任感不必多次提及自己的产品有多么好，先营造感人的场景，使人进入情境之中，再提及某种产品，产生的效果要比直接宣传产品好很多。因为感人的场景会让用户记忆深刻，同时也会加深用户对产品的印象。如三菱汽车的软广告《回家的路》：

"爸爸的背给我留下了深刻的记忆，每次回家的路上，一定会经过那个糖厂，我记得那里冰棒的味道，像父亲背的味道。他总是坚持接我回家，后来我在台北念书放假回家，他也一定要来接我。我第一次开车回家，快到家时，爸爸还是坚持来接我，我想他是怕我忘了回家的路吧。三菱汽车全省 164 个家，欢迎您随时回家。"

（资料来源：廖敏慧，吴敏，李乐. 电子商务文案策划与写作［M］. 2 版. 北京：人民邮电出版社，2020.）

4. 软文能产生口碑传播效果

成功的软文营销完全能产生口碑传播效果，它能使受众"耳软"。大多数研究认为，口碑传播是市场中最强大的控制力之一。心理学家也指出，家庭与朋友的影响、客户直接的使用经验、大众媒介和企业的市场营销活动共同构成了影响受众态度的因素。

由于存在产品信息不对称性的情况，受众在购买产品或服务时倾向于接收口碑信息，甚至主动搜寻口碑信息。当口碑传播信息与口碑信息接收者自身感知的产品或服务质量基本吻合时，口碑信息将会直接影响口碑信息接收者的购买决策，最终促使其产生与口碑信息相一致的购买行为。所以文案人员要好好利用这一点，通过优秀的软文内容吸引受众，这样才可能达到好的营销推广效果。

5. 软文要展示卖点

只让受众相信你还不够，文案还需要把产品美点说得明白清楚，否则受众就会不清楚状况，也达不到最终的目的。尤其是某些推广销售产品的文案，文案人员需要深入了解产品特点，并完美地将其演绎出来，把产品说得明白透彻。通过恰当的宣传后，文案就可以使受众对产品产生深刻印象，促成营销目的的实现。

在这个过程中要注意营造轻松愉快的氛围，这样受众才会有兴趣阅读，产生进一步了解的欲望。经验分享类和权威资料类软文就需要充分展示产品的卖点，赋予产品生动的形象化描述，让受众看完文章后产生身临其境的感觉，从而达到出其不意的营销效果。图11-2 为经验分享类软文，作者以形象图片语言介绍了“两驱”及“四驱”汽车知识，实际上是在介绍所推广产品的特点，既有知识性，又充满趣味。

▶ 案例 11-4

经验分享类软文举例

经验分享类软文举例如图 11-2 所示。

图 11-2　经验分享类软文举例

（四）新媒体软文与传统软文的区别

随着互联网产业的迅速崛起，新媒体成为企业宣传品牌及传播信息的最主要渠道，新媒体软文营销已成为企业营销的重要手段之一。与传统软文相比，新媒体软文主要存在以下三个方面的差别。

1. 发布渠道不同

与传统软文相比，新媒体软文的发布渠道更多样、更广泛。以互联网为载体的新媒体软文，从论坛、博客到新闻媒体、自媒体平台，再到以微博、微信为首的社交平台等，都能发布软文。而传统软文仍以报纸、杂志等有形的传统媒体为主战场。

2. 传播范围不同

与传统软文相比，新媒体软文最大的优势在于充分利用了互联网的即时性、全球性和交互性等特征，可以突破时间、地域等传统媒介的限制，在新媒体平台上随时随地发布软文。用户则可以通过搜索引擎查找关键词，在一个或多个新媒体平台上浏览企业或产品的相关报道，获取自己所需的信息。这既能提高用户的体验度，又能增强用户对企业或产品的信任，引导用户分享、转发及购买。一篇优质的新媒体软文不仅能为用户提供价值，促进用户主动传播，还能引发其他的新媒体平台相继转载，最终实现低成本的可持续传播。

3. 推广形式不同

新媒体软文与传统软文的推广形式有明显的区别。传统软文是通过传统媒体进行单向推广传播的，以“推”的营销模式主动把宣传软文发送或传达给用户。新媒体软文则以用户需求为导向，用“拉”的营销模式吸引用户参与，实现软文的交互传播，以增强软文传播者与接收者之间的沟通与互动。用户通过新媒体平台实现相互连接和资源共享，促进企业与企业之间、企业与用户之间以及用户与用户之间的无障碍沟通。此外，由于互联网具有交互性，用户不仅是软文的接收者，同时还是软文的传播者，因此这更有利于提高用户的参与感，促使用户提出更多宝贵的反馈意见。

二、软文营销的内涵

随着信息化时代的来临，用户的阅读习惯及方式发生了很大的改变。用户对电视、报纸、杂志等传统媒体硬广告的关注度下降，致使传统营销的效果变得不太理想。因此，企业开始寻求一种性价比高、互动性强的新营销方式，软文营销应运而生。企业通过发布软文为用户提供有价值信息的同时，无形之中将企业的品牌或产品融入其中，以潜移默化的力量抢占用户心智，获取用户认同和信任，最终实现企业利益的最大化。

（一）软文营销的定义

软文营销是指通过软文的调研、策划、撰写、投放及传播，最终达成宣传或交易等目标的营销行为及方式。软文营销是企业软性渗透的商业策略在广告上的实现，是生命力最强的一种广告形式。企业软文策划人员或广告策划人员针对企业营销的策略，结合企业的产品或服务等需要宣传的信息，通过撰写一些技巧性、实战性的文章，吸引用户的注意；在给用户提供他们所需要的精神食粮的同时，也把企业的品牌及理念等印在用户的心中，从而达到软文营销的效果。

（二）新媒体软文营销的特征

软文营销在新媒体时代下表现出以下三个特征。

1. 形式多样化

如今随着新媒体时代的到来，软文的内容变得更加丰富，不再拘泥于单一的文体。从论坛发帖到博客文章，到门户网络新闻，再到自媒体平台故事类或评论类文章；从新闻报道到人物专访，到娱乐专栏，再到科技产品评测等，形式层出不穷。新媒体时代下的软文主要是为宣传品牌和推广产品而服务的，因此，其形式会根据媒体和平台的特色进行变化和调整。

2. 语言网络化

网络化语言是伴随网络的发展而新兴的一种有别于传统平面媒介的语言形式。它以简洁生动的形式、幽默风趣的表达，获得了广大网友的青睐。在软文写作中适当地运用网络化语言，可以使软文内容更贴近生活，同时也更具趣味性，有助于和年轻用户建立沟通，吸引年轻用户的关注。此外，由于网络化语言往往伴随着热点事件出现，如果软文以热点的网络语言作为关键词或切入点，则会更有效地促进软文的传播。这就要求软文撰写者做好目标用户的调研和分析，根据用户主流爱好合理地配置和使用网络语言，充分发挥网络化语言对软文推广和品牌宣传的促进作用。

3. 投放精准化

基于新媒体环境下海量的用户数据，企业在投放软文时，可以通过大数据对用户的性别、年龄、兴趣、地理位置等因素进行细分，用最短的时间精准地找到潜在的目标用户，进而向目标用户投放个性化定制的广告内容，从而最大限度地提高广告曝光率及转化率，增强软文营销的传播效果。

（三）软文在营销中的作用

软文营销通常是把一篇关于企业的文章、新闻或一个新的观点发布到多家不同的媒体上，并在文章末尾注明这篇文章的来源及作者信息，方便想了解这些内容的人阅读，从而产生广告效果，达到营销的目的。所以，软文营销是一种非常重要的广告形式，也是一种很有技巧性的广告形式。一篇优秀的软文在产品或品牌营销中的重要作用是不容忽视的。

1. 具有很强的广告效应

软文兼具软文广告和新闻的特征，既有广告的效果，又有新闻的权威、真实、客观等特点，更具有可信度，便于受众接受。在广告开始让人厌烦的时代，新闻无疑可以起到很强的推动作用，帮助企业快速提高营业额。

2. 网络软文能引导消费习惯

中国互联网络信息中心（CNNIC）在第54次《中国互联网络发展状况统计报告》中详细分析了中国网民的规模情况，报告显示，截至2024年6月，我国网民规模近11亿人（10.9967亿人），较2023年12月增长742万人，互联网普及率达78.0%。在这些人中，80%的网民养成了浏览网络新闻的习惯，新闻已经在不知不觉中引导了网民的消费习惯。

3. 帮助企业树立形象

市场上同质产品的竞争非常激烈。同质竞争成了企业生存发展中的重大危机。很多企业都有相同的产品、相同的服务，而普通受众可能只认可其中某一家企业的产品，因此企业在受众心中的印象就显得非常重要。这个印象可以通过新闻软文来树立，因为新闻的独特性会给企业制造出独一无二的公众形象，为企业树立诚信的品牌，树立不一样的服务口碑，让受众记住并认可，这种认可比广告的效果要好很多。

4. 帮助企业提高广告效果

软文具有非常广泛的传播载体，加上互联网技术的广泛应用，受众可以通过各种媒体多种手段来接受推广的软文。一篇好的软文可以通过受众自发地宣传、分享、转载，在全网进行传播。当然，软文质量越好，传播范围越广，越能达到一传十、十传百的效果。

5. 传递口碑效应

通过新闻或其他软文传播的品牌或产品，受众浏览后会留下比较深刻的印象。在某个时机甚至会向朋友提起，形成口碑效应。

6. 带来群体效应

如果一个受众在一家媒体上看到某个品牌或企业的相关报道，而在其他媒体或很多地方也能看到这个品牌或企业的相关报道，该报道包括服务、产品、企业文化、市场流行、时尚等各方面，那么该报道便会在受众心中留下深刻印象，受众在需要购买相关产品时，自然而然会首先考虑这个品牌或企业的产品。简单的网络，很多时候会产生意想不到的营销效果。

而传统媒体是通过电视、杂志等传播的，投入成本较大，且很多时候想要传递的信息也不能准确传递给受众。现在很多企业已将广告预算更多地转投新媒体渠道。

第二节　软文营销策划

一、软文营销策划概述

软文营销策划是指企业的市场营销人员或广告公司的文案人员，根据企业产品或服务的特征，结合企业经营管理过程中各个阶段的具体情况，以及当前和未来一段时间的市场需求变化趋势和营销目标，制订的软文营销计划。

软文营销策划要把握以下要点。

（一）明确软文营销的行动目标

软文营销的行动目标是指企业通过软文营销要实现的目标。企业经营的不同阶段，其软文营销需实现的目标也不同。一般来说，企业软文营销的目标主要分为强化品牌建设、拉动产品或服务销售、宣传推广活动、回应竞争对手的策略及配合企业重大战略部署等。如要实现多个目标，则需对目标进行优先级排序，逐一实现目标。

（二）明确软文营销的实施策略

软文营销的实施策略指根据企业的软文营销总的费用预算制订软文投放的实施计划，主要包括软文投放平台、投放数量、投放时间及对应的费用预算等。

（三）明确软文写作的角度

明确了行动目标及实施策略，进一步需要确定软文写作的角度，即围绕具体的行动目标投放平台等软文营销策划要素拆解出多个不同的写作角度，并根据费用预算调整投放平台及数量，最终筛选出最适合的写作角度。

企业的市场营销人员或广告公司的文案人员进行软文营销策划时，可把其六要素制作成表（见表 11-1），以便记录及自行检查。

表 11-1　软文营销策划六要素

策划要素	具体内容
行动目标	
写作角度	
投放平台	
投放数量	
投放时间	
费用预算	

二、软文营销策划的步骤

（一）商品认知

商品认知是指对商品基本信息的了解与熟悉。文案人员一定要在熟悉商品的基础上开展文案写作，这样撰写出来的内容才符合商品的特点，体现出商品与众不同的卖点，从而吸引消费者。商品认知主要包括了解商品分类、熟悉商品属性和掌握商品文化等内容。

1. 了解商品分类

商品分类是指为了满足一定的需求，根据商品的属性或特征，选择合适的分类标志，将商品划分为大类、中类、小类、细类以及品种、花色和规格等。国内大多数门户网站采用 UNSPSC 商品及服务分类编码（第一个应用于电子商业的商品及服务的分类系统，每一种商品在 UNSPSC 的分类中都有唯一的编码），电子交易市场则参照《商品名称及编码协调制度》，还有一些电子交易市场使用的是自编的商品分类系统。电子商务市场中越来越丰富的商品种类和品牌使消费者有了更加广阔的选择空间，为了方便消费者找到所需要的商品，商家需要明确自身商品在市场中的定位，做好商品的分类。

2. 熟悉商品属性

商品属性是指商品本身所固有的性质，是商品所具有的特定属性。如服装商品的属性包括服装风格、款式、面料、品牌等，这些属性可以看作商品性质的集合，可用于区别不同的商品。文案人员写作文案前要熟悉商品的属性，找出自身商品与其他商品的差异性，突出自身特点，以吸引更多消费者点击并浏览内容，增加成交机会。

按照电子商务平台的标准商品单元（Standard Product Unit，SPU）可以将商品属性分为关键属性、销售属性和其他属性。

（1）关键属性。关键属性是指能够唯一确认商品的属性，该属性可以是单一的属性，也可以是多个关键属性的组合。例如，手机商品可采用“品牌（Huawei）+型号（Mate 30）”作为关键属性，服装商品可以采用“品牌+货号”作为关键属性。

（2）销售属性。销售属性是指组成库存量单位（Slack Keeping Unit，SKU）的特殊属性，主要包括颜色、版式等。

（3）其他属性。其他属性是指除关键属性和销售属性以外的属性，如材质、面料、包装、价格等，也是商品普遍具有的属性。

文案人员可以通过对以上属性内容的分析来确定商品的价值，包括使用价值和非使用价值。在撰写商品文案时，既要体现商品的使用价值，又要体现其非使用价值，这样才能提升商品对消费者的吸引力，获得更加可观的收益。

A. 使用价值。使用价值是商品的自然属性，是一切商品都具有的共同属性之一。任何物品要想成为商品，都必须具有可供人类使用的价值；反之，毫无使用价值的物品是不能成为商品的。例如，粮食的使用价值是充饥，衣服的使用价值是御寒，雨伞的使用价值是遮风挡雨。

B. 非使用价值。非使用价值通常也叫存在价值（有时也称为保存价值或被动使用价值），它是指人们在知道某种资源的存在（即使人们永远不会使用那种资源）后，对其存在赋予的价值。通过挖掘商品的非使用价值，设计符合客户需求的非使用诉求，可以提升商品的价值，赋予商品更加丰富的内涵。商品的非使用价值可以从商品的附加价值、文案中的身份和形象、与职业的匹配度、商品的第一感觉等方面来体现。比如一款眼镜，它的使用价值是为顾客提供视觉帮助。如果从与职业相匹配的角度来挖掘它的非使用价值，可以从戴上眼镜后体现的职业气质来描述。职业经理人戴上它可以变得更加干练；领导戴上它可以变得更加有气场；年轻人戴上它可以显得沉稳等。这样就为眼镜赋予了很多非使用价值。

3. 掌握商品文化

商品作为一种满足消费者需求的物品，既具有物质属性，又具有文化属性。这种文化属性的附加可以提升商品的价值表现，使商品既可以作为一种物质交换而存在，又可以传达一种精神文化交流，潜移默化地改变消费者的价值观念、思想意识和行为。因此，商品文化是商品价值的一种表现。掌握商品文化可以拓宽文案人员对商品价值的认识和理解，使其创作出更具有精神感染力的文案，加深商品在消费者心中的印象，进而形成独特的文化烙印，增强消费者与商品之间的联系，最终形成良好的品牌效应和忠实的消费群体。

熟悉商品文化后，文案人员即可对商品文化进行包装和优化，写出具有文化气息和情感氛围的文案，使之与消费者的需求相吻合，从而建立起商品与消费者之间的深度联系，形成消费者的品牌偏好。广告文案、商品说明、品牌故事等就是典型的依靠商品文化而创作的满足消费者精神需求的文案。

（二）目标消费人群分析与定位

1. 购买意向分析

购买意向是基于消费者态度的一种指向未来的购买行为。消费者对商品产生积极支持的态度，就可能产生购买该商品的明确意向。购买意向是消费者选择某种商品的主观倾向，表示消费者愿意购买某种商品的可能性，是消费者做出购买行为前的一种消费心理表现。

一般来说，影响消费者购买意向的因素主要有以下三点。

（1）环境因素。环境因素主要指文化环境、社会环境和经济环境等外在的社会化环境因素。环境因素会影响消费者的购买意向，如冬季雾霾严重，空气污染严重，防霾口罩在这一时段就会比其他时段的人气高很多；又如，某热播剧引起了人们对某个商品的关注，受该剧的影响，关注该商品的消费者也会急剧增多。

（2）商品因素。商品因素主要是对商品的价格、质量、性能、款式、服务、广告和购买便捷性等因素的考虑。如在淘宝直播平台中，消费者可以在观看直播的同时直接购买商品，这比传统视频营销结束后告知消费者通过何种渠道进行购买便利得多。

（3）消费者个人及心理因素。由于消费者自身经济能力（如购买能力、接受程度）、兴趣习惯（如颜色偏好、品牌偏好）等不同，因此会产生不同的购买意向，并且消费者的心理、感情和实际需求各不相同，也会产生不同的购买动机。

综合以上因素，以及电子商务给消费者带来的便利，消费者在电子商务模式下的消费行为发生了很大的变化。因此，要想获得消费者的购买意向就要重视消费者信息的收集、分析并发现消费者的消费规律，研究消费者在电子商务网站上发生购买行为的原因。

2. 购买心理分析

购买心理就是消费者因为一定原因而购买商品的一系列心理活动。比如有的人喜欢买名贵的商品，有的人喜欢买便宜货，有的人喜欢潮流商品，有的人喜欢经典复古商品。对消费者的购买心理进行研究，可以更加准确地定位消费者的购买行为，制订更加符合消费者需求的文案。

3. 用户画像定位

用户画像是对用户行为、动机和个人喜好的一种图形表示，能够将用户的各种数据信息以图形化的形式直观展示出来，帮助商家更好地进行用户定位，方便文案人员写出针对消费者需求的文案，提升文案对消费者的吸引力。用户画像展现的信息并非专指某一个用户，而是具有相同特征的一群目标用户群体的共同数据展示，如店铺人群自画像（如图11-3所示），通过这种画像的方式实现数据的分类统计。

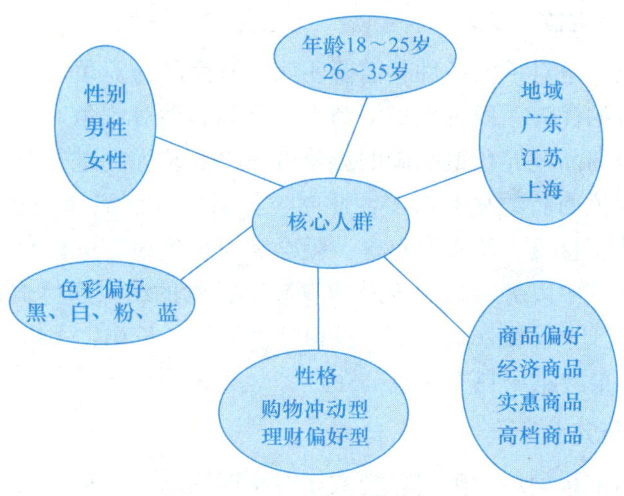

图 11-3　店铺人群自画像

对用户购买意向和购买心理的分析，可以建立起对用户的基本印象，明确用户的基本属性信息，即用户性别、年龄、身高、职业、住址等信息。这些属性信息的不同可导致用户的收入水平、生活习惯和兴趣爱好不同，进而影响用户的消费行为。首先对信息进行分类统计，建立起基本的用户画像模型，然后将收集和分析的数据按照相近性原则进行整理，将用户的重要特征提炼出来形成用户画像框架，并按照重要程度进行排序，最后进行信息的丰富与完善，即可完成用户画像的构建。图 11-4 是比较常见的用户画像技术过程。

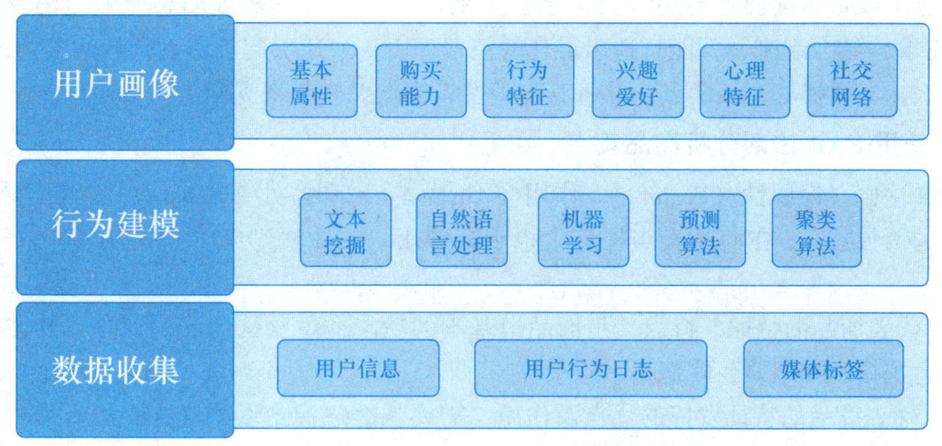

图 11-4　用户画像技术过程

（三）竞争对手分析与定位

对于电商商家来说，在同一细分市场，竞争对手抢夺相同核心资源，如从商品、价格、销量等直观的角度进行分析，可以快速定位竞争对手，明确文案写作的方向。

1. 根据商品进行定位

将商品作为定位竞争对手的条件，需要明确自身商品与竞争对手之间的异同，通过个体差异化来突出自身的优势，即首先根据商品的具体属性对竞争对手进行筛选，然后从筛选结果中找到与自身商品差异化最明确的竞争者。以女装为例进行分析，在淘宝中直接搜索女装商品可以发现该商品数量非常多，此时，如果加入商品属性和特点作为筛选条件，如款式、风格、品牌、材质、购买热点等，就会相对精确地筛选出具有相同商品属性的竞争对手。比如在淘宝网中以关键词“女装裙夏装”搜索的结果超过100页，而添加了“适用年龄：18～24周岁”“服装款式细节：拉链”“裙长：长裙”“裙型：A字裙”“腰型：中腰”筛选条件后，最终结果只有4页。

2. 根据价格进行定位

价格是决定商品销量的一大因素。卖家要对全网商品的价格进行分析，并结合自身情况进行定价。确定价格后选择竞争对手时就要在该价格可承受范围内选择合适的竞争对手，一般来说，建议价格浮动范围不超过20%。

3. 根据销量进行定位

在商品和价格的基础上，综合考虑销量进行定位。根据自身店铺商品的平均销量选择几家和自己店铺客单价与销量相近的卖家作为竞争分析的对象。

（四）商品卖点提炼与展现

商品卖点就是商品具有的别出心裁或与众不同的特点。卖点既可以是商品与生俱来的特点，也可以是通过创意与想象力创造出来的卖点。同时，卖点如果能够与消费者痛点（消费需求）结合起来，就能打造出最佳的消费理由，快速引起消费者强烈的购物欲望。

那么，怎样提炼商品卖点，并将其与消费者痛点关联起来呢？

1. 使用FAB法则分析商品卖点

FAB法则，即属性（Feature）、作用（Advantage）和益处（Benefit）法则，它是一种说服性的销售技巧，在商品卖点提炼中也十分常用。FAB法则中F、A、B所代表的含义如下。

F：代表商品的特征、特点，是商品最基本的功能，主要从商品的属性、功能等角度进行潜力挖掘，如超薄、体积小、防水等。

A：代表商品的特征发挥的优点及作用，需要从客户的角度来考虑，思考客户关心什么、客户心中有什么问题等，然后针对问题从商品特色和优点角度来进行提炼。例如，方便携带吗？电池耐用吗？

B：代表商品的优点、特性以及带给客户的好处。应该以买家利益为中心，强调买家能够得到的利益，以激发买家的购物欲望，如视听享受、价格便宜等。

一般来说，从商品的属性来挖掘买家所关注的卖点是最为常用的方法。每个商品都能够很容易地发现F，每一个F都可以对应到一个A和一个B。

▶ 案例 11-5

某品牌奶粉卖点提炼

某品牌奶粉提炼出以下三个卖点：①产自新西兰；②添加了脂肪酸 DHA 原料；③红和绿两种颜色的包装规格。这些句子都描述了产品本身所具有的事实状况或特征，但是介绍仅仅停留在产品的性质上，给顾客的仅仅是一些数据的枯燥的信息，很难激起顾客的购买欲望。所以我们在描述了产品的基本特性后，接着就要进入更深层的解说——作用和优点阐述。

比如在描述奶粉产自新西兰后，我们可以告知顾客，新西兰有世界上环境最为优越的天然牧场，牛奶全部来自健康、高免疫的乳牛，奶粉绝对没有污染，卫生、安全。

特性 1：产自新西兰天然绿色牧场，选自高免疫健康乳牛。优点是绝对无污染，卫生、安全。

特性 2：添加了脂肪酸。DHA 为人体必需脂肪酸，DHA 对脑细胞的生长发育很有好处，被称为“儿童聪明物质”。其优点是能开发和提高儿童智力。

特性 3：红和绿两种颜色的包装。红色包装奶粉适合 0～3 岁幼儿食用，绿色包装奶粉适合 3～6 岁儿童食用。其优点是易于辨别，方便选择。

（资料来源：廖敏慧，吴敏，李乐. 电子商务文案策划与写作［M］. 2 版. 北京：人民邮电出版社，2020.）

我们通过 FAB 介绍法，对产品的特性、优点、好处进行层层分析，产品的个性就暴露无遗，不但使顾客深刻了解了产品，也激发起了顾客对产品的强烈兴趣。

2. 使用九宫格思考法分析商品卖点

九宫格思考法（如图 11-5 所示）是一种有助扩散性思维的思考策略，利用一幅像九宫格的图，先将主题写在图的中央，然后把由主题所引发的各种想法或联想写在其余的格子中，让思维向剩余的 8 个方向去思考，最后产生 8 种不同的意见。遵循此思维方式加以发挥并扩散其思考范围。

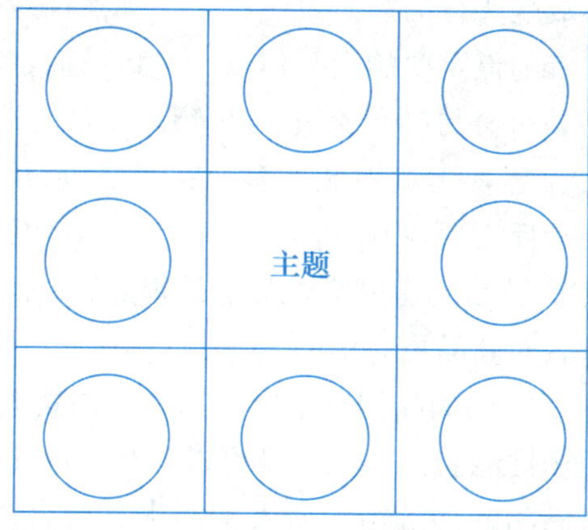

图 11-5 九宫格思考法

例如，在海报文案或推广活动文案上，消费者记忆点最多不超过 3 个，所以介绍重点功能就好，但是在详情页文案上则不一样，文案中应尽可能多地展示出产品的优势。因此，软文写作前可以先准备一张白纸，然后用笔将整张纸分割成九宫格，在中间的格子里写上商品的名称，最后在剩余的 8 个格子中写上可以帮助这款商品销售的众多优点。

▶ 案例 11-6

电动牙刷的九宫格创意思考

以 Orab-B 的一款电动牙刷为例进行九宫格创意思考。已知该款牙刷是德国进口产品，可以通过蓝牙连接手机 App，可以同步显示牙齿区域的清洁情况，查看每次的刷牙记录，预设刷牙偏好，特殊处理牙齿区域等；牙刷采用小圆头设计，采用 3D 声波洁齿科技，能 360°清洁牙齿；有日常清洁模式、牙龈按摩模式、敏感护理模式、亮白模式，用户可以根据自己的需求自由选择。了解了该产品的信息之后，文案写作人员就需要根据资料进行融合整理，形成图 11-6。

可同步反映牙齿区域的清洁情况	德国进口产品	通过蓝牙连接手机 App
查阅每次的刷牙记录	Oral-B 电动牙刷	预设刷牙模式
可特殊处理牙齿区域	采用 3D 声波洁齿科技	能 360°清洁牙齿

图 11-6　一款电动牙刷的九宫格思考写法

（资料来源：廖敏慧，吴敏，李乐. 电子商务文案策划与写作［M］. 2 版. 北京：人民邮电出版社，2020.）

3. 商品卖点的展现角度

不同的文案写作人员在介绍一种商品时，由于方法不同，其侧重点也不同，因此会导致商品转化效果也不相同。通过分析可知，能够吸引消费者购买商品的文案往往能够准确表达商品的独特卖点，这种文案能从商品的众多特点中提炼出商品最关键的卖点，激发消费者对商品的好感，从而形成购买行为。

商品卖点是传递给消费者的最重要的商品信息，它可以向消费者传递某种主张或某种承诺，告诉消费者购买该商品后会得到什么样的好处，并且是消费者能够接受和认可的。在进行商品卖点剖析时，要注意其卖点不能太多，2～3 个即可。因为太多卖点可能导致消费者对商品品质产生怀疑，反而适得其反。

（1）卓越的商品品质。商品品质是消费者决定是否选购商品的最主要因素之一。只有保证商品品质，才能让消费者对商品更有信心。

（2）显著的商品功效。不同的商品拥有不同的功效，消费者购买商品实际上是购买商品所具有的功能和商品的使用性能。比如：汽车可以代步，冰箱能够保持食物的新鲜，空调可以调节室内温度。如果商品的功效与消费者的需求相符合，且超出了消费者的预期，就会给消费者留下良好的印象，从而得到消费者的认可。

（3）知名的商品品牌。品牌不仅能够保障商品的质量，还能给消费者带来更多的附加价值，使消费者产生一种心理上的满足感。特别是名牌商品，更能激起消费者的购买兴趣。如果你的商品具有良好的品牌形象和市场占有率，在进行商品卖点展示时，就可以将商品品牌作为主要卖点。

（4）高性价比。性价比就是商品的性能价格比。商品的性价比越高，消费者越趋于购买。消费者可以花费较少的钱来购买较好的商品，不管从什么角度看都是好事。

（5）商品的特殊利益。特殊利益是指商品在满足消费者本身需求的情况下所具有的特殊的商品特性，如“好学生”针对青少年学生设计的渐进多焦点镜片是为了减缓他们的视觉疲劳，控制其近视发展速度，对于重视保护孩子视力的家长有很大的吸引力。

（6）完善的售后服务。售后服务就是在商品出售以后所提供的各种服务。随着人们消费观念的不断成熟，消费者将售后服务也作为判断商品是否值得购买的一个前提条件。售后服务完善的商品更能吸引消费者购买，甚至会直接影响消费者的购买行为。

4. 关联消费者痛点

痛点是指消费者对商品或服务的期望没有被满足而造成的心理落差或不满。这种不满最终使消费者产生痛苦、烦恼等负面情绪。为了解决消费者的这种“痛”，就需要出现能解决这些痛苦的商品或服务。文案人员应通过文字描述展现出消费者痛点的解决方法，并使该方法与商品卖点联系在一起，这样能快速打动消费者的内心，使消费者产生不购买商品就会后悔或不满等情绪，进而更快地刺激消费者做出购买行为。

痛点文案的写作需要从商品或服务本身的角度出发，将它与商品卖点关联在一起，因此要在熟悉自己商品或服务卖点的基础上，结合消费者的实际需求进行写作。另外，也可通过对比竞争对手的商品或服务，给消费者营造一种购买竞争对手的商品或服务就会后悔或不划算的感觉。例如，针对婴儿纸尿裤“干爽瞬吸”这个卖点，商家使用对比的手法进行描述，可以快速引起消费者对其他商品“吸收慢、容易漏”的担忧，进而增强消费者对自身商品质量的信心，解决消费者的痛点。

第三节　软文写作

一、新闻资讯类软文写作技巧

（一）合理设置关键词

在标题和内容中设置符合文章垂直领域内容的具有代表性的实体关键词，如职场领域的关键词就是“领导”“同事”“求职”等；时尚领域的关键词就是“穿搭”“美容”“护肤”等；科技领域的关键词就是“京东”“苹果”等，既有助于机器更快读懂文章，也有利于提升文章的推荐量。

从增加软文的点击率上考虑，标题关键词要根据目标用户的相关属性进行设置，如受众的“地域”“年龄”“性别”“职业”“兴趣”等一系列相关的标签，有利于在众多标题中脱颖而出，从而在短时间内迅速抓住读者眼球，让其注意力停留在标题的关键词上，引起其阅读兴趣，进而点击文章。

（二）图文并茂更吸睛

艾媒咨询的调研数据显示，2016 年中国移动资讯用户主流的阅读偏好仍是图文并茂的形式，可见图文并茂的内容形式更容易吸引读者阅读。图文并茂的写作形式须满足以下两个方面的指标。

（1）内容精简具体有重点。指软文的内容要精简扼要，用通俗的语言清晰地表达重点。控制好软文的整体篇幅，字数在 1000 字以内为最佳。多用通俗易懂的简单词汇，少用生僻词，多用短句，有助于降低读者的理解难度。

（2）图片清晰可辨。指软文的配图要选择与软文内容相符的清晰图片，既有助于读者理解文字内容，提高其阅读感，又有利于增强软文的趣味性。

（三）寻找合适的切入点

软文的切入点指软文开篇以何种方向、何种角度或主题去展开全文。软文切入点的好坏直接决定着一篇软文的整体质量。只有找到合适的切入点，才能更快地抓住读者的眼球，才能更好地与推广的产品进行结合，达到事半功倍的宣传效果。寻找切入点可以从以下四点入手。

（1）从经验分享的角度切入。指软文要站在产品消费者的角度给目标受众免费提供经验分享、干货知识，在帮助他们少走弯路、解决问题的同时，适时推荐产品。

（2）从故事叙述的角度切入。指软文通过讲述一则动人的故事来引出产品，自然地引出产品广告，从而得到受众认同并促其行动。生动形象的故事容易让受众产生代入感，拉近品牌和受众之间的距离。

（3）从观点或情感表达的角度切入。指软文通过情感的抒发和观点的表达引起受众的情感共鸣，从而提高受众对品牌的归属感和认同感。

（4）从热点人物或事件切入。由于热点自带流量和曝光度，软文通过结合当下的热点引出产品，能够有效提高受众的关注度。贴近受众的实际生活是选择切入点的一个重要原则。

（四）观点鲜明引讨论

在当今信息爆炸的时代，如果新闻资讯类软文仍保持着过去严肃刻板、不掺杂任何情感表述的写作风格，根本无法吸引读者阅读。唯有在遵照事实的基础上适当地抒发情感，表明自己的立场和态度，通过对事件的对错、利弊、荣辱等发表观点，才能激发读者的阅读兴趣，引发读者的讨论。而坚定的立场、鲜明的观点和新颖的角度有利于进一步提升软文的层次与内涵，饱含真情实感的描述则更容易引起读者共鸣。

（五）广告弱化增信任

读者进入新闻资讯类客户端是为了浏览信息，如果此时向读者展示简单粗暴的销售广告，不仅不会吸引读者注意，可能会引起读者反感。相比之下，干货类或情感类的软文更容易被读者“买单”，更容易建立较高的信任度。这就要求软文写作者从读者的角度出发，把广告“软”化，设置符合读者浏览状态的场景化、原生态的内容，在不影响受众阅读体验的前提下，将产品广告巧妙地嵌入文中，润物细无声地感染和影响读者的决策，最终达成推广和转化的目的。一篇优质的软文，不仅能让读者理所当然地接受广告信息，还能让读者自发进行转发和推广。

二、微信、微博平台软文写作技巧

随着移动互联网时代的到来，微信、微博已成为用户移动阅读获取信息的主要平台。在微信、微博平台进行软文营销，与用户建立一对多的互动交流方式，有利于企业品牌或产品得到更广泛的传播，进一步树立良好的口碑和企业形象，从而实现营销的目的。

（一）微信公众号软文写作的四种技巧

1. 绑定关注，吸引兴趣

绑定目标用户关注的话题关键词，如当下的热门话题、名人明星、用户的兴趣爱好以及与目标用户息息相关的利益或目前正在进行的任务等，向用户提供有价值的或有反差的信息，抑或是通过制造悬念来吸引用户眼球，激起用户的好奇和兴趣，让用户情不自禁地点击并阅读软文。此外，在标题中加入与用户自身描述相符的标签，如地域、年龄、性别、收入、职业等关键词，或利用对话式标题，让用户感觉作者在和自己对话，增强代入感和亲切感，也有利于提高文章的点击量。

2. 增强代入感，引出产品

软文通过讲故事、提问题、场景化描述痛点等方法，使用户产生代入感，让用户在阅读故事、思考问题答案及回顾自己相似经历的过程中开始关注自己，指出用户过去的行为或者选择存在哪些不合理之处，让用户意识到自身的困扰和痛点需求。与此同时，将用户的需求与推广产品的卖点和价值展示给用户，即给用户一个不得不买的理由。例如，一篇关于无硅油洗发水的推广软文可以描述用户日常使用含硅油洗发水时常遇到的痛点问题，如头发没洗几天就脏了、头发越洗越油等，向用户解释造成这一问题的原因，再告知用户这款无硅油洗发水正好能解决这些烦恼。

此外，这里提及的“场景化描述痛点”越具体，越有助于用户产生代入感。例如：一个关于整理术的课程在软文开篇描述用户的烦恼和痛点时，如果只是简单地描述“衣橱总是没空间，东西总是找不到，家里杂物堆积如山”等问题，可能并不会引起用户的重视；

而将描述的问题具体化和场景化，如“塞得满满的衣柜却因找不到衣服穿而导致上班迟到，下班回家发现昨天刚收拾完的家又乱成一团，精心装修的家被杂物吞噬，隔三岔五找不到东西”等，营销效果会事半功倍。

3. 打消顾虑，赢得信任

在用户产生购买兴趣的基础上，对于那些让用户存疑或制约用户做出购买行为的因素应尽可能打消用户的顾虑，赢得用户的信任。常用的方法有以下四种。

（1）用权威。借助权威机构或组织的认证、业界权威或知名人士的背书，增强产品的说服力。

（2）用数据。利用用户的从众心理，通过产品的销量、用户量、好评率、排名等数据表明产品畅销，激发用户的购买欲望。

（3）用细节。为用户提供更具体的产品信息，让用户更为清晰深入地了解产品的卖点会更容易让用户对产品产生信任感。

（4）正面的用户反馈及评论。选择能解决顾客疑问和满足顾客核心需求的真实评论或成果进行展示，以证明产品的卖点和效果，这有助于打消用户的顾虑，增强用户的信任。

4. 利益诱导，促成转化

进一步借助利益诱导，如强化产品的销售卖点、价格优势和优惠力度等，让用户看了就产生购买冲动。另外，强化价格优势是软文营销中常用的策略，主要采取价格对比、提供附加价值的方式来唤起用户行动。

对于原本售价就不高的产品，可以将其价格与目标用户经常性消费品的价格进行对比。例如，一堂售价 69 元的线上 PPT 课程，想要表达课程价格优惠，其软文可以写：现在只需要一张电影票或吃一顿饭的价格，就可以让你掌握一项受用终身的 PPT 技能。而对于原本售价较高、用户买前可能会产生犹豫的产品，可通过在用户心理账户重新定义此产品后再进行价格对比。例如，一个售价几百元的高颜值保温杯，在用户心理账户中可能只是一个价值几十元的实用品，而如果把保温杯定义为明星同款时尚装饰品，再与其他价值几千元的时尚单品相比，几百元的售价立刻就变得容易接受了。此外，对于原本售价较高的产品，还可以采用限时或限量优惠的策略，如“原价××元，现价××元，×天后或满×人后恢复原价”，通过制造稀缺感和紧张感来刺激用户立即购买。提供附加价值也是微信软文营销常用的策略，如“现在购买产品就送其他礼品”。

（二）长微博软文写作的三种技巧

1. 创新内容的呈现方式

微博平台取消 140 字的发布限制，意味着其内容发布的门槛在降低。企业可以更便捷地发布推广软文。与此同时，由于长微博的发布流程变得更加快捷简单，平台用户在同一单位时间内能接收到更多的信息，企业之间的竞争变得更加激烈。直接发布长微博软文并不是企业进行微博软文营销的最佳选择，且容易出现两大弊端：一是软文的部分内容会被折叠；二是内容太冗长，无法引起用户关注，导致关键信息被用户跳过。因此，为了能在最短的时间内吸引和打动用户，提升用户的阅读体验，企业需要创新软文内容的呈现方式，即将软文做成图片的形式或利用短视频，H5 页面等方式将软文的内容表达出来，通过视觉、听觉的刺激让用户产生兴趣甚至是情感共鸣，从而大大增加微博的浏览量和转发量。

2. 包装话题引发共鸣

微博软文通过运用具有争议性的内容或能引起大众情感共鸣的话题切入，抑或用故事对话题进行包装，并以图片或短视频、H5 页面等作为载体将这些话题传播出去，有助于增加软文的点击量和转发量，进一步扩大企业的知名度。

案例：微信超级大号咪蒙曾经写过一篇文章——《如果可以回到 10 年前，你想改变什么》。从标题上看，这完全是一篇鸡汤文，文章延续她以往的行文风格，从日常故事开篇，紧接着画风一转，抛出 10 点让自己不留遗憾的大道理。可是，道理大家都懂，时间是回不去了。就在这个时候，一个峰回路转，主角"闲鱼 App"出场，带来"第二人生体验券"。

据说，闲鱼这次的投放，使这款 App 从 App 商店的几十名冲到总榜第 7 名。

3. 借势热点互动营销

基于微博平台快速聚合关注和快速引发传播的特点，企业在发布微博软文时，应寻找与自身品牌调性契合且符合广大用户兴趣和口味的热点进行借势营销，这有助于快速引起用户的自发传播和广泛热议，在实现用户广泛覆盖的同时，大大提升品牌的知名度和好感度，从而有效地提升营销效率。

除了要借势热点外，还要借助名人自身的影响力进行造势。善用微博"@"这一功能，通过在微博中"@ "名人明星、微博的意见领袖或其他企业的品牌，联合他们一起造势。一旦企业发布的微博被他们回复或转发，就会带动大量的粉丝用户参与互动和自发传播，从而充分发挥软文营销的势能，引爆品牌声誉。此外，在微博软文中设置与粉丝互动的内容也是至关重要的环节。通过给粉丝提供专属福利或有价值的内容引发其情感共鸣，从而提升粉丝对产品的购买意愿，最终实现明星粉丝向品牌自有粉丝转化。

三、问答类平台软文写作技巧

（一）百度知道的软文写作技巧

百度知道是一个基于搜索的互动式知识问答分享平台。用户在平台上提出有针对性的问题，平台通过积分奖励机制发动其他用户来回答该问题。百度知道的最大特点就在于与搜索引擎的完美结合，让用户所拥有的隐性知识转化成显性知识。用户既是百度知道内容的使用者，同时又是百度知道内容的创造者。通过用户与搜索引擎的相互作用，实现搜索引擎的社区化。

其他综合类问答平台与百度知道相似，如搜狗问答是基于搜狗搜索引擎的问答平台，360 问答则是基于 360 搜索引擎的问答平台等。其问答形式均存在相似性。下面以百度知道为例，分析以搜索引擎为基础的综合类问答平台的软文写作技巧。

1. 关键词设置

为了让百度知道的提问及回答更容易被用户搜索到，在问题和答案中都应合理地布置与企业品牌或自身业务相关的关键词。关键词的选择应从目标用户的角度出发，在对目标用户、市场和平台进行综合评估的基础上，明确需要推广的关键词。关键词的设置应尽可能精准、简短。

2. 回答内容

内容准确全面，适当合理延伸，能够有针对性地解决用户的疑问和困惑，有助于用户更深入地了解和掌握所需的信息，字数在500字左右为宜。答案中的观点要中立客观，避免偏激的主观臆断误导用户。不要过度广告化，不要发布不符合法律法规及违背道德规范的内容。

3. 回答框架

为了使内容逻辑清晰，便于用户阅读和理解，一般采用“总分总”的结构回答问题，即首先用一句话总结性概括，给出明确的判断或结论，接着围绕这个结论分成几点展开论述，最后对结论进行总结和强化。在论述部分，还可用数字“1、2、3…”来罗列，使得内容更直观清晰，表达更有条理。此外，还可在回答中插入与内容相关的精美图片，使内容更加生动且易于理解。

（二）知乎的软文写作技巧

知乎是一个真实的网络问答社区，用户分享彼此的专业知识、经验和见解。与百度知道有所不同的是，知乎平台更像一个论坛。用户围绕着某一感兴趣的话题进行相关讨论，提供高质量的信息；同时还可以关注兴趣相同的人。知乎平台鼓励全问答过程中进行讨论，以提高问题的发散性。相对于其他问答平台，知乎的回答较为系统、有深度，形成了鲜明的“知乎体”。

1. 常见的知乎提问句式

（1）“××是一种什么样的体验”，如“南方人到北方读大学是一种什么体验”。

（2）“如何评价××”，如“如何评价由金泰亨、金南俊共同制作的单曲《四点》”。

（3）“如何看待××”，如“如何看待沃尔沃突然宣布停造纯燃油车”。

企业选择在知乎平台做问答营销，可在平台上选择与企业品牌或产品相关的问题进行回答，也可以主动提出与自己品牌或产品相关的问题，由自己回答或邀请其他用户回答。

2. 常见的知乎回答方式

（1）经历体。主要讲述和分享自己或朋友的故事、经历，并在故事中或故事末尾植入品牌或产品的推广广告。

（2）专业回复体。运用相关行业或领域的专业知识解答用户的问题，并在解答过程中植入广告（如图11-7所示），既能体现企业在相关问题上的专业性，又能实现企业品牌及产品推广的营销目的。

图 11-7　知乎问答型软文

四、个人社交类平台软文写作技巧

以短微博软文写作为例，在软文撰写中应注意以下几点。

（一）制造话题增强曝光

微博是人们日常分享交流的一个社交平台。企业通过在微博平台上制造有热度、富有趣味的个性化话题，可以快速引起用户热议及互动讨论，促使用户自发地进行口碑传播，从而大大提升品牌的曝光度及企业的知名度，最终促成流量向销量的转化。

在微博上发布的话题主要分为两类。一类是根据定位发布话题，指根据企业自身的目标客户和品牌定位，制造与其品牌理念相契合的话题，突出其品牌或产品的优势及卖点。另一类是借助热点发布话题，指企业通过在微博的“热门微博”“超级话题”“微博热搜榜”处搜索到当下的热门话题，找到与自身文化和品牌相契合的热门话题，并将两者的共同属性结合起来，借势营销，从而有效增强品牌的曝光度及用户的关注度。

（二）品牌联动优势叠加

品牌联动指的是两个实力相当的品牌基于共同的目标受众，通过寻找最佳的合作点，互相借势借力，最终实现优势叠加，合作共赢。企业通过发布品牌合作的微博软文，充分发挥合作品牌双方的势能及平台优势，实现品牌联动与微博造势的强势互动，迅速成为媒体和用户关注的焦点，达到共同提升品牌价值及进一步促成转化的目的。

（三）明星效应促进转化

明星本身就自带流量及话题传播的属性。如果短微博软文能够借助明星的影响力和号召力，迅速引爆粉丝能量，充分释放品牌主张，形成涟漪式传播，就更容易完成明星粉丝向品牌粉丝的转化。

本章小结

完成本章的学习应理解和掌握以下内容。

（1）软文营销是指通过软文的调研、策划、撰写、投放及传播，最终达成宣传或交易等目标的营销行为及方式。软文营销是企业软性渗透的商业策略在广告上的实现，是生命力最强的一种广告形式。企业软文策划人员或广告策划人员针对企业营销的策略，结合企业的产品或服务等需要宣传的信息，通过撰写一些技巧性、实战性的文章，吸引用户的注意；在向用户提供他们所需要的精神食粮的同时，也深深地把企业的品牌及理念等印在用户的心中，从而达到软文营销的效果。

（2）软文营销策划是指企业的市场营销人员或广告公司的文案人员，根据企业产品或服务特征，结合企业经营管理过程中各个阶段的具体情况，以及当前和未来一段时间的市场需求变化趋势和营销目标，制订的软文营销计划。其策划要点是：明确软文营销的行动目标、明确软文营销的实施策略、明确软文写作的角度。

（3）软文写作技巧包括：①新闻资讯类软文写作技巧。合理设置关键词、图文并茂更吸睛、寻找合适的切入点、观点鲜明引讨论、广告弱化增信任。②微信公众号软文写作的技巧。绑定关注、吸引兴趣、增强代入感、引出产品、打消顾虑、赢得信任、利益诱导、促成转化。③长微博软文的写体技巧。创新内容的呈现方式、包装话题引发共鸣、借势热点互动营销。

关键术语

软文营销　软文策划　软文写作

案例分析

“弦动我心 · 轻手链” 软文

“弦动我心 · 轻手链” 借助电影《寻梦环游记》在万圣节推出产品软文广告（如图 11-8 所示）。

图 11-8　“弦动我心 · 轻手链”软文广告

琴弦系列之“弦动我心 · 轻手链”产自深圳珠宝制造中心水贝，珍贵材质铂金 pt950，精致工艺，一条手链仅重 2 克。

轻得感受不到重量，却永远记着那份情谊。新年超值特惠人民币 680 元/条，给爱的人送上一份轻轻的厚礼。我们永远都记得。

如需购买，请扫下面的二维码，直接联系厂家工作人员，优惠等着你。

【讨论问题】 请评价以上软文营销的类型及策略。

实训操作

实训项目	软文撰写
实训目标	了解软文写作流程，并能根据营销推广的需要撰写软文
实训步骤	1. 选择一款你熟悉的商品 2. 选择一个拟推广平台 3. 以小组为单位（5～6 人）选择一种适合该商品推广的软文写作类型（如故事型、情感型等）进行软文撰写 4. 软文推广 5. 软文评价
实训环境	数字营销模拟实训室
实训成果	软文一篇

思考与练习

一、填空题

1. 软文的精妙之处在于 ________。
2. 软文的特点有：________、________、________、________、________。
3. 新媒体软文和传统软文的主要区别是：________、________、________。
4. KOL 指的是：________________________。
5. 商品卖点的展现角度有：________、________、________、________、________、________。

二、不定项选择题

1. 企业在打造品牌的长久影响力方面不断深度挖掘，进行网状联动，属于(　　)运作。
   A. 品牌化　　B. 生态化
   C. 主体化　　D. 平台化
2. 按营销目的划分，软文可分为（　　）。
   A. 品牌推广软文　　B. 故事型软文
   C. 产品推广软文　　D. 活动推广软文
3. 偏向于购买某种品牌的商品、只购买价格不超过某个范围的商品等行为表现为(　　)。
   A. 实惠心理　　B. 从众心理
   C. 攀比心理　　D. 习惯心理
4. FAB 商品法则各字母指的是（　　）。
   A. 属性（Feature）　　B. 商业（Business）
   C. 作用（Advantage）　　D. 益处（Benefit）
5. 商品卖点是传递给消费者的最重要的商品信息，在进行商品卖点分析时，(　　)个卖点最为适宜。
   A. 1～2　　B. 2～3　　C. 4～5　　D. 5～6

三、判断题

1. 狭义的软文就是付费文字广告。（　　）
2. 故事型软文就是通过提出一个问题，围绕问题自问自答，通过设问引起话题关注。（　　）
3. 用户画像展现的信息并非专指某一个用户，而是对具有相同特征的一群目标用户群体的共同数据展示。（　　）
4. 在标题和内容中设置符合文章垂直领域内容的具有代表性的实体关键词，有利于

提升文章的推荐量。（　　）

5. “××是一种什么样的体验”是微博软文常用的提问句式。（　　）

四、思考题

1. 在微博上搜索当下热点话题，给小米运动手环写一则短小微博软文（字数不超过 140 字）。

2. 若要以丽江某客栈为主题撰写一篇旅游软文，谈谈你的写作思路。

综合实训

训练目的

通过完成此项训练，掌握数字营销策划相关技能。

训练内容

选定某一产品或服务，运用数字营销知识对该产品或服务进行营销策划，包括该产品或服务的 STP 策划、产品策划、价格策划、渠道策划和促销策划等。要求充分利用数字营销手段，以团队合作形式完成。具体流程如图 11-9 所示。

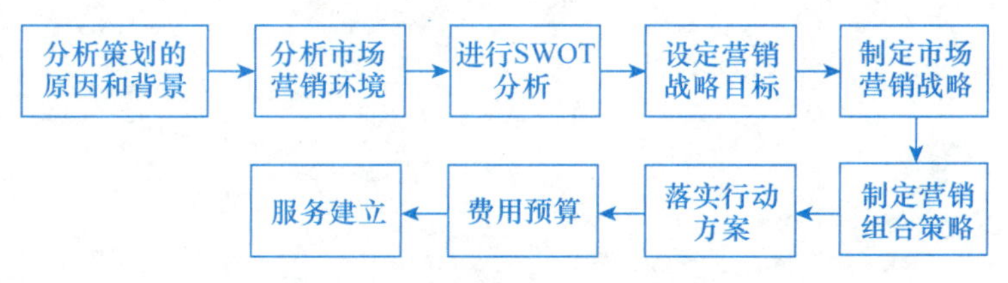

图 11-9　数字营销策划具体流程

训练步骤

1. 分组，确定各组成员名单，并选定进行营销策划的产品或服务。

2. 收集与该产品或服务相关的资料。

3. 对收集的资料进行分析整理并作为营销策划的依据。

4. 运用所学的数字营销策略知识，进行该产品或服务的营销策划，包括该产品或服务的 STP 策划、产品策划、价格策划、渠道策划和促销策划等。

5. 撰写完成该产品或服务的数字营销策划报告。

6. 各小组制作 PPT，并上台展示所做的营销策划方案。

7. 其他小组成员观摩并提出相应问题，教师点评。

8. 各小组根据其他小组和教师的意见，修改完善本小组策划方案。

9. 各小组提交修改完善的产品或服务营销策划方案。

训练考核

1. 参加该营销策划的态度及积极性。
2. 该产品或服务数字营销策划方案的内容是否完整、科学。
3. 该产品或服务数字营销策划方案是否可行。
4. 该产品或服务数字营销策划方案是否有创意。
5. 融入数字营销手段的程度。
6. 发言代表仪态仪表及口头表达能力。
7. PPT 制作水平。

参考文献

[1] 朱磊，崔瑶. 数字营销效果测评［M］. 北京：科学出版社，2020.

[2] 周茂君. 数字营销概论［M］. 北京：科学出版社，2019.

[3] 王浩. 数字营销实战［M］. 北京：电子工业出版社，2016.

[4] 阳翼. 数字营销［M］. 北京：中国人民大学出版社，2019.

[5] 科特勒. 营销管理［M］. 何佳讯，于洪彦，牛永革，等译. 上海：格致出版社，2016.

[6] 科特勒. 营销管理［M］. 卢泰宏，高辉，等译. 北京：中国人民大学出版社，2009.

[7] 周茂君，等. 中国数字营销 20 年研究［M］. 北京：科学出版社，2019.

[8] 科特勒. 营销革命 4.0：从传统到数字［M］. 王赛，译. 北京：机械工业出版社，2019.

[9] 孙爱凤. 直播技巧：实力圈粉就这么简单［M］. 北京：机械工业出版社，2019.

[10] 尹宏伟. 直播营销：流量变现就这么简单［M］. 北京：机械工业出版社，2019.

[11] 张文锋，黄露. 新媒体实务［M］. 北京：清华大学出版社，2018.

[12] 李东临. 新媒体运营［M］. 天津：天津科学技术出版社，2018.

[13] 舍恩伯格，库克耶. 大数据时代：生活、工作与思维的大变革［M］. 周涛，译. 杭州：浙江人民出版社，2013.

[14] 林子雨. 大数据技术原理与应用：概念、存储、处理、分析与应用［M］. 北京：人民邮电出版社，2017.

[15] 钟正. VR/AR 技术基础［M］. 北京：高等教育出版社，2018.

[16] 苏凯，赵苏砚. VR 虚拟现实与 AR 增强现实的技术原理与商业应用［M］. 北京：人民邮电出版社，2017.

[17] 阿纳迪，吉顿，莫罗. 虚拟现实与增强现实：神话与现实［M］. 侯文军，蒋之阳，译. 北京：机械工业出版社，2019.

[18] 刘向群，郭雪峰，钟威，等. VR/AR/MR 开发实战：基于 Unity 与 UE4 引擎［M］. 北京：机械工业出版社，2017.

[19] 陈志轩，马琦. 大数据营销［M］. 北京：电子工业出版社，2019.

[20] 麦德奇，布朗. 大数据营销：定位客户［M］. 王维丹，译. 北京：机械工业出版社，2014.

[21] 李军. 实战大数据：客户定位与精准营销［M］. 北京：清华大学出版社，2015.

[22] 阿里巴巴商学院. 电商数据分析与数据化营销［M］. 北京：电子工业出版社，2019.

[23] 阳翼. 数字营销蓝皮书［M］. 广州：暨南大学出版社，2013.

[24] 陈徐彬. 中国数字营销十年风云录［M］. 北京：机械工业出版社，2019.

[25] 斯特恩. 人工智能营销 [M]. 朱振欢，译. 北京：清华大学出版社，2019.
[26] 谷建阳. AI 人工智能：发展简史+技术案例+商业应用 [M]. 北京：清华大学出版社，2018.
[27] 张泽谦. 人工智能：未来商业与场景落地实操 [M]. 北京：人民邮电出版社，2019.
[28] 郭福春. 人工智能概论 [M]. 北京：高等教育出版社，2019.
[29] 段云峰，田雷，严昱超，等. 人工智能技术商业应用场景实战 [M]. 北京：电子工业出版社，2020.
[30] 曾鸣. 智能商业 [M]. 北京：中信出版社，2018.
[31] 骆芳，秦云霞. 新媒体文案策划与写作 [M]. 北京：人民邮电出版社，2019.
[32] 梁芷曼. 软文营销 [M]. 北京：人民邮电出版社，2020.
[33] 廖敏慧，吴敏，李乐. 电子商务文案策划与写作 [M]. 2 版. 北京：人民邮电出版社，2020.
[34] 王美丽. 我国网红经济的发展现状和趋势分析 [J]. 时代金融，2019 (35)：107.
[35] 艾瑞咨询系列研究报告 (2018 年第 6 期) [C]. 上海艾瑞市场咨询有限公司，2018.
[36] 唐江山，赵亮亮，于木. 网红经济思维模式 [M]. 北京：清华大学出版社，2017.
[37] 吴声. 超级 IP：互联网新物种方法论 [M]. 北京：中信出版社，2016.
[38] 周导. 重构——新商业模式 [M]. 哈尔滨：哈尔滨工业大学出版社，2019.
[39] 赵占波. 移动互联营销 [M]. 北京：机械工业出版社，2015.

责任编辑：朱丽丽
策划编辑：张　盈
封面设计：唐韵设计

数字营销

ISBN 978-7-5208-3234-2

定价：49.00 元